牟宗三著

才性與玄理

臺灣學生書局印行

「才性與玄理」三版自序

此書除疏通人性問題中「氣性」一路之原委外，以魏晉「玄理」爲主。魏晉所弘揚的玄理就是先秦道家的玄理。玄理函著玄智。玄智者道心之所發也。關於此方面，王弼之注老、向秀郭象之注莊，發明獨多。此方面的問題，集中起來，主要是依「爲道日損」之路，提練「無」底智慧。主觀的工夫上的「無」底妙用決定客觀的存有論的（形上學的）「無」之意義。就此客觀的存有論的「無」之意義而言，道家的形上學是「境界形態」的形上學，吾亦名之曰「無執的存有論」。此種玄理玄智爲道家所專注，而且以此爲勝場。實則此種工夫上的無乃是任何大敎、聖者的生命，所不可免者。依此而言，此亦可說是共法。依此，魏晉玄理玄智可爲中國吸收佛敎而先契其般若一義之橋樑，此不獨是歷史的機緣，暫作比附，而且就其爲共法而言，儘管敎義下的無與證空的般若各有其敎義下的專屬意義之不同，然而其運用表現底形態本質上是相同的。是共僧肇得用老莊詞語詮表「不眞空」與「般若無知」而亦不喪失其佛家之立場而爲「解空第一」也。直至禪宗，仍然還是「即心是佛，無心爲道」。夫「無心爲道」，就佛家言，即般若也；就道家言，即主觀工夫上的無以呈現玄智也。吾人不能說佛家的般若智來自魏晉玄學，當然亦不能說道家的玄智是藉賴佛家的般若而顯發。這只是重主體的東方大教、聖者的生命，所共同有的主觀工夫上的無之智慧各本其根而自發。

不獨就道家與佛教言是如此，即就道家與儒家言亦是如此。儒聖亦不能違背此主觀工夫上的無之智慧，儘管他不只此，因爲他正面還講仁。然而仁之體現豈能以有心爲之乎？儘管他不欲多言，然而並非無此意。此則周海門已知之矣。是故自陸象山倡言心學起，直至王陽明之言「無善無惡心之體」，乃至王龍溪之言「四無」，皆不免接觸「無心爲道」之理境，即自主觀工夫上言無之理境。此非來自佛老，乃是自本自根之自發。此其所以爲聖者生命之所共者。若不透徹此義，必謂陸王是禪學，禪之禁忌不可解，而「無善無惡」之爭論亦永不得決，此非儒學之福也。

讀此書者若眞切於道家之玄理玄智，則最後必通曉其爲共法而無疑。如是，則禁忌可解，而又不失各教之自性。若不眞切，而視爲浮智之玩弄字眼，則是自己之輕浮，必不能眞切於聖者生命之體用也。夫立言詮教有是分解以立綱維，有是圓融以歸具體。「無」之智慧即是圓融以歸具體也。焉有聖者之生命而不圓融以歸具體者乎？分解以立綱維有異，而圓融以歸具體則無異也。此其所以爲共法。吾初寫「才性與玄理」，繼寫「心體與性體」，最後寫「佛性與般若」，經過如此長期之磨練，乃知義理之脈絡與分際自爾如此，故敢作如此之斷言，非如蟲蝕木，偶然成字也。今乘此書三版之便，略陳此義於此以利讀者。

中華民國六十三年八月牟宗三序於九龍

序

吾寫「歷史哲學」，至東漢末止。此後不再就政治說，故轉而言學術。階段有三：一曰魏晉玄學，二曰南北朝隋唐之佛教，三曰宋明儒學。此書顏曰「才性與玄理」，即寫魏晉一階段也。

中國晚周諸子是中國學術文化發展之原始模型，而以儒家爲正宗。此後或引申或吸收，皆不能不受此原始模型之籠罩。引申者固爲原始模型所規範，即吸收其他文化系統者，亦不能脫離此原始模型之籠罩，復亦不能取儒家正宗之地位而代之。

秦以法家之術統一六國。西漢是繼承儒家而發展之第一階段。至乎魏晉，則是道家之復興。道家玄理至此而得其充分之發揚。王弼、嵇康、向秀、郭象，其選也。適於此時而有印度佛教之傳入。道家玄理之弘揚正是契接佛教之最佳橋樑。亦因此而拉長中國文化生命歧出之時間。所謂歧出是以正宗之儒家爲準。文化生命之歧出是文化生命之暫時離其自己。離其自己正所以充實其自己也。魏晉南北朝隋唐七八百年間之長期歧出，不可謂中國文化生命之容量不弘大。容量弘大，則其所弘揚所吸收者必全盡。全盡必深遠。全盡而深遠之弘揚與吸收，其在自己之文化生命中所引起之刺激與浸潤亦必深刻而治浹。文化之發展不過是生命之清澈與理性之表現。故在歧出中其所弘揚與吸收者皆有助於其生命之清澈與理性之表現。故此長時期之歧出，吾亦可曰生命之大開。至乎宋明，則爲中國文化生命之歸其自己，而爲大合。故宋明儒學是繼承儒家而發展之第二階段。至乎今日而與西方文化相接觸，則亦將復有另一大開大合之階段之來臨。此中國文化生命發展之大脈也。

雖然，文化非可以游談。必將深入其裏而一一通透之，方能於生命起作用。吾玆以近三十萬言之鉅幅詮表魏晉之玄理，其中必有美者焉。此爲澈底之玄學。吾所作者，即在展現此玄學系統構成之關節，並確定其形態之何所是。試取西方哲學中諸大形上學系統，如柏拉圖、亞里士多德之系統，聖多瑪之系統，斯頻諾薩、來布尼茲之系統，康德、黑格爾之系統，以及近時布拉得賴之系統，懷特海之系統，虎塞爾、海得格之系統，而比觀之，則中國道家之玄理系統，甚至佛教之般若佛性系統，以及儒家之性理系統，其構成之進路與關節，以及其形態之何所是，皆可得而確定矣。此爲生命之學問，未有如此之親切者也。

魏晉之玄理，其前一階段爲才性。故此書即曰「才性與玄理」。「才性」者自然生命之事也。此一系之來源是由先秦人性論問題而開出。但不屬於正宗儒家如孟子與中庸之系統，而是順「生之謂性」之「氣性」一路而開出。故本書以「王充之性命論」爲中心，上接告子、荀子、董仲舒，下開「人物志」之「才性」，而觀此一系之源委。此爲生命學問之消極一面者。吾年內對於「生命」一領域實有一種「存在之感受」。生命雖可欣賞，亦可憂慮。若對此不能正視，則無由理解佛教之「無明」，耶教之「原罪」，乃至宋儒之「氣質之性」，而對於「理性」、「神性」、以及「佛性」之義蘊亦不能深切著明也。文化之發展即是生命之淸澈與理性之表現。然則生命學問之消極面與積極面之深入展示固是人類之大事，焉可以淺躁輕浮之心動輒視之爲無謂之玄談而忽之乎？「玄」非惡詞也。深遠之謂也。生命之學問，總賴眞生命與眞性情以契接。無眞生命與性情，不獨生命之學問無意義，即任何學問亦開發不出也。而生命之乖戾與失度，以自陷陷人於劫難者，亦唯賴生命之學問，調暢而順適之，庶可使其步入健康之坦途焉。

中華民國五十一年　牟宗三序於九龍

目錄

第一章　王充之性命論

第一節　綜述「用氣爲性」所函之各種特徵

凡言性有兩路：一順氣而言，二逆氣而言。

順氣而言，則性爲材質之性，亦曰「氣性」（王充時有此詞），或曰「才性」，乃至「質性」。順氣而言者，爲「材質主義」（Materialism）。此詞與西方哲學中「唯物論」同，但函義則異，此取"Material"一詞之廣義與古義，即亞里士多德（Aristotle）使用此詞之義，乃與"Formal"一詞相對而言者。與普通唯物論中所意謂之"Matter"不同。故在此譯爲材質主義，而不譯爲唯物論。

逆氣而言，則在於「氣」之上逆顯一「理」。此理與心合一，指點一心靈世界，而以心靈之理性所代表之「眞實創造性」（real creativity）爲「性」。此性乃宋儒所說之「天地之性」，或「義理之性」，而以孔子之仁，孟子之心性，大學之明德，中庸之中與誠（「天命之謂性」之性亦在內），程、朱之理與性，象山之心，陽明之良知，蕺山之意，以實之。逆氣而言者，爲理想主義（Idealism）。此性，自其形式特性而言之，乃齊一，純一，單一之眞實創造性。「齊一」言與氣之「異質」相反。「純一」言與氣之「駁雜」相反。「單一」言與氣之「組和」、「結聚」相反。「眞實創造性」言與氣之「平擺之演化」、「被動之委順」相反。此「性」乃可以提起「氣」而轉化運導之者。

以下試本此大分野而言「氣性」所函之各種特徵。

（一）順氣而言性，則上溯性之根源爲「元一之氣」，簡稱曰「元氣」，或直曰「氣」。故王充曰：「人稟元氣於天，各受壽夭之命，以立長短之形」。（論衡無形篇第七）。又曰：「人稟氣於天，氣成而形立」。（同上）。又曰：「人之善惡，共一元氣。氣有多少，故性有賢愚」。（率性篇第八）。又曰：「人生性命，當富貴者，初稟自然之氣」。（初稟篇第十二）。由元一之氣迤邐下委，即成萬物之性。人之性命，亦同此論。故王充曰：「用氣爲性，性成命定。體氣與形骸相抱，生死與期節相須」。（無形篇第七）。此是以氣爲一形上之概念，藉以爲氣性、才性、或質性之形上的根源。

（二）順氣而言性，則性是氣之下委於個體。就人物而言，則曰「初稟」，即稟而受之以爲性。氣下委於個體而爲性，此性，若總持言之，則「性者生也」（古訓），「生之謂性」（告子），「生之所以然者謂之性」，「生之和所生，精合感應，不事而自然，謂之性」，「凡性者，天之就也，不可學，不可事」，「不可學，不可事，而在人者，謂之性」，「性者本始材樸也」（荀子正名、性惡等篇），「性之名非生與？如其生之自然之質謂之性，性者質也」，「質樸之謂性，性非教化不成」（董仲舒春秋繁露：深察名號、實性等篇，及賢良對策），諸說皆成立。凡此諸說皆是對於初稟之氣性所作的一般陳述，或抽象的陳述。（按莊子知北遊言：「吾身非吾有，……是天地之委形也。生非汝有，是天地之委和也。性命非汝有，是天地之委順也」。亦通此路。同是由氣之下委以言「生之謂性」也）。在此抽象的陳述下，「氣性」有以下三義：

甲、自然義。（在實然領域內，不可學，不可事，自然而如此。）

乙、質樸義。（質樸、材樸、資樸通用。總之曰材質。）

丙、生就義。（自然生命凝結而成個體時所呈現之自然之質。）

以上那些作爲一般陳述的諸語句，雖不見於王充書中，然亦當爲其所承認而不能背。其書中不見此等語句，是其行文之偶然與適然，非必不承認此等語句所表達之思想。

（三）由一般的陳述，進而至於具體的陳述，則須注意氣之異質性、駁雜性、以及組和性或結聚性。由於此等性，材樸之性始有種種徵象。

一、由於此等性，則材樸之性（氣性）是組和之性或結聚之性。

二、由於此等性，則結聚之性有種種差別性以及差別之等級性。此由氣之異質、駁雜、與組和中，人所稟得之多少、厚薄、或清濁而定。故

三、結聚之性亦有定命性，即生物學之先天性，即自然之氣（自然生命）之强度的定命性。故王充云：「用氣爲性，性成命定」。

四、結聚之性之差別中，有善惡之分，智愚之分，才不才之分，賢不肖之分。

五、結聚之性之差別性中，復隨其類型而有程度之別，等級之差。此即爲自然生命强度之等級性。

六、結聚之性之差別性中，有可化者，有不可化者。善惡是可化者，故王充曰：「亦在於教，不獨在性」。（率性篇）。然則氣性善惡之差別，所謂善只是善之傾向，所謂惡只是惡之傾向。非善惡

之當身，亦非定然者。

七、不可化者是智與愚，故孔子曰：「上智與下愚不移」。中庸雖說：「雖愚必明，雖柔必强」，然其轉化究竟有限。才與不才亦不可化，故有天才。若將愚與不才與氣性之惡混融爲一而言之，則惡性亦難化。此王充所以有上中下三等之說。（前有董仲舒亦涉此義。後有荀悅、韓愈，亦主此說。）

（四）可化與不可化之差別性以及差別之等級性，順「氣性」一路走，皆是氣稟之命定。此命定可曰內在於性中「直貫之命定」，或曰「垂直線之命定」，所謂「性成命定」者是也。

以「垂直線之命定」爲骨幹，與環境相關涉，而有「水平線之命定」。王充曰：「凡人稟命有二品：一曰所當觸値之命，二曰强弱壽夭之命」。（氣壽篇第四）。前者爲「水平線之命定」，後者爲「垂直線之命定」。又曰：「有死生壽夭之命，亦有貴賤貧富之命」。（命祿篇第三）。前者爲垂直，後者爲水平。

命義篇第六復有正命、隨命、遭命之分。正命爲垂直，遭命爲水平。隨命則通兩型。（壽夭生死之命亦可有時是正命，有時是遭命。）「正命，謂本稟之自得吉也。性然骨善，故不假操行以求福而吉自至。故曰正命。隨命者，戮力操行而吉福至，縱情施欲而凶禍到，故曰隨命。遭命者，行善得惡，非所冀望。逢遭於外，而得凶禍。故曰遭命。」

（五）逢遇篇第一曰：「操行有常賢，仕宦無常遇。賢不賢才也。遇不遇，時也。才高行潔，不可保以必尊貴。能薄操濁，不可保以必卑賤」。此中即含有才與命兩觀念，而才與命並不平行。遇不遇之時即表示水平之命也。

命祿篇第三曰：「是故才高行厚，未必保其必富貴。智寡德薄，未可信其必貧賤。或時才高行厚，命惡，廢而不進。智寡德薄，命善，興而超踰。故夫臨事智愚，操行清濁，性與才也。仕宦貴賤，治產貧富，命與時也」。此中即含有性、才、與命三觀念。而性、才、與命亦不平行。「臨事智愚」是才，「操行清濁」是性。前段「賢不賢才也」，實亦是性。然則又何以說才？

「才」是能，是「會恁地去做」。（朱子語）。才能是個材質的觀念（Material）。它可以通於氣性之善惡，亦可以通於「靈氣」之智愚。通於氣性之善惡，而會恁地去表現氣性之善的傾向，即成爲清的操行，即成爲賢。故賢雖以性爲根，而及其成爲賢也，亦可說才。如不會恁地去表現氣性之善的傾向，而只表現惡的傾向，則成爲濁的操行，即爲不肖，或不賢。故不賢雖亦以性爲根，而及其成爲不肖也，亦可說才。說才，即說不才或無才。無才是無善才。雖無善才，卻有惡才，或壞才。故賢不賢性也，亦才也。

才通於靈氣之智愚，而會恁地去表現靈氣，即成爲智。否則，即成爲愚。故智愚是才，亦通於性。氣性之清者即智，氣性之濁者即愚。清濁通善惡，亦通智愚。而才則貫其中而使之具體化。具體化清濁而成爲賢不賢，亦具體化清濁而成爲智與愚。故才是具體化原則（Principle of Concretion）。

總之，結聚之氣性有善惡一面，有智愚一面，有才不才一面，一是皆決之於所稟之氣之多少、厚薄、與清濁，故皆可總之曰氣性，或才性，或質性。善惡、智愚、才不才，在其中互相滲透，混融而爲一。

（六）然則性與命有何差異？

子夏曰：「死生有命，富貴在天」。死生有命，是「性成命定」之命，垂直之命。「富貴在天」，言上關天星，是水平之命。王充於命義篇第六解之曰：「不曰死生在天，富貴有命者，何則？死生者無象在天，以性爲主。禀得堅强之性，則氣渥厚而體堅强。堅强則壽命長。壽命長，則不夭死。禀性軟弱者，氣少泊而性羸窳。羸窳則壽命短。短則早死。故言有命。命則性也。」案此言命定即性定。此命定自是垂直之命。既曰「命則性也」，又曰「性成命定」，然則性與命究有異否？

性者，氣下委於個體，就個體之初禀，總持而言之之謂也。命者就此總持之性之「發展之度」而言之之謂也。一言之於其初，一言之於其終。性成即命定，命定即性定。然則性命者乃自然生命强度之終始之謂也。

壽夭之命固內決於初禀之性而爲垂直之命矣。然則「富貴在天」之命當何解耶？此固爲水平之命定。然既曰「在天」，則亦當由「初禀」而論之，不純爲後天之偶然。（王充有逢遇第一及幸偶第五兩篇）。自現實之水平言，則爲「幸偶」或「逢遇」。自超越之「在天」言，則亦決之於「初禀」。故王充解曰：「至於富貴，所禀猶性。所禀之氣，得衆星之精。衆星在天，天有其象。得富貴象，則富貴。得貧賤象，則貧賤。故曰在天」。（命義第六）。又曰：「天有王良、造父，人亦有之。禀受其氣，故巧於御」。（同上）。「在天」實即在命。富貴貧賤，所謂「祿命」也。然上關天星，則亦爲「超越之決定」。上關天星，是象徵的說法。亦猶「文王得赤雀，武王得白魚赤烏」之瑞也。落於氣上言之，則王充於此因襲傳統之說而曰「禀星氣」。所謂「所禀之氣，得衆星之精」是也。（人禀星氣之說，由來已久。自西周而已然。詩、小弁：「天之生我，我辰安在？」鄭箋云：「此言我生所值之辰安在乎？」）

然王充知赤雀白魚只爲適遇之瑞，非關命也。若謂天以此授命文武，則虛也。故云：「如實論之，非命也」。（初稟篇第十二）。初稟篇力駁儒者赤雀白魚爲天授命之誤，而主一切祿命皆決於初稟之自然之氣。故曰：「人生性命，當富貴者，初稟自然之氣。養育長大，富貴之命效矣。」又云：「命謂初稟所得而生也。人生受性，則受命矣。性命俱稟，同時並得。非先稟性，後乃受命也。」又曰：「文王在母身中，已受命也。王者一受命，內以爲性，外以爲體。體者面輔骨法，生而稟之。」故王充又有骨相篇）。又曰：「上天壹命，王者乃興。不復更命也。得富貴大命，自起王矣。」又曰：「夫王者天下之雄也。其命當王，王命定於懷妊。猶富貴骨生，鳥雄卵成也。」

依此言之，富貴貧賤皆決於「氣稟」，一是皆歸於「氣」。如是，富貴大命固與赤雀無關，亦與「星氣」無關。只是「稟氣而生」之自然。乃決於母胎，父母施氣之時。非關天象，「得衆星之精」也。是則王充命義篇之「星氣說」與初稟篇之「氣稟說」有虛實之衝突。依此，「在天」之星氣說，固可進而落實爲「在母胎」之氣稟說也。如此方可成其爲徹底而一致之「材質主義」。星氣說爲虛的象徵的超越決定，氣稟說爲實的自然的超越決定（因「氣」爲一形上概念故）。

（七）如是，壽夭之命固內決於初稟之性，而爲垂直之命，而富貴貧賤，雖與水平有關，實亦內在於初稟之性而有垂直線以貫之。故一是皆「性成命定」，「性命俱稟，同時並得」。後來之發展與差別皆有初稟之性之總括弧以冒之。實則皆結聚之性中之差別性與等級性也。以稟氣爲性，固有種種之差別與等級。因稟氣之淸濁厚薄有不同也。後來劉劭作「人物志」，則總括此路而言曰：「凡有血氣者，莫不含元一以爲質，禀陰陽以立性，體五行而著形。」元一即「元一之氣」，或元氣。元氣是最普遍之底子，是抽象地說。具體表示，則衍而爲陰陽五行。此即淸濁厚薄之說之所由來，亦即異質、駁雜、組和、結聚諸義之所以立。如是，以氣爲性，有種種分化：

甲、分化而爲强弱，由之以說壽夭之命。

乙、分化而爲厚薄，由之以說貧富。

丙、分化而爲淸濁，由之以說貴賤。

丁、分化而爲才不才、智與愚，此亦源於淸濁。

戊、分化而爲善惡，此亦與淸濁厚薄有關。

即每一分化亦有等級之別。種種分化合而爲一，亦有等級之別。此即所謂差別性與等級性也。現在須進而說明者，即落於善惡問題上，究如何說善、說惡、說有善有惡、說無善無惡、說善惡混、說有上中下？以本節所言爲根據，則此諸說皆可得而解矣。諸義並立，相連而生，固皆「氣性」之所函也。

第二節　「氣性」善惡之分解的展示：諸義並立

（一）「用氣爲性」，則所謂善只是氣質之「善的傾向」，並非道德性本身（或當身）之性之定然的善。康德說：世間除善意外，無絕對的善。善意之爲絕對的善即道德性本身（Morality itself）之定然的善。孟子之性善即此道德性本身之性之定然的善。而所謂氣質之「善的傾向」，則不過是在經過道德的自覺後，易於表現道德性本身之性之「定然的善」的資具而已。若不經過此道德的自覺，時時去表現此道德性本身之性之定然的善，而且時時在表現中以此定然的善去提練它，去規定它，則此氣質之善的傾向純是偶然的，無定準的，並無必然性。此所以其爲善並非「定然的」之故。氣質之善的傾向，如王充所舉「后稷爲兒，以種樹爲戲。孔子能行，以俎豆爲弄」。此種氣質的傾向，其爲善並非「定然的」，亦非道德性之當身。

（二）用氣爲性，有善的傾向，亦可有惡的傾向。若無道德性本身之性之定然的善去提練它，規定它，則善無定準，而惡亦無可化可變之道。且善的傾向亦可隨時轉爲惡的，惡的亦可隨時轉爲善的。譬如王充率性第八所舉西門豹性急，佩韋以自緩。董安于性緩，帶弦以自促。性急不必定壞，性緩不必定好。性急不必定壞，有時亦可是好。假若佩韋以緩之，則也許正喪其好，而不得緩之益。假若急性定壞，佩韋以緩之，則扶得東來西又倒，雖轉急爲緩，而緩不必是善。性緩之好壞，亦如是論。此正氣質之善惡傾向之所以無定準，而且隨時可互轉之故。

（三）是故「用氣爲性」，說善可，說惡亦可。每一善或惡的傾向皆不能必然定住其自身。每一善的傾向，或惡的傾向，皆可轉化而爲善惡的分歧。任何壞氣質的人，不能無善的傾向。任何善氣質的人，不能無惡的傾向。在此說上中下三等，亦是概言之。並無絕對的上上或下下，亦無絕對自足的「中和之資」。絕對自足的中和之資亦要靠道德性本身之性之定然的善隨時來提練來規定，方能貞定得住，方能漸漸擴充而圓滿其自己。是以「用氣爲性」，所謂人性有善有惡，不能就個體人分別地分類說有人的氣性是善，有人的氣性是惡，有人的氣性可善可惡。只能說：有人的氣性，善的傾向分數多；有人的氣性，善的傾向分數少。而此義進一步，落在個體人身上說，便是每一人的氣性皆有善與惡的傾向，或善惡混雜的傾向。並不是有一類人純是善的傾向，有一類人純是惡的傾向，有一類人純是可善可惡的傾向。而孟子所說之性善，亦不可拖在人氣性上，列爲上品人。蓋孟子之性善即道德性本身之性之「定然的善」，非言氣性也。而荀子所謂性惡亦不可列爲氣性尺度之下品。蓋荀子之性惡是指人之動物性一面說，而動物性非氣質之性也（至少動物性與氣質之性間尙有一段距離）。

（四）「用氣爲性」，亦可有董仲舒之說。董氏之性論，從抽象到具體，其辯論之步驟，可列於下：

一、「性之名非生與？如其生之自然之質謂之性。性者質也。」此是最抽象的說法。不出告子「生之謂性」之範圍。性者自然之質也。此質是由氣下委於個體而結成。不問其中之差別與分化，故是最抽象的說法。如是，此質（氣質）亦是一最普遍的底子。此即從個體上就氣質之自然而本然者曰性。告子說性即止於此，故言「無分於善惡」，而重要論證則是仁義外在，即此自然而本然之質中並無仁義之道德性，故不可說善。但亦不可說惡。直是自然而本然之質而已。故云：「性猶杞柳也，義猶桮棬也」。與桮棬相對，以杞柳喩性，則性只是一質素之底子。如此說性，自是最抽象的說法，故無種種差別分化之顏色。此固無孟子仁義內在之道德性，亦未進一步就其差別分化之顏色而言其氣質之種種傾向。但董仲舒尙不止於此。他且進一步就其差別分化而言其氣質之善惡之傾向。

二、「栣衆惡於內，弗使得發於外者心也。故心之爲名栣也。人之受氣，苟無惡者，心何栣哉？吾以心之名得人之誠。人之誠（實也，即由氣而成之實，即性也），有貪有仁。仁貪之氣兩在於身。身之名取諸天。天兩，有陰陽之施。身亦兩，有貪仁之性」。按此，心能禁惡於內，則藏於內而可發於外之惡是來自氣性。如是，則心善而性惡。然董子並未能就心之善而言道德性本身之性之定然的善。但只就氣性而言性，即質素之性，氣質之性。就此而言，類荀子。董與荀皆未能善反，就心而言性。性既就氣性說，則此性即不能純善，因而分化而爲「仁貪之氣」，即仁貪之性。即就仁之氣之可以爲善言，亦不能說此仁之氣性就是善，只能說可以傾向於善。其「是善」還有待於後天之加工來完成。

三、「故性比於禾，善比於米。米出禾中，而禾未可全爲米也。善出性中，而性未可全爲善也。善與米，人之所繼天而成於外，非在天所爲之內也。天之所爲，有所至而止。止之內，謂之天性。止之外，謂之人事。事在性外，而性不得不成德。」據此，不但「性未可全爲善」，而且即有善質，而善質亦不能即是善。完成善質之爲善，則有待於性外之人事。

此仁貪之氣性之爲仁貪之兩行，亦只是靜態地分解言之而如此。靜態地分解言之，仁之氣屬於陽氣，貪之氣屬於陰氣。陽氣易傾向於善，因其比較光暢而易開發故。陰氣易傾向於惡，因其比較陰暗而易固閉故。此亦猶印度數論派之論智性與暗性，皆是自氣之質素而言。但此種傾向於善或傾向於惡，俱只是氣性之實然與偶然，並無先天之定然性與理之必然性。若不依道德性當身之定然的善來提練與規定，則只是偶然之傾向。

四、又此仁貪兩行之傾向，亦可就仁之氣性而言性，就貪之氣性之發爲情欲而言情。此即性善而情惡。而性之善亦只是氣性之善的傾向，而貪之氣性落於具體即是情欲，故直就之而言情惡也。究其實，皆是一氣之所結，皆是氣性也。性與情非有兩層也。是故仁貪兩行，性情兩行，陰陽兩行，善惡兩行，皆只是靜態地分解言之而如此。若融於具體，則仁貪之氣之爲善惡不只是善惡之傾向，其爲性情不只是性善而情惡，且可「性情相與爲一瞑」，善惡相與爲一瞑，而性亦未見得是善也，善亦未見得立得住而與惡爲對也。故董氏云：「天地之所生，謂之性情。性情相與爲一瞑。情亦性也。謂性已善，奈其情何？故聖人莫謂性善，累其名也。身之有性情也，若天之有陰陽也。言人之質而無其情，猶言天之陽而無其陰也。」據此，則「性情相與爲一瞑，情亦性也」，性情善惡不只是傾向，且情滲透於性中，性亦不能獨立而絕異於情。然則即總謂之「性惡」，亦無不可。「謂性已善，奈其情何」？此即因性情相融入而爲一瞑，故性不能即是善也。董子雖只消極地說性不是已善，並未積極地說其是惡，根據「質樸之謂性」言，亦可只是中性，無所謂善惡，然因情之惡融於其中，「情亦性也」，「性情相與爲一瞑」，則說「性惡」亦並無不可。至少亦不能說其爲好。「故聖人莫謂性善」。董子心中實亦是尊心而卑性。然則性善情惡，尊性而賤情，此義亦並站不住也。性情相與爲一瞑，其中固不能說無善質，然亦不能說無惡質。無論善質或惡質，俱爲一瞑而待覺。故云：「性有似目。目臥，幽而瞑，待覺而後見。當其未覺，可謂有見質，而不可謂見。今萬民之性，有其質，而未能覺。譬如瞑者，待覺敎之，然後善。當其未覺，可謂有善質，而不可謂善。與目之瞑而覺，一概之比也。」（上引董氏語，皆見春秋繁露深察名號篇。）

五、以上爲董仲舒由抽象而進於具體之辯論。進於具體，故察及仁貪性情之差別分化。止於抽象，則性只是普遍之質素底子。由質素之底子言，則性無分於善惡，此即告子之着眼點。而董子亦並非無此義。進於具體，則可言其善惡傾向之分化，而其實際，則性情相與爲一瞑，善惡相與爲一瞑。

此亦即函「善惡混」之說也。在尊心而卑性之下，甚至亦函「性惡」之說也。蓋其性善情惡本不能十分站得住也。故無分於善惡之「質素說」（材樸說），相與爲一瞑之「善惡混說」，仁貪性情或善惡之「分化說」，乃至「性惡說」，皆爲「用氣爲性」，「生之謂性」一系之所函，而非相排斥之敵對也。蓋「用氣爲性」本有此種種之差別分化也，本有此各面之函義也。此一系之所函，唯與孟子爲異類。

六、董子之進於具體，尙不只含以上之所說，且進而及於上中下之三品。惟彼不主性有三品，而是將性只限於中品，上下品則被排除於性名之外。此甚可怪。春秋繁露實性篇云：「今按聖人之言中，本無性善名。而有善人吾不得見之矣。使萬民之性皆已能善，善人者何爲不見也？觀孔子言此之意，以爲善難當甚。而孟子以爲萬民性皆能當之，過矣！聖人之性，不可以名性。斗筲之性，又不可以名性。名性者，中民之性。中民之性，如繭如卵。卵待覆二十日，而後能爲雛。繭待繅以涫湯，而後能爲絲。性待漸於敎訓，而後能爲善。善，敎訓之所然也，非質樸之所能至也。」實性篇所說與深察名號篇大體相同。深察名號篇亦云：「名性不以上，不以下，以其中名之。」「以其中名之」即就中民之性而言性。「名性不以上」，即「聖人之性，不可以名性」。「不以下」，即「斗筲之性，不可以名性」。實則「質樸之謂性」一原則不只用於中民，上下皆可用。當說「質樸之謂性」時，實是就人類一般地言之，並不曾帶有條件只限於中民，理上亦不應當有此限制。而在此忽將聖人之性與斗筲之性排除於此原則以外，而將此原則只限於中民之性，此則非能盡名理之思也。荀子說：「聖人之所以同於衆，其不異於衆者，性也」。（性惡篇）。荀子於此即較爲一致。而董生於此則見拘蔽。其拘蔽即在加重聖王之教化，單以聖王負教化之責。如聖王之性亦是待教而後能爲善，則教聖王者又是誰耶？且如待教，亦不得名爲聖王矣。此則必落於「無窮追溯」過。故聖王之性必須已善，不須待教而後善。且聖人之性即等於聖人，皆已是全盡之善。待教而善之質樸之性義用不上。故言性不就聖人之性言。此種拘蔽，實無謂。另一拘蔽即在上智與下愚不移。故亦不就下愚（斗筲之性）言性。如是則斗筲之性，根本不可教矣。此兩種拘蔽皆應解除。「質樸之謂性」，是一普遍之原則。進於具體，察及種種差別以及差別之等級性，可言上中下三品，以及上智與下愚不移。是則三品之說是等級上的事，與「質樸之謂性」並不衝突。質樸之性並不必限於中民也。聖人之性亦是質樸之性，不過其質樸之天資高，稟氣清而厚，才質强而靈，故能自然成德而列爲上上也。如不如此，則聖人之性，固不可以「質樸之謂性」論，而聖人且只是神性，且不可以人論，猶如基督教視耶穌爲神之化身而非人也。董子，甚至兩漢，下及魏晉，皆視聖人爲「天縱」，不可學而至。然此「天縱」固仍可自材資言，因而仍可通於「質樸之謂性」。不過其天資高，其性情之瞑易開，其混雜少而易沙汰，故易至純善而不見有惡迹。此亦可說是「天縱」。「天縱」不必如耶教之視耶穌爲神也。順兩漢傳統，大體視孔子爲天縱之聖，不可學而至。此亦幾乎將孔子神聖化。然中國之心靈傳統，畢竟較切實而平實。孔子雖是天縱之聖，然兩漢下及魏晉，亦大體是從天資或才資之特異方面來接近此「天縱」，而未肯直視孔子爲神，如耶教之所爲。從天資或才資來接近天縱，即是在上帝派遣或差遣外，開一切實可理解之路，此即氣性、才性、或資質之路是也。只是此路，當然尚不能盡聖人之所以爲聖人，然至少亦是了解聖人之重要的一面。兩漢人即把握此一面，而從才資言聖人。但若從此路入，便不能把「聖人之性」排除於性名之外。若排除於「性」名之外，便只有視聖人爲神而非人，而亦不可從才資說。從才資說而又排除於「性」名之外，是矛盾的。窺董生之意，似不能離開才資一路。否則，便不應將聖人之性與斗筲之性，列在上下兩極上而連言。因爲神是不能排在人的等級串內的。若視聖人爲神，排除於「性」名之外，則下端之斗筲之性，固亦是人矣，而亦排除於「性」名之外，則斗筲之性不但「根本不可教」，且直不以人視之，其鄙夷生類亦甚矣。若從才資視聖人，則斗筲之性亦在氣性一路內，而不能排之於「性」名之外。孔子只說其「不移」，並不說其根本不可教。亦未說其不在「性」名之內也。董仲舒對於才質之性之强度之等級性，未能通透，强將聖人之性與斗筲之性排除於性名之外，遂造成無謂之拘蔽，引出許多之矛盾。若將聖人之性與斗筲之性納於「性」名之下，而皆從氣性或材樸之資質入，而列爲上中下之三品，則種種矛盾可得解矣。從才資固可接近天縱，而亦唯從才資，始可說三品。何故材樸之性必不用於聖人與斗筲耶？故仲舒之性論很易發展至三品說，而彼卻無端來一無謂之限制，是示其於「氣性」一路並未通透，故有此錮蔽，而未能盡思理之致也。

七、至於聖人固有聖人之才與資，但若只從才資論聖人，則不能盡聖人之所以爲聖人。聖人總不能只限於氣性之一層。聖人總是德性人格之目。其天資無論如何高，亦無現成之聖人。其天資亦在不斷的陶鑄與完成中。此則必開超越之理性領域，而後始能盡聖人之蘊，而後始能說「人人皆可以爲聖人」，而後始眞能建立人性之尊嚴。此則必歸宗於孟子，而後人性論始能全部站得起。宋明儒即繼承此路而前進，而兩漢傳統所注意之氣性、才性，遂吸收而爲「氣質之性」矣。此是中國學術之大脈也。

八、「用氣爲性」雖不足，要是人性論中重要之一面。兩漢儒者着眼此一面，亦並非無價值。惟董仲舒不能通透耳。在其錮蔽下，既欲排聖人之性與斗筲之性於「性」名之外，復完全不解孟子，而將善歸於聖人，藉以駁斥孟子之性善。夫孟子性善之「善」與聖人之善完全是兩回事，何可藉以相駁斥？夫言性善，豈謂人即是聖人耶？未至聖人之善，豈即是性不善與？豈可以未至聖人之善便謂性不善耶？於以見其思理之混亂。

深察名號篇曰：『天生民有六經，言性者不當異。然其或曰性也善，或曰性未善，則所謂善者各異意也。性有善端，動之愛父母，善於禽獸，則謂之善，此孟子之言。循三綱五紀，通八端之理，忠信而博愛，敦厚而好禮，乃可謂善。此聖人之善也。是故孔子曰：善人吾不得而見之，得見有常者斯可矣。由是觀之，聖人之所謂善，亦未易當也。非善於禽獸，則謂之善也。使動其端，善於禽獸，則可謂之善，善奚爲弗見也？（「善奚爲弗見」意即「善人奚爲弗見」，略「人」字。實性篇即有「人」字。）夫善於禽獸之未得爲善也，猶知（智）於草木，而不得名知。……善知之名，乃取之聖。聖人之所命，天下以爲正。正朝夕者視北辰，正嫌疑者視聖人。聖人以爲無王之世，不教之名（「名」疑當爲「民」），民莫能當善。善之難當如此，而謂萬民之性皆能當之，過矣。

質於禽獸之性，則萬民之性善矣。質於人道之善，則民性弗及也。萬民之性善於禽獸者，許之。聖人之所謂善者，勿許。吾質之命性者異孟子。孟子下質於禽獸之所爲，故曰性已善。吾上質於聖人之所善，故謂性未善。善過性，聖人過善』。……

案：此解完全非是。孟子言性善，豈是因人之氣性動其善端愛父母，善於禽獸，而證人之性善乎？孟子就人之惻隱之心，羞惡之心，辭讓之心，是非之心，言人確有其「良知並實現其良知之良能」之道德的心性。即就此「道德的心性」而言人之性爲善。此道德的心性之善即是人之「道德性當身」之定然的善。並非是「用氣爲性」之善質，或氣性之善的傾向。其所謂「惻隱之心，仁之端也」云云，此由道德心而見之「性之善端」，並非是氣性之善質也。而乃是由此善端以體證人之超越而自足的普遍的道德心性之當身。此完全在開闢一超越之德性領域，或道德心靈之領域，而駕臨乎人之動物性以上者。此爲理性之大海，由善端而體證之，及其至也，「神鬼神帝，生天生地」，範圍曲成，無一物之能外。故擴而充之，足以保四海，仁不可勝用，義不可勝用。不擴而充之，不足以事父母。然則此善端之爲關鍵，豈不重且大哉？故言人之所以異於禽獸者幾希。此「幾希」一點，擴而充之，則「天地變化草木蕃」。閉塞而不通，則「天地閉，賢人隱」，大地平沈。此完全從道德心靈上講，此是氣性之善的傾向乎？若是從氣性講，則其動之以愛父母，未必善於禽獸也。仲舒於此完全不解，而謂孟子之性善只是「氣性之善端，動之以愛父母，善於禽獸」之性善，豈不謬哉？若從「氣性」言性，則性情相與爲一瞑，善惡相與爲一瞑，自不足以當善之名也。此豈孟子所言之性哉？

董子既不解孟子言性之層次，而單只拉於氣性一層而觀之，遂據其「性情相與爲一瞑」之說，而謂性不能是善。性既不能當善之名，則善當何在耶？董子將善歸於聖人。依董子，「聖人之善」與「聖人之所謂善」，方是善之所在，亦是善之標準。「聖人之善」是意謂聖人人格所已體現之善。「聖人之所謂善」是意謂聖人所說之善：「循三綱五紀，通八端之理」（三五相加即八端）云云，即聖人所說之善。前者從人說，後者從理說。此是分別言之。但依董子，聖人之性與聖人之善爲同一，而「聖人之善」與「聖人之所謂善」亦同一。此完全是已體現了的全盡之善。因賅果海，果徹因源。

因果不二，性行不二。此不是「性情相與爲一瞑」之性，亦不是「瞑而待覺」之善。故聖人之性排除於「性」名之外，言性不能就聖人之性言。亦不能就「終瞑而不可開」之斗筲之性言。彼以聖人之性、善、以及「所謂善」爲標準，以爲一般人未能至此，故其性不能是善，並據此以駁孟子之性善。從氣性言性，謂性不善可也。但亦不能將聖人與斗筲排除於「性」名之外。此見前辯。就其駁孟子之性善言，則彼不知孟子不從氣性言。孟子所言之性即是道德實踐所以可能之超越根據，亦即發展人之道德人格而成聖之所以可能之超越根據。此「性」可簡稱曰「聖性」，即以「道德性」爲性。猶如佛教之言「佛性」。佛性即成佛之性。一切衆生皆有佛性，但不必皆能成佛。豈可因未成佛，便謂無佛性？豈可因未至聖人之善，便據以否定性善？性善與聖人之善是兩回事。一是根據問題，一是體現問題。兩者混而一之，豈得爲如理？

九、依以上之疏解，可綜結如下：

「用氣爲性」，則「質樸之謂性」，性是才資之性。聖人之性與斗筲之性皆不得排除於此性名之外。才資或才質之「氣性」不能純善，不能純惡，因本有異質之駁雜故。即其善者，亦並非定然之善。並無理性之必然。其惡者亦不是「道德性當身」之定然的善所照臨之「定然的惡」（罪惡）。因此，才質之氣性並無絕對的純善，亦無絕對的純惡。但卻可有强度之等級性。聖人之才質之性是上上者，斗筲下愚之才質之性是下下者。但俱不能外於此氣性之名。

「用理爲性」，則即心以見性，性是「道德性當身」之性，其善是定然的善，乃理性上之必然。此即成聖之超越的根據，故可曰「聖性」。此性是普遍的，人人俱有的。惟由此始可說：人人皆可以為聖人。無論上中下，皆不能外此名。亦不能因未能成聖，便否定此聖性之為定然的善。

「人人皆可以為聖人」，但事實上究竟並未人人皆是聖人。關此，才性的地位當然很重要。依「才質之氣性」，說差別性。依「道德性當身」之理性，說普遍性。此為宋明儒所已解決者，並非吾之新創。此固非董仲舒之境界。董子對於「氣性」未通透，對於「理性」未沾邊。此其所以有許多窒礙也。

（五）「用氣為性」，亦可有劉向（子政）之說。

劉向曰：「性生而然者也，在於身而不發。情接於物而然者也，形出於外。形外，則謂之陽。不發，則謂之陰」。（王充論衡、本性篇引）。此本樂記「人生而靜，天之性也。感於物而動，性之欲也。」而來。劉向所謂情，即「性之欲也」。所謂「在於身而不發」，即「人生而靜，天之性也」。惟以不發之靜為陰，形出於外為陽，此種陰陽動靜之比，皆只是聯想，雖可而無必。

落於善惡，則劉向謂「性情相應，性不獨善，情不獨惡」。（荀悅：申鑒、雜言下引）。如此，則與董生之「性情相與為一瞑，情亦性也。謂性已善，奈其情何？」之說同，而與楊雄之善惡混，亦無二致。

惟樂記之語，可以上下其解。下解，則是「用氣為性」之路。上解，則可講得很高。此須有一超越分解以通其意。究其實際，窺其語意，恐以下解為順。劉向之說，若本樂記，即是由下解而來者。故其究也，「性不獨善，情不獨惡」。蓋亦唯順氣性一路言性情，始可如此言耳。

（六）告子固是就「質素之底子」以言性，然此着眼點亦可復有進一步之引申，以完成其「無分於善惡」之說。不只向「性情相與爲一瞑」，「善惡混」之說而趨也。此即「生之謂性」即「成之謂性」之由「是什麽」而言性。

詳察告子「生之謂性」，「性猶杞柳」之說，其最初之意固只是董仲舒所謂「如其生之自然之質謂之性」。董生此語實「生之謂性」之最恰當的解析。就此而言，性只是生而然之「自然之質」，生而然之「質素底子」。如此，則性自然爲中性，無分於善惡。蓋仁義外在，不在「自然之質之性」中故也。此最抽象之「自然之質」，如再分解爲生物本能，生理欲望，心理情緒，還仍是「自然之質」之種種徵象（characteristics, triats），仍是材質之無所謂善惡者。即使再進一步如董仲舒、王充所察及之種種差別分化，如智愚之分化，才不才之分化，清濁强弱厚薄之分化，乃至善惡傾向之分化，仍只是「自然之質」之氣性之種種徵象。即就善惡傾向之分化言，亦只是氣性之自然傾向，而易於表現道德性之善，或易於陷於罪惡者，而仍不是道德性當身之性之定然的善，或道德性當身之性照察下之道德上的惡。智固不必是善，愚亦不必是惡。才固不必是善，不才亦不必是惡。清濁强弱厚薄亦然。氣性之善只是好氣性，並不是道德性當身之性。氣性之惡只是壞氣性，並不是道德性當身所對照之道德上的惡。好氣性與壞氣性，其本身只是偶然之質，並無定準。皆是可以加工誘化或其自身即可互相轉化者。告子將仁義排除於「自然之質」之外，即示自然之質並無道德性當身之善。由此一辯，遂使孟子必主仁義內在，而孟子所言之性亦遂必上升而爲道德性當身之性，其所言之善亦必爲道德性當身之定然的善。孟子一面既上升，告子一面即相形而下落。如是，使吾人對於人性，除從氣性一路認識外，復進而自道德性當身來認識性。如是，對於人之「所以爲人」之性，人之「成爲一極」之性，人之「眞正的成其爲人之尊嚴」之性，方有眞正之認識。而道德上之善惡觀念方有定然而必然之意義。而下落從氣性一路所言之性，則一是皆歸於自然而實然之領域，而其本身亦自無所謂善惡矣。或至少亦無道德上嚴格而眞正的善惡之意義。氣性之或好或壞，只是在道德性當身之心性之絕對的善，定然而必然的善之照察下，所有的估價，看看那種氣性易於表現道德性當身之善，那種氣性不易於表現而易於陷溺於罪惡。其易於表現道德性當身之善者爲好氣性，其不易於表現而易於陷溺者爲壞氣性。其本身固無嚴格而眞正的善惡之意義。善惡之根實在氣性以外而超乎氣性以上之「道德性當身之心性」。如是，則凡氣性以內皆自然而實然者，並無當然之意義。凡自然而實然者皆是中性的，無所謂善惡的。如是，氣性，或簡約而爲「質素底子」，或散開而爲種種徵象，一是皆是「是什麼」之領域。皆是「自然之質」，皆可概之於「生之謂性」下。雖有種種徵象，而其究也，終歸於「性情相與爲一瞑」，終歸於「善惡混」，亦即「善惡相與爲一瞑」。故仲舒、劉向、楊雄、王充等，凡從氣性一路言性者，皆不能逃「生之謂性」之範圍。而「生之謂性」，「如其生之自然之質謂之性」，實即「成之謂性」。成即個體形成之謂。生而然之「自然之質」即個體成其爲個體時所具有之「自然之質」。「生之謂性」即從個體成其爲個體時所具有之「自然之質」以言性。（human nature viewed from "to be", "what it is"）。從個體形成言性，則性是「是什麼」之性，而非道德性當身所表現之「當然之性」。「是什麼」之性進一步即成爲知識上「定義之性」。而「定義之性」是一知識概念，並非一價值概念。無人從「定義之性」處說善惡也。「定義之性」所表示之理爲「形成之理」（Principle of Formmation），而非道德性當身之心性所表示之「實現之理」（Principle of Actualization）。（關此，吾曾詳言之於「論無人性與人無定義」一文，見「道德的理想主義」。）如此解析，完全合乎告子言性之理路。而孟子言性之特異處，亦因之而益顯。

（七）「用氣爲性」，說「無分於善惡」可，說「善惡混」可，說「有善有惡」（有善惡兩傾）可，說「情不獨惡，性不獨善」，「性情（善惡）相與爲一瞑」亦可。在此情形下，普通所謂董仲舒，（白虎通、德論說法亦在內），尊性而賤情，實則此軒輊並無嚴格之意義。情固駁雜，性亦不純，亦未見有可尊處。尊性賤情是隨尊陽賤陰而來。陰陽如只落於氣上，尤其如只落於「自然之質」之氣性上，則陰固不佳，陽亦未見得好。尊陽賤陰只是如俗情之重男輕女之心理上的軒輊，並無理性上的根據。如說某某是陽性的人，某某是陰性的人。陰性的人之陰險佞巧，固可厭，而陽性的人之衝動莽撞，亦未見得有可尊處。尊之只是俗情之心理上的軒輊。衡之以理性上的善，皆在被治之內。陰固惡，但亦有陰柔之善。陽固較佳，但亦有陽剛之惡。故落在氣上，落在「自然之質」之氣性上，皆無可尊也。易經「大哉乾元，萬物資始」，「至哉坤元，萬物資生」。乾元坤元兩者並建，是上提而就天地之德上說，並不是下落於氣上說。就「德」說，尊乾而法坤，尊有可尊，法有可法，皆可貴也。至於落在自然之質之「氣性」上，皆無可貴也。然則，順「用氣爲性」一路走，其可尊者，當不在性而在心。

董仲舒云：「栣衆惡於內，弗使得發於外者心也。故心之爲名栣也。人之受氣，苟無惡者，心何栣哉？吾以心之名得人之誠」。（深察名號篇）。此段文，前已引過。由此可見，「氣性」並非純淨者。氣性是沈澱在心之下而爲心所栣禁或禁制者。心顯然超越乎性而浮在性以上者。「以心之名，得人之誠」，言由心之爲枑爲禁而知其所禁者（性）之實也。然則人之性之不佳，不可貴，豈不顯然乎？而眞可貴者，實在能禁之心也。此表示董仲舒已自覺到「心」之作用與地位。惜其不能善反，切實正視心之本質，即心以言性。此吾前已言之。

荀子雖直接就人之生物本能，生理欲望，心理情緒（總之大體是人之動物性），以言性，與就氣言性者尚有間，然性總是沈澱在下者，則無疑。彼在「性惡篇」作具體的列舉，固是就生物本能，生理欲望，心理情緒言，然彼在「正名篇」總持地爲性下定義，說：「生之所以然者謂之性。生之和所生，精合感應，不事而自然，謂之性」。則已與告子「生之謂性」，董仲舒「如其生之自然之質謂之性」，無以異，亦即與「用氣爲性」無以異。不過在荀子，「氣」這個形而上的或抽象的概念尚未提練出而已。既如此，則荀子言性亦可劃在「用氣爲性」一路裏。而荀子不但賤性，且直謂之爲惡。然則其所尊貴者何耶？客觀地說，固是「禮義之統」，而主觀地說，則在心（天君）。荀子尤能自覺地尊心。「解蔽篇」之作，正爲此也。故曰：「心者，形之君也，而神明之主也。出令而無所受令。自禁也，自使也，自奪也，自取也，自行也，自止也。故口可刼而使默云，形可刼而使詘申，心不可刼而使易意。是之則受，非之則辭」。心之越乎性而主宰乎性，顯然可見。惜乎荀子亦不能善反，就心以言性。心之地位如此其重要，其可尊貴可知。然不能就心以言性，進至孟子之境界，則心之道德意義之善性，即不能由心自身維持得住，而須靠外在之禮義以提携，是則其可尊貴亦無其自身之超越根據。凡就氣以言性，心越乎性而浮在性上，不能就心以言性，則凡禮義之善，仁義之善，無有不是後天加工而爲人爲者。此「用氣爲性」一路之所必至者。

告子言心，雖無充足之文獻，然由孟子論及其言不動心，以及評及其「不得於言，勿求於心，不得於心，勿求於氣」，亦可知告子亦能自覺到心之地位者。彼言「生之謂性」，「性無分於善惡」，其言性，吾人已知其屬於「用氣爲性」一路者。然則性在下，心在上而有主導之作用，亦無疑。但不能就心以言性，則心之地位不穩定，其可尊貴亦無其自身之超越根據，其道德意義之善性亦不能由其自身來維持，或甚至並無道德之意義（此如道家）。其强制之「不動心」，以及其「不得於言，勿求於心」之「不可」（孟子評語），則可知其言心，關聯着性說，不歸於荀子，即歸於道家。歸於荀子，則仁義之性是後天而爲人爲者，而告子固以杞柳喻性，以桮棬喻仁義也。歸於道家，則人之道德性即不能言。

道家將氣性、自然之質、氣、一起融於自然生命中，而就自然生命原始之渾朴以言性，是性亦沈在下者。工夫則在心上作。心亦是越乎性而在性上者。惟對性之態度，則在養而不在治。清心靜心虛心一心以保養原始渾朴之性而不令其發散，此即所謂養生也。養生即養性。在心上用功，而在性上得收穫。心之地位亦很重要而可尊貴。（客觀平置言，則尊性而賤心。莊子繕性篇言：「澆淳散朴，離道以善，險德以行。然後去性而從於心。心與心識知，而不足以定天下。然後附之以文，益之以博。文滅質，博溺心。然後民始惑亂，無以反其性情而復其初。」故須於心上作虛靜之工夫。）然不能就心以言性，則其淸虛一靜之心，其自身並無超越之根據，惟靠道、無、自然，來提練，只有後天之工夫，並無先天之工夫。然因其不談「道德性」，則問題較簡單。然亦正因其不能安放道德性，遂構成道家系統之嚴重缺陷，此其所以爲異端也。

至於王充，雖就氣以言性，然根本未自覺到心之地位與作用。此其所以為下乘，而終於為材質主義，命定主義也。彼於「本性篇」雖歷舉以往言性者而皆評之，然對於晚周學脈，以及其中之重要問題，則似根本接不上。惟就氣以言性命，則較有真切感。以下試就其「本性篇」之評以往言性者而糾正之，並進而再就其命定主義與材質主義而闡發其義蘊。

第三節 「本性篇」闢謬

（一）王充就氣以言性命，其所言之性自是「自然之質」之氣性。氣性自是有善有惡，而善惡只是自然之質之傾向。其成為善或成為惡，須待後來之「養而致」。自後來之「養而致」言，則自其原初之「自然之質」言，亦可如告子「生之謂性」，「性無分於善惡」。亦可如董仲舒所說「性情（善惡在內）相與為一瞑」。亦可如劉向所說「情不獨惡，性不獨善」。（性靜不發，未必即是純善。情發於外，未必即是純惡。）這些命題皆可為「用氣為性」一路之所函。王充雖能自覺到，從氣性言，當該是有善有惡，但卻不能自覺到這些說法之皆可，亦不能覺到這一串命題之相函。故對於以往諸家之說法多不能盡其意，其批評亦多無謂之批評。而對於不屬於「用氣為性」一路之孟子尤其不能解。

「周人世碩以為人性有善有惡。舉人之善性養而致之，則善長。惡性，養而致之，則惡長。如此，則性各有陰陽，（按此句『各』字語意不明，其意似乎是『人性皆有陰陽兩面』。）善惡在所養焉。故世子作養性書一篇。宓子賤，漆雕開，公孫尼子之徒，亦論情性，與世子相出入，皆言性有善有惡。」

案王充以世碩之說爲標準。但此諸人之說，今已不可考。其持論之原委不可得而知。王充是之，即概於「用氣爲性」一路可也。彼以此諸人爲準，以下評孟子之說云：

（二）「孟子作性善之篇，以爲人性皆善。及其不善，物亂之也。謂人生於天地，皆稟善性。長大與物交接，放縱悖亂，不善日以生矣。若孟子之言，人幼小之時，無有不善也。」

孟子之言性善，豈限於幼小之時耶？「及其不善，物亂之也」。人在幼小，固無所謂「物亂」。然亦不自幼小立性善也。「惻隱之心，人皆有之」云云，豈專限於幼小耶？孟子之書具在，王充未能解也。妄將孟子所言之性善，限於幼小，遂歷舉紂與羊舌食我生而即有惡之傾向之氣性以駁之。此未可謂得其實也。彼以「孟軻言人性善者，中人以上者也」。（本性篇末段結語）。不知孟子言性並不自「氣」言，故其所言之性亦非氣性。孟子自惻隱、羞惡、是非、辭讓等心以言性，此性是人所普遍具有的「道德心性」之當身。此是人之所以爲人之普遍的本質，是人之所以能爲道德的實踐以發展其道德的人格之眞幾，先天的根據。其言善即是此「道德心性當身」之善，並非氣性之傾向也。不管自「惻隱之心，人皆有之」等等之正面言，或自「無惻隱之心非人也」等等之反面言，皆表示此「道德的心性當身」是人之所以爲人之普遍的本質。豈只專限於「中人以上」耶？將人分爲上中下三等，是「自然之質之氣性」中言，並不是「道德心性」中言。而將孟子所言之「道德心性當身」之性拉於「自然之質」之氣性中以排列之，謬之甚矣。此下又評告子之說云：

（三）「告子與孟子同時。其論性無善惡之分。譬之湍水，決之東則東，決之西則西。夫水無分於東西，猶人無分於善惡也。（具言之，當爲「猶人性無分於善惡也」。）夫告子之言，謂人之性與水同也。使性若水，可以水喻性。猶金之為金，木之為木也。【但是】人善因善，惡亦因惡。初稟天然之姿，受純一之質，故生而兆見，善惡可察。無分於善惡，可推移者，謂中人也。不善不惡，須教成者也。故孔子曰：中人以上可以語上也。中人以下，不可以語上也。告子之以決水喻者，徒謂中人。不指極善極惡也。孔子曰：性相近也，習相遠也。夫中人之性，在所習焉。習善而為善，習惡而為惡也。至於極善極惡，非復在習。故孔子曰：惟上智與下愚不移。性有善有惡。聖化賢教，不復能移易也。孔子道德之祖，諸子之中最卓者也。而曰上智下愚不移。故知告子之言，未得實也。」

案告子主「生之謂性」，「性猶杞柳」，其為「用氣為性」自無疑。「性猶杞柳」與「義猶桮棬」相對而顯，則性自是無分於善惡之中性，只是一自然之材質或質素。告子是就此最初之質素，一般地或抽象地言之，故言「無分於善惡」。此無關於上中下。故王充遽斷其說為「謂中人」，亦非是。然此自然之質之氣性本非一「同質之純一」之質，如心靈或理性之為「純一」然，而乃本質上就是一「異質之駁雜」之質。故進於具體，必有種種之差異、傾向、與分化。就此差異、傾向、與分化言，謂有善傾惡傾可也。（善傾謂易於表現「道德心性當身之善」之氣性傾向，惡傾謂不易于表現而易於陷於罪惡之氣性傾向。）謂「生而兆見，善惡可察」亦可也。然據此「兆見」之善惡傾向以否定「性猶杞柳」之「無分於善惡」之中性說，則不可。蓋此兩者在「生之謂性」，「如其生之自然之質之謂性」，「用氣為性」之路下，是相函、相連而生者，並非是矛盾之衝突。不特此也。「生而兆見，善惡可察」，此兆見之善惡究非現成之善惡，亦非實現了的善惡。（尤非道德心性當身之善與其所對照之惡）。就此而言，則「善惡混」亦可說，「性情善惡相與為一瞑」亦可說。無善無惡，有善有惡，善惡混，善惡相與爲一瞑，四義皆相函，相連而生之相函，並非是對立衝突矛盾之四說。不特此也。就差異、傾向、與分化言，不只有善惡之傾向，而且有智愚之差異，才不才之差異。就此而言，孔子那些話皆有至理。因爲氣性、質性、才性，本有種種差異與差異之等級也。如此，不但該四義相函相連，而且該四義亦與上中下三品之說相函相連。蓋異質駁雜之氣下委於個體之自然生命而爲「自然之質」之氣性，本有其異質之强度性。有强度性，自有差異之等級。（强度的等級，非廣度的等級。）

（四）「孫卿有（又）反孟子，作性惡之篇。以爲人性惡，其善者僞也。性惡者，以爲人生皆得惡性也。僞者，長大之後，勉使爲善也。若孫卿之言，人幼小無有善也。后稷爲兒，以種樹爲戲。孔子能行，以俎豆爲弄。石生而堅，蘭生而香。生稟善氣，長大成就。故種樹之戲，爲唐司馬。俎豆之弄，爲周聖師。稟蘭石之性，故有堅香之驗。夫孫卿之言，未爲得實。」

案此評亦非是。荀子言性惡，豈限於幼小之時耶？荀子性惡篇言：「今人之性，生而有好利焉。順是，故爭奪生而辭讓亡焉。生而有疾惡焉。順是，故殘賊生而忠信亡焉。生而有耳目之欲，有好聲色焉。順是，故淫亂生而禮義文理亡焉。然則，從人之性，順人之情，必出於爭奪，合於犯分亂理，而歸於暴。故必將有師法之化，禮義之道（導），然後出於辭讓，合於文理，而歸於治。用此觀之，然則人之性惡明矣。其善者僞也。」又曰：「今人之性，飢而欲飽，寒而欲煖，勞而欲休，此人之情性也。」總此而觀之，則荀子所謂情性，大體是就生物本能，生理欲望，心理情緒，而具體地言之。此種種現象本身固有無所謂善惡者，亦不能說絕無善的傾向。但對辭讓、忠信、禮義、文理而言，此等自然現象究竟處於下層而須節之理之，始能合於禮義者。故云「順是」，則「爭奪生」，「殘賊生」，「淫亂生」，意言「順是」而無禮義之節，則必趨於惡。此即荀子所謂之「性惡」。荀子非必不知此中亦可有善的傾向。但即使是善的傾向，亦須禮義之整治，始可眞成爲「合於文理」之善行。總之，凡屬自然者，皆須整治節理。生物本能，生理欲望，心理情緒，本幾與動物性無以異。此須整治節理甚顯。即使等而上之，進於氣質之性，亦須整治節理。即使此種種現象的分化一起捲之於「生之和所生，精合感應，不事而自然，謂之性」，此「自然之質」亦須整治節理，而非眞可說爲好者。荀子客觀地欲顯禮義之作用，主觀地欲顯心君之作用，則處於下而須整治節理之自然之質之氣性，不管中有善的傾向，總不能認定其爲自身站得住之善者。自「順之而無節易趨於惡」言，則謂之爲惡亦無不可也。人總不能只停於此「自然之質」之一層，而總當有越乎此層以上者。道德價值之根是在「自然之質」以上之一層，而不在自然之質之本身。此義，晚周諸大家，不管如何講法，大體皆能知之。此晚周學脈之大義也。若王充者，何足以知之？荀子言性惡，目的在刺出「自然之質」一層之不足，此與幼小之時何關耶？又與「中人以下」何關耶？（王充言「孫卿言人性惡者，中人以下者也」。亦本篇末段結語。）

孟子即心言性，心性合一，開出人之普遍的道德心性當身之性以爲人之所以爲人，所以爲道德的存在，所以能發展其道德人格而至於成聖成賢（人人皆可以爲堯舜），之先天的超越根據。此猶佛家之言「佛性」，一切衆生皆有佛性，一切衆生皆可成佛。佛性是成佛之超越根據。此種開闢最爲透宗立極。

告子「生之謂性」，成之謂性一路，可以開出「是什麽」之「定義之性」。

荀子言「性惡」，則指出「自然之質」一層之不足，而必有待於禮義天君（心）以臨之。三家義理各有所當，何可拉於氣性之差異中而以上中下排列之？此王充之淺陋也。

王充此下復論及陸賈、董仲舒、劉子政（向），而語意多不明，或多無謂之評論。其論陸賈曰：（五）「陸賈曰：天地生人也，以禮義之性。人能察己所以受命，則順。順之謂道。夫陸賈知人禮義爲性，人亦能察己所以受命。性善者，不待察而自善。性惡者，雖能察之，猶背禮畔義。挹於善，不能爲也。故貪者能言廉，亂者能言治。盜跖非人之竊也，莊蹻刺人之濫也。明能察己，口能論賢。性惡不爲，何益於善？陸賈之言，未能得實。」

案陸賈之說，恐是根據中庸「天命之謂性，率性之謂道」而來。此猶秉承正宗儒家性善之旨。故曰：「天地生人也，以禮義之性」。此顯指人之「道德心性當身之性」而言。此性是天所命也。亦如孟子言「我固有之也」。「人能察己所以受命，則順」，言人若能省察自己所以受命於天爲性者，則可以順此禮義之性而合於道。故曰「順之謂道」。此顯與中庸「率性之謂道」意同。不能察己而識此天命之性，一味順「自然之質」之氣性走，則並無所以合道之超越標準。道德之根不能植於氣性上。陸賈此旨猶不背儒家理想主義之立場。而王充何足以知之？徒謂「雖能察之」，不必爲善。夫自「道德心性當身之性」言性善者，豈謂人生而即爲聖人乎？王充只知從氣言性（用氣爲性），而不知從理言性也。故其言「性惡不爲，何益於善」，此性只是氣性之性也。氣性有善有惡，若無超越之道德心性以臨之，則氣性之惡者終於惡而已矣。有何法使之必爲耶？「人能察己所以受命」，雖不必即時一一皆合於道，然亦唯賴時時察己以透露超越而普遍之道德心性，始可逐步不容已地趨於善而合於道。

其中之艱苦自不必言。焉得因有「背禮畔義」，即謂「陸賈之言，未能得實」乎？夫人之明不難於知氣性，而難於知理性。氣性之障與限（當然亦可有助），夫誰不知之？不然，何必念念不忘於愼獨、正心、誠意乎？王充於晚周儒家學脈，完全接不上。此可慨也。

（六）其論董仲舒一段，語意不明。故略。董生之說俱見春秋繁露、深察名號篇及實性篇。吾已詳爲疏解如前。董生之說可謂涉及「氣性」、在善惡方面之全部函義。但彼未能通透。王充之主人性有善有惡，則不自每一人之性中有善惡兩傾言，而是注意人類中有是善的，此爲中人以上，有是惡的，此是中人以下，其餘則善惡混，可善可惡，則中人也。王充單就此層，即氣性差異之等級性，以論人性之善惡。今除孟子不論，其餘皆可概括於「用氣爲性」之一路。在此路下，一串命題相連而生。「生之謂性」，「成之謂性」，「如其生之自然之質謂之性」，此是最普遍地言之。就此而言，則性爲中性，無分善惡。此性乃「是什麽」之性，可引申而爲「定義之性」。具體地言之，則因異質之駁雜性，此「自然之質」之氣性自不能甚純，亦不會是純善，亦不會是純惡，因而必是有善惡之傾向者。自此而言，則每一人之氣性皆可有善有惡。但此善惡只是氣性之傾向，並不是現成的善惡，或實現了的決定的善惡，尤其不是道德心性當身之善與其所對照之惡，故就此而言，亦可以說「善惡混」，「性情善惡相與爲一瞑」，其後來之爲善或爲惡，皆由「養而致」，或教而成。再進一步，因異質之駁雜性而有種種之差別或差異，復因種種差異之强度性而有等級性。此等級性可混合智愚，才不才，以及善惡之傾向爲一而言之。就此而言，則人類自可大略分爲上中下之三等。而孔子「上智下愚不移」之說，亦在此成立。此皆一系相連者。王充以其所稱是之世碩與後來之韓愈，皆自此上中下三等言人性之善惡，而不知其與其餘諸義相連也。故以三品爲準而妄肆譏評其他諸說之「不實」。此其所以爲淺陋也。茲將此一系之所函，串列如下：

【（生之謂性，成之謂性，如其生之自然之質謂之性）：中性說→性無分於善惡→「是什麽」之性→定義之性→形成之理→知識概念】→【（異質之駁雜性）：善惡兩傾→善惡混→性情善惡相與爲一瞑→性不獨善，情不獨惡】→【（差異之强度性，强度之等級性）：性分三品說→上智下愚不移】→【（自然之質之性，氣性或才性，無論善惡傾向、智愚、才不才，總須被整治節理）：荀子之性惡說→卑性而尊心】

（七）此下復評劉子政曰：

「劉子政曰：性生而然者也，在於身而不發。情接於物而然者也，形出於外。形外，則謂之陽。不發者，則謂之陰。夫子政之言，謂性在身而不發。情接於物，形出於外，故謂之陽。性不發，不與物接，故謂之陰。夫如子政之言，乃謂情爲陽，性謂陰也。不據本所生起，苟以形出與不發，見定陰陽也。必以形出爲陽，性亦與物接。造次必於是，顚沛必於是。惻隱不忍，不忍，仁之氣也。卑謙辭讓，性之發也。有與接會，故惻隱卑謙形出於外。謂性在內，不與物接，恐非其實。不論性之善惡，徒議外內陰陽，理難以知。且從子政之言，以性爲陰，情爲陽。夫人稟情，竟有善惡不也？」

案劉向之說，顯本樂記「人生而靜，天之性也。感於物而動，性之欲也」而來。性之欲即爲情，故云：「情接於物而然者也，形出於外。」情之潛蓄不發即爲性，此是天然而靜之潛存狀態，故云：「在於身而不發」。性與情不是截然兩物；不是性爲一物，放在那裏不發不動，情又爲一物，放在那裏既接且動。無有如此死板理會者。惟是王充不解，故作死會。「情，接於物而然」，嚴格言之，實是「性之接於物即爲情」，故即就接於物而見情之然。接於物，形出於外，而見情之然，則當其未接於物，未形於外，而爲潛存之狀態，則即爲性矣。王充言「性亦與物接」是也。但性與物接而動形於外，即情也。其動形於外也，或爲喜怒哀樂，或爲卑謙惻隱，或爲善情，或爲惡情，皆情也。皆性之動而欲也。故性之動形即爲情，情之潛隱即爲性。故劉向亦主「性情相應，性不獨善，情不獨惡」。樂記性情動靜之說，可以向上講，亦可以向下講。向上講，則純從「理性」（具體的，不是抽象的）言。如是，性情動靜即通易經之寂感，寂然不動，感而遂通，而所有之感皆是性體之流行，故即寂即感，即中即和，即性即情，而情皆爲性體之流行，此即儒者寂感之密義，性情之雅教，而不可間雜之以氣性者也。至於向下講，則純從「氣性」而言之。如是，無論發與不發，皆不能純。依劉向「性情相應，性不獨善，情不獨惡」觀之，則其性情動靜之說，恐是向下講，落於「氣性」上而言之。至於陰陽之比，則不過隨動靜而聯想。此非關重要，亦無必然。而亦皆可說也。單視以何爲準耳。

（八）此下，王充即作綜結曰：

「自孟子以下，至劉子政，鴻儒博生，聞見多矣。然而論情性，竟無定是。唯世碩儒（儒衍字），公孫尼子之徒，頗得其正。由此言之，事易知，道難論也。酆文茂記，繁如榮華。詼諧劇談，甘如飴蜜。未必得實。

「實者，人性有善有惡，猶人才有高有下也。高不可下，下不可高。謂性無善惡，是謂人才無高下也。稟性受命，同一實也。命有貴賤，性有善惡。謂性無善惡，是謂人命無貴賤也。九州田土之性，善惡不均，故有黃赤黑之別，上中下之差。水潦不同，故有清濁之流，東西南北之趨。人稟天地之性，懷五常之氣，或仁或義，性術乖也。動作趨翔，或重或輕，性識詭也。【案「性術乖」，「性識詭」兩句，其意不明，難作定解。】面色或白或黑，身形或長或短，至老極死，不可變易，天性然也。

「余固以孟軻言人性善者，中人以上者也。孫卿言人性惡者，中人以下者也。楊雄言人性善惡混者，中人也。若反經合道，則可以爲敎。盡性之理則未也。」

案此綜結之語，表示王充以周人世碩爲準，惟從上中下三品論人之氣性。此三品之氣性是根據差異之强度性，强度之等級性而來。惟此强度之等級實不能單自善惡傾向而言，當混善惡傾向、智愚、才不才，而一之，始眞能見出自然生命所呈現之差異强度之等級性。若分別言之，實不眞能成此三品之等級，亦不眞能至上智與下愚不移也。蓋有好氣性，不必有才智，壞氣性者不必無才智。反之亦然。才智與氣性之善惡不平行也。而王充以才有高下類比性必有善惡，實不成其爲論辯之根據。以命有貴賤類比性有善惡，尤難如量。故强度之等級性實不能單自善惡傾向一面言，而應融合智愚才不才於一起而言之。「九州田土之性，善惡不均，故有黃赤黑之別，上中下之差。水潦不同，故有清濁之流，東西南北之趨」。人之氣性亦復如此。故有差異强度之等級性。而此等級性實是善惡傾向，智與愚，才與不才，强弱，清濁，厚薄之綜和表現，簡言之，即是才情氣强度之綜和表現，再簡言之，只是自然生命之强度之「發皇度」，一是皆是自然生命之注定，故曰：「用氣爲性，性成命定」也。智與愚不移，才與不才不移，情無情不移，氣之强弱清濁厚薄亦不移，極善極惡之氣性亦不移。此所謂

「命定」也。而其所謂「性成」實就差異强度之「等級性」，自然生命强度之「發皇度」而言之，不似告子、荀子、董子、劉向、楊雄等之專就「自然之質」言其善惡也。故一言性，即着眼於此綜和表現而言其等級性，即以此等級性爲「性」也。故主三品說，而以世碩之有善有惡（等級中的善惡，非是每一人之性中的善惡傾）爲得其正也。而不知其與其他諸義相連而生，而不相悖也。

王充既以自然生命强度之綜和表現之「等級性」爲性，則「用氣爲性，性成命定」復更有一嚴肅之意義，此即材質主義之命定主義是也。王充於此似有眞切之感。能注意此點而切言之，於人生哲學亦有極重要之意義。下節言之。

第四節　材質主義之命定主義

前在第一節已隨王充所言之「所當觸値之命」與「强弱壽夭之命」之二分，以及正命、隨命、遭命之三分，而綜括之爲「垂直線之定命」與「水平面之定命」。而凡命者皆決於母胎，父母施氣之時，故水平面之命定，即「所當觸値之命」，實亦可收攝於「垂直性之命定」中而有其根，不過藉遭遇而顯耳。父母施氣之時之「性成」，同時即「命定」。而至「差異强度之等級性」，則「命定」之義更顯。故「用氣爲性」，其底子是材質主義。而父母施氣，甚至整個天地施氣，皆自然而然，並非有意而然。（「天地不故生人，夫婦不故生子」，見物勢篇第十四。）故材質主義必函自然主義。而同時因「性成命定」，則亦必函命定主義。

王充對此「差異强度之等級性」以及由之而來的「命定」，似有極强烈而眞切之感受，於此眞知其有無可奈何處。吾人亦可推而言之，知其於「自然生命」之獨特性有極眞切之認識。彼能以徹底之材質主義，自然主義，命定主義，將此自然生命之領域顯括出。王充之思想，如其於學術上有價值，其價值即在此。負面之自然生命括不出，則正面之精神生命亦不能有眞切之彰顯。是以佛教必剖解阿賴耶識也。

自然生命强度之等級性，上智下愚不移，上智即是上智，下愚即是下愚。下愚之枯萎猥縮，鰥寡孤獨之顚連無告，固値仁者之悲憫，然天地之大猶有憾，則人間之缺憾，固亦聖人之無可奈何而深致其憂患之情者。天地「鼓萬物而不與聖人同憂」，然聖人則不能無憂患。此正宗儒者之所以自精神生命言性而主盡性以參贊化育，以建立其「理想主義」者。然返觀自然生命之盲目性與頑梗性，雖憂之又如何？亦終歸於「不移」也。不能不深致其慨嘆。此佛教唯識宗所以言「成佛有種性」以及所以言「闡提無性」也。亦即印度邪命外道拘舍羅所以主自然解脫，業盡而止，如「擲縷丸」，業不盡，雖精進修持亦無能爲也。此皆屬於「用氣爲性」下之命定主義也。

至於有才智而不偶者，有德性而不偶者，種種不齊亦皆決之於其初之氣稟。聰明才智而又能得富貴，則亦命也。「性成命定」而當有富貴，雖種種挫折，終不能掩。究其實，要亦只是自然生命之强度。其强度必有發皇，必有種種徵象，與兆見。此皆所謂生命之光輝以及其飛濺之浪花也。「當漢高祖斬大蛇之時，誰使斬者？豈有天道先至而乃敢斬之哉？勇氣奮發，性自然也」。（初稟篇第十二）。王充於吉驗篇第九及骨相篇第十一，對此强度之發皇與種種徵象及兆見，歷舉歷史上所記載之故事以明其爲自然之命定。

吉驗篇曰：「凡人稟貴命於天，必有吉驗見於地。見於地，故有天命也。（案天命實即氣命。）驗見非一，或以人物，或以禎祥，或以光氣。傳言：

「黃帝姙二十月而生。生而神靈。弱而能言。長大率諸侯，諸侯歸之。教熊羆戰，以伐炎帝。炎帝敗績。性與人異，故在母之身留多十月。命當爲帝，故能教物，物爲之使。

「堯體，就之如日，望之若雲。洪水滔天，蛇龍爲害。堯使禹治水，驅蛇龍。水治東流，蛇龍潛處。有殊奇之骨，故有詭異之驗。有神靈之命，故有驗物之效。天命當貴，故從唐侯入嗣帝后之位。

「舜未逢堯，鰥在側陋。瞽瞍與象謀欲殺之。使之完廩，火燔其下。令之浚井，土掩其上。舜得下廩，不被火災。穿井旁出，不觸土害。堯聞徵用，試之於職。官治職修，事無廢亂。使入大麓之野，虎狼不搏，蝮蛇不噬。逢烈風疾雨，行不迷惑。夫人欲殺之，不能害之。毒螫之野，禽蟲不能傷。卒受帝命，踐天子祚。

「后稷之時（當爲母），履大人跡。或言衣帝嚳之服，坐息帝嚳之處。姙身，怪而棄之隘巷，牛馬不敢踐之。置之冰上，鳥以翼覆之。慶集其身。母知其神怪，乃收養之。長大佐堯，位至司馬」。

此下歷舉烏孫王昆莫，高麗之東明，以及伊尹、齊桓公，下屆高祖、光武，等人之奇異徵象，以明其命貴。所謂「吉驗」也。

骨相篇云：「人曰命難知。命甚易知，知之何用？用之骨體。人命稟於天，則有表候於體。察表候以知命，猶察斗斛以知容矣。表候者，骨法之謂也。傳言：

「黃帝龍顏，顓項戴午。（午當爲干，依吳承仕說，戴干當作「𢧐干」，即「鳶肩」）。帝嚳駢齒。堯眉八采。舜目重瞳。禹耳三漏。湯臂再肘。文王四乳。武王望陽。周公背僂。臯陶馬口。孔子反羽。（牟子理惑論：仲尼反頨。廣韻：頨，孔子頭也。講瑞篇第五十：孔子反宇。禮緯、含文嘉云：「孔子反宇，是謂尼邱」。史記作「圩頂」。）斯十二聖者，皆在帝王之位，或輔主憂世。世所共聞，儒所共說。在經傳者，較著可信。若夫短書俗記，竹帛胤文。（書虛篇第十六：「桓公用婦人徹胤服」。胤服即褻衣。則此胤文即猥褻之文）。非儒者所見，衆多非一。」下即言項羽、高祖、陳平、呂后，等人之異相、貴相。就高祖一家言「一室之人，皆有富貴之相矣。類同氣鈞，性體法相固自相似。異氣殊類，亦兩相遇。富貴之男娶得富貴之妻。女亦得富貴之男。夫二相不鈞而相遇，則有立死。若未相適，有豫亡之禍也。」又曰：「是故知命之人，見富貴於貧賤，睹貧賤於富貴。案骨節之法，察皮膚之理，以審人之性命，無不應者。」

又曰：「故知命之工，察骨體之證，睹富貴貧賤。猶人見盤盂之器，知所設用也。善器必用貴人，惡器必施賤者，尊鼎不在陪厠之側，匏瓜不在堂殿之上，明矣。（匏瓜，瓜當爲瓠。匏瓠皆酒器，與尊鼎對文。）富貴之骨，不遇貧賤之苦。貧賤之相，不遭富貴之樂。亦猶此也。器之盛物，有斗石之量。猶人爵有高下之差也。器過其量，物溢棄遺。爵過其差，死亡不存。論命者，如比之於器，以察骨體之法，則命在於身形定矣。

「非徒富貴貧賤有骨體也。而操行清濁亦有法理。貴賤貧富，命也。操行清濁，性也。非徒命有骨法，性亦有骨法。……由此言之，性命繫於形體明矣。……稟氣於天，立形於地。察在地之形，以知在天之命。莫不得其實也……。」

非徒性、命有骨法，即才不才，智與愚亦有骨法。皆決之於氣稟之初矣。氣之凝聚結構，呈現而爲種種徵象與形態，此即所謂骨體法相也。簡稱曰「骨法」。骨體亦曰「性體」，氣性定之也。法相亦曰「法理」，理以則之也。操行清濁之性（此就善惡傾言），富貴貧賤之命，才與不才之能，智與愚之靈，合而成爲自然生命强度之等級性，而亦皆見之於形體矣。「性成命定」，不可移也。此爲徹底之命定主義。此非西方唯物論之機械的命定主義，而乃材質主義下之人事的命定主義。西方唯物論唯自知識對象方面物質存在之機械的運動言，並不用於人性，亦不用於人事。故彼之唯物論大體是依據科學之物理知識或量的知識而成立。故彼可說是科學言辭下之唯物論。而王充之材質主義，則實是自然生命之强度論。並不言抽象的、量的物質存在，而卻是言自然生命之强度。科學言辭下之物質存在是捨其强度而向廣度趨。言自然生命之强度，用於人性，則爲氣性，材質之性；用於人事，則爲操行清濁，富貴貧賤，才不才，智與愚，壽與夭等之人事的命定。而此種不移之命定並非是科學語言的。「知命之人」之知命亦並非是科學之知，此中實有一種直覺之洞鑒。因爲此乃是「生命」之事，而其所洞鑒之骨體法理，亦是生命之理，而不移之命定亦皆屬於「事理」也。故「察在地之形，以知在天之命」，此察此知極爲微妙，故云「知命之工」也。察知之所以爲微妙，實由於生命之理，氣性之理，之不易於量化。故後來「人物志」、九徵篇第一開宗即云：「人物之本，出乎情性。情性之理，甚微而玄。非聖人之察，其孰能究之哉？」

但這一「自然生命」之領域，「人物志」是從品鑒的立場予以全幅展開，而觀各種人格之才性。

而王充則是就其強度之等級性以論性命之不可移。兩者皆是就全幅之才性或氣性而立言。皆開不出德性領域以運轉此自然之生命。荀子言性，雖亦屬於「用氣爲性」之一路，然必力求上拔，而不肯落於唯是氣性一層之命定主義。其非相篇曰：「相人，古之人無有也。學者不道也。古者有姑布子卿，今之世，梁有唐舉，相人之形狀顏色，而知其吉凶妖祥。世俗稱之，古之人無有也，學者不道也。故相形不如論心，論心不如擇術（道術）。形不勝心，心不勝術。術正而心順之，則形相雖惡而心術善，無害爲君子也。形相雖善而心術惡，無害爲小人也。君子之謂吉，小人之謂凶。故長短小大，善惡形相，非吉凶也。古之人無有也，學者不道也。」荀子是以客觀之道（禮義之統）提心，以心治性。雖於道術之主體之根不能洞識，因而不能開出眞正之德性領域，然而有客觀而外在之德性領域。故云：「形不勝心，心不勝術」。一一上提，提形從心，提心從道，而不肯泯心廢道，下委於形而自足。即董仲舒亦尊心而禁性，將性上提於外在之教化。此亦荀子之路也。惟王充則無向上開闢之希求。根本未自覺到心之地位與作用。其率性篇雖亦言「亦在於教，不獨在性」，然亦只是順俗浮說，未眞能正視德性領域也。蓋彼只是氣性之一層，其書中並無眞正之道德意識也，故只落於材質主義之命定主義，而不能進至道德的理想主義。彼能就全幅之氣性而立言，氣性之領域盡而德性之領域見，本可引至德性領域也。然而彼竟不能，則其對於氣性領域猶未能盡其蘊也。氣性領域之全幅意義如下：

（一）在材質主義下，而言自然生命強度之等級性：命定主義。

（二）在美學欣趣下，對於氣性才性或質性全幅展開而予以品鑒，此則開藝術境界與人格美之境界。

（三）在道德宗教意識之籠罩下，在仁心悲情之照臨下，實然之氣性或自然生命之强度皆是定而不定者，雖定亦只是生物學的定，生物學的先天，而並無理性上的必然，亦非理性上的先天。故由此進而觀其底蘊，則復開出：

一、印度人之「業力」觀念。佛教之「業識流轉」即爲在「業力」之觀點下將此自然生命之强度予以全面的剖解。而拘舍羅之邪命外道，即深感於此業力之不易解脫，反動而流於邪，遂邪執自然解脫說，力主精進修持工夫之無益。此則在道德宗教意識之戰慄下而發出的反動的定命論。而王充則只是材質主義下的定命論，彼尚未觸及道德宗教之領域也。故亦未至拘舍羅之反動。

二、基督教之「原罪」觀念。惟彼教並未展開耳。

三、宋儒之「氣質之性」。在「天地之性」或「義理之性」之照臨下，氣性、才性、或質性收斂而爲氣質之性。宋儒之「變化氣質」，亦猶佛教之「轉識成智」也。皆有「氣性」以上之領域。

吾人必如此觀氣性才性或質性，始能盡自然生命强度之全幅意義，而見其爲不能自足者。命定只是實然的，暫時的。在品鑒下，是可欣賞的。在有「超越者」以冒之之下，則又是可憂慮而令人致慨者。此爲吾對於王充的命定主義之衡定。至於關於「人物志」之品鑒才性，則有「人物志之系統的解析」一文專論之。見下。

王充之材質主義亦函自然主義。彼於物勢篇第十四及自然篇第五十四兩篇即盛論「自然」義。其基本立場不出荀子「天論篇」之範圍。其所言之自然，雖於某點上可接合道家，然彼究非道家所言之「自然」。彼只是材質主義之自然，而非道家從修養境界上所言之自然。故彼可言自然主義，而道家，若嚴格言之，實不可言自然主義，只可言「無爲而無不爲」之自然境界，只可言「逍遙乘化」之自然境界，而自然境界即獨化境界也。此從「心」上言，非從「氣」上言也。王充之自然只是天地施氣之自然，此是落於「實然」上而平說，非逆提而自「道心」上說也。故與道家之玄言有間矣。此義易見，不煩多言。

近人智淺識短，多稱王充之自然主義，而又不知其材質主義與命定主義之義蘊。以浮薄之理智撥無儒者所言之「心性」，此庸俗者之陋也。至於左派，則拖之於馬派之唯物論下而妄施狂言，則巫覡之咒語也。何足以知中國學術之旨歸哉？

第二章　「人物志」之系統的解析

第一節　「系統的解析」之意義

魏初劉劭字孔才，著「人物志」。此書本身是一部很有系統的妙著。我這裏所謂「系統的解析」，並不是順着它的次序作其本身系統的疏解，乃是想把它的「系統論述」所依據的基本原理以及此基本原理之所函，表露出來。

中國學術大體分爲三個階段：一、晚周諸子；二、魏晉南北朝，下賅隋唐；三、宋明理學。這第二個階段，以玄學與佛學爲主。玄學是順中國固有的學術傳統而發展出，佛學則是來自印度。魏晉的玄學，通常亦稱淸談、名理。但是說到淸談、名理，則又不單指玄學一面而言。像「人物志」那樣的著作，像竹林七賢那樣的生活情調，亦通包括在內。而若從「學」方面言，則玄學稱爲玄學名理，而「人物志」則稱爲才性名理。

玄學名理以王弼、何晏爲首，向秀、郭象隨之。才性名理以「人物志」開端，下賅鍾會之「四本論」。（四本論，論才性之同、異、離、合。傅嘏論同，李豐論異，鍾會論合，王廣論離。）「隋史」經籍志把「人物志」列爲名家類，因此也稱爲形名學。這是很奇怪的。因爲它與先秦名家根本不同。關此，我將另文論之。（見下第七章）。

現在撇開「名家」或「形名學」這種名稱問題不談，單從內容方面，看從魏初才性名理，到正始（曹芳年號）王弼何晏之玄學名理，盛談老莊，以及那個時代朝野士大夫之生活情調，與夫所以能與佛教水乳交融而吸收消化佛教之故，必有一個學術精神上的基本原理，或人之精神生活上某種精神原理，爲其支持點。這個支持點，我們可以「人物志」作爲了解的開端綫索，再順後來的發展，步步彰顯之，釐定之，使其具體化，而觀其得失、限度、以及其與各方面的關係。此即本文所謂「系統的解析」。此系統的解析是看「人物志」本身系統所開出的領域之全幅意義——正面的與負面的。

第二節　「人物志」論人是品鑒的：對於才性的品鑒

「人物志」是關於人的才性或體別、性格或風格的論述。這種論述，雖有其一定的詞語，因而成爲一系統的論述，然而卻是一種品鑒的系統，即，其論述是品鑒的。品鑒的論述，我們可以叫它是「美學的判斷」，或「欣趣判斷」。「人物志」裏面那些有系統的詞語都是屬於欣趣判斷的詞語，品鑒的詞語。

每一「個體的人」皆是生命的創造品，結晶品。他存在於世間裏，有其種種生動活潑的表現形態或姿態。直接就這種表現形態或姿態而品鑒其源委，這便是「人物志」的工作。這是直接就個體的生命人格，整全地、如其爲人地而品鑒之。這猶之乎品鑒一個藝術品一樣。人是天地創生的一個生命結晶的藝術品。我們也須要直接地品鑒地來了解之。這種了解才是眞正關於人的學問，乃是中國學術文化中所特着重的一個方向。

西方科學路數中那些關於人的學問，如心理學、生理學、人類學等，都不是直接就個體的生命人格、整全地、如其爲人地來品鑒之。它們就人的存在，分解出某一面現象而論述其法則，然終不能還原其爲一整全的人，爲一整全的個體生命人格。這種科學路數中的論述不是品鑒的論述，乃是指物的論述，亦稱爲科學語言的論述。

又，亦有從文化的創造或人的精神表現所牽連的各方面來論人的。例如卡西勒在其「論人」一書中，曾將人類主要的文化成就分爲神話、宗教、語言、科學、藝術、歷史等六門。這顯然是論人的文化成就，或牽連着人而論其文化上的種種表現，而不是直接就個體的生命人格，如其爲人地而品鑒之。這種論人是繞出去論之，不是就人之自己而論人。

又如最近張丕介先生所節譯的德人宋巴特「人學」一書，（曾分章刊於香港人生雜誌，近復由人生出版社印成單行册），乃是直接就人而立言的。他是想建立一個「精神學的人類學」，就人之所以異於禽獸處乃是精神這一特點而論人。這自是「人學」中主要而恰當的論題。但這是一般地論人類之精神的特點，尚不是就個體的生命人格品鑒其才性或情性的論述。當然在「論人之分殊」一章中，討論人之個性之殊異問題與人之分類問題，有好多是類乎「人物志」之所說，互相參考印證之處甚多，由此亦可見西方人自古以來亦並非無此方面的品鑒，而且其材料亦必不少。但大體觀之，其論人之個性之殊異與人之分類所依據之根本原理並不透澈，即，對於人之情性或才性之品鑒的了解並不充分。光只是金質、銀質、鐵質之分，或膽汁、憂鬱、多血質、粘液質之分，或理智、感覺、意志之分，或相反兩極之分，或商人、使徒、英雄之分，並不能曲盡才性之品鑒。這關乎人學中全幅人性的了悟問題。「人學」的學問，在西方並不佔主要的地位。只就「人學」一詞乃宋巴特所創造的新名詞（張丕介先生譯序中語）一點，即可知之。因此，「全幅人性」的了悟亦並非西方學問中之所長。在此不須亦無暇取西方所有者一一比而論之。在此，我只想表示「人物志」對於個體的生命人格所作的「品鑒的論述」是很有其特殊價值的，尤其套在中國的學術文化中而觀之，則尤足見其在中國「全幅人性」的了悟之學問中所佔的顯著而重要的地位。

第三節 全幅人性的了悟：品鑒的與道德的

說到中國全幅人性的了悟之學問，我們知道它是站在主流的地位，而且是核心的地位。這全幅人性的學問是可以分兩面進行的：一、是先秦的人性善惡問題：從道德上善惡觀念來論人性；二、是「人物志」所代表的「才性名理」：這是從美學的觀點來對於人之才性或情性的種種姿態作品鑒的論述。這兩部分人性論各代表了一個基本原理，前者是道德的，後者是美學的。前者有種種的說法，而提練的結果，則是以孟子的性善論，配之以中庸之「天命之謂性」，以及大學之「明德」，與孔子之「仁」相會合，而為正宗之歸宿。此部人性論結穴於宋明儒者的「心性之學」，而轉為「義理之性」（天地之性），即，作為我們生命中的本體的一面。至於後者，則是對於才性或情性之品鑒。（其目的在實用：知人與用人）。這一部分結穴於宋明儒者的心性之學，而轉為「氣質之性」。當然宋明儒者之開出「氣質之性」，並不自覺到是由「人物志」而來，但我們從學術發展上，可以看出這是遙相會合的。又，「人物志」之對於才性，在品鑒的論述下，對於生命之滲透是更有其廣大的函蘊與深遠的強度的。但無論如何，它所品鑒的人性或情性是才質的，故曰「才性」，即「才質之性」。雖然它的函義比宋儒的「氣質之性」爲廣大而開展，然總是才質的。從字面上說，才質等於氣質，而且氣字更廣泛，因爲「才」亦是屬於氣一面的。但何以說「才性」比宋儒所說的「氣質之性」，其函義爲更廣大而開展呢？這因爲宋儒說氣質之性乃是在道德實踐中由實現「義理之性」而開出的。它是在義理之性的籠罩下而視爲被變化的對象。因此，它的函義拘束而不開展，單調而不豐富。在品鑒的論述下，才性並無一個更高的層面來冒之。它可以全幅舒展開。因此顯出它的函義之廣大。而吾人亦可以全幅展開之，而觀其底蘊。這是「美學性的品鑒」之解放的意義。本文是想把「才性領域」之獨立的一套，就其大端。予以全幅的展露。

以上兩部人性論所合成的對於「全幅人性」之了悟，是中國學問的主脈，由之以決定中國文化生命之獨特。當然西方關於「人」方面的種種體悟，如文學上哲學上對於生命的體悟，宗教上對於神性與罪惡的體悟．黑格爾的哲學對於精神的體悟，都有其高卓而深切處。尤其在義理之性的領域裏，皆有可以充實而振拔吾人者。然就人而「當體了悟」，則不及中國「心性之學」之親切。中國心性之學在義理之性方面牽涉到生命、神性、罪惡、精神等，是在聖賢工夫的道德踐履中而展開，並不只是哲學的空講，亦不只是宗教的信仰與祈禱，更亦不只是文學的讚歎與詛咒。在義理之性方面如此，在品鑒才性方面，若套在全幅人性之學中，我們亦見其有特殊的意義與價值。因此，中國全幅人性之學亦總有其獨特處，值得西人之正視。因爲這是中西文化相補益相消融之基點。

「人物志」之品鑒才性，當然有其歷史、學術及時代精神之發展上的背景。通常是從東漢末年，經學崩潰，政治腐爛，察舉制度，以及黨人之題拂品覈等講起。關此，本文不必再述。讀者參看拙著「歷史哲學」講東漢末年處，即可接上。

以下試就「人物志」之品鑒，將才性系統予以展開。

第四節　才性的展示　才性與普遍的道德心性

「人物志」九徵第一：「蓋人物之本，出乎情性。情性之理，甚微而玄。非聖人之察，其孰能究之哉」？

案：此言情性是從人之材質一面言，不從人之德性一面言。故劉昞注云：「性質稟之自然，情變由於習染」。此處性與質連言，質即材質之質。「性質」即稟之自然而即以自然之材質以為性。荀子言：「生之和所生、精合感應、不事而自然謂之性」。（正名篇）。董仲舒由陰陽之氣以言人之情、性。此皆是從材質一面言性。但是他們都在道德的善惡觀念下言之，而不是就具體的整全人格品鑒地言之。品鑒地言之，則性不離其具體的情態或姿態，此即劉昞所謂「情變」。情變根於性質，而誘發於染習。在情變上始有種種姿態或形相可供品鑒。性質不離情變，則性質是具體的性質，亦即具體的才性。劉昞所用「性質」一詞，非吾人今日平常所說之抽象意義之「性質」一概念也。

「情性之理，甚微而玄」。故下文云：

「凡有血氣者，莫不含元一以為質，稟陰陽以立性，體五行而著形。苟有形質，猶可即而求之」。

情性雖是具體的，多姿多采的，然諦審其理，則「甚微而玄」。其所以甚微而玄者，蓋才性之理必通至元一、陰陽、與五行而言之。此屬於形上學範圍。蓋自董仲舒以來，兩漢的主流思想，在此方面，實有一「氣化的宇宙論」爲底子。元一、陰陽、五行，皆是此「氣化的宇宙論」中的詞語。才性名理亦以此爲其形上的根據。惟「人物志」以品鑒既成之具體才性爲主，故對此根據不加詳討。只以三語陳之，而歸結於「形質」。故云：「苟有形質，猶可即而求之」。即就具體呈現之形質而品鑒之，即足曲盡其微玄。此爲品鑒的現象學之曲盡。至於作抽象的形上學之追討，則是理論的形上學中所有事。

「含元一以爲質」，即以「元一」爲一「普遍的質素底子」。此「元一」非後來朱子所謂「太極」。蓋朱子言太極是理，而此「元一」則當是氣、是質。有類於易緯乾鑿度所謂太初、太素者。氣化流行，宋儒通過中庸與易傳，就所以氣化流行處，於氣、質以外，復提練出一個創造性原理，此即道或理，亦曰太極。故太極是理。而「人物志」所說之「元一」，則未經此提練，故此「元一」是氣是質，而非是理。此是以漢儒的「氣化宇宙論」爲底子。（此氣化宇宙論到王弼出來，始扭轉而爲「無」之本體論。自此以後，中國思想即不以此漢儒的素樸的「氣化宇宙論」爲中心）。

「稟陰陽以立性」，劉昞注云：「性資於陰陽，故剛柔之意別矣」。徒只是「元一」（普遍的質素底子），尚不足以言個體之才性。故才性之立，必有資於陰陽，以見其爲剛或柔，爲文或質，爲拘或抗。此則可以言特殊之情態。

「體五行而著形」，五行是金木水火土。憑藉五行，則陰陽剛柔之情性更能彰顯而形著，而益見其爲多姿而多采，而益趨具體化。連貫質（元一）、性（陰陽）、形（五行）而一之，而人之情性乃可得而明。質、性、形，皆屬材質。故元一、陰陽、五行亦皆屬於氣或質。

孟子言性，是爲的說明德行所以可能之先天根據，故從理性（道德的心性）一面入。從材質一面入，則是就人之具體姿態而觀賞。故其對於人之理解爲品鑒。品鑒所及之才性或情性，雖多姿而多采，一是皆是生命上之天定者。故才性有二特徵：

一、足以說明人之差別性或特殊性，此與孟子所講的「道德的心性」，宋儒所謂「義理之性」之爲同同而普遍的，相翻。此差別性包括横說之多采與竪說之多級。

二、此差別性皆是生命上之天定者，此足以說明人格價値之不等，亦足以說明天才之實有。

故順「人物志」之品鑒才性，開出一美學境界，下轉而爲風流淸談之藝術境界的生活情調，遂使魏晉人一方多有高貴的飄逸之氣，一方美學境界中的貴賤雅俗之價値觀念亦成爲評判人物之標準，而落在現實上，其門第階級觀念亦很强。此說明美學精神與藝術性的才性主體之發見，並不足以建立眞正的普遍人性之尊嚴，亦不足以解放人爲一皆有貴於己之良貴之精神上的平等存在。而孟子之道德心性則能之。故宋明儒順孟子一路講義理之性，建立人之道德主體性，遂一方足以建立眞正的普遍人性之尊嚴，一方以義理之性冒氣質之性而言變化氣質，使德性人格之向上無限發展爲可能，亦使生命上天定而不可變的才性成爲相對可變的才性。此皆是宋明儒所表現的精神上的基本原理與「人物志」系統所表現的精神上的基本原理相翻者，亦即藝術性的「才性主體」與「道德性主體」之不同。（發見普遍的人性，建立人的尊嚴，在中國是儒教，在西方是基督教，講法雖不同，而同能超越現實階級的限制，使人成爲精神上的平等存在。而藝術精神則不能有此成就。希臘亦是藝術精神，故柏拉圖，亞里士多德皆承認有先天的奴隸。但希臘的藝術精神爲青年的，健康的，而魏晉人的藝術精神則是中年的，病態的。此將另文發之。）

第五節　中和之質與偏雜之質：才性之種種姿態或形相——才性人格之層級

「九徵篇」續上云：「凡人之質量，中和最貴矣。中和之質，必平淡無味。故能調成五材，變化應節。是故觀人察質，必先察其平淡，而後求其聰明。」

案：「人之質量，以中和爲貴」。質量者即其質性之容量或涵量。人之質性之諧和渾融的表現，不偏不倚，謂之中和。此中和亦指資質而言。故中和之質亦曰中和之資。此是聖人的資質。依宋儒，亦可曰聖人的氣質。此是才性之最高者。此表示：即使是品鑒才性，亦立一最高格爲標準。

「聰明者，陰陽之精。陰陽清和，則中叡外明。聖人淳耀，能兼二美。知微知彰。自非聖人，莫能兩遂。故明白之士，達動之機，而暗於玄慮。（案此即富於世智巧慧之人）。玄慮之人，識靜之原，而困於速捷。（案此即富於超智之宗教家哲學家）。猶火日外照，不能內見。金水內映，不能外光。二者之義，蓋陰陽之別也」。

案：有中和之質，故有清和之明。中叡外明，則不偏於外照，亦不偏於內映。內外透明，而平當淵渟。此即聖人之明。外此，則鮮有不偏者。因偏至，而有多采多姿。若皆是聖人之資，則同同而一如，亦無趣味。下即由「體五行而著形」以言資質之層層表現而具體化，以形成各種性格。

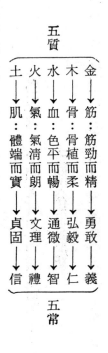

首先由五行金木水火土之五質象徵筋、骨、血、氣、肌，再由筋、骨、血、氣、肌所表現之徵象以爲五常（仁義禮智信）之表現。故曰：

「若量其材質，稽諸五物。五物之徵，亦各著於厥體矣。其在體也，木骨、金筋、火氣、土肌、水血，五物之象也。五物之實，各有所濟。是故骨植而柔者，謂之弘毅。弘毅也者、仁之質也。氣清而朗者、謂之文理。文理也者、禮之本也。體端而實者、謂之貞固。貞固也者、信之基也。筋勁而精者、謂之勇敢。勇敢也者、義之決也。色平而暢者、謂之通微。通微也者、智之原也。五質恆性，故謂之五常矣」。可表如下：

五質
- 金→筋：筋勁而精→勇敢→義
- 木→骨：骨植而柔→弘毅→仁
- 水→血：色平而暢→通微→智
- 火→氣：氣清而朗→文理→禮
- 土→肌：體端而實→貞固→信

五常

由五質而象徵筋骨血氣肌，根本是生理的。但此「生理的」不是抽象地出現於「生理學」中之量的生理概念，而是具體地融於生命中之有姿態的質的生理概念。故其徵象或姿態，如筋之勁而精，骨之植而柔，色之平而暢，氣之清而朗，體之端而實，仍須要一種美感的品鑒，與智慧的體悟，而理解之。故此等詞語，皆非生理科學中的詞語，而是品鑒上的欣趣詞語。通過這些詞語，可以體悟一個完整人格的才性。因此，金木水火土固是象徵的詞語，即筋骨血氣肌諸生理詞語亦仍是象徵的詞語，由之而品鑒一個完整人格的生命姿態而識其才性。

「五常之別，列為五德。是故溫直而擾毅，木之德也。剛塞而弘毅，金之德也。愿恭而理敬，水之德也。寬栗而柔立，土之德也。簡暢而明砭，火之德也。雖體變無窮，猶依乎五質。故其剛柔明暢，貞固之徵，著於形容，見乎聲色，發乎情味，各如其象。

「故心質亮直，其儀勁固。心質休決，其儀進猛。心質平理，其儀安閑。儀動成容，各有態度：直容之動，矯矯行行；休容之動，業業蹌蹌；德容之動，顒顒卬卬。（案以上為儀容之表現，所謂「著於形容」者是）。夫容之動作，發乎心氣。心氣之徵，則聲變是也。夫氣合成聲，聲應律呂：有和平之聲，有清暢之聲，有回衍之聲。夫聲暢於氣，則實存貌色。故誠仁，必有溫恭之色。誠勇，必有矜奮之色。誠智，必有明達之色。（案以上為聲色之表現，所謂「見乎聲色」者是）。」

由五質五德之內著而形為儀態、容止、與聲音、貌色。五質五德是內心的姿態，儀容聲色是外形的姿態。一是皆是才性之發露，品鑒之所及。故此姿態或形相即形成一人之格調，而此亦可說皆是「才性主體」之「花爛映發」。

假若五質五德之表現不能中和，則流於偏至。故曰：

「夫色見於貌，所謂徵神。徵神見貌，則情發於目。故仁目之睛，慤然以端。勇膽之睛，曄然以强。然皆偏至之材，以勝體為質者也。故勝質不精，則其事不遂。是故直而不柔則木。勁而不精則力。固而不端則愚。氣而不淸則越。暢而不平則蕩。是故中庸之質，異於此類。五常旣備，包以澹味。五質內充，五精外章。是以目彩五輝之光也」。

案：觀眸子亦可知才性。中庸之目，彩五輝之光。其餘皆偏至之才，以勝體爲質。勝質不精，則偏中之偏。可列如下：

直而不柔→木：木德之偏

勁而不精→力：金德之偏

固而不端→愚：土德之偏

氣而不淸→越：火德之偏

暢而不平→蕩：水德之偏

由五德之中不中，進而總言九徵：

「故曰：物生有形，形有神精。能知精神，則窮理盡性。性之所盡，九質之徵也。然則：

平陂之質在於神。（注云：神者質之主也。故神平則質平，神陂則質陂）。

明暗之實在於精。（注云：精者實之本。故精慧則實明，精濁則實暗）。

勇怯之勢在於筋。（注云：筋者勢之用。故筋勁則勢勇，筋弱則勢怯）。

强弱之植在於骨。（注云：骨者植之基。故骨剛則植强，骨柔則植弱）。

躁靜之決在於氣。（注云：氣者決之地也。氣盛決於躁，氣冲決於靜矣）。

慘懌之情在於色。（注云：色者情之候也。故色悴由情慘，色悅由情懌）。

衺正之形在於儀。（注云：儀者形之表也。故儀衺由形殆，儀正由形肅）。
態度之動在於容。（注云：容者動之符也。故衺動則容態，正動則容度）。
緩急之狀在於言。（注云：言者心之狀也。故心恕則言緩，心褊則言急）。」

案：以上由神、精、筋、骨、氣、色、儀、容、言，即可徵知平陂、明暗、勇怯、强弱等之九質。故爲九質之徵。簡曰「九徵」。此言由九方面可以徵知人之質性。當然徵不必九，質亦不必九。還可以增加。此所品鑒之姿態，皆是藝術性的形相，美學的內容眞理。與科學的外延眞理不同。若就品鑒之極微而玄言，則凡內容眞理皆是帝網重重，互相出入滲透，而無窮無盡者。因此，徵亦無窮無盡，質亦無窮無盡。此言九者，不過概略而已。此由極微而玄以徵質盡性，此所盡之性，所窮之理，乃才質之性，才質之理。而窮與盡乃是品鑒地窮與盡。陽明由致良知以言窮理盡性，此所窮盡的是良知之天理之性，是吾人之道德的心性，此亦是無窮無盡者。而其窮盡是由道德的實踐以窮盡之。此與「人物志」是不同之兩領域。比而觀之，可盡全幅內容眞理之奧祕。

九徵既明，則才性人格之層級即可得而言：

「其爲人也，質素平淡，中叡外朗，筋勁植固，聲淸色懌，儀正容直，則九徵皆至，則純粹之德也。九徵有違，則偏雜之材也。三度不同，其德異稱。故偏至之材，以材自名。兼材之人，以德爲目。兼德之人，更爲美號」。案：此言三度，可表如下：

九徵皆至：純粹之德——→兼德

兼材之人．以德爲目——→兼材

偏至之材：以材自名──→偏材

「是故兼德而至，謂之中庸。中庸也者，聖人之目也。具體而微，謂之德行。德行也者，大雅之稱也。一至，謂之偏材。偏材、小雅之質也。一徵、謂之依似。依似、亂德之類也。一至一違、謂之間雜。間雜、無恆之人也。無恆依似，皆風人末流。末流之質，不可勝論。是以略而不概也」。

案：此言才性人格之五等，可表如下：

兼德而至：中庸──→聖人

具體而微：德行──→大雅

一至：偏材──→小雅

一徵：依似──→亂德

一至一違：間雜──→無恆

第六節　體別與進德：才性系統不能建立進德之學、進德之學所以可能之超越根據

以上爲「九徵篇」全文之疏解。此篇主要是由五質五德之參互錯綜，將人之才質情性全幅予以展示。才質情性是品鑒上具體地說。內心之姿態與外形之儀容聲色，種種姿態形相，俱含在內。人格上的具體的才質情性即決定人之「體性」之不同。此「體性」亦是具體地說，不是通常所說的作爲「本

體」的體性。故此體性實即體裁、體段、性格、格調之意，乃在明每人之「殊性」；而作爲「本體」之體性，則是人之通性。體性既是明每人之殊異性，故「人物志」繼「九徵」而言「體別」。體別即每人之體性各別之意。「體別」第二云：

「夫中庸之德，其質無名。故鹹而不鹻，淡而不醰，質而不縵，文而不繢。能威能懷，能辯能訥。變化無方，以達爲節。是以抗者過之，而拘者不逮。

「夫拘抗違中，故善有所彰，而理有失。是故厲直剛毅，材在矯正，失在激訐。柔順安恕，美在寬容，失在少決。雄悍傑健，任在膽烈，失在多忌。精良畏愼，善在恭謹，失在多疑。强楷堅勁，用在楨幹，失在專固。論辯理繹，能在釋結，失在流宕。普博周給，弘在覆裕，失在溷濁。淸介廉潔，節在儉固，失在拘局。休動磊落，業在攀躋，失在疏越。沉靜機密，精在玄微，失在遲緩。樸露徑盡，質在中誠，失在不微。多智韜情，權在譎略，失在依違。」

案：此皆偏至之格，故拘抗違中，有得有失。若不能借鏡他人，善成其長，而去其短，則此人即只能適於此而不能適於彼。故下文即就此義，順上文所列，分別詳發之。文長不錄，讀者取而觀之，可知其情。此種才性氣質之不同，落在個人方面說，皆應有所自覺而救其短。若眞能黽勉從事，便是「體性篇」所謂「進德」，亦曰「學」。故只在「變化氣質」上，始可言「進德之學」。但只從才性觀人，而不知進德所以可能之超越根據，則進德之學即無由立，而材性之偏亦終不可移轉。故本篇末云：

「夫學所以成材也。恕所以推情也。偏材之性，不可移轉矣。雖教之以學，材成而隨之以失。雖訓之以恕，推情而各從其心。信者逆信，詐者逆詐。故學不入道，恕不周物，此偏材之益失也」。

案：進德之學是宋儒所講。其所以可能之「超越根據」亦是由宋儒而開出。故至宋儒始眞能言變化氣質，始眞能建立成德之學。成德化質，並不是「教」與「訓」所能濟事。不能自覺到「學」之所以可能之超越根據，（義理之性），雖教之以學，則其「學」只是順其偏材而滋長，此爲「順取」之學。此於其氣質之偏並無補救，而且益滋其失。故曰：「雖教之以學，材成而隨之以失」。同樣，不能自覺到「恕」之所以可能之超越根據，（恕從仁心發，先點出仁體，恕始可能），徒訓之以恕，則其「恕」只是順其固有之材質情性之偏情而有順違，此爲「順取」之恕。此於其氣質之偏失亦無補救，而且益甚其偏。故曰：「雖訓之以恕，推情而各從其心。信者逆信，詐者逆詐」。讀者試就「材成而隨之以失」，「推情而各從其心」，兩語，即可知此種學與恕只是順取之學，順取之恕。順其偏至之材而學成，謂之「順取之學」。順其偏至之情而推情，謂之「順取之恕」。此則只能成其偏，而不能補其偏，化其失。故成德之學，唯在「逆覺」。逆覺者，逆其材質情性之流而覺悟到成德化質所以可能之「超越根據」之謂。此爲宋儒所開闢之領域。順「人物志」之系統，則固不能至乎此。

「人物志」知道「學不入道，恕不周物，此偏材之益失」。但它不知如何學始能算是入道之學，亦不知入道之學如何而可能。它不知如何恕始能算是周物之恕，亦不知周物之恕如何而可能。但它順才性系統而知「不可移轉」，亦是自身一致之觀察。故才質之性皆是生命上之先天的，定然的。孔子言上智下愚不移，以及性相近習相遠。宋儒皆謂此是說的氣質之性。此大體不誤。成德化質之學有其所以可能之超越根據，而才質之性雖是生命上之先天的，定然的，然究是生命之實然，而非理性上之必然。故一旦能開闢出「理性之領域」，則即可化可轉，如是成德之學始可能。若開不出理性之領域，只是順才性而言，則生命上之先天的，定然的，皆實落下來而眞成爲定然、而不可化、不可轉。如是，成德之學即無法講。

「人物志」系統，未能於此用心，故不能開出另一「超越領域」（超越的理性之領域），而卻能從品鑒立場上開出美學領域與藝術的境界。此在全幅人性之學上亦有其積極的價値。才質之性，全幅敞開，無超越者以冒之，則從品鑒立場上說，是可欣賞的。若是有超越者以冒之，從道德宗敎立場上說，則亦是可憂慮的。可欣賞與可憂慮，構成「才質之性」亦即「生命領域」之全幅意義。而魏晉之時代精神與學術精神，則取其可欣賞一面而品鑒之，此是才性之積極的意義。「人物志」即爲其開端之代表。

若從道德宗敎立場上說，則其可欣賞轉而爲可憂慮。其可品鑒之姿態形相，銷聲匿迹，收斂而爲儒者之氣質之性，消解而爲佛敎之業識、無明，化歸而爲耶敎之原罪、撒但。由此，則品鑒之才性即推進一步抽象化而爲「生命之領域」。「生命」一範疇，由此成立。它有其獨立的一套，即其「獨立的機括性」。種種可悲可泣可詛可咒之表現由此發出。權力欲、情愛欲、信仰欲，由此發出；變態心理，種種情意結，由此發出；英雄天才之荒誕怪僻由此發出；不可克服之悲劇由此發出；印度邪命外道視業力如「擲縷丸」之自然解脫論（實即永不能解脫），亦由此發出。凡此種種，皆概括在「生命領域」內。才性一路，在道德宗敎意識下，上提而爲非理性之生命；在美學藝術之精神下、則即平靜而爲可品鑒之才性。上提下平，皆可概之於「生命」下，而謂其是「生命之領域」。非理性之生命是此領域之消極意義，才性則是此領域之積極意義。

第七節　「人物志」順才性之品鑒、對於英雄有恰當相應之理解、對於聖人無恰當相應之理解

「人物志」既不能開出超越領域，故亦不能建立成德之學。是即表示其道德宗教意識之薄弱，而亦照察不出生命之非理性。成德之學既開不出，則對於聖人亦不能有恰當相應之了解。「人物志」是從才性來了解聖人。其言中和、中庸，亦是材質的。此非「中庸」言中庸、中和之本義。聖人自有聖人之天資。然聖人之所以爲聖，要不只是天資所能盡。聖人是德性人格之目，不是才性人格之目。他的根基是在超越的理性，不在才質或天資。故伊川云：「大賢以上，即不論才」。聖人並非無才，亦自有其天資。然法眼不在此。聖人人格完全從「超越領域」之開闢而了解。

宋儒相應聖人而開成德之學，故對於聖人亦能有恰當相應之了解。聖人之天資才性所呈現之姿態，在成德之學中、爲其德性所化所潤，轉而爲聖人之「氣象」，不復是原始之風姿或神采。故宋儒總言觀聖賢氣象，不說觀聖賢之風姿或神采。「人物志」開不出超越領域與成德之學，故順才性觀人，其極爲論英雄，而不在論聖賢。順才性一路入，對於英雄爲恰當相應者。蓋英雄並不立根基於超越理性，而只是立根基於其生命上之先天而定然的强烈的才質情性之充量發揮。故才性觀人，於英雄爲順也。至於聖人，則不能只此一面。除「順」以外，尙須有「逆覺」一向。故聖人一格，不能只順

才性一向、而列入才性人格之層級中。「人物志」對於聖人不能有積極的品鑒。故其提到中庸、中和、聖人，亦只是順才性一向，而置定一最高之標準而已。然對於英雄、則以專篇論之。（英雄第八）。「聰明秀出謂之英，膽力過人謂之雄」。張良是英，韓信是雄。劉邦、項羽，則既英且雄，可謂「英雄」。然項羽「英分少」，故其爲英雄不及高祖。是則高祖乃典型之英雄。吾常謂中國歷史上，「英雄」一格，由劉邦開出。而「英雄」一詞亦不見於先秦典籍。東漢末開品題人物之風。許劭謂曹操「治世之能臣，亂世之奸雄」。而曹操與劉備亦煮酒論英雄。至「人物志」乃正式提出英雄而品鑒之，而著之於篇章。然並未以專章論聖人。誠以聖人固非才性一向所能盡，此當別有天地。宋儒成德之學，豈不偉哉！

「人物志」雖順才性一路論英雄，然既開不出超越領域，照察不出生命之非理性，故只見英雄之可欣賞，而不知英雄之禍害。宋儒能立成德之學，故能識英雄之病。推尊聖人，以德爲本。是以漢唐英雄之主，在宋儒之照察下，亦卑不足道矣。蓋理境既寬，眼目自高也。

「人物志」既以才性看聖人，故凡聖人皆是先天的。既不可企及，亦不可學而至。先秦儒家孟、荀，皆言聖人、人人可爲。（荀子言此，於其學術無根。孟子言之，則有根）。至漢，以董仲舒之「氣化宇宙論」，重氣，故兩漢四百年，提到聖人，大體皆從才資觀入。（他們自知聖人是有德的）。此傳統一直維持至魏晉，下屆南北朝而不變。至謝康樂，因竺道生之「孤明先發」，而提出「辨宗論」，以討論「聖人是否可學而至」之問題。此自是因佛教輸入而激起。若從才資入，則聖或佛是不可學而至的。若能開出「超越領域」，則聖或佛是可修可學而至的。此問題在佛教亦可有圓滿之解決。自儒家而言，則必至宋儒始能澈底明白。關此，將見另書。

第八節　四理與四明：品鑒與智悟——藝術境界與智悟境界

以上由「體別」言及成德之學以及聖人與英雄之當分別論。茲再歸於「人物志」，別言一義，以見「才性系統」之另一函義。

由「體別」進而言「流業」。「人物志」於流業分為十二家：淸節家、法家、術家、國體、器能、臧否、伎倆、智意、文章、儒學、口辨、雄傑等。此即順其體別而言其各自特別相宜之表現。流業既順內在之體別而分，復進而再順其才質情性之能盡何種理，而即從客觀之理方面以定體性之各別與得失。此即「材理篇」之所論。「材理」第四云：

「夫建事立業，莫不須理而定。及其論難，鮮能定之，夫何故哉？蓋理多品、而人異也。夫理多品、則難通。人材異，則情詭。情詭難通，則理失而事違也。

「夫理有四部，明有四家，情有九偏，流有七似，說有三失，難有六構，通有八能。

「若夫天地氣化，盈虛損益，道之理也。法制正事、事之理也。禮敎宜適、義之理也。人情樞機、情之理也。

「四理不同，其於才也，須明而章。明待質而行。是故質與理合，合而有明。明足見理，理足成家。是故質性平淡，思心玄微，能通自然，道理之家也。質性警徹，權略機捷，能理煩速，事理之家也。質性和平，能論禮敎，辨其得失，義理之家也。質性機解，推情原意，能適其變，情理之家也。」

案：四部之理謂道理、事理、義理、情理。道理是屬形上學的，事理是屬於政治社會的，義理是屬於禮樂教化的，情理是屬於人情屈伸進退之幾微的。此皆是與生活密切相連的具體的內容之理。至於純形式的名數之理以及科學的外延之理，則未能及。不管是具體的內容之理，或抽象的外延之理，（純形式的名數之理是純形式地外延的，經驗科學之外延之理是有抽象的特定內容之外延的），皆須以智照之明而彰。惟對於內容之理，則須用具體之智（具體的解悟）；對於外延之理，則須用抽象之智（抽象的解悟）。凡內容之理皆是直接由主體之精神生活而發契的，凡外延之理皆是脫離主體而純爲客觀的。人之才性不同，故其燭理之機能亦異。有的最宜契悟內容之理，有的最宜適應外延之理。即同屬內容之理，亦有適於「道理」，而不適於「事理」，或有適於「義理」，而不適於「情理」。故劉昞注云：「材既殊途，理亦異趣。故講羣材，至理而定」。此即由對於客觀之理之盡不盡而定材質情性之殊異。

契悟客觀之理，須用智悟之明。就內容的四理而言，則智明爲具體的智明，由具體的智明以內容地把握之。理有四，明亦有四。但材既不同，故其表現明而把握理，常不能兼備於一身。故「明有四家」：有道理之家，有事理之家，有義理之家，有情理之家。

明出乎心智。理「須明而彰」，而明亦「待質而行」。心智之明齊一而常在，質性之殊則曲屈而偏宕。「明待質而行」，意即明之具體呈用不能不有待於質性之殊而表現。齊一常在而普遍的心智因質性之殊而有具體的表現，亦因質性之殊而有特殊之限定。是即因質性之曲而亦曲而有差別之相。差別相者、即心智之明之內容。內容異，故明亦歧而爲四。化偏去蔽，則智周四理，無往不宜。是即在差別相中復其普遍性，而至於差別相與普遍性之具體的統一。此須開出超越領域而至仁智合一始可能。在「人物志」之才性系統，則無由明此。只能指出聖人能此，而不知其何以能此。

若既不能化偏去蔽，而又「以性犯明」，則即有「九偏之情」。故云：

「四家之明既異，而有九偏之情。以性犯明，各有得失。剛略之人，不能理微，故其論大體、則弘博而高遠，歷纖理、則宕往而疏越。抗厲之人，不能迴撓，論法直、則括處而公正，說變通、則否戾而不入。堅勁之人，好攻其事實，指機理、則穎灼而徹盡，涉大道、則徑露而單持。辯給之人，辭煩而意銳，推人事、則精識而窮理，即大義、則恢愕而不周。浮沉之人，不能沉思，序疏數、則豁達而傲博，立事要、則爁炎而不定。淺解之人，不能深難，聽辯說、則擬鍔而愉悅，審精理、則掉轉而無根。寬恕之人，不能速捷，論仁義、則弘詳而長雅，趨時務、則遲緩而不及。溫柔之人，力不休强，味道理、則順適而和暢，擬疑難、則濡軟而不盡。好奇之人，橫逸而求異，造權譎、則倜儻而瓌壯，案清道、則詭常而恢迂。此所謂性有九偏，各從其心之所可以爲理」。（本篇下文即言七似、三失、六構、八能。本文不再一一疏釋）。

案：既不能進一層化偏去蔽，自必流於九偏之情。由四理、四明、九偏，吾人可知「人物志」系統、順才性之品鑒，既可開出人格上的「美學原理」與「藝術境界」，復可開出「心智領域」與「智悟之境界」。惟開不出超越的「德性領域」與「道德宗教之境界」。從此可知「人物志」系統之限度，乃至整個魏晉時代之風氣與特徵。其特徵即爲「藝術的」與「智悟的」。「人物志」之品鑒才性即是美的品鑒與具體智悟之混融的表現。智悟融於美的品鑒而得其具體，品鑒融於智悟而得其明澈。其品鑒才性之目的，固在實用，（知人與用人），然其本身固是品鑒與智悟之結晶。它既能開出美的境界與智的境界，而其本身復即能代表美趣與智悟之表現。因此，故能開出「才性名理」，而爲有系統之妙著。下開王、何、向、郭之「玄學名理」，乃是品鑒與智悟之用於「道理」者。（「道理」集中於老、莊、易之三玄）。道理之冥契固須智悟，亦必有品鑒之美趣鼓舞於其後。凡屬內容眞理俱須智悟與品鑒。（德性之內容眞理，則復須以仁心悲心而澈之。此爲宋儒之所講）。智悟是品鑒的智悟，品鑒是智悟的品鑒。故後有「言意之辨」，以明名言是否能盡意。雖有歐陽建主「言盡意」，而勢必以「言不盡意」爲旨歸。無論玄理與才性，俱非名言所能盡。此就兩種名理言如此。至於就當時能淸言玄言之名士之生活情調言，如中朝名士，竹林名士，江左名士等，固全幅是藝術境界與智悟境界之表現。藝術境界有兩面：一、是他們的才性生命所呈現之神采或風姿，二、是先天後天所蓄養的趣味。試打開晉書諸名士傳以及「世說新語」觀之，其形容某人所用之品鑒詞語如姿容、容止、風神、風姿、神采、器宇等，不一而足。假若其人趣味卑俗，風貌庸陋，則即不能與於名士之林。至於淸言玄言，則尤須賴於智悟。聰明不及，出語鄙俚，即不足與於淸言。智悟益助其風神，風神益顯其智悟。智悟不融於風神，則非具體品鑒的智悟，而乃淺薄之世智與抽象而乾枯之知解。此種人必庸俗不足觀。反之，風神不益之以智悟，則風神不成其爲風神，乃沉墮而爲空皮囊。此種人必惡俗而不堪。是故藝術境界與智悟境界乃成爲魏晉人雅俗貴賤之價値標準。

美趣與智悟足以解放人之情性，故魏晉人重自然而輕名教（禮法）。此構成自然與名教、自由與道德之矛盾。樂廣指裸裎者言，「名教中自有樂地，何必乃爾」！此並不足以消融此矛盾。王、何、向、郭雖欲融會老、莊與周、孔，然其玄學名理實並不能擔當此工作。此須到宋儒開出「超越領域」，始能澈底貫通而解消此矛盾。魏晉人在美趣與智悟上不俗，而在德性上卻常是庸俗無賴的。宋儒開出「超越領域」，構成德性、美趣、智悟三者立體之統一。美趣與智悟只是兩度向。轉出德性，始形成三度向。

然魏晉人既能開出藝術境界與智悟境界，故一方於文學能有「純文學論」與「純美文之創造」，書畫亦成一獨立之藝術；一方又善名理，能持論，故能以老莊玄學迎接佛教，而佛教亦益滋長其玄思。從其能迎接佛教言，則魏晉人順中國固有之學術發展，而開出智悟境界，吾由此而悟出中國固有其哲學傳統。中國之道統在儒家，科學傳統在羲、和之官，而哲學傳統則當溯源於先秦名家，甚至道家亦在內，而繼之以魏晉名理，則哲學傳統完全在此確立。此亦見下第七章。

第三章　魏晉名士及其玄學名理

第一節　「名士」一格之出現

東晉袁宏作「名士傳」，「以夏侯太初（玄）、何平叔（晏）、王輔嗣（弼）、爲正始名士。阮嗣宗（籍）、嵇叔夜（康）、山巨源（濤）、向子期（秀）、劉伯倫（伶）、阮仲容（咸）、王濬沖（戎）、爲竹林名士。裴叔則（楷），樂彥輔（廣）、王夷甫（衍）、庾子嵩（敳）、王安期（承）、阮千里（瞻）、衞叔寶（玠）、謝幼輿（鯤）、爲中朝名士。」（「世說新語」文學第四袁彥伯作名士傳條注文。）

據此，「名士」一格自魏末開始。魏初言才性名理者，如著「人物志」之劉劭，歷史上則列於名家，屬形名學，不列於名士。名士所談者以老莊玄理爲主，以因此而稱爲名士。才性名理因現實察舉上之名實問題而發，起因於實用，目的亦在實用，而其爲名理之本質卻在「品鑒」。此則上承東漢末之品題人物而來。外在地說，是實用，內在地說，是品鑒。雖開人格上之美學原理與藝術境界，（見「人物志之系統的解析」），而不稱爲名士。然繼承才性名理而言才性之同異離合，所謂四本論者，如鍾會、傅嘏、李豐、王廣等，固亦在魏末，而與正始名士互相輝映，交發清光者。惟由此，才性一支乃轉而爲老莊之玄學。而名士一格亦由此出現於人類之歷史。然則究何謂名士？

「諸葛亮與司馬懿治軍渭濱，尅日交戰。懿戎服莅事。使人視亮：獨乘素輿，葛巾羽扇，指揮三軍，隨其進止。司馬歎曰：諸葛君可謂名士矣。」（見「世說補」）。諸葛亮自非名士。然司馬懿竟以「名士」形容之。後來鄭板橋因論寫字作畫是雅事亦是俗事，而發感慨曰：惟諸葛公是眞名士。吾人由司馬懿稱諸葛爲名士，可得一線索，了解「名士」一格之特徵。司馬懿時，名士已如雨後春筍露清光於社會，故彼心中已有此觀念。「戎服莅事」不得爲名士，而諸葛亮之「獨乘素輿，葛巾羽扇」，則以特別之姿態出現於軍中，遂使司馬懿賞其清光而歎稱爲名士。然則「名士」者清逸之氣也。清則不濁，逸則不俗。沉墮而局限於物質之機括，則爲濁。在物質機括中而露其風神，超脫其物質機括，儼若不繫之舟，使人之目光唯爲其風神所吸，而忘其在物質機括中，則爲清。神陷於物質機括中爲濁，神浮於物質機括之上爲清。事有成規成矩爲俗。俗者，風之來而凝結於事以成爲慣例通套之謂。軍事有軍事之慣例，政事有政事之成規。每一事務皆有其一定之通套，有其起訖終始之系統。乃至習俗禮法亦皆日常生活上之通套。精神落於通套，順成規而處事，則爲俗。精神溢出通套，使人忘其在通套中，則爲逸。逸者離也。離成規通套而不爲其所淹沒則逸。逸則特顯「風神」，故俊。逸則特顯「神韵」，故清。故曰清逸，亦曰俊逸。逸則不固結於成規成矩，故有風。逸則洒脫活潑，故曰流。故總曰風流。風流者，如風之飄，如水之流，不主故常，而以自在適性爲主。故不着一字，儘得風流。是則逸者解放性情，而得自在，亦顯創造性。故逸則神露智顯。逸者之言爲清言，其談爲清談。逸則有智思而通玄微，故其智爲玄智，思爲玄思。成規成矩之事務系統不清無玄，故言此不得爲清言，思此不得爲玄思，而此處之智亦不得爲玄智，只可曰「世智」。是則清逸、俊逸、風流、自在、清言、清談、玄思、玄智，皆名士一格之特徵。

諸葛公爲大政治家，自無暇爲名士。然彼自有一往之逸氣，故在日理萬機之中，儘得從容與風流。彼非事務主義之政治家，亦非英雄氣之軍事家，而乃有名士氣（即逸氣）之軍事家。（此自順司馬之嘆而如此說，如自政治家而言之，是否如此，則自難說。）後來羊祜、陸抗亦皆有逸氣之軍事家。所謂輕裘緩帶，儒雅風流是也。此是以軍事政事爲主，而具有名士氣或逸氣者。其本人非名士也。曹氏父子亦皆有名士氣或逸氣者。軍事家、政治家、學問家、乃至聖賢豪傑，均可有逸氣。此則隨格而定，而其具之之程度與方式亦至難言。有逸之而大，有逸之而小，有逸之而眞而純，有逸之而僞而雜。故格有高低，而品亦不齊。要之，逸氣隨格隨體而顯：或附麗於德而立德，或附麗於功而成功，或附麗於言而立言。立德者爲聖爲賢，爲道德宗教家；立功者爲軍事家、政治家；立言者爲學問家、思想家。此皆可有逸氣或名士氣含於其中，而其人非即爲名士。然則魏晉間之所謂名士，則非所謂某某家，而只是爲名士。專爲名士，則其人惟在顯一逸氣，而逸氣無所附麗。此即爲「名士」人格。名士氣轉而爲「名士」。名士者有名之士也。聲名洋溢，人所注目。然此所謂名士，非以立德而名，亦非以立功立言而名。其爲名，亦非「名節」之名。然則此所謂名士，究以何而名？曰：惟在因顯一逸氣而名。逸氣雖無所附麗，而亦有表現。其表現在清言，清談。故其爲名士是因清言清談而爲名士。又，清言固有所言，清談固有所談，其所言所談爲玄理。故其爲名士亦因清言玄理而爲名士。又，逸氣之表現亦在「靑白眼」，亦在任放，不守禮法。故其爲名士亦因生活曠達而爲名士。名士之名不是名節、名檢之名，亦不是名實之名。名節、名檢、名實之名，皆有所附麗而在一格局規範中顯。而名士之名，則無所附麗，亦不在格局規範中顯。是以其爲名也，亦只是其逸氣之一點聲光，全由遮顯．不以禮立，不以義方。是以其聲光之名乃爲不能納入任何矩矱之中之寡頭之名，亦即無所成無所立之名也。（但不是聖人之「無所成名」）。此「唯顯一逸氣而無所成」之人格即爲名士人格。此爲名士之通性，而在魏晉時代出現於人類之歷史。此亦可謂魏晉時代所開闢之精神境界也。

此種「惟顯逸氣而無所成」之名士人格，言之極難，而令人感慨萬端。此是天地之逸氣，亦是天地之棄才。（溢出而無所附麗，謂之逸氣，即逸出之氣。無所成而無用，謂之棄才。即遺棄之才。）曹雪芹著紅樓夢，著意要鑄造此種人格型態。其贊賈寶玉曰：「迂拙不通庶務，冥頑怕讀文章，富貴不知樂業，貧賤難耐凄涼。」此種四不着邊，任何處掛搭不上之生命即爲典型之名士人格。曹雪芹可謂能通生命情性之玄微矣。此種人格是生命上之天定的。普通論魏晉人物，多注意其外緣，認爲時代政治環境使之不得不然。好像假定外緣不如此，他們亦可以不如此。此似可說，而亦不可說。外緣對於此種生命並無決定的作用，而只有引發的作用。假定其生命中無此獨特之才性，任何外緣亦不能使之有如此之表現。即虛僞地表現之，亦無生命上之本質的意義，亦不能有精神境界上之創闢性。魏晉名士人格，外在地說，當然是由時代而逼出，內在地說，亦是生命之獨特。人之內在生命之獨特的機括在某一時代之特殊情境中迸發出此一特殊之姿態。故名士人格確有其生命上之本質的意義。非可盡由外緣所能解析。曹雪芹甚能意識及此種生命之本質的意義，故能於文學上開闢一獨特之境界，而成就一偉大之作品。此境界亦即爲魏晉名士人格所開闢所代表。

此境界是逸氣與棄才之境界，故令人有無可奈何之感慨，有無限之凄涼。所謂感慨萬端者是也。

總之，它有極可欣賞處，亦有極可詛咒處。何以故？因爲此種境界是藝術的境界，亦是虛無的境界。名士人格是藝術性的，亦是虛無主義的。此是其基本情調。從其清言清談、玄思玄智方面說，是極可欣賞的。他有此清新之氣，亦有此聰明之智，此是假不來的。從其無所成，而敗壞風俗方面說，則又極可詛咒。因爲他本是逸氣棄才，而無掛搭處，即有之，他亦不能接受之。此其所以爲可悲。他不能己立而立人，安己以安人，因爲只是逸氣之一點聲光之寡頭揮洒，四無掛搭，本是不能安住任何事的。此其所以爲虛無主義。由此觀之，完全是消極的、病態的。然由其玄思玄智方面說，他亦有積極的作用，他能開出哲學境界，特定地說，他可以作爲消融佛教之媒介。總之，其函義甚複雜，未可拘於一面說。由以下之敍述，可以逐步開展之，見其多方之意義。

第二節　正始名士：玄學名理：以王、何、荀粲爲代表：荀粲之玄遠

「世說新語」文學第四：「何晏爲吏部尚書，有位望。時談客盈座。王弼未弱冠，往見之。晏聞弼名，因條向者勝理語弼曰：此理，僕以爲理極，可得復難不？弼便作難。一坐人便以爲屈。於是弼自爲客主數番，皆一坐所不及。」

又云：「何平叔注老子始成，詣王輔嗣。見王注精奇，乃神伏曰：若斯人可與論天人之際矣。因以所注，爲道德二論。」

「三國志」卷九諸夏侯曹傳附何晏云：「晏、何進孫也。母尹氏，爲太祖夫人。晏長於宮省，又尙公主。少以才秀知名。好老莊言。作道德論及諸文賦。著述凡數十篇。」注引「魏氏春秋」曰：「初夏侯玄、何晏等名盛於時。司馬景王亦預焉。晏嘗曰：唯深也，故能通天下之志，夏侯泰初是也。唯幾也，故能成天下之務，司馬子元是也。唯神也，不疾而速，不行而至。吾聞其語，未見其人。蓋欲以神況諸己也。」

案：司馬景王即司馬師，子元其字也。與曹操同爲權奸人物而帶有名士氣者。以有名士氣而吸引諸名士，而其本身非名士。夏侯泰初即夏侯玄，此爲貴戚名士。有位望，有權欲，而無其才。故只以貴戚名士而殺身。何晏字平叔，亦爲貴戚名士。有位望，有權欲，而亦無其才，故因黨曹爽而見誅。名士而參與政治，鮮有全者。何晏以「深」說夏侯，以「幾」說司馬，而以「神」自況。此在玄言，可謂美矣。至於彼三人者，能當之否，則不敢必。此只是名士之以其智光虛相誇比，而已並無眞者以實之。此亦足見名士之所以爲名士。

三國志卷九記夏侯玄被收，注引「世語」（郭頒西晉人，爲「晉魏世語」）曰：「玄至廷尉，不肯下辭。廷尉鍾毓，自臨治玄。玄正色責毓曰：吾當何辭？卿爲令史，責人耶？卿便爲吾作。毓以其名士，節高不可屈。而獄當竟。夜爲作辭，令與事相附。毓涕以示玄。玄視，頷之而已。毓弟會，年少於玄。玄不與交。是日，於毓坐，狎玄。玄不受。」又引孫盛「雜語」曰：「玄在囹圄，會因欲狎而友玄。玄正色曰：鍾君何相逼如此也！」

三國志卷九記夏侯玄云：「玄格量弘濟。臨斬東市，顏色不變。舉動自若。時年四十六」。注引

「魏略」云：「玄自從西還，不交人事，不畜華妍。」又引「魏氏春秋」曰：「初夏侯霸將奔蜀，呼玄欲與之俱。玄曰：吾豈苟存，自客於寇虜乎？遂還京師。太傅（司馬懿）薨，許允謂玄曰：無復憂矣。玄歎曰：士宗！卿何不見事乎？此人猶能以通家年少遇我。子元、子上不吾容也。玄嘗著樂毅、張良、及本無、肉刑論。辭旨通遠，咸傳於世。」

案：以上兩段足見夏侯玄貴戚名士之身分、處境、與風格。

三國志卷廿一傅嘏傳：「傅嘏字蘭石（魏志作蘭碩），北地泥陽人。傅介子之後也。……嘏弱冠知名。」注引傅子曰：「是時何晏以材辯顯於貴戚之間。鄧颺好變通，合徒黨，鬻聲名於閭閻。而夏侯玄以貴臣子，少有重名，爲之宗主。求交於嘏，而不納也。嘏友人荀粲，有淸識遠心，然猶怪之。謂嘏曰：夏侯泰初一世之傑，虛心交子，合則好成，不合則怨至。二賢不睦，非國之利。此藺相如所以下廉頗也。嘏答之曰：泰初志大其量，能合虛聲，而無實才。何平叔言遠而情近，好辯而無誠，所謂利口覆邦國之人也。鄧玄茂有爲而無終，外要名利，內無關鑰，貴同惡異，多言而妬前。多言多釁，妬前無親。以吾觀此三人者，皆敗德也。遠之猶恐禍及，況昵之乎？」

案：傅嘏所評甚諦，凡貴戚貴臣而爲名士，自名士言爲下乘，自政治言亦無術。徒以其身分地位而合虛聲，非有一股眞性情者。東漢末之竇武亦此類也。傅嘏論才性同，亦善名理者。

「世說新語」文學第四云：「傅嘏善言虛勝，荀粲談尙玄遠。每至共語，有爭而不相喩。裴冀州（徽）釋二家之義，通彼我之懷，常使兩情皆得，彼此俱暢。」

「魏志」卷十「荀彧傳」注引何劭爲「荀粲傳」曰：「粲字奉倩。……太尉或少子也。粲諸兄儒術論議各知名。粲能言玄遠。常以子貢稱夫子之言性與天道不可得而聞也，然則六籍雖存，固聖人之糠粃。粲兄俁難曰：易亦云：聖人立象以盡意，繫辭焉以盡言，則微言胡爲不可得而聞見哉？粲答曰：蓋理之微者，非物之象所舉也。今稱立象以盡意，此非通於意外者也。繫辭焉以盡言，此非言乎繫表者也。斯則象外之意，繫表之言，固蘊而不出矣。又論父彧不如從兄攸。彧立德高整，軌儀以訓物。而攸不治外形，愼密自居而已。粲以此言善攸，諸兄怒而不能迴也。太和初，到京邑，與傅嘏談。嘏善名理，而粲尙玄遠。宗致雖同，倉卒時或有格而不相得意，裴徽通彼我之情，爲二家騎驛。頃之，粲與嘏善，夏侯玄亦親。常謂嘏、玄曰：子等在世途間，功名必勝我，但識劣我耳。嘏難曰：能盛功名者，識也。天下孰有本不足而末有餘者耶？粲曰：功名者，志局之所獎也。然則志局自一物耳。固非識之所獨濟也。我以能使子等爲貴，然未必齊子等所爲也。

「粲常以婦人者，才智不足論，自宜以色爲主。驃騎將軍曹洪女有美色。粲於是娉焉。容服帷帳甚麗。專房歡晏歷年。後婦病亡，未殯，傅嘏往唁粲。粲不哭而神傷。嘏問曰：婦人才色並茂爲難。子之娶也，遺才而好色。此自易遇。今何哀之甚？粲曰：佳人難再得。顧逝者不能有傾國之色，然未可謂之易遇。痛悼不能已。歲餘亦亡。時年二十九。粲簡貴，不能與常人交接。所交皆一時俊傑。至葬夕，赴者裁十餘人。皆同時知名士也。哭之感動路人。」

案：由此小傳，可知如荀粲者，方是眞正典型之名士。一、以其父荀彧之「立德高整，軌儀以訓物」，不如其從兄荀攸：「不治外形，愼密自居」。此自是名士人格之所見。二、辨「識」與「志局」之不同，志局爲一物，而識則超志局，不落方所。志局成功名，識則無成無不成。此其所以爲玄遠而超凡俗也。傅嘏以為「能盛功名」即有識，然此非玄遠之識，而乃志局之識。是以知傅嘏雖善名理，尚非眞正之名士。三、以六籍為「聖人之糠粃」，「象外之意，繫表之言，固蘊而不出」。此足見其有玄智。（此與言能盡意否有關，詳見第七章）。其造詣不亞於王弼也。四、傅嘏「善名理」，荀粲「尚玄遠」。此言名理與玄遠不同。名理蓋猶是人物志之系統，以論才性為主，尚有局限，而「玄遠」則直造象外繫表之微，此可稱為玄理。自學問言之，才性名理尚是初級的，而玄遠之理則是高級的。（依據史志，談名理者為名家，談玄遠者為玄學，不稱名理。依此，傅嘏、鍾會、李丰、王廣等，俱屬名家之名理系統。若推廣言之，俱稱名理，則別以才性與玄學。詳見第七章。）自人格言之，談名理者，大抵不屬名士，惟到談玄遠，始徹底解放，始眞為名士。此自魏初至正始一段歷史言，事實上是如此，非謂理上必如此。即名士亦可談名理，談玄遠者，亦可談才性。過江名士，「為風流談論者所宗」之殷浩即一方好老易，善玄言，一方又「才性偏精」。（見晉書卷七十七殷浩傳及世說新語文學第四）。可見史志所稱之名家名理，亦只權言，非必局限於才性。而名士之稱亦不以所談之內容而定也。名士人格以「唯顯逸氣而無成」來規定。名士談玄遠，談玄遠者不必是名士。（如老莊談玄遠不可以名士論）。荀粲之玄遠是名士之談玄遠也。五、婦死而神傷，與王衍喪子而言「鍾情正在我輩」，同一情調。此亦是名士情調。惟王衍是官僚名士。荀粲則是一富才情之青年名士。六、其簡貴孤傲亦是有性情，亦見其有一往之逸氣。

三國志鍾會傳：「鍾會字士季，潁川長社人。太傅繇小子也。少敏慧夙成。中護軍蔣濟著論謂觀其眸子，足以知人。會年五歲，繇遣見濟。濟甚異之曰：非常人也。及壯，有才數技藝而博學。精練名理。以夜續晝。由是獲聲譽。正始中以爲秘書郎。」

又云：「會嘗論易無互體，才性同異。及會死後，於會家得書二十篇，名曰道論，而實形名家也。其文似會。」

鍾會平蜀，建大功，自是功名之士，非名士。其善名理，論才性，又著「道論」二十篇，爲形名家言，此與清言玄遠之名士，自不同格。又其人心術亦不端。嵇康即因其譖而被害。故其精練名理而爲形名家，蓋已落於名法之士，或黃老形名之學。此種人自較「精練」，「校練」，而多機心。而非風流玄遠之名士。其與王弼善，蓋亦因其「論易無互體」也。

以上爲何晏、夏侯玄、傅嘏、荀粲、及鍾會故事，期由此而引出王弼。此皆正始間人物。王弼即在此氣氛中而出現。

第三節　王弼之高致

三國志無王弼傳。只於「鍾會傳」末提及數字曰：「初會弱冠，與山陽王弼並知名。弼好論儒道，辭才逸辯。注易及老子。爲尚書郎。年二十餘卒。」

此下注云：弼字輔嗣。何劭爲其傳曰：

「弼幼而察惠。年十餘，好老氏。通辯能言。父業，爲尚書郎。時裴徽爲吏部郎。弼未弱冠，往造焉。徽一見而異之。問弼曰：夫無者，誠萬物之所資也。然聖人莫肯致言，而老子申之無已者何？弼曰：聖人體無，無又不可以訓，故不說也。老子是有者也。故恆言其所不足。尋亦爲傅嘏所知。於時，何晏爲吏部尙書，甚奇弼。嘆之曰：仲尼稱後生可畏。若斯人者，可與言天人之際乎？

「正始中，黃門侍郎累缺。晏既用賈充、裴秀、朱整，又議用弼。時丁謐與晏爭衡，致高邑王黎於曹爽。爽用黎。於是以弼補臺郎。初除，覲爽。請間，爽爲屏左右，而弼與論道。移時，無所他及。爽以此嗤之。……

「弼在臺既淺，事功亦雅非所長，益不留意焉。……弼天才卓出。當其所得，莫能奪也。性和理，樂游晏，解音律，善投壺。……頗以所長笑人，故時爲士君子所疾。

「弼與鍾會善。會論議，以校練爲家，然每服弼之高致。

「何晏以爲聖人無喜怒哀樂。其論甚精。鍾會等述之。弼與不同。以爲聖人茂於人者神明也。同於人者五情也。神明茂，故能體沖和以通無。五情同，故不能無哀樂以應物。然則聖人之情，應物而無累於物者也。今以其無累，便謂不復應物，失之多矣。

「弼注易，潁川人荀融難弼大衍義。弼答其意，白書以戲之曰：夫明足以尋極幽微，而不能去自然之性。顏子之量，孔父之所預在。然遇之不能無樂，喪之不能無哀。又常狹斯人（指孔子），以爲未能以情從理者也。而今乃知自然之不可革。是足下之量，雖已定乎胸際之內，然而隔踰旬朔，何其相思之多乎？故知尼父之於顏子，可以無大過矣。

「弼注老子，爲之指略，致有理統。注道略論。（「注」字當爲「著」）。注易，往往有高麗言。

「太原王濟好談，病老莊。常云見弼易注，所悟者多。（案「悟」當作「誤」。解證見下。）

「然弼爲人淺而不識物情。初與王黎、荀融善。黎奪其黃門郎，於是恨黎。與融亦不終。正始十年，曹爽廢，以公事免。其秋遇癘疾，亡時年二十四。無子絕嗣。弼之卒也，晉景王聞之，嗟嘆者累日。其爲高識所惜如此。」

以上爲何劭所作傳。注又引孫盛評弼易注曰：

「易之爲書，窮神知化。非天下之至精，其孰能與於此。世之注解，殆皆妄也。況弼以附會之辨，而欲籠統玄旨者乎？故其敍浮義，則麗辭溢目，造陰陽，則妙賾無間。至於六爻變化，羣象所效，日時歲月，五氣相推，弼皆擯落，多所不關。雖有可觀者焉，恐將泥夫大道。」

又引「博物記」述弼之家世曰：

「初王粲與族兄凱，俱避地荊州，劉表欲以女妻粲，而嫌其形陋而用率。以凱有風貌，乃以妻凱。凱生業，業即劉表外孫也。蔡邕有書近萬卷。末年載數車與粲。粲亡後，相國椽魏諷謀反，粲子與焉。既被誅，邕所與書悉入業。業字長緖。位至謁者僕射。子宏，字正宗。司隸校尉。宏、弼之兄也。」魏氏春秋曰：「文帝既誅粲二子，以業嗣粲。」

以上爲王弼之故事。雖甚簡單，然其在學問上之觀念與造詣，大端已概括殆盡。「聖人體無，老子是有」，這是一大端。「聖人有情」，這是另一大端。這兩大端合起來，根本只是一個體用問題。王弼所了解的體是老子的「無」。他對於道家所說的無、自然，確有相應而透宗的理解。從聖人的境界上，說「聖人體無」也是可以的。他確能體悟到聖人的境界。大而化之，默而成之。從這兩句話來了解聖人的境界，說「聖人體無」當然是可以的。雖不能盡儒聖之主要而全幅的精蘊，然從境界上說

「體無」亦確是聖人之所有。王弼即以其所了解之道家之無，來說聖人體無。聖人體之而不言，老子言之而不能體。他以此爲基本觀念，注老注易，並作「論語釋疑」(已佚，散見於論語集解皇疏中)。其注老，則相應而能盡其蘊。注易，則如說聖人「體無」，只能得其一相，而不能盡其全蘊與主蘊。因爲易言天道神化，固亦有可以「無」說之玄境也。然不能如解老然，只是此。故不能盡其全蘊與主蘊。然體此玄境，確須玄智。王弼確能透此宗極之無。無不遺有，有不離無。以體用言之，體不遺用，全體是用；用不離體，全用是體。聖人體無而言有，禮樂教化皆有也，亦皆體之用也。自個人生活而言，聖人「神明茂，故能體沖和以通無；五情同，故不能無哀樂以應物」。通無即體，應物即用。焉得謂聖人爲無情？無情，則其體懸空而離掛，不成其爲體矣。此種體用之圓融，王弼確有圓智以悟之。有透宗之悟，故有圓融之智。其造詣固至乎其極，而不可移也。他以透宗之觀念，與造極之境界，復活已斷絕四五百年之儒道玄理，廓清四百年來易學之蕪雜，不可謂非慧劍之利鋒，般若之烈火也。觀念甚簡易，然造理卻極眞實。其價值全在扭轉之功，與豁醒慧命。故注老雖極其相應，而其功力卻全在注易。雖言理以道爲宗，而於人品則崇儒聖。儒道同言，而期有所會通。此亦大家之識。故三國志鍾會傳末稱其「好論儒道」。非如後來之名士全倒於老莊也。何晏能注論語，亦見不失傳統之規範。雖以老爲宗，單提玄境，不能盡儒家之蘊，然其所提醒之一面，固有不移之價值。故王之易，何之論語，亦代表一時代之經學，而王之老與向郭之莊，則又「後無來者」，而成爲言老莊者之標準。蓋其精神能相應，而後之言老莊者，無一能相應也。

王弼之壽命只二十四。以今語言之，可謂一青年哲學家。年十餘，即好老氏。可謂有夙慧。而又如是之成熟，而成熟又如是其早。此亦不可解。若自普通言之，不必說十餘歲，即廿餘歲猶在夢昧。而王弼卻在短短生命中發出如是透宗而相應之玄智，不謂「夙慧」不可得也。夙慧早具，靈光一顯，全發無餘。說規模格局小亦可。然此種夙慧之人，即使天假以年，亦未必再有增益。只是一擊，而一擊命中。其短短一生，亦可以無憾矣。

又因壽命短，涉世淺，不識物情，其生命中無甚挫折，亦無甚反動。故以「唯顯逸氣而無所成」之名士衡之，彼似不可謂名士。說其爲名士，是從「智悟」一面說。但其智悟卻是有所成。故如說其爲名士，則亦是「學人名士」。他的生命全幅是清新逸氣所顯之一點智光。清新俊逸之氣從生命中浮上來，一點智光從清新俊逸之氣發出。生命中的各種波浪並未映發出來，所以他的意識亦未反照到生命的各方面。他除玄智玄理外，並無其他。他只是一擊便中。因此他並無發展。就是聖人，也還有發展，如三十而立，四十而不惑，五十而知天命，六十而耳順，七十而從心所欲不踰距。佛也有發展，如「八相成道」是。（八相：一、從兜率天退，二、入胎，三、住胎，四、出胎，五、出家，六、成道，七、轉法輪，八、入涅槃。出家、成道兩種波折即表示生命之發展。）這都是生命中起波浪，反照乎生命，故始有發展：有悲劇意識，有道德宗教意識，有歷史文化意識。生命中映發出各種波浪，反照乎生命，有種種意識，始有發展。有發展始有大格局、大規模、大氣象。而王弼則無，一般「名士人格」皆然。他只是清新俊逸之氣，一點智光，而生命則沉墮而潛伏在那裏，只是不自覺地順生物本能滾。故何劭爲傳，說其「爲人淺，而不識物情。初與王黎、荀融善。黎奪其黃門郎，於是恨黎。與融亦不終」。此只是在王弼處如此表現。其他則有各種不同之表現。表現雖不同，而不自覺地順生物本能滾則一。吾前章說「魏晉人於智悟境界、藝術境界不俗，而於德性境界則甚庸俗。」即此意也。

故王弼固是夙慧，亦不可過分誇大。其所以特出者，唯在其注老注易，而有所成耳。然若衡之「名士人格」，則注書著書，皆非其本質，故亦非必要。向秀欲注莊子，嵇康曰：「此書詎復須注？正是妨人作樂耳。」此方是「名士人格」之正宗。故依名士人格之本質（逸氣，棄才），唯王衍、樂廣之宅心事外，與竹林七賢之任放曠達，始可謂正宗之名士。故名士只可有「清言」，而不可有「學問」。玄學亦學也。玄言玄談可，而不可有玄學。故熊先生謂「學問壞於名士，政治壞於奸雄」。正謂此也。王弼注老、易，向、郭注莊，皆有學術上之價值。雖在名士氣氛下，而亦特出矣。故於王、郭則言玄學，而說其學術上之價值；於王衍、樂廣等之虛浮，竹林七賢之任放，則言清言，而觀其時代精神上之價值。

說到學問，無論知識的、或德性的，皆須有一股眞性情：有追求眞理之眞誠，有企慕德性之眞誠。如此，學問方大，方切。王、郭之玄學，雖於老莊之本體能極相應而盡其蘊，然只是在名士氣氛下一點智光之凝結，故不可說大說切。故只是解悟之玄，而不是人生修養上之實修實證。老子雖不能至於體無，莊子雖不免於狂言，然其成爲道家要是由於對於生命之反照而發出，非只是一點智光之玄解。故王、郭之玄學，是清談玄解之玄學，而彼並非道家也。此其所以不大、不切，而只爲名士氣氛下之玄學也。「不大」言其不能反照生命開種種意識，「不切」言其不能會之於己而爲存在的體悟。

玄學是名士的玄學，名士是玄學的名士，（帶點學人氣，因此而名學人名士。）這已算不易。從

「玄學是名士的玄學」方面說，則雖是「名士的玄學」，而因其清光與智光，猶有解悟上的規律（理則或義法），不至妄言亂語。故屢謂其「相應」。（此「相應」，自今日觀之，煞可珍貴。）此足見名士自有眞處。自此以後，不墮於文人之胡扯，即墮於詞章家之評點，或支離於訓詁家之解字。此三者每令人喪氣作嘔，不可忍受。文人之胡扯全無義法，亦無責任。故如其說「學問壞於名士」，不如說「壞於文人」，唐宋以後之文人實可惡也。義學失其傳，文人得肆其胡說。評點家尤可憎。每見評點莊子、評點孟子者，輒覺其醜鄙，自侮而侮人。猶如聖人在前，不知恭敬企慕，明其所以，而思自憤，而唯贊嘆聖人生得好看，長得美觀。亦欲學他那樣好看，那樣美觀。此直是罵人，侮辱聖人。亦是侮己自賤；所謂東施效顰，不覺其醜也。解字之訓詁家，若直承認只是解字，則猶雅馴。而每感慨於人各一說，莫知誰是。儼若校刋訓詁方是標準，以爲如此便是解莊，便是喩老。殊不知義理訓詁乃是兩層。訓詁有訓詁之義法，義理有義理之義法。訓詁只是解字，非解莊解老也。其於義理根本尙未着邊，漫然以爲解字即是明理，冒然由訓詁以推定解不解。此不但己盲，亦盲古人。此是由盲抹殺學問，封閉學問。其所視爲「人各一說」者，尙是開眼而面對莊老，而自己則是永不開眼以自閉塞。義學失傳，人不知義學之義法，雖開眼而流於胡說、亂說、妄說。此唯進之以義學之義法以期勉於相應，方能糾正其胡說。非可封其眼、令其退於自閉也。自己閉而盲，對於開眼者，不加簡別，一例概之以「人各一說，莫知誰是」，自己門面撐得如此之大，儼若「定是」即在這裏，實則自己根本閉眼，尙不知何爲是也。世固有不是者，然是不是之判斷，其標準在義理之義法，不在訓詁之義法。訓詁家之傲然自大，混亂層次，流於閉死學問而不自知。其罪浮於文人之胡扯，而鄙陋之過尤大於評點家之醜。三者均爲眞學問之敵人。由此觀之，魏晉「名士之玄學」自有眞處，其「相應」彌足珍貴。蓋其解悟上之義法不亂故也。

至於從「名士是玄學的名士」方面說，名士有成，而爲「學人名士」，比「無所成」之純名士亦較可貴。「唯顯逸氣而無所成」（宅心事外）之純名士，本是天地之逸氣，人間之棄才。固極荒涼，亦極可賞。從深處言，無所成，四不着邊，無掛搭處，亦可與最高境界有相似。聖人體無，無可無不可。孔子稱堯舜「蕩蕩乎民無得而稱焉」。佛教從假入空，無有少法可得。契爾克伽德謂要作一個存在的基督徒，永不能客觀化而有所成有所住。來興說：「假定上帝右手掌握一切眞理，左手握有永遠不息之追求，則吾寧取左手而不取右手。」此皆是無所得，無所成。然聖人之無可無不可，無得而稱焉，是「大而化之」之境界，是其不繫不着而物各付物成就一切。佛從假入空無有少法可得，是破執着。雖宗趣唯一，無餘涅槃，然反回來從空入假，則一切法皆是佛法。雖在佛亦還是不壞世間而證菩提。菩薩應化衆生，應學一切法，一切法皆依方便而得安立。（此方便安立雖亦可說成就一切，然是方便成就，此是消極的、方便的權假成就，與儒聖之積極的、義理成就不同。此當別論。）至於契爾克伽德與來興所說，則是重在內在的永恆之追求，極度之緊張，而不容鬆弛者，此與儒者所說健行不息相當。（雖意味不同）。凡此無所得無所成皆自個人主觀地說，而客觀地則實成就一切，獲得一切。此皆非名士境界之無所成，四不着邊，無掛搭處。名士境界之無所成實只是聖賢境界之無得無成之「相似法」。若以聖賢境界之無得無成以自文飾而傲然自大，則即流於「相似法」而大謬誤。名士境界之無得無成只是以天地之逸氣而爲人間之棄才。乃是風流飄蕩而無着處，乃是軟性之放縱恣肆，而唯播弄其逸氣以自娛。故名士之基本情調乃是虛無主義的。魏晉人之生命深處不自覺地皆有一荒涼之感。由此觀之，純名士之無所成實不如玄學名士之稍有成也。稍有成即稍有學術上之價值。即捨此不論，就個人生命言，有此智悟而使用其智悟，即開生命發展之機也。故人應由逸氣而進於學。

吾以上綜論王弼兼及名士之特徵。以下再就其注老易而分別言其觀念、造詣、與價值。

第四節　王弼易學之史迹

「老子」單純，「易經」複雜。故王弼注老，只憑其相應之玄悟，即可發其蘊而前後同揆。至於易經，其成也，則歷四聖（伏羲、文王、周公、孔子），有一大傳統爲其背景。成後，即轉入漢，復有四百年之漢易傳統以爲其附贅。故王弼雖是道家心靈，而費全力以治易。此最足見其廓淸之功與超脫之慧。其所以至此，除其本人慧劍之鋒利外，亦尙有歷史現實上之因緣。此段因緣之蛛絲馬迹，湯用彤先生在「魏晉玄學論稿」中，疏之甚詳。其意是王弼之新易學與荆州劉表幕下之新學風有關。茲簡述其言如下。（此書在大陸出版。讀者不易得。得見者，請閱原著。不得見者，吾茲簡述，即作介紹。）

漢代經學早有今文古文之爭。至漢末，則有荆州之「後定」。王弼之學，蓋與荆州有密切之關係。漢末，中原大亂，荆州獨全。劉表爲牧，人民豐樂。表原爲八顧之一。（或稱八交、八友、八俊）。好名愛士。天下俊傑，羣往歸之。「開立學官，博求儒士。使綦毋闓、宋衷等，撰定五經章句。謂之後定」。（魏志卷六劉表傳注引「英雄記」）。

王粲即於其時在荊州。其「荊州文學記官志」（藝文類聚三八）謂劉表「乃命五業從事宋衷新作文學、延朋徒焉」。「五載之間，道化大行。耆德故老綦毋闓等，負書荷器，自遠而至者，三百人」。「蜀志」李譔傳：「譔父仁。與同縣尹默，俱遊荊州。從司馬徽、宋衷等學。譔具傳其業。又從默講論義理」。「著古文易、尙書、毛詩、三禮、左氏、太玄指歸。皆依準賈、馬。異於鄭玄。與王氏（肅）殊隔，初不見其所述，而意歸多同」。言李譔意多與王肅不謀而合。其所以如此，亦有相當之連繫。「魏志」卷十三王肅傳：「肅字子雍。年十八從宋衷讀太玄，而更爲之解」。然則王肅之學本有得於宋衷。與李譔爲同門，故李與王「意歸多同」也。王肅善賈、馬之學，而不好鄭玄。宋衷之道固然也。李譔王肅之學並由宋氏。故意歸多同。而其時「伊洛以東，淮漢以北，鄭氏一人而已。莫不宗焉」。宋衷之學異於鄭君。王肅之術，故訐康成。王粲亦疑難鄭之尙書。則荊州之士，踔跐不羈，守故之習薄，創新之意厚。劉表「後定」，抹殺舊注。宋、王之學，亦特立異。而王弼之易不遵前人，自係當時之風尙如此。亦可與荊州屬於同一系也。

荊州學風喜張異議。其學之內容若何，則似難言。然據「劉鎭南碑」（全三國文五六）稱表改定五經章句，「刪剗浮辭，芟除煩重」。其精神實反今文學末流之弊。又按「南齊書」所載王僧虔「誡子書」有曰：「論注百氏，荊州八帙，又才性四本，聲無哀樂，皆言家口實」。又曰：「八帙所載，凡有幾家」？據此，不獨可見荊州經學家數不少，卷帙頗多，而其內容亦必與玄理大有契合。故時至南齊，清談者猶視爲必讀之書。

荊州儒生最有影响者，當推宋衷。仲子不惟治古文易，且其專長，似在太玄。王肅從之讀太玄。

李譔學源宋氏，亦作「太玄旨歸」。江東虞翻讀宋氏書，乃著「明揚釋宋」。（見「吳志」本傳注）。而陸績「述玄」文中稱：荊州劉表遣梁國成奇修好江東，奇將「玄經」自隨。陸績幅寫一通，精讀之。後成奇復來，宋仲子（衷）以其「太玄解詁」付奇，寄與張昭。陸績因此得見仲子之書。可見荊州之學甚盛，而仲子爲海內所宗仰。其「太玄」學並特爲天下所重。

夫「太玄」爲易之輔翼。仲子之易自亦有名於世。虞翻曾見鄭玄、宋衷之易，而謂衷小差玄。在其同時，易學實極盛。馬融、鄭玄、荀爽、王肅、虞翻、姚信、董遇、李譔，均治周易。虞翻言：「經之大者，莫過於易。自漢初以來，海內英才，解之率少。至桓、靈之際，潁川荀諝（爽），號爲知易」。（本傳注）。可見漢末，孔門惟道學，爲學士所探索。因此而周易見重，並及「太玄」。而王弼之易，則繼承荊州之風，而自有樹立者也。

王弼未必曾居荊州。然其家世與荊州頗有關係。山陽劉表受學於同郡王暢。漢末王暢孫王粲與族兄王凱（一作覬）避地至荊州依劉表。表以女妻王凱。粲之二子，與宋衷均死於魏諷之難。魏文帝以粲子二人被誅，乃以凱之子王業嗣粲。而王弼者乃王業之子，宏之弟，亦即粲之孫也。（見上引何劭所作王弼傳）。

王宏字正宗。張湛「列子注」序謂正宗與弼均好文藉。列子有六卷，原爲王弼女婿所藏。王氏蓋自正宗（王宏），即好玄言。而其父、祖兩輩均與荊州有關係。王粲、王凱、以及粲之子與業，必均熟聞宋衷之道，以及「後定」之論。則王弼之家學，上溯荊州，出於宋氏。夫宋氏重性與天道，輔嗣好玄理。其中演變應有相當影响也。（魏諷反，誅連甚多。劉廙弟偉亦在內。但三國志無魏諷傳）。

又按王肅從宋衷讀太玄，而更爲之解。張惠言謂王弼注易，祖述肅說。特去其比附爻象者。若此，則由宋衷傳王肅，而終有王弼，可謂一脈相承矣。（蒙文通先生「經學抉原」頁三八）。世傳王弼用費氏易。漢書儒林傳：「費直治易，亡章句。（張惠言云後世所傳費氏易注，爲僞託，不足信）。徒以彖、象、繫辭、文言、解說上下經」。是則費氏易與古文不同，而其學本以傳解經，亦與今文家重訓說章句者，大異其趣。王弼用費氏易，非但因其所用易文同於古文，而實亦因其沿襲其「以傳解經」之成規也。

漢代舊易偏於象數，率以陰陽爲家。魏晉新易，則漸趨純理，遂常以老莊解易。又沿費氏以傳解經之途徑，故重義理之發揮。新舊易學，思不相參，遂常有爭論。此有三端可說：

一、管輅自以爲久精陰陽，而鄙何晏之談易。其言有曰：「以攻難之才游形之表，未入於神。夫入神者，當步天元，推陰陽，極幽明，然後覽道無窮，未暇細言。若欲差次老莊而參爻象，愛微辯而興浮藻，可謂射侯之巧，非能破秋毫之妙也」。（魏志卷二十九管輅傳注引「輅別傳」）。管輅精推陰陽，爲術數家。善易者不言易。此既與章句訓詁不同，亦與智解玄悟有異。此亦可說「經外別傳」。

二、何劭王弼傳云：「太原王濟好談，病老莊。嘗云：見弼易注，所誤者多」。「誤」通常作「悟」。但王應麟鄭氏易序，引陸澄與王儉書作「誤」。南齊書卷三十九，「陸澄傳」則作「悟」。但玩陸、王二書語氣，悟必爲誤之訛。王濟即王渾之次子。史載其善淸言，著有易義。而未聞其病老莊。但何劭與王濟相得甚歡。（見文選傳咸贈何劭王濟詩序）。所言必不誤。是則王濟著易當屬舊學。嫌弼以老莊解易。「背爻象而任心胸」。（管輅語）。

三、何作王弼傳又云：「弼注易，穎川人荀融難弼大衍義。弼答其意」。按魏志卷十荀彧傳注：荀彧兄荀衍，荀衍子荀紹，荀紹子荀融字伯雅。與王弼鍾會齊名。與弼、會論易、老義，傳於世。荀融之學不知果如何。但融之叔祖荀爽有易注。其叔荀悅謂爽書據爻象、承應、陰陽變化之義以言易。而虞翻謂諝（爽亦名諝）之注有愈俗儒。淸人類言虞氏主消息，荀氏主升降，均漢易也。荀融之叔父荀顗與諸兄並崇儒術。不似弟荀粲之好道家言。（見前引何劭荀粲傳。案荀彧有五子：荀惲字長倩，荀俁字叔倩，荀詵字曼倩，荀顗字景倩，荀粲字奉倩。）鍾會言易無互體，王弼略例亦譏互體。而荀顗嘗以難鍾會「易無互體」、見稱於世。（魏志注引「晉陽秋」）。則顗固亦與弼殊義也。荀融之從子荀崧，東晉初請置鄭易博士。（宋書禮志及晉書卷七十五荀崧傳）。則亦重舊易者。案魏晉恆家世其學。荀氏治易者，如爽、顗、崧，均主舊學。然則荀融之易恐亦本之漢易，與王弼玄言不同，故加以非難也。

以上俱爲湯用彤先生所疏釋。由以見漢魏之間學風之轉變：由質實轉至空靈。此爲一總方向，而見之於各方面。荆州劉表幕下改定五經章句，此爲在經學方面之新學風，而以宋衷爲領導。此在通常所不注意者。王弼與此新學風有其家世上之關聯。聲氣感應，不無影响。當時人俱向空靈淸言方面開發其心靈，此爲時代精神之主流。故王弼以玄思注易，既與管輅之術數不同，復與漢易傳統之象數相反。王濟、荀爽、荀顗、荀融、荀崧皆主舊學，而不以王弼爲然。管輅之術數本自不同，此本不在通常經學範圍內。故與王弼無所謂反對。然易之爲書，窮神知化。源於卜筮，本於爻象。其結構特別。

具符號系統，非通常文字。本可自不同路數悟入。管輅精於陰陽，妙於術數，直湊造化之微，神解感應之幾。「善易者不論易」（輅答鄧颺語），而易理在其中矣。彼有術有數，有徵有驗，如此實際，自輕何晏之「浮藻」。王弼與何晏同發一根，雖撥象數而趨義理，自管輅觀之，亦難免「浮藻」之譏。故孫盛亦評王弼之易注曰：「易之爲書，窮神知化。非天下之至精，其孰能與於此？世之注解，殆皆妄也。況弼以附會之辯，而欲籠統玄旨者乎？故其敍浮議，則麗辭溢目，造陰陽，則妙賾無間。（此所謂「造陰陽」與術數象數家之造陰陽不同）。至於六爻變化，羣象所效，日時歲月，五氣相推，弼皆擯落，多所不關。雖有可觀者焉，恐將泥夫大道」。（見上第三節引）。可見論易者，雖可純自義理入，而陰陽象數亦非全可擯落也。單看言之者如何耳。由此，吾欲進而略言治易之途徑，藉以確定王弼之地位。

第五節　治易之三系：術數系、象數系、義理系：管輅之術數。

由上節之疏解，吾可開易學爲三系：

①管輅之術數系：此爲「善易者不論易」，不疏解經文，無章句。此可曰「經外別傳」。

②漢易之象數系：此以陰陽災異爲底子，以爻象互體注經文，有章句。此亦可曰「經外別傳」而附會於經者。此系下開淸之兩易家：一曰胡煦，二曰焦循。

③「以傳解經」之義理系：此有兩系：一曰王弼之玄理，二曰宋儒之性理。

本節願略述管輅以見此系之函義。下章則述王弼之玄理。至於象數系，吾曾有專書論之。本文不便述及。宋儒之性理亦將專論，不在本書範圍內。

三國志魏志二十九「管輅傳」注引輅弟辰所作之「輅別傳」曰：

「裴冀州（徽）、何（晏）、鄧（颺）二尚書、及鄉里劉太常（實）、潁川兄弟（詡實弟智），以輅稟受天才，明陰陽之道，吉凶之情。一得其源，遂涉其流，亦不爲難。常歸服之。輅自言，與此五君共語，使人精神清發，昏不暇寐。自此以下，殆白日欲寢矣」。

案此見輅雖鄙視何、鄧，然究樂與之談。

「又自言當世無所願欲。得與魯梓愼、鄭裨竈、晉卜偃、宋子韋、楚甘公、魏石申，共登靈台、披神圖、步三光、明災異、運蓍龜、決狐疑、無所復恨也。」

案此見術數一系，戰國時已異人輩出。輅自是此系中人。（以上兩段爲「輅別傳」末其弟輅辰之敍語）。「輅別傳」又曰：

「故郡將劉邠字令元，清和有思理。好易而不能精。與輅相見，意甚喜歡。自說注易向訖也。輅言：今明府欲勞不世之神，經緯大道，誠富美之秋。然輅以爲注易之急，急於水火。水火之難，登時之驗，易之清濁，延於萬代。不可不先定其神，而後垂明思也。自旦至今，聽採聖論，未有易之一分。易安可注也？輅不解古之聖人，何以處乾位於西北，坤位於東南？夫乾坤者天地之象。然天地至大，爲神明君父，覆載萬物，生長撫育，何以安處二位，與六卦同列？乾之彖曰：大哉乾元，萬物資始，乃統天。夫統者屬也。尊莫大焉。何由有別位也？邠依易繫辭，諸爲之理。以爲注不得其要。輅尋聲下難。事皆窮析。曰：夫乾坤者，易之祖宗，變化之根源。今明府論清濁者有疑。疑則無神，恐非注易之符也。輅於此爲論八卦之道，及爻象之精。大論開廓，衆化相連。邠所解者，皆以爲妙，所不解者，皆以爲神」。

案此見輅亦能會通八卦爻象與「大哉乾元」之義理。然其興趣畢竟在八卦爻象之術數，由術數以「探玄虛、極幽明」，而「覽道」於「無窮」。「輅別傳」又記輅與魏郡太守鍾毓之談曰：

「魏郡太守鍾毓，清逸有才。難輅易二十餘事。自以爲難之至精也。輅尋聲投響，言無留滯。分張爻象，義皆殊妙。毓即謝輅。輅不知毓生日月。毓愕然曰：聖人運神通化，連屬事物，何聰明乃爾？輅言幽明同化，死生一道，悠悠太極，終而復始。文王損命，不以爲憂，仲尼曳杖，不以爲懼。緒煩蓍筮，宜盡其意。毓曰：生者好事，死者惡事。哀樂之分，吾所不能齊。且以付天，不以付君也」。

案「幽明同化，死生一道」云云，此爲言易者所共契，亦爲易學所決定之中國形上心靈之獨特。無論儒、道，皆契歸不悖。惟言義理者，皆只能契悟於「運神通化」之玄理，而不能「連屬事物」以爲特殊之確知。術數家能藉蓍筮爻象以確知生死休咎，所謂「步三光、明災異、運蓍龜、決狐疑」者是也。此種步、運之術亦不在易經中，以此而言「經外別傳」。然由此步運之術亦能造大易彖象繫傳之玄旨而同歸於窮神知化之大道。所謂「步天元、推陰陽、探玄虛、極幽明，然後覽道無窮」也。既能「運神通化」，又能「連屬事物」，此確是術數家特有之軌路。

又記輅與石包之談曰：

「石包爲鄴典農，與輅相見。問曰：聞君鄉里翟文耀能隱形。其事可信乎？輅言：此但陰陽蔽匿之數。苟得其數，則四岳可藏，河海可逃。況以七尺之形，游變化之內。散雲霧以幽身，布金水以滅迹。術足數成，不足爲難。苞曰：願聞其妙，君且善論其數也。輅言：夫物不精不爲神，數不妙不爲術。故精者神之所合，妙者智之所遇。合之幾微，可以性通，難以言論。是故魯班不能說其手，離朱不能說其目。非言之難。孔子曰，書不盡言，言之細也。言不盡意，意之微也。斯皆神妙之謂也。請舉其大體以驗之。夫白日登天，運景萬里，無物不照。及其入地，一炭之光，不可得見。三五盈月，淸輝燭夜，可以遠望。及其在晝，明不如鏡。今逃日月者，必陰陽之數。陰陽之數，通於萬類。鳥獸猶化，況於人乎？夫得數者妙，得神者靈。非徒生者有驗，死亦有徵。是以杜伯乘火氣以流精，彭生託水變以立形。是故生者能出，亦能入。死者能顯，亦能幽。此物之精氣，化之游魂，人鬼相感，數使之然也。苞曰：目見陰陽之理，不過於君。君何以不隱？輅曰：夫陵虛之鳥，愛其淸高，不願江漢之魚。淵沼之魚，樂其濡溼，不易騰風之鳥。由性異而分不同也。僕自欲正身以明道，直己以親義。見數不以爲異，知術不以爲奇。夙夜研機，孳孳溫故。而素隱行怪，未暇斯務也」。

案此段言數是「定數」之數。一切皆陰陽之「變形」。此變形之「定然」者爲「數」。故「數」從客觀方面說，又落於「變形」上說。通而上之，則爲神化，爲道。是數者神化之「迹」也。然能通「變形」之迹之隱顯原委而得其定然之數，則神化自在其中而朗然。能通客觀之神化與定數，則主觀之心智之靈亦神而妙矣。故曰「得數者妙」，又曰「數不妙不爲術」，又曰「妙者智之所遇」。又曰：「得神者靈」，又曰：「物不精不爲神」，又曰：「精者神之所合」。然連事屬物，如何能「得數」而「通神」，以盡其心智之神妙？其關鍵在「術」。術者自主觀言之，運用之法也。所謂「步天元、推陰陽」，步與推皆術也。「步三光、運蓍龜」，步與運亦術也。由步推或運之術以得或致「變形之數」，故曰：「術足數成，不足爲難」。又曰：「苟得其數，則四岳可藏，河海可逃」。蓋隱形者是「但陰陽蔽匿」之定數，亦即陰陽變形之事也。蓋苟得陰陽變形之定數，則不但人身可隱，即「四岳可藏，河海可逃」。此從客觀方面言。由數以定術，由術以知數（或致數）。故云：「術足數成」，此是主觀地言之也。「隱形」是「致數」（數成）。「運蓍龜決狐疑」是「知數」。能有知致之術，能明陰陽之變，則知「生者能出亦能入，死者能顯亦能幽」。故「見數不以爲異，知術不以爲奇」也。知術見數以通神化之玄。知術見數是「連事屬物」以成特殊之確知，「通神化之玄」則是泛然不繫，逍遙自在，「覽道於無窮」。其立根基於術數，與談義理者不同也。談義理者，儒家立根基於性理（德性），道家立根基於玄理（有無之玄）。然皆能通神化之玄，覽道於無窮。然則所造未嘗異，從入未嘗同。「從入」之異，所關甚大。從術數入者，能有「特殊之確知」；從性理玄理入者，則有聖賢仙道之篤行。此其大較也。

又記輅與清河令徐季龍之談曰：

「清河令徐季龍字開明。有才機。與輅相見，共論：龍動則景雲起，虎嘯則谷風至。以爲火星者龍，參星者虎。火出則雲應，參出則風到。此乃陰陽之感化，非龍虎之所致也。輅言：夫論難，當先審其本，然後求其理。理失則機謬，機謬則榮辱之主。若以參星爲虎，則谷風更爲寒霜之風，寒霜之風非東風之名。是以龍者陽精，以潛爲陰。幽靈上通，和氣感神。二物相扶，故能興雲。夫虎者陰精，而居於陽。依木長嘯，動於巽林。二氣相感，故能運風。若磁石之取鐵，不見其神，而金自來。

有徵應以相感也。況龍有潛飛之化，虎有文明之變。招雲召風，何足爲疑？

季龍言：夫龍之在淵，不過一井之底。虎之悲嘯，不過百步之中。形氣淺弱，所通者近。何能剽景雲而馳東風？輅言：君不見陰陽，雖在掌握之中，形不出手，乃上引太陽之火，下引太陰之水。噓吸之間，煙景以集。苟精氣相感，縣象應乎二燧。苟不相感，則二女同居，志不相得。自然之道，無有遠近。

季龍言：世有軍事，則感鷄雉先鳴。其道何由？復有他占，惟在鷄雉而已。輅言：貴人有事，其應在天。在天，則日月星辰也。兵動民憂，其應在物。在物，則山林鳥獸也。夫鷄者、兌之畜。金者兵之精。雉者離之鳥。獸者武之神。故太白揚輝，則鷄鳴。熒惑流形，則雉驚。各感數而動。又兵之神道，布在六甲。六甲推移，其占無常。是以晉柩牛呴，果有西軍。鴻嘉石鼓，鳴則有兵。不專近在於鷄雉也。

季龍言：魯昭公八年有石言於晉，師曠以爲作事不時，怨讟動於民，則有非言之物而言。於理爲合不？輅言：晉平奢泰，崇飾宮室。斬伐林木，殘破金石。民力旣盡，怨及山澤。神痛人感，二精並作。金石同氣，則兌爲口舌。口舌之妖，動於靈石。傳曰：輕百姓，飾城廓，則金不從革。此之謂也。

輅占獵旣驗。季龍曰：君雖神妙，但不多藏物耳。何能皆得之？輅言：吾與天地參神，蓍龜通靈。抱日月而游杳冥，極變化而覽未然。況玆近物，能蔽聰明！

季龍大笑。君旣不謙，又念窮在近矣。輅言：君尙未識謙言，焉能論道？夫天地者，則乾坤之卦。蓍龜者，則卜筮之數。日月者，離坎之象。變化者，陰陽之爻。杳冥者，神化之源。未然者，則幽冥之先。此皆周易之紀綱，何僕之不謙？」

案此五段言術數之根本不過陰陽感應之變。首藉「雲從龍，風從虎」，以言感應。次籍「兵動」以言感應。復言「非言之物而言」以明「神痛人感」。凡此具體徵象，或常或變，要非無因而至。泛言之，其理不過陰陽之感應，此則眞實而無虛。確知之，則有待於步運之術，「術足數成」，知來亦不妄。所謂「極變化而覽未然」者是也。繫傳亦言「極數知來之謂占」。故末由乾坤之卦，坎離之象，卜筮之數，陰陽之爻，神化之源，幽冥之先，以綜言周易之紀綱。此即爲術數之軌路。

吾所以徵引輅傳而疏釋之，意在表明易學中術數一路含有一種知識之形態。此形態既不同於科學形態，亦不同於「無知而無不知」之境界形態。試言之如下：

①此路中含有一種步、運之術；

②陰陽變形有其必至之勢，此即爲定數。

合此兩點觀之，由步運之術，連屬事物，可以有某種特殊定數之預測的確知。但此種預測並非歸納的，而是直感的。是以其確知亦非一般的，而是特定的，具體的。其値亦非概然的，而是確然的。此步運之術是憑藉若干象徵性的符語，如陰陽五行，運用於卦爻、蓍龜或人之面相、氣色之上而成。此方法運用之本身有若干規律可資遵循，（如陰陽五行間之相互關係），以成其爲步運或占相。透過此步運直觀陰陽感應具體之幾，而於未來有特殊之確知。如醫生品脈，脈理之說出，是憑藉象徵性的符語陰陽五行間之規律而說出。透過脈理之象徵性的表明直觀生理變化之具體之幾而斷其病徵。所以中國醫卜星相是屬於同一系統。皆屬於易學之術數系而含有一種具體的知識形態。此步運之術有二特徵：

①客觀方面不是基於抽象之量概念，如物質、質量、密度、抽象之時間空間（懷悌海所謂「單純定位」）等，而是基於具體的感應之幾。依此，其具體的預測確知，在對象方面，並不是經由一「抽象的分解」而爲機械的推知。對於對象可說根本未着，絲毫未有觸及，未曾予以剖解之騷擾，而只是直觀地攝取其種種感應之徵象。故此預測的確知是象徵的直感，而不是機械的推斷。是具體的，而非抽象的。此步運之術乃憑空架起之獨立一套，與外物無着，保持一超然而觀照之距離。

②依此，在主觀方面，透過此步運之術而爲具體的預測，其心靈活動完全是直覺的，並不是依照邏輯數學的法則而推理。可以說「步運之術」之爲方法，其機械性甚弱，全無定準。全靠心智之明與感覺之銳。故云「妙者智之所遇」。此步運之術在此亦是憑空架起而爲獨立之一套，而與主觀心智亦保持一超然而疏朗之距離，並不窒塞呆滯吾人之心智之妙。此方法只是幾個符號，似有關，似無關，吾人只憑藉之以成「象徵性的直感」。（非邏輯的推理）。此方法不是科學的，故其知亦不是科學的知。全賴人之神明。故術數家固是「知幾其神」，即中醫之高妙者亦曰神醫。非如西醫之全賴機械也。方法之疏朗而無關重要，故技也而可以進於道。故管輅自言：「與天地參神，著龜通靈，抱日月而游杳冥，極變化而覽未然」。此看起來，甚玄，從方法上說，甚無定準，然而能者卻「極變化而覽未然」，亦甚不可移。

科學之知是「以量控質」，其着眼點全在量上，故是抽象的，一般的，機械的，邏輯地推理的。而有限存在，無論是人是物，亦確有其量的一面，即物質墮性一面。故科學之知乃至西醫亦廣泛有效而具客觀妥實性。然此種知識爲頹墮下來而爲知識之粗的形態，量的形態。術數家之知是「以質還質」，心保其靈，物全其機，而以象徵的直感爲媒介，故能「與物宛轉」，「極變化而覽未然」。而凡有限存在，無論是人是物，雖可抽象化而轉爲量的系統，然具體的人，究竟是一全人，具體的物，究竟是一全物，而不只是那墮性的量。人如其爲人，物如其爲物，而直觀其具體的感應之幾，此爲「如實知」，「如理知」，而不是「如量知」。故術數家之知亦可以廣泛有效而具客觀妥實性。其妥實性是落在那具體而活潑的事實上，而不是落在那抽象而機械的量上。此即爲「以質還質」，而爲知識之精的形態。此爲心靈之甦醒，亦爲事物之豁朗。以甦醒之心靈遇豁朗之事物，故無往而不具體也。然此爲高級之知，非必人人能之。

科學知識離不開抽象，憑藉抽象而追求簡單。然抽象而卻不如實。故懷悌海說，吾人反省知識，必須一方能成就抽象，一方能批判抽象。批判抽象而歸於事物之具體。事物之最具體者，彼名曰「事」。事可一而不可再，有流轉而無變化。事可攝取而不可認知。此即在攝取事上，無知識之意義。知識惟在抽象中說。彼復立一「永相」以爲知識之對象。永相可再，故可認知。懷氏之思路，能開出具體境界，但西方傳統尚無成就具體之知之術。

術數系之「具體之知」亦不同於「無知而無不知」之境界形態。境界形態實非知識形態。老子說「足不出戶，而知天下」。「其出彌遠，其知彌少。」莊子說：「庸詎知吾所謂知之非不知耶？庸詎知吾所謂不知之非知耶？」此皆說的道心「無知而無不知」之境界，即：「即寂即照」之境界，而實無特殊的具體事物之知也。僧肇言「般若無知而無不知」，亦同此義。此種「無不知」只是「體物而不遺」之朗照。術數之知能知「雷」之具體起處，然若說「從起處起」，便只是一境界，而不是一特殊的知識。境界基於性理或玄理，科學之知基於抽象，具體之知基於象徵之術數。依此，知識之形態，其層級如下：

①常識的聞見形態，此囿於耳目之官。

②科學的抽象形態，此囿於概念。

③術數的具體形態，此超越概念而歸於具體形變。

④道心的境界形態，此則超越知識而爲「即寂即照。」

在此層級中，看出「術數預知」之特有地位：它可以上升而爲道心的境界形態，而廢除其知義，它也可以靜態化（量化）而下降爲科學形態，而成爲抽象之知識。從其上升言，故凡基於玄理或性理而修道篤行者，皆不以此「先知」爲可貴。而凡精此術數之知者，皆不輕有洩露，亦非其人不傳，而又必勸人修德保祿，自天祐之，吉無不利。非如此者，即爲「易之失賊」。是以此知自始即有一價值觀念。雖妙參天地，靈通著龜，而必引人入德。故輅之弟欲學卜及仰觀事，輅即告之曰：「卿不可敎耳。夫卜非至精不能見其數，非至妙不能覩其道。孝經詩論，足爲三公。無用知之也。」（輅別傳）。又勸何晏曰：「昔元凱之弼重華，宣慈惠和。周公之翼成王，坐而待旦。故能流光六合，萬國咸寧。此乃履道之休，應非卜筮之所明也。……願君侯上追文王六爻之旨，下思尼父彖象之義，然後三公可決，青蠅可驅也。」（魏志管輅傳）。此種「引歸德行」之價值觀念非科學之知所能有。故科學與德行打成兩截，互不相干，而以不相干爲乾淨。故術數之知以德行爲本，以性理玄理之學爲學，而其本身爲末，爲術。而科學之知則以邏輯數學爲本，而爲純知識也。其引歸德行，則必就「生活之全」而爲間接的。居今日而言「術數之知」，非意在與科學之知爲對立，因兩者本非同一層級。知識愈高級者，愈非人盡可學，而其距機械之用亦愈遠。非因其無機械之用，即無價値。此種術數之知，用在警告、勸誡。假若能知「幾先」而有所警惕，則可以使生命常提升而不至於陷溺墮落，亦可少出罪惡。此即所謂「履道之休」，而可不落於自然定數之狂流中也。吾今順易學之術數系，指出有此一知識形態。此有其獨特之本性與作用，而不可化歸者。若順其量化而下降爲科學形態，則術數規路即轉而爲科學規路，術數之知亦轉而爲科學之知。此在客觀之物與主觀之心皆有一獨特之撐架與提練。此亦有其本性與價値。基於性理與玄理而成之道學既能進退術數之知而爲之主，自能進退科學之知而爲之主。否則，若只一味是科學之知與機械之用，則專造原子炸彈，未必是人類之福休也。即不造原子炸彈，而人之心思只停滯於科學之知與機械之用，亦未必是人生之福休也。

於是，吾人進而看純義理之易學：即，王弼基於道家玄理而來之易學。

第四章　王弼玄理之易學

第一節　王弼易學之中心觀念

王弼祖費氏「以傳解經」之成規。此爲可取之途徑。六十四卦之卦辭、爻辭爲經。孔子之十翼爲傳。十翼者，孔穎達周易正義卷第一云：「上彖一，下彖二，上象三，下象四，上繫五，下繫六，文言七，說卦八，序卦九，雜卦十。」上下彖及上下象是隨經分上下而分。上下繫是將繫辭傳分爲上下。彖傳是總解一卦。象有大象小象：大象是取象以解卦，小象是取象以解爻。文言有乾文言與坤文言，是疏解乾坤兩卦之義理。繫辭傳是總闡周易之「窮神知化」。彖、象、文言、繫辭是了解易義之最重要者。序卦、說卦、雜卦，則不甚重要。十翼不必是孔子所作。尤其後三者，通常皆謂其爲晚出。然前四門皆是孔門之義理。縱非孔子之親筆，其後學述之，亦可賅於孔門。故十翼之傳是儒家義理，出之於孔門，當無可疑。說孔子作，是歸宗語。亦如佛經皆佛說也。

十翼之傳即是說明易經之意義。吾人欲了易義，只有通過孔門之十翼。此爲解經之最原始的定本。費氏「以傳解經」，如文解義，不過是根據孔門十翼以解經文。但其如何解法，則不得知。王弼沿其成規，以傳解經，而有章句。但只注六十四卦及孔子之彖、象、文言。至繫辭、序卦、說卦、雜卦，則爲韓康伯注。今言王弼易學，實連韓康伯而言之。

所謂「以傳解經」，實即通過孔門十翼之義理以了解易經也。是以對於易經了解如何，但視其對於孔門十翼之義理之了解如何而定。王、韓之易學，要在廢象數。至於義理，則未能握住孔門之管鑰，而是以道家之有無玄義而解經也。漢易重象數，不解義理。是由占卜中之爻象、互體等以解經文。此與管輅之術數，同爲「經外別傳」。非以孔門十翼爲了解易經之定本也。當然，易爲卜筮之書。卜筮時，卦爻之變化，必有通例以爲測斷之根據。測斷語句即爲卦爻辭。是以據卦爻之變化，如旁通、升降、消息、爻象、互體等，以解經文，並非全無來歷。但此等通例，並未明載。故謂經外別傳。又，如果孔門義理爲教，則象數家不以十翼之傳而發易經之義理，而以象數明經，則亦可謂「教外別傳」。王韓之易是以道家玄義附會孔門義理。眞能握住孔門義理而盡其蘊者，必自宋儒始。（順孔門義理入，爲顯教。順術數、象數入，爲密教。）

王弼論易之中心觀念見之於「周易略例」。略例有四段最爲重要：一、明彖；二、明爻通變；三、明卦適變通爻；四、明象。此四段中，又以「明彖」與「明象」爲特顯。由明彖而至一多、體用之觀念；由明象而至「立象以盡意」，「得意而忘象」之觀念。前者爲本體論，後者爲方法論。皆極見王弼之玄悟，而於當時之淸言亦極有影响者。以下只就「明彖」言之。至「明象」則見第七章。

明彖云：「夫彖者何也？統論一卦之體，明其所由之主者也」。通常解彖者斷也。判斷一卦之體性也。一卦之體性必由一主爻而見。是由一特點而統攝衆象也。彖之本義如此。王弼之界說亦不背此。故下文即引至一多之觀念：「夫衆不能治衆，治衆者，至寡者也。夫動不能制動，制天下之動者，貞夫一者也。故衆之所以咸存者，主必致一也。動之所以得咸運者，原必无二也。物無妄然，必由其理。統之有宗，會之有元。……故自統而尋之，物雖衆，則知可以執一御也。由本以觀之，義雖博，則知可以一名舉也。故處璇璣以觀大運，則天地之動，未足怪也。據會要以觀方來，則六合輻湊，未足多也。」以「至寡」治衆，至寡即一。此一非數目之一，乃「統之有宗，會之有元」之一也。故此一即「本」。以貞夫一制動，則「貞夫一」即定乎一而爲至靜也。一之爲本至寂至靜。靜者無分歧相，無動蕩相。落於分歧動蕩即多也，非一矣。故客觀地說，一治多，靜治動。主觀地說，能至寡而相應乎一者治多，能至靜而貞夫一者治動。客觀地說，是從理說。主觀地說，是從體現「一」之人說。此一是本是靜，是宗是元。一能治多，亦能成多。故曰：「衆之所以得咸存者，主必致一也。」由一而存衆，即由一而成就多也。一能治動，亦能成動。故曰：「動之所以得咸運者，原必无二也。」由无二之一以運諸動，即由一而成就諸動也。由一成動成多，是即由體以成用也。用即現象，一即本體。一之爲體是成用之體，非隔離之體也。用由體而成而運，則用非「妄然」之用也。故云：「物無妄然，必由其理」。其所由之理即一即體也。由一以統之運之，則紛然之動多皆得其理，而非虛妄之幻象。此體用之關係，非佛教空有之關係也。此體用之關係，儒道兩家皆然。惟一般言之，儒道雖同，而體之所以爲體，則儒道不同。王弼說此一爲體爲本，是以道家之無、自然、爲背景。依道家之路數，此一之爲本爲體，純由遮顯，故只能從外表描述其形式特性。如無、自然、寂靜、一、本，皆形式特性也。從形式特性言之，儒、道皆同，甚且佛、耶亦同。惟從實際的內容特性言之，則體之所以爲體，儒道不同。其不同之關鍵在「心性」。而王弼於此根本未入。了解形式特性易，了解內容特性難。不能進入內容特性，則不能盡儒道之精蘊與全蘊，尤其不能盡孔門義理之精蘊與全蘊。故其對於易經之體只能泛言其形式特性，而於孔門十翼所表現之義理綱維不能盡其經分綸合之全蘊也。蓋儒家之體用非只泛言之體用，其體亦非只形式特性之簡單，其用亦非只動多之泛言。其體用乃是統於德性的心性與天道以言之。有一立體的內容骨幹樹於那外表的形式特性之中。故其體非只遮顯，亦由表顯。道家之體，其心性觀不能成就一立體的內容骨幹，故其體只由遮顯，而形式特性亦足以盡之，故王弼之玄悟，言老則相應。而以老之體言易以及孔門之十翼，則多不相應，而亦不能盡。故只能說以老子之玄理談易，不能說以孔門之天道性理談易也。尤以韓康伯之注繫辭傳爲然。茲條舉而簡別之如下：

第二節　王弼乾彖「各正性命」解

（一）乾彖曰：「大哉乾元，萬物資始。乃統天。雲行雨施，品物流形。大明終始，六位時成。時乘六龍以御天。乾道變化，各正性命。保合太和，乃利貞。首出庶物，萬國咸寧。」

王弼注曰：「天也者，形之名也。健也者，用形者也。夫形也者，物之累也。有天之形，而能永保無虧，爲物之首，統之者豈非至健哉？大明乎終始之道，故六位不失其時而成。升降無常，隨時而用。處則乘潛龍，出則乘飛龍，故曰時乘六龍也。乘變化而御大器，靜專動直，不失太和，豈非正性命之情者耶？」

案：此注亦很美。能握住乾健之德。惟於「乾道變化，各正性命。保合太和乃利貞」三語，則言之不諦。凡牽涉到個體性命之處，王、韓注皆不能切。是即喪失天道生化萬物，成就萬物之密義。孔門義理，在十翼與中庸，俱就孔子之「性與天道」而發揮。天道不能空言，不能不貫於個體之性命。性命不能無根，不能不通於形上之天道。乾彖亦仍是就性與天道之貫通而立言。乾元是萬物所資以爲「始」者，故以「大哉」贊之。既是萬物之始，故即統攝萬物而爲之主。「乃統天」之「天」實即萬物之總稱。總曰天或天地，散曰萬物。故王注亦曰：「天也者形之名也。」又曰：「形也者，物之累也。」是即以形物說天，不誤也。天既是形物之總稱，則爲之本而統之運之者即是乾健之道，此則非可以形物視。乾健之道是形而上者，形物之天是形而下者。乾元既統天，則天地之間，「雲行雨施，品物流形」，莫非乾元之所鼓舞，亦莫非乾元之所統運。是則乾元或乾健之道即一「創造原理」也。（有時亦以乾類比天，以坤類比地。是則即以有形之天象徵乾健之道，即以天爲創造原理。同時亦以有形之地象徵坤順之道，即以地爲凝聚原理。陰陽以氣言，天地以形言，乾坤以德言。乾之德爲健，坤之德爲順。乾健之德亦即天之德，坤順之德亦即地之德。乾健故陽，坤順故陰。無論是天地、陰陽、乾坤，總在顯創造原理與凝聚原理，而以認識乾坤爲主也。此即超乎形物而爲理。既識其理，則天地亦形物也。）

下「大明終始，六位時成，時乘六龍以御天」三語，是落在乾卦六爻上說。乾卦六爻即用圖畫象徵法以象徵乾健之道之健行性與創造性。由六爻而有六位。有六位而有終始。終始之六位在時變中形成，藉以明乾健之道之創造性。故云「時乘六龍以御天」，即明乾道「隨時而用」（乘六龍＝乘六爻）以御天，御天即統天，即統馭萬物也。此一象徵語句即明下句之「乾道變化」也。

本來乾道只是一剛健創生之大用。其本身無所謂變化。變化只是其大用之隨時而成物。形物有變化，乾道無變化。形物之變化實即形物之生成。而其所以生所以成，實因乾道之大用而運之。運之有生成，有變化，遂亦言「乾道變化」矣。在「乾道變化」中，「各正性命」，即落於形物之生成上而各定其性命。既言「各」，則性命是指個物之性命而言無疑。正者言個物之性命是由乾道（天道）而來也。皆是定然而不可移。故中庸言「天命之謂性」，即與此相通也。

「保合太和、乃利貞」是順「各正性命」而言下來。既在「乾道變化」中而「各正性命」矣，則因乾道之貫其中而保其合而不離，通而不隔，聚而不散，復因各正性命，而皆不失其個性，是謂同中有異，異中有同，如此，即謂之「太和」。假若不能保其合，而離，而隔，而散，則個體即皆頹墮而成爲死物質。如是，即不成其爲個性。無個性而强合之，則是今日之集體主義也。此既非保合，亦非太和。故由各正性命必然函保合，由保合必然函太和。由保合、太和，乃見乾道之利貞。是以利貞者必扣緊「各正性命」而言也。乾之四德，元亨是乾道變化之始，利貞是乾道變化之終。也可以說，「乾道變化」是元亨，「各正性命」是利貞。乾爲萬物之「始」，故曰元。此元或始是價值觀念，不是時間觀念。順時間追溯，無元無始。此惟以透顯創造性爲始。眼前能透顯創造性（眞實生命），眼前即有始。故始是價值觀念，代表逆反之覺悟。不是時間觀念，即不是順時變而拉長以求其始。有此善始，（故文言曰：元者善之長），故能亨。亨是通。此通是內通。即，內在於此元而有不滯不礙之圓幾。有圓幾之通，故能利。此利是利刃之利，代表「向性」。亨是內通，利即外通。外通而有向性，即能成萬物而各正其性命，此即所謂「貞」。至各正性命便是善終。「靡不有初，鮮克有終」。乾元之始甚爲重要。有善始，始有善終。善始以價值意義之元亨而定，善終以各正性命之利貞而定。故元亨利貞根本就是乾道變化之終始歷程。不能至各正性命，不能見利貞。此表示乾道大用，不是一虛脫流，乃是一成物之過程。其創造非是空無之妄變，乃是實德成物之流行。故「保合太和、乃利貞」，斷然是落在「各正性命」上說。此義既明，則立見王弼之注浮泛而不切矣。「乘變化而御大器，靜專動直，不失太和，豈非正性命之情者耶」？此注前三句皆是說的乾道本身，它乘變化（六爻之變）而御大器（六龍之器），它靜專而動直，它不失其太和之自性，如是，它自能正其性命之實。此言正性命，正好略去「各」字，而收歸於乾道自身之正性命。此顯然未扣緊成物之各正性命上說。故浮泛不切也。王注「乃統天」則切，蓋此只是泛言體用之關係。大抵凡泛言體用處，皆極精透。一涉天道性命之貫通處，則皆浮泛而不切。是即未能盡孔門義理之精蘊與全蘊也。

吾以上對於乾彖之解析，並非隨意妄解，聊備一說。其規路與經脈乃必然而不可移者。大體宋儒皆能契此而不悖。雖稍有出入，而規路與經脈則皆同也。

例如周敦頤通書誠上第一云：「誠者，聖人之本。大哉乾元，萬物資始。誠之源也。乾道變化，各正性命，誠斯立焉。純粹至善者也。故曰：一陰一陽之謂道。繼之者善也。成之者性也。元亨誠之通，利貞誠之復。大哉易也，性命之源乎」！周敦頤是宋儒之開山祖。其玄思劈頭即能相應孔門之義理而盡其蘊。非如王弼之以道家爲背景也。此見學術心靈之轉向。即如此「誠上第一」，即能就孔子天道性命之貫通，會通中庸易傳（乾彖與繫辭）而言之。中庸言「誠者天之道也」。又云：「誠者物之終始，不誠無物」。周子開頭即以此「誠」爲乾元之實德。其言「大哉乾元，萬物資始，誠之源也。乾道變化，各正性命，誠斯立焉」。又言：「元亨誠之通，利貞誠之復」。皆符契吾解之規路與經脈。讀者細會其語脈，便知不謬，不煩再解。至於「一陰一陽之謂道」三語，詳解見下第五節。

朱子周易本義解乾彖，亦不悖此規路與經脈。惟解「大明終始」三語，則以聖人乘六陽以行天道釋之。此雖可，而不必。吾解直以乾卦六爻爲象徵以明乾道之健行性與創造性。此是從理說，不從人說。又彼解「太和」是「陰陽會合冲和之氣」。「保合」是就每一物之性命之正之自身說。故云：「各正者，得於有生之初。保合者，全於已生之後」。是則保合者即「歸全」之意。此解支離拘礙而不條暢。彼解「首出庶物，萬國咸寧」云：「聖人在上，高出於物，猶乾道之變化也。萬國各得其所而咸寧，猶萬物之各正性命而保合太和也。此言聖人之利貞也」。由此比言，即可知其解保合太和爲不恰矣。「各正性命」是就各物自身說。猶「萬國各得其所而咸寧」是就各國自己說。「保合太和」是就得性命之正之各物之間說，猶太和大同是就皆得其所之各國之間說。保合不必是各物自身之「歸全義」，太和不必說成陰陽會合冲和之氣。此雖細節處稍有出入，然利貞是就「各正性命」說，此一大規路大經脈，則仍同而不悖也。蓋宋儒無論如何皆能握住性命天道之貫通，非如王弼之只能就天道而泛言體用，而於性命則茫然不解也。

× × × ×

（二）對於「保合太和乃利貞」既誤解，（浮泛不切），則對於文言：「乾元者，始而亨者也。利貞者，性情也」。自亦誤解。本說「元亨」是乾道變化之始，利貞是乾道變化之終。而終是落在各正性命上見。故此處言「利貞者性情也」，此言「性情」即相應「各正性命」說。朱子解曰：「收斂歸藏，乃見性情之實」。此不誤也。就各正性命以見利貞，故就利貞以見性情之實，亦可以說見性命之正。而王弼注云：「不爲乾元，何能通物之始？不性其情，何能久行其正？是故始而亨者，必乾元也。利而正者，必性情也」。解性情爲「性其情」，以性爲動字。此已別扭。又引進「性主情，情從性」一義以明乾元之能「久行其正」。是則利貞者仍就乾元本身說，未落於各物之「各正性命」上說。（與前解「性命之正」就乾道本身說同）。是則利貞便成虛脫之贅義，不能由以見乾道之生成萬物與夫天道性命之貫通也。

第三節　王弼「復其見天地之心」解

（三）復卦彖曰：「復其見天地之心」。王注云：「復者，反本之謂也。天地以本爲心者也。凡動息則靜，靜非對動者也。語息則默，默非對語者也。然則天地雖大，富有萬物，雷動風行，運化萬變，寂然至無，是其本矣。故動息地中，乃天地之心見也。若其以有爲心，則異類未獲具存矣」。復卦一陽在下，象徵光明自深處透露，所謂「海底湧紅輪」者是也。故云「來復」。吾人前言乾元之爲始是價值觀念，代表「逆反之覺悟」。由逆反之覺悟而見乾健之道之創造性。此處復卦之「一陽來復」即表示由逆反之覺悟而見乾元之創造性。而此復卦即名此「乾元之創造性」爲「天地之心」。心者靈覺義，而有創造性，物物而不物於物，而有主宰性：此爲絕對之主體，而永不能被置定而爲客體者，故須由「逆覺」以露之。「復其見天地之心」，最能善狀此義。故王弼以「反本」解「復」，不誤也。以所反之本爲心，亦不誤也。然其了解此本，則完全以道家之有無爲底子，而純爲「形式的」。故要顯此本，全由動息則靜，語息則默之「寂然至無」以顯之。故云「動息地中，乃天地之心見也。」以「動息則靜」比之，則「動息地中」之息乃止息之息，而非生息之息。動止於地中，乃見天地之心。動止則靜。由動而「有」，動止則「有」泯。故動止則靜，有泯則無，故「寂然至無」以爲本也。此本即心。此全由動靜有無之相翻以顯本。「至無」始能妙「衆有」。故云：「若其以有爲心，則異類不獲具存矣」。至無不落於有，即無方體。若落於有，則有限定，而不能妙衆有矣。此純爲老子道德經之思路。此在顯本上，未嘗不是。然此種只是形式的了解，並不能盡「復其見天地之心」之「內容的意義」，只能盡其「形式的意義」。王弼於「天道性命之貫通」固不能知，於此「心性義」亦不能知也。故只落於以單純之玄理解易，而不能盡孔門十翼之義理也。

第四節 王弼之「大衍」義

（四）王弼之大衍義。潁川人荀融曾難弼大衍義。繫辭傳曰：「大衍之數五十，其用四十有九」。何以其一不用？王弼之說，韓康伯注曾引之，曰：「演天地之數，所賴者五十也。其用四十有九，則其一不用也。不用、而用以之通，非數、而數以之成。斯易之太極也。四十有九，數之極也。夫無，不可以無明，必因於有。故常於有物之極而必明其所由之宗也」。王弼此解一洗漢易之象數，此純以體用明。由此等處，極見其智思心靈之簡潔精妙。體虛而用實，虛以運實。體無而用有，無以生有。由有而有數，無不可以數論。其一不用者，即象徵此「寂然至無」之體也。將其「一」提出，升舉而爲非數之「一」，以之而爲體，即以之而爲易之太極。故「不用、而用以之通，非數、而數以之成」。繫辭傳曰：「易有太極，是生兩儀」。韓注云：「夫有必始於無，故太極生兩儀也。太極者，無稱之稱，不可得而名。取其有之所極，況之太極者也」。此注完全以王弼說爲根據。而又皆以老子「有生於無」爲底子。由八卦而上推至四象，四象上推至兩儀，此皆爲有之範圍。兩儀是有之極。至乎有之極處而再上之，則便非有非數，不可得而名。此不可得而名者，即名之曰「太極」。故太極者是「無稱之稱」，即老子所謂「不可名」之名也。四十九是數之極，故再上便非數。五十之一即非數之一而爲無也。故曰：「夫無，不可以無明，必因於有。故常於有物之極而必明其所由之宗也」。由有之極處而顯無，無即有所由之宗。此即老子所謂「天下萬物生於有，有生於無」也。

此「生」是邏輯的演出之義。萬物生於有，即萬物以有爲其邏輯的根據（理由）。有生於無，即有以無爲其邏輯的根據。有之極非是順有之串而追溯。順有之串而追溯永是限定之有，而不能有一非有之無，（即無限定之無）。故有之極實由明其邏輯的理由而爲異質之跳躍，故得一無稱之稱，非有之無，而爲太極。是即爲由有以顯無。無既顯矣，故總羣有而言之，則其根源之始即在無。順有之串而追溯必無始，是即有之「絕對始」不能爲有，而必爲無。故老子云：「無、名天地之始」。

王弼依此思路，由有之極以顯無，以解不用之一爲易之太極，完全是體用之義理觀念，而非象數觀念。此種義理之智思與其論六爻中「初上無定位」之義完全爲同一心靈。其周易略例「辨位」云：

「案象無初上得位失位之義。又繫辭但論三五二四，同功異位。亦不及初上，何乎？唯乾上九文言云：貴而無位。需上六云：雖不當位。若以上爲陰位耶？則需上六不得云不當位也。若以上爲陽位耶？則乾上九不得云貴而無位也。陰陽處之，皆云非位。而初亦不說當位失位也。然則初上者，是事之終始，無陰陽定位也。故乾初謂之潛，過五謂之無位。未有處其位而云潛，上有位而云無者也。歷觀衆卦，盡亦如之。初上無陰陽定位，亦以明矣。夫位者列貴賤之地，待才用之宅也。爻者，守位分之任，應貴賤之序者也。位有尊卑，爻有陰陽。尊者陽之所處。卑者陰之所履也。故以尊爲陽位，卑爲陰位。去初上而論位分，則三五各在一卦之上，亦何得不謂之陽位？二四各在一卦之下，亦何得不謂之陰位？初上者。體之終始，事之先後也。故位無常分，事無常所。非可以陰陽定也。尊卑有常序，終始無常主。故繫辭但論四爻功位之通例，而不及初上之定位也。然事不可無終始，卦不可無六爻。初上雖無陰陽本位，是終始之地也。統而論之，爻之所處，則謂之位。卦以六爻而成，則不得不謂之六位時成也。」

案初上爲事之終始，即事之兩極處。其初極爲由來之極，其上極爲往至之極。極處無定位，無定名。陰之極即爲陽之生，即陽之來極。陽之極即爲陰之生，即陰之來極。是有之邊際，而不屬於定有之範圍。故關係地言之，無定位，而數目地言之，亦不可以數名。無定位，爲王弼所察及。不可以數名，爲清胡煦所察及。胡煦言初上九六二三四五八字命爻之義，甚諦。可與王氏說相通貫。又胡氏亦由陰陽之極而言太極，亦與王弼之由有之極以顯無爲太極之義相通。關此，本文不詳述。茲言此義，只欲顯王弼之義理心靈耳。

又大衍一章純爲一套數學。究如何解，亦不可得而明。清焦循「易學三書」，即全以數學解此章。吾曾疏釋之於吾論易一書中。（漢易、胡煦等均在內。此書絕版，將重寫）。王弼只就不用之一而言體用之義理，而不過問其數學之演算。漢人從象數以解四十有九之義，其說亦多端。湯用彤先生歸納爲三類。（見「魏晉玄學論稿」）。茲引述之，以見王弼之玄思在學術心靈上之地位。

一、鄭康成之五行氣並說。周易鄭注（張惠言訂本）曰：「天地之數五十有五，以五行氣通。凡五行減五，大衍又減一，故四十有九也。衍、演也。天一生水於北，地二生火於南，天三生木於東，地四生金於西，天五生土於中。陽無偶，陰無配，未得相成。地六成水於北，與天一並。天七成火於南，與地二並。地八成木於東，與天三並。天九成金於西，與地四並。地十成土於中，與天五並也。大衍之數五十有五。五行各氣並，氣並而減五，惟有五十。以五十之數不可以爲七、八、九、六卜筮之占以用之，故更減其一，故四十有九也。」此根據相傳之河圖洛書，以天地生成之數，五行各氣並，而解之。此爲傳統之說法。朱子亦承此說，而稍有變更。如云：「大衍之數五十，蓋以河圖中宮天五乘地十而得之。至用以筮，則又止用四十有九。蓋皆出於理勢之自然，而非人之智力所能損益也」。鄭氏直云「不可以爲七八九六卜筮之占以用之」，而朱子則云「理勢之自然」。亦不如王弼之以體用玄理以解之。蓋此純爲術數事，不必眞有體用之義也。此說之意義是以天地生成之數之數學的演變過程象徵天地萬物之演生也。

二、荀爽之八卦爻數說。「周易正義」引荀爽曰：「卦各有六爻。六八四十八，加乾坤二用，凡有五十。乾初九潛龍勿用，故四十有九也」。又引姚信、董遇曰：「天地之數五十有五者，其六以象六畫之數，故減之而用四十九也」。案此解純爲臆說，不成理路。

三、京房、馬融之主氣不用說。周易正義孔疏引京房曰：「五十者。謂十日、十二辰、二十八宿也。凡五十」。易乾鑿度曰：「五音、六律、七變，由此作焉。故大衍之數五十，所以成變化而行鬼神也。日十干者，音也。辰十二者，六律也。星二十八者七宿也。凡五十，所以大閡物而出之者也。」

孔疏又引京房曰：「其一不用者，天之生氣，將欲以虛來實，故用四十九焉」。乾鑿度鄭注曰：「故星經曰：天一太乙、主氣之神」。孔疏所引京房「生氣」當爲「主氣」。所云「天之生氣」疑本作「天一主氣」或「太乙主氣」。按鄭注謂太乙亦即北辰之神名。是則主氣亦即北辰。以北辰解不用之一，正爲馬融之說。

孔疏引馬融曰：「易有太極，謂北辰也。太極生兩儀，兩儀生日月，日月生四時，四時生五行，五行生十二月，十二月生二十四氣。北辰居位不動，其餘四十九轉運而用也」。

馬融解五十之數雖不同，但於解「一」仍似京房，即皆以不用之一爲北辰也。湯用彤先生謂：京房、馬融之說雖有相似，但其所據觀點則不同。京氏蓋依宇宙構成言之。（謂十干、十二辰、二十八宿也）。而馬融則依宇宙運轉而言。（謂太極↓兩儀↓日月↓四時↓五行↓十二月↓二十四氣之演生歷程也）。此固可說，但馬說較優。蓋由太極演生，而即以太極爲北辰，居位不動也。然其中四時生五行，亦不可解。至京房則以十干，十二辰，二十八宿，爲五十，乃實雜湊者。

由太乙北辰爲太極，則太極爲具體之物。此見漢人之質實。由北辰星之太極進而爲氣象渾淪之太極。乾鑿度曰：「孔子曰：易有太極」。鄭注云：「氣象未分之時，天地之所始也」。劉歆鐘曆書云：「太極元氣，函三爲一」。三者，或謂天地人（孟康），或謂太初、太始、太素（錢大昕說）。依此，則太極即太易渾淪。太初太始太素三者渾而爲一，即爲太極元氣。但此「一」必即所謂「主氣」。即太極、太易，亦即太一、北辰、氣象未分之渾淪是。自星體言之，爲北辰。自神言之，爲太乙。自氣言之，爲太極、太易。而陰陽未分之道，亦名「太一」。（呂氏春秋大樂篇）。因此，三統曆云：「以五乘十，大衍之數也。而道據其一。其餘四十九，所當用也」。太極元氣，陰陽未分之道，爲萬物所從生。故京房曰：「天之主氣，欲以虛來實」。亦即乾鑿度所謂「有形生於無形」也。

由京房、馬融，到鄭玄，可知漢人解太極之線索。下至虞翻亦云：「太極者，太乙也。分爲天地，故生兩儀也」。（李鼎祚「周易集解」引）。亦與京房、馬融等同。由此觀之，漢人解太極爲太一（太乙），爲北辰（北極星），居中不動。其餘四十九轉運而用。蓋實以「氣化宇宙論」爲底子，而五十之數則以具體物事取爲象徵者也。此爲京房馬融系之說法。至鄭玄則以天地生成之數與五行氣並，由數學的演算過程以象徵宇宙之演化。就繫辭傳大衍章言之，以鄭說爲合。故後來朱子、焦循、皆順此系作解。然解太極，則京、馬、鄭、虞、固皆相同也。而氣化宇宙論之思想，亦相同也。王弼之功績即在扭轉此質實之心靈而爲虛靈之玄思，扭轉圖畫式的氣化宇宙論而爲純玄理之形上學。此在思想上爲大進步也。而經過四百年之漢易傳統而躍起，則尤見殊特。故云其能復活先秦儒道兩家固有之精微義理也。

第五節　王韓之「一陰一陽」解

（五）、繫辭傳：「一陰一陽之謂道」。韓注云：「道者何？無之稱也。無不通也，無不由也。況之曰道。寂然無體，不可爲象。必有之用極，而無之功顯。故至乎神無方而易無體，而道可見矣。故窮變以盡神，因神以明道。陰陽雖殊，無一以待之。在陰爲無陰，陰以之生。在陽爲無陽，陽以之成。故曰：一陰一陽也」。案此注與前條王弼解大衍其一不用之思路全同。此在言有無，固甚美矣。然於注解「一陰一陽之謂道」，則全錯。韓注視「一陰一陽」之一，即爲體爲無之一。故一陰一陽解爲「無陰無陽」。無陰無陽者，不是沒有陰沒有陽，乃是「陰陽雖殊，無一以待之」。「無一」不是沒有一，乃是即以無之一以待之。即以無之一以待之者，「在陰爲無陰，陰以之生」。即，陰以無之一爲體，而陰之有始生也。推之，陽以無之一爲體，而陽之有始成也。此即老子「無之以爲用」之義。陰陽是有是殊，而其體則是無是一。故首云：「道者何？無之稱也。無不通也，無不由也。況之曰道」。「一陰一陽之謂道」者，即由陰陽之極而見無之一，即是道。簡言之，即於陰陽而無之，以見無方所之神，即叫做是道。此完全是老子之思路，而於解繫傳此語，則非是。把副詞之「一」，解爲實體性的無之一，這在語意上是非常別扭而不通的。韓康伯於王弼之略例明象之義，有無之義，默識甚熟，故輒用此觀念以解孔門之易傳。其注大衍用王弼說，孔疏謂「韓氏親受業於王弼，承王弼之旨」。可見其注易傳，亦甚可代表王氏之意，而同爲以老子「有無之義」爲背景者。

其所以解一陰一陽爲無陰無陽，形成語意上之乖謬，主要關鍵乃在其不能了解孔門天道性命相貫通之義理。一陰一陽之謂道，朱子解之甚諦。陰陽是氣，是形而下者，不是道。一陰一陽乃見道。「一陰一陽之謂道」，與「一闔一闢謂之變」，爲同一語法。闔闢只是變之兩動相，而不是變本身之意義。「一闔一闢謂之變」，即由一闔一闢乃見變之意義。朱子即由此而比類「一陰一陽之謂道」。言由一陰一陽之變化過程乃見道也。可見此「一」字爲副詞。陰、陽是氣，這是分解地表出成變之因素。一陰一陽則是綜和地表變之過程，由之以見道。道不是此現象的變之過程本身，乃是所以成此過程而亦帶着此過程而見者。從所以成此過程言，則道是「所以然」之理。（所以然是實現的「所以然」，不是構成的所以然）。故朱子云：陰陽不是道，所以陰陽才是道。「一」字即表此「所以」。故道終是道，必不能泯滅其「理」的意義。故此現象的變之過程本身並非是道。但此道雖有理之意義，卻並不是抽象地單說理之本身，而卻是帶着變化過程以顯，即動態以顯，喻如大路，人所共由。故可云「浩浩大道」，而不可云「浩浩大理」。此即道之不同於理處。抽象地、靜態地說，爲理，具體地（綜和地）動態地說，爲道。此即所以由「一陰一陽」以明道之意。此綜和地動態地所表示之道，即「天命流行」一語之意，亦即「維天之命，於穆不已」之意。而此後兩者尤其渾淪而具體。此義既明，則其脈絡，頓時即通於中庸「天命之謂性，率性之謂道」，以及大戴禮記「分於道謂之命，形於一謂之性」，以及劉康公「民受天地之中以生，所謂命也」諸義。此諸語句，貫通以觀，則孔門天道性命相貫通之義，即豁然朗現而不可疑。依是，「一陰一陽之謂道」下兩語「繼之者善也，成之者性也」，亦可得而解。而此兩語，韓注無解，即可見其浮泛不切矣。「繼之者善」，即繼道而行謂之善。「成之者性」，即完成而具有之於個己即謂之性。完成之於個己，即具之於個己，定之於個己。凡說性，必落在個體上說。故朱子注云：「成、言其具也。性謂物之所受。言物生則有性，而各具是道也」。即各具是道以爲其性。朱子能知天道性命相貫通，故解「成之者性」即能意識到個體之具有。因唯如此，方能與「天命之謂性」，「形於一謂之性」相通。而王、韓於此，皆無所解。故只能泛言有無體用而不切也。

韓康伯於此「繼、成」兩語無注，而孔疏則連下「仁者見之謂之仁，智者見之謂之智」兩語之注作解而補之曰：「繼之者善也者，道是生物開通，善是順理養物。故繼道之功者，唯善行也。（案此尙可）。成之者性也者，若能成就此道者，是人之本性。若性仁者成就此道爲仁，性智者成就此道爲智也。故云：仁者見之謂之仁，智者見之謂之智。是仁之與智皆資道而得成仁智也」。案此解非是。「成之者性」是言性由天道而來，此是第一層之意義。仁者見仁，智者見智，百姓日用而不知，是進一層說人之表現有自覺與不自覺，而自覺者亦「滯於所見」（韓注語）而有偏。故結之曰：「君子之道鮮矣」。此是第二層之意義。而孔疏混兩層爲一而言之，誤矣。

第六節　王韓之「體用有無」義

（六）、繫辭傳：「陰陽不測之謂神」。韓注云：「神也者，變化之極，妙萬物而爲言，不可以形詰者也。故曰：陰陽不測。嘗試論之曰：原夫兩儀之運，萬物之動，豈有使之然哉？莫不獨化於太虛，欻爾而自造矣。造之非我，理自玄應。化之無主，數自冥運。故不知所以然，而況之神。是以明兩儀，以太極爲始。言變化，而稱極乎神也。夫唯知天之所爲者，窮理體化，坐忘遺照。至虛而善應，則以道爲稱。不思而玄覽，則以神爲名。蓋資道而同乎道，由神而冥於神也」。案此段確甚美。此謂玄理之美。晉書卷七十五韓康伯傳稱伯「淸和有思理」，信不誤也。大抵凡泛言體用有無之玄微，皆能極其精透，而圓融無碍。「明兩儀，以太極爲始。言變化，而稱極乎神」。此是稱理而談。「資道而同乎道，由神而冥於神」。此是就「證者」之體道說。而「獨化於太虛，欻爾而自造」，則已與向、郭之注莊而同歸一唱矣。此種澈底通透，圓融無碍之境界，固是儒道同契，而亦與佛教之空慧（由涅槃般若而成）自然合節，故能互相呼應，而開消融佛教之坦途。

× × ×

（七）、繫辭傳：「易有聖人之道四焉：以言者尚其辭，以動者尚其變，以制器者尚其象，以卜筮者尚其占。是以君子將有爲也，將有行也，問焉而以言。其受命也如響。無有遠近幽深，遂知來物。非天下之至精，其孰能與於此！參伍以變，錯綜其數。通其變，遂成天地之文，極其數，遂定天下之象。非天下之至變，其孰能與於此！易無思也，無爲也，寂然不動，感而遂通天下之故。非天下之至神，其孰能與於此」！此一整段，韓康伯綜括注之曰：「夫非忘象者，則無以制象。非遺數者，無以極數。至精者，無籌策而不可亂。至變者，體一而無不周。至神者，寂然而無不應。斯蓋功用之母，象數所由立。故曰：非至精至變至神，則不得與於斯也」。此注言極深研幾，窮神知化，亦至精至美。至變至精至神者，超有而通於無，資無而歸於有。通於無，故忘象而遺數。歸於有，故制象而立數。此種圓唱，千聖同證。不得以有無爲言而非之。孔門義理之獨特處，在天道性命相通貫，不在言不言有無也。有無是共法，有無圓融是共證。故張橫渠謂大易言幽明，不言有無。言有無者。是老子之陋也。此則不免於滯碍。不能於此以堵截之也。大易玄旨，即以有無說之，亦無碍。此只是名辭之不同。於此堵截，反成狹陋。故王弼謂聖人體無，吾不以爲非。以無言一言體，亦不以爲異。蓋此只是言體之形式特性，儘可說也。易傳明說「神無方而易無體」，又明言「易无思也，无爲也，寂然不動，感而遂通天下之故」。豈謂至體而可落於限定之有乎？又體用無間，有無圓融，是最高之聖證境界。孰謂「大而化之」之聖只有用而無體乎？或只有體而無用乎？又孰謂聖心尚有意必固我之執乎？故謂之「體無」亦不謬也。唯祇言此，不能盡孔門天道性命相貫通之義理之全蘊耳。此只是言道之最普遍亦是最高的表示。此須承認，以暢圓境，再進而表其內容的意義，方見孔門義理之獨特。不能於圓境處堵截也。（其差異在心性處見，在性命天道處見）。

× × × ×

（八）繫辭傳：「顯諸仁，藏諸用。鼓萬物而不與聖人同憂，盛德大業至矣哉！」韓注云：「萬物由之以化，故曰鼓萬物也。聖人雖體道以爲用，未能全無以爲體。故順通天下，則有經營之迹也」。案此注語意稍差。不與聖人同憂，是言天道無心而成化。然聖人則不能無憂患。故聖人體無，而又不能無哀樂以應物。王弼得之，而康伯不及也。以下就王弼聖人體無與有情而言之。至其注易，不再條舉。讀者明乎以上所說，其餘可自料簡也。

第七節　王弼之「聖人體無」義

（九）王弼「聖人體無」義。魏晉人物雖盛談老莊，而仍推尊聖人。周彥倫（顒）曾言：「王、何舊說，皆云老不及聖」。（弘明集周顒「重答張長史書」）。此蓋漢代以來，相承之定論。班固漢書古今人表，將人品分爲九等，列孔子爲上上，與堯舜禹湯文武同。而老子則僅在中上。莊子更不待言。（玆檢人表無莊子，恐有脫略，或字訛）。此種傳統之定論，王、何、向、郭皆未嘗有異。彼等皆謂老莊只能知本，知言，而實不能體而有之。東晉孫盛之子孫放字齊莊。庾亮問曰：「欲齊何莊耶？放曰：欲齊莊周。亮曰：不慕仲尼耶？答曰：仲尼生而知之，非希企所及」。（晉書卷八十二孫盛傳）。此雖儒子之言，（時放年七八歲），不足爲憑，然亦足見一般之意識，於推尊聖人，乃無異議者。希老莊而推尊聖人，則其所以推尊者即在聖人能體老莊所談之道。道一，唯視誰能體而實有之耳。從造詣境界上說，老莊皆不及聖，此亦是魏晉人一般論調。

故裴徽問弼曰：「夫無誠萬物之所資也。然聖人莫肯致言，而老子申之無已者何？弼曰：聖人體無，無又不可以訓，故不說也。老子是有者也。故恆言其所不足」。（見前引何劭弼傳）。聖人體無而不說，老子在有而恆言。此亦「知者不言，言者不知」，「善易者不論易」之意也。是以「聖人體無」即言聖人眞能達到「無」的境界，（即作到無）。無不只是一個「智及」之空觀念，而且眞能表現之於生命中，體而實有之。（此體是身體力行之體）。老子是處在「有」的境界，不能渾化掉，故不能達到「無」的境界。因不能到，故恆言其所不足。用孔子之語表示，則老子只是「智及」，而不能「仁守」。至於莊子，則更「未始藏其狂言」。（郭象注莊子序文）。以此衡之，則孔子是聖人，老莊至多是賢人，或哲學家。孔子之「體無」，是從造詣之境界上說。依孔子之教與儒者立場說，則孔子以「仁」爲體。客觀地言之，仁是天地萬物之本體；主觀地言之，孔子之生命全幅是仁體流行，此仁體名之曰道亦可，故曰仁道，亦是「天道」。述之以「一」亦可。「道」或「一」皆是外延的形式詞語，仁、誠、中，則皆是內容的實際詞語。此爲存在上的或第一序的體（實體，道體）。至於從孔子之踐仁、體仁上說，則「肫肫其仁，淵淵其淵，浩浩其天」，已至「大而化之」之境。儒者於此名之曰「天地氣象」。此如天無言而四時行，百物生，天地無心而成化，天道「顯諸仁，藏諸用，鼓萬物而不與聖人同憂，盛德大業至矣哉」！天如此，聖人亦如此。此無言、無心（即不是有意的）而渾化之天地氣象，以道家詞語說，即謂之「無」。有此「無」境，始能繁興大用。（四時行、百物生是繁興大用，聖人創制立教亦是繁興大用）。對此繁興大用之爲用言，則此「無」境即爲本爲體。此「無」之爲體是境界上的或第二序的體。故自第二序上說孔子體無，亦未始不可。但道家之言有無，並無第一序第二序之分。兩層混而爲一，即以境界上的無之爲體，視作存在上的無之爲體。此無即道，即一，即自然，此皆是形式詞語，即，只能說體之外延的形式特性，而不能說其內容的實際特性。以此爲標準觀孔子，只從境界上知其體無，遂只以此「無」爲本爲體爲道，以爲孔子之所體即是老莊之所言。老莊知言知本，而不能體之，孔子大聖，體之而不言。而道卻只是這個道。不復知尙有存在上或第一序的體。而孔子立教與孔門義理之獨特處（即仁與天道性命）全隱而不見，忽而無知。遂只從可見之德業視孔子，而其不可見之道卻是老莊之所言，亦惟賴老莊言之而得明。假若道體在此，則孔子可見之德業只是用，只是迹。是則以孔子之「作」爲用，（作者之謂聖），以老莊之言爲體，（述者之謂明）；以孔子之用爲「迹」，以老莊之體爲「所以迹」。向、郭注莊，即盛發此義。內聖之道在老莊，外王之業在孔子。以此會通儒道，則陽尊儒聖，而陰崇老莊。王弼此一觀念，直貫至兩晉南北朝而不變。本來，自子貢言「夫子之文章可得而聞，夫子之言性與天道不可得而聞」以後，孔門義理（第一序的道）一直隱沒不彰。王弼取道家言而塡充之，至少可以豁醒聖人之境界，使人得有眞切之了悟與嚮往，不至終日正牆面而立也。其功爲不小，亦非只虛應故事，敷衍聖人之門面。蓋若自第二序之境界上的體而觀聖人，老莊之言亦實可用得上。如此，聖人畢竟是聖人，亦實應尊崇也。孔子稱堯「唯天爲大，惟堯則之，蕩蕩乎，民無能名焉」。稱舜「無爲而治者，其舜也與」！孔子亦自言

「予欲無言」。王弼云：「予欲無言，蓋欲明本。舉本統末，以示物於極者也」。又云：「修本者廢末，則天以行化」。（「論語集解」皇疏九）。此明示孔子不但深契於堯舜之渾化與無爲，且其本人以其天縱之資亦實能至乎此境界。唯漢以後儒者忙於禮樂敎化，章句訓詁，而王者則忙於典章制度，經國大業，日疲命於聖人之「迹」，而不知其「所以迹」。於聖人無爲渾化之境，全然不能正視其意義。遂成無源之死水，糾纏於聖人糟粕之中而不知其本源。於是乎聖人死矣。王弼出而以道家言指點而豁醒之，其功豈得謂小哉？

自王弼從第二序之境界上的體無觀聖人，向郭注莊繼之而不變。盛言內聖外王之合一（內聖是道家所說之本），盛言「迹」與「所以迹」，盛言無爲而治，與自然而化，盛言「外天下者不離人」，「游外以弘內」。「順物而遺名迹，而名迹自立」（德充符注）。「非爲仁而仁迹行，非爲義而義功見」。（駢拇注）。極辯證詭辭之能事，故亦極玄理之極致。於老莊之絕聖棄智，鄙薄仁義，毀棄禮樂，皆能知其爲正言若反之遮詮，乃「寄言以出意」。亦猶逍遙遊所謂「是其塵垢粃糠，將猶陶鑄堯舜者也」。無論堯舜禹湯乃至文武周孔以及其德業皆是外在之糟粕，至道之遺迹。皆可忘也。與物冥者，無所不忘。隨感而應，則痕迹自現。忘堯舜乃能爲堯舜，忘仁義乃能爲仁義。亦猶韓康伯所謂「非忘象者，無以制象，非遺數者，無以極數」。遮末以顯本，由本以起用。本末之爲一，即體用之不離。體用之不離，即儒道之大通。

此迹本之論，至梁阮孝緒而綜論之曰：「夫至道之本，貴在無爲。聖人之迹，存乎拯弊。弊拯由迹，迹用有乖於本。本旣無爲，爲、非道之至。然不垂其迹，則世無以平。不究其本，則道實交喪。

丘、旦將存其迹，故宜權晦其本。（案此即王弼所謂體之而不言）。老莊但明其本，亦宜深抑其迹。（案此即王氏所謂恆言其所不足）。迹既可抑，數子所以有餘。本方見晦，尼丘是故不足。（案此老莊之所以絕聖棄智，非堯舜而薄湯武）。非得一之士，闕彼明智，（此指周孔言），體之之徒，獨懷鑒識。（此指老莊言）。然聖已極照，反創其迹。賢未居宗，更言其本。（案此即聖之所以爲聖，老莊之所以爲老莊。未居宗即言未能體無）。良由迹須拯世，非聖不能。（作者之謂聖）。本實明理，在賢可照。（述者之謂明）。若能體茲本迹，悟彼抑揚，則孔莊之意，其過半矣」。（梁書卷五十一處士列傳阮孝緒傳）。

案此段話可爲王、何、向、郭時代儒道觀之綜括。言之甚美。然此中有兩點須注意：

一、若只是此第二序之境界上的體用，有無，則體或無即無客觀之實體性的意義，而用或有則只是自然帶出之「糟粕」，淡然無繫，泛然從衆之「應迹」，其本身並無客觀而積極的意義，而只有主觀而消極的意義，即只是不繫不絕，因應之所顯。雖云「物無妄然，必由其理」（王弼略例語），「物有自然，理有至極，循而直往，則冥然自合」，（郭象莊子齊物論注語），然此所謂理皆只是虛說，並非實理。即，只是根於無或自然而來之虛說之理，並非根於存在上的實體而來之實理。此即使有或用只成爲主觀之應迹。其本身並無客觀而積極之價值。是以此迹本之論自然傾合於佛教，權假方便之論，而爲同一系之體用。此體用觀因接上佛教而蔚成大國，其勢直貫魏晉南北朝與隋唐，而爲七八百年之中心觀念。宋儒興起即在撥開此境界上的迹本或權假之體用觀，而直透孔門存在上的實體實理之體用觀。境界上有無或空假（空有）或空假中之玄理被消化於此存在上的實體實理之聖證中而予以存在上的立體直貫之骨幹。此即天道性命貫通之骨幹，亦即仁、誠、中之骨幹。由此而以經實權，體有客觀之實體性的意義，而用亦有客觀而積極的價值，因皆是實體實理之所貫，故皆有其當然而不容已，定然而不可移者在，而非只是主觀之應迹與權假之方便。此即爲主客觀之統一。此爲儒聖立教孔門義理之盛大莊嚴而爲獨特不共者也。故切不可以王何向郭之迹本之體用觀爲眞能會通儒道者。彼等只知聖人能體無，而不知其所以能體無者是在仁體之流行，有一立體直貫之骨幹在，非只是一境界之「無」也。若撤去此骨幹，或忽視而不知此骨幹，則一切皆成可有可無者。雖展轉於有無之間，而馳騁其玄談，亦適足成其爲「空華外道」而已矣。

二、迹本之體用觀既不眞能會通儒道，自亦不能解消自然與名教（自由與道德）之矛盾。夫用既只是應迹，則即可有可無，並無定然當然之實理存於其中，是即不能保住是非與善惡以及差別分殊之本質的意義。「敬以直內，義以方外」，則一切外用皆因義而成就（因義而立，因不義而廢），亦即因義而得其客觀而積極之意義。天道性命貫通之骨幹本是一道德的體性學之骨幹。此是直下以道德意識爲中心，直下正視而把握之，而不能撥無或歧出而爲應迹或權用者。徒言形式之有無，本不能正視道德意識而以之爲骨幹，故其言無，言自然，即本無經之實體實理以實之。凡道德性之物事皆推出去而視爲應迹或權用。既爲應迹或權用，自無理之必然性。是則自然與名教，自由與道德，仍不能得眞實之統一，其中隱伏一嚴重之矛盾而不得解消者。此爲道家系統中之本質問題，亦爲魏晉時代之本質問題。詳言見下第十章。

王弼聖人體無所函之體用論如此，則其「聖人有情」所函之體用觀亦同此論。蓋聖人有情亦只是

迹本之體用論之一特殊表現耳●

第八節　王弼之「聖人有情」義

王弼曰：「聖人茂於人者神明也。同於人者五情也。神明茂，故能體冲和以通無。五情同，故不能無哀樂以應物。然則聖人之情應物而無累於物者也。今以其無累，便謂不復應物，失之多矣」。此在體用，固極圓融。然聖人之情固不只是「應物」，亦不只是因其體無而無累。若只是應物而無累，則象憂亦憂，象喜亦喜，泛然不繫而無累，則此種憂喜即不見眞性情，而亦無甚價值之可言。聖人自是不陷於情，不溺於情，亦自是應物而不累於物，自能常躍起而不滯。然他有中之骨幹以爲其本，故其喜怒皆爲中節之和。喜怒之和即是天理之中。他全幅是仁體流行，滿腔子是惻隱之心，故不只是五情同以應物，且是在情中表現義理之當然。惻隱、羞惡、辭讓、是非之心皆情，而即在此情中表現仁義禮智之理。故亦不只是體冲和而無累，且亦是本仁體而實現理。若只是應物而無累，則情即只有權假之用，而無本質之意義。大抵儒聖立敎及孔門義理必須合存在之體用與境界之體用兩者而觀之，始能盡其蘊而得其實。境界之體用是儒釋道之所同，存在之體用是儒聖之所獨，以存在之體用貫境界之體用，則境界之體用亦隨之而不同，即不可以權假論，亦不可以應迹論。

大抵境界的體用以「寂照」爲主，屬於認識的，爲水平線型，無論老莊的應迹或佛敎的權假，皆歸此型。存在的體用則以「實現」爲主，屬於道德之體性學的，爲垂直線型，此是儒敎之立體的直貫，以仁體流行，乾元生化爲宗。孔門義理兼備此垂直與水平之兩線而爲一立體之整型。吾人必須先分別了解此兩型之特義，然後再觀儒者融合此兩型而成之整體之殊勝。如此方可解除宋明儒者之禁忌與夫對於宋明儒者之毀謗與誤解。宋明儒者內部之一切禁忌皆來自水平型之境界的體用。對於宋明儒者之一切毀謗與誤解亦來自此水平型之境界的體用。宋明儒者既兼備垂直與水平之兩線，故亦時有境界方面之玄談。人見其多同於佛老也，遂以爲此非儒學之精純，而雜有佛老以誣聖。故在儒者內部言之，便成禁忌矣。禁忌一成，則境界方面多避而不談，若隱若顯，閃爍其辭，遂成爲別扭而不暢遂之狀態。吾今解除此禁忌，儘可暢其流而遂其辭。同者本是同，而不碍其垂直線之異。然則雖玄亦何傷？人又見其多同於佛老也，遂以爲陽儒陰釋，援佛入儒，其義理多來自佛教，實並無自家獨立之根基，而佛弟子則又以爲偸自佛教以成門戶，孔門實並無如此之義理。此則形成大毀謗、大誤解。吾承認境界方面之玄理多因佛老之刺激而豁醒。王弼之注易是第一步豁醒，佛教之輸入而至禪宗，是第二步之豁醒。吾亦承認佛老在境界方面之玄理是其勝場，亦是主義。然此方面本是同者，不因其刺激而豁醒，遂即以爲皆來自佛老，而非儒聖之固有。又孔門義理實以垂直線爲勝場爲主義，境界方面之玄理雖因佛老之刺激而豁醒，然實並不以此爲主義。握此垂直線，則水平之境界方面一語亦可了，千言萬語亦無傷。而且無論如何玄談，總非應迹論，亦非權假論。此方面之所以玄，其本質之意義實只在一「辯證之詭辭」，而此爲聖證過程之所共者。若以此爲來自佛老，爲佛老所獨有，儒者言之，即以爲偸自佛老，則試問佛老之正視此辯證詭辭，其深切著明比黑格爾又如何？眞能正視而深切著明之者，古往今來，無過於黑格爾。若謂黑氏亦偸自佛老，不亦妄乎？吾且謂佛老之境界方面之玄談，其中所表現之「辯證詭辭」，反將因黑氏而彰顯而嚴整。然亦不因此而即謂佛老投降於黑氏，而喪失其獨有之教義。於以知水平之境界方面之玄理乃一切聖證之所共。不過有覺與不覺，有言與不言，有多言與少言，亦有各種之形態。爲之主者，要在乎垂直線爲如何耳。而垂直線方面之立體的直貫，則正爲宋明儒者所正視，亦孔門義理之勝場與主義。此可誣乎？謂其無自家之根基，不亦盲乎？若謂此亦來自佛，則佛亦無以異於聖。而宋明儒者亦可以不闢佛矣。

吾以上由王弼之易學而簡別孔老之同異。欲明其以道家玄理談易，其玄理之所以爲玄理者何在，遂不厭煩而詳予條舉。至其老學，則見之於其老子注以及「老子微旨例略」。此亦須詳有疏釋。見下文。王弼對於老子，確有其相應之心靈，故能獨發玄宗，影響來者至鉅。其注文雖不必能尅應章句，（本非尅應章句而注解），落於章句上，亦許有謬誤，然大義歸宗，則不謬也。重複即創新。默逆於心，異地皆同。

第五章　王弼之老學

——王弼老子注疏解——

第一節　有、無、玄、名號與稱謂

經文第一章：

道可道，非常道。名可名，非常名。

注：「可道之道，可名之名，指事造形，非其常也。故不可道，不可名也」。

案：王注解「常」字，如字作解，意即定常，恆常之意。「非其常也」，言非恆常不變之大道。蓋「可道之道，可名之名」，皆「指事造形」之道與名，乃屬於「有」之範圍者。凡「事」皆有分限，凡「形」皆有定體。而惟有分限與定體者，始可得而道，始可得而名也。恆常不變之大道，既非指事，亦非造形，故不可道，不可名矣。王注以「指事」與「造形」作爲可道與不可道，可名與不可名之分界，藉以分別常道與非常道，常名與非常名之不同。此只是大體如此分別。若詳細疏解，則以下之問題俱須有確定之解答，方能徹底明了經文之所說：

①何謂「可道」與「不可道」？

②可道之「道」如何規定？不可道之「道」如何規定？名亦如之。此若詳細分解，便超出本文之範圍。本文只順王注說，非積極講道德經本文也。

又「指事造形」一語，看似易解，細案之，則頗難說。問題只在「造」字。「指事」句易確定。事者物也。指者指陳，指示，指述。「指事」意即指陳一具體之物事，指述一特定之對象。可道之道，可名之名，皆指陳一具體物事，指述一特定對象之道與名也。如「指事」之意如此，則「造形」句中之「造」字，想必非「造作」之造，必非今日所謂「造形藝術」之「造」，亦非「造句」之造。蓋如此解，義不可通。然則「造」者當是「造訪」之造。造者，訪也，詢也，問也。引申之，尋也，循也，順也。造形者即尋形、循形之謂。言可道之道，可名之名，皆指乎事，循乎形，故非恆常不變之大道。指乎事，則爲事所限。循乎形，則爲形所定。自非恆常不變之至道。而亦唯事與形始可以言詮，始可以名名。以言詮者，用今語言之，即可用「一定概念」去論謂之之意也。以名名者，用今語言之，即可用量名，質名，關係名等一定之名去指示之之謂也。涉事造形，而可爲言詮所表現之道理，即可道之道也。涉事造形，而可以名名所成之「定名」，即可名之名也。至於恆常不變之至道，大道，則無事可指，無形可造，即非涉事造形之道，故不可道也。既非涉事造形，故其爲道亦不爲事所限，亦不爲形所定。不爲事所限，則其本身無分限。不爲形所定，則其本身無定體。無分限，無定體，即其本身非一物也。非一物，故其本身亦不可說，不可名也。不可名，而又强名之曰「道」，則「道」之爲名即「不可名」之名也。凡可名之名皆「定名」。不可名之名，則非定名。王弼下文分辨「名號」與「稱謂」之不同。於定名，曰名號。於非定名，則曰「稱謂」。詳解見下。

以上只由「指事造形」分別可道之道與不可道之道。此只是形式的區分。至若如此區分出之不可道之道，其具體而眞實之意義爲何，則須下文逐步釐清。

無名，天地之始。有名，萬物之母。（此順王注讀）。

注：「凡有皆始於無。故未形無名之時，則爲萬物之始。及其有形有名之時，則長之育之，亭之毒之，爲其母也。言道以無形無名始成萬物。以始以成，而不知其所以，玄之又玄也」。

案：此注亦甚麻煩，頗費疏解。經文似甚簡單，而注所以致成麻煩者，恐亦有故。關鍵卽在「有名，萬物之母」一句。

「凡有皆始於無」，此是一總原則，無問題。但王注，「無名」，「有名」點句，此固未嘗不可。若如此讀，則經意似是：「無名」是天地之始，「有名」是萬物之母。「無名」卽無形無名，卽「無」也。言以「無」爲天地之始也。「有名」卽有形有名，卽「有」也。言以「有」爲萬物之母也。「天地」是萬物之總稱，「萬物」是天地之散說。天地與萬物，其義一也。只隨文異其辭耳。如此解，則「無名」與「無」同，「有名」與「有」同。「無名」讀與「無」讀，其義無以異。「有名」讀與「有」讀，亦然。只是「無名」讀，則下略「是」字或「爲」字。而「無」讀，則「名」屬下，作動詞。「無名」與「無」，旣義同，則如此解，卽在提練「無」與「有」爲兩個獨立概念，而結果無、有、物爲三層。此衡之四十章：「天下萬物生於有，有生於無」，固亦未嘗不可也。然如此解，則有兩個問題，須疏通之：

㈠無爲始，有爲母，始與母分屬兩概念。但五十二章云：「天下有始，以爲天下母。既爲其母，以知其子；旣知其子，復守其母，沒身不殆」。此是以始爲母，將母收于始，始母混一，而取重母義也。此與始母分屬顯相衝突。此種衝突須有說明以解消之。

㈡有與物須有分別。「有」如何能爲物之母？此亦須有說明。有既爲物之母，則有與無之關係又如何？有如何能生于無而又與物不同耶？此皆須有義理以通之。

王注甚簡，然似亦就三層說。「言道以無形無名始成萬物，以始以成，而不知其所以，玄之又玄也。」此注語卽有簡略。詳言之，當該是：「言道以無形無名始萬物，以有形有名成萬物，以始以成，而不知其所以，玄之又玄也。」「道以無形無名始萬物」，卽「無名天地之始」，天地是萬物之總稱，故說「始萬物」亦無不可。「道以有形有名成萬物」，卽「有名萬物之母」，成者終成也。此以下經文「常有欲以觀其徼」，注云：「徼、歸終也」，爲據，而說「成萬物」。無形無名與有形有名俱指道說。無形無名是道之「無」性，有形有名是道之「有」性。道之「無」性爲天地之始，此是總持地由天地返其始以爲本也，卽後返地以「無」爲天地之始本也。道之「有」性爲萬物之母，此是散開關聯着萬物而以道之「有」性說萬物之母也，卽向前看以有爲萬物之母也。只因向前看關聯着散說的萬物，始顯道之「有」性。以道之「無」性始萬物，以道之「有」性成萬物，「以始以成，而不知其所以，玄之又玄也。」此卽依下經文「此兩者同出而異名，同謂之玄，玄之又玄，衆妙之門」而言也。

普通只從「無」或「自然」說道，很少注意此經文所說道之有性。說到有，則從「物」說；「有形有名」亦從「物」說，蓋何以能說道爲有形有名，因而爲有乎？如是，「有」只成一對于萬物之虛飾詞，無獨立之實義。但經文及王注確是就道說有，此有卽道之「有」性也。道亦是無，亦是有，因而亦爲始，亦爲母。無與有，始與母，俱就道而言也。此是道之雙重性。就天地向後返，後返以求本，則說無說始；關聯着萬物向前看，前看以言個物之成，則說有說母。此卽經下文「同出而異名」之注語「異名所施，不可同也，在首則謂之始，在終則謂之母」之意也。道本是無聲無臭，無形無狀，亦無名，然此是後返以悟體。吾人不能永停于此後返之「無」之狀態中。吾人悟如此之體有何用呢？答曰：即爲的明其生成個物（實現個物使之爲如此之存在）之用。欲顯此用，必關聯着個物（萬物）。關聯着個物以實現之而使之有存在（終成之），即顯此「無體」之用，此用即道之「有」性也，亦即經下文歸終之「徼向性」也。一有徼向性即是有，亦即其「有」性，因而亦即「有形有名」。此有形有名是因着關聯于個物，個物有形有名，因而倒映于道之用，遂于此用上亦說有形有名，亦即說「有」矣。此是道之「無」性因關聯着萬物而散開以說其徼向終成之用，因而即成道之「有」性矣。由此「有」性，物之存在得以說明。吾人亦可說：物之存在之爲有亦即由此道之「有」性而爲有也。人們可馬上想到此道之「有」性之有好像是柏拉圖之理型之爲實有。然而不然。因爲柏拉圖是就個物靜態地後返以發見理型以爲個物之原本，故理型之爲實有是定有，其多亦是定多。然而老子卻是就道之徼向性動態地說其終成之用，即由此終成之用說其「有」性。此「有」性之有並非定有，因而其多亦非定多。此由經下文之言「玄」可知。「無」非死無，故隨時有徼；「有」非定有，故隨時歸無。有無「兩者同出而異名，同謂之玄，玄之又玄，衆妙之門」也。此若由莊子大宗師篇所謂「其一也一，其不一也一，其一也與天爲徒，其不一也與人爲徒」來了解，則順適而暢通矣。「其一也與天爲徒」，則是無。「其不一也與人爲徒」，則是有。「其一也」固是一，「其不一也」亦仍是一，故雖有而非定有，雖多而非定多。

此有無渾化而爲一之「玄」性本即是道之具體性與眞實性，惟因此始能有生物之妙用（衆妙之門）。如此了解，故分解地展示之，雖有無與有、始與母之別，然而關聯着萬物而說其生物成物之妙，則以有攝無，無融于有，而只說爲「母」，亦未始不可也。故經五十二章云：「天下有始，以爲天下母。既爲其母，以知其子；既知其子，復守其母，沒身不殆。」此是以有攝無，母子對言也。

以上是就道之雙重性純自理上客觀地言之。吾人如何從生活上（實踐上）具體地體悟之呢？上引莊子大宗師語卽是一具體的體悟。此經下文亦卽是從生活上主觀地作具體的體悟也。

故常無欲，以觀其妙。（此順王注讀）。

注：「妙者，微之極也。萬物始於微而後成，始於無而後生。故常無欲，空虛〔其懷〕，可以觀其始物之妙」。

案：嚴靈峯先生指出道藏河上公等「四家集注」本，及劉惟永道德眞經集義本，「空虛」下並有「其懷」二字。當據補。（參看嚴著：「陶鴻慶老子王弼注勘誤」補正。以下涉及此書時，簡名曰嚴著：陶勘補正）。

王注以「常無欲」點句。三十四章：「常無欲，可名於小」。故如此點句，亦未始無據。言人當「常無欲，空虛其懷」，而後可以觀道之始物之妙。王注解「妙」爲「微之極」。「微之極」之妙亦指道而言也。「始於微而後成，始於無而後生」，爲同義之重複句。「始於微」卽「始於無」，成卽生。道卽無，妙卽「無」之「無限妙用」也。不無，不能妙。故須「常無欲」以觀之。言自己常在「無欲」之心境中，卽可以通道之爲無，以及無之爲妙也。「無」非邏輯否定之無，亦非抽象之死體。故以妙狀其具體而眞實之無限之用。（非「有限之定用」。有限之定用則利也）。故「無」即下文所述及之「冲虛之玄德」也。微與妙皆其屬性。成與生有時不同，有時同。若成爲「終成」，生爲「始生」，兩相對言，則不同。此處則同。決於「始」也

常有欲，以觀其徼。

注：「徼，歸終也。凡有之爲利，必以無爲用。欲之所生，適道而後濟。故常有欲，可以觀其終物之徼也」。

案：此言人當常有欲，以觀道之終物之義。終物之義，即「徼」義也。前句說道之「始物」之妙，此句說道之「終物」之徼。始物之妙，則言道爲天地之始。終物之徼，則言道爲萬物之母。此亦合下文注「在首，則謂之始。在終，則謂之母」之義也。「凡有之爲利，必以無爲用」。此本十一章：「有之以爲利，無之以爲用」而稍異其辭。此言「有」之爲利（定用），必以無爲本，而後成此「有」之定用也。「以無爲用」，言「無」有成就「有之爲利」之妙用也。即於成此「有之爲利」而見無之爲用。用者，妙用也。繫於無而言，非繫於有而言。繫於有而言者，利也，非用也。吾人可規定「利」爲「有限之定用」。如車宜於陸，船宜於水。規定「用」爲「無限之妙用」，或「神用無方」之用。是則「用」即「妙」也。「有之以爲利」，「有之」爲動詞。「無之以爲用」，「無之」亦動詞。即去有之，乃所以爲利也。冲虛之，（去無之），乃所以爲用也。而王弼所謂「凡有之爲利，必以無爲用」，此中「有」爲名詞，「之」爲虛係字。言凡有者之成爲利（定用），必以「無」爲本，而後始能成其爲利也。無能成就「有之爲利」，即無之妙用也。故云「以無爲用」也。

「欲之所本，適道而後濟」。言欲必本於道，（適道即合道），而後成濟其爲欲也。此亦「終成之」之意。吾人亦當「常有欲」以觀道之「終欲而成濟之」之用。欲即「欲向」，非必劣義。（此亦王弼「聖人有情」之義。有情以應物，即有欲向，即「有」也。有情而不累於情，即無也。）概括言之，「終欲而成濟之」，即「終物而成濟之」。終物而成濟之，即道之「徼性」也。徼同要。徼性即「向性」。若吾人不能常處於「有向」之心境中，亦不能見道之終物之徼。若只是常無欲，則道之爲無，即爲抽象之無。抽象之無，則無掛空而不具體。

然「常有欲」，實即「常有」也。「常無欲」，實即「常無」也。（王讀雖有據，然此等處卻不必拘）。何必著於欲而言之？故不如常無，常有，點句爲愈。「常有，欲以觀其徼」，徼性即向性。向性即有也。妙用無方之道即在「向性之有」中終成特殊之事物。有而不有，則不滯於有，故不失其渾圓之妙。無而不無，則不淪於無，故不失其終物之徼。如是，則在此「向性之有」中，即可解「有爲萬物之母」之義。如是，無、有、物爲三層，而由道之妙與徼以始成萬物之義，更見確切而精密。道亦是無，亦是有，則道之爲始爲母義，亦可得其確解。此則更得無而不無，有而不有，有無渾圓之玄義。此義將於專講老子時，再詳言之。（王注非無是處。然不能十分嚴整而挺立。於本章提出另一種解析，將見義理之進一步）。

此兩者同出而異名。同、謂之玄。玄之又玄，衆妙之門。

注：「兩者，始與母也。同出者，同出於玄也。異名所施，不可同也。在首，則謂之始。在終，則謂之母。玄者，冥也，默然無有也；始、母之所出也。不可得而名，故不可言：同、名曰玄。而

言謂之玄者，取於不可得而〔名〕，〔而〕謂之然也。謂之然，則不可以定乎一玄而已。則是名則失之遠矣。故曰：玄之又玄也。衆妙皆從同而出，故曰：衆妙之門也」。

案：此經文正式言「玄」，王注亦甚精美。只要讀其「老子微旨例略」，知「名號」與「稱謂」之不同，則此注卽暢通矣。人多失其讀，故許多校補皆非是。「兩者」，王注指「始」與「母」言。故云：「異名所施，不可同也。在首則謂之始，在終則謂之母。」「謂之始」，道之妙也，卽道之「無」性。「謂之母」，道之徼也，卽道之「有」性。故「兩者」指始與母言，亦卽指無與有言，以「無」爲始，以「有」爲母也。後返以求本，則以「無」爲始，此卽王注所謂「在首則謂之始」。關聯着萬物向前看以明道之生成萬物（使個體存在），則以「有」爲母，此卽王注所謂「在終則謂之母」。「終」卽「要終」之終，徼向個體而終成之也，卽實現之也。道有雙重性，一曰無，二曰有。無非死無，故由其妙用而顯向性之有。有非定有，故向而無向，而復渾化于無。其向性之有只是由「關聯着萬物而欲使之然」而凸顯也。一「關聯着萬物而欲使之然」，卽凸顯一向性之「有」相矣。由其「有」相而使個體存在，此卽所謂「有之以爲利」也。「有之」卽由道之向性之有而使個體成爲存在也。個體一存在，則有其定用，是卽所謂「利」。故云：「有之以爲利」。而道之向性之有，就其向性而言，則因似有定向（有向卽似有定），故亦似爲定有，然而向而無向（非死于向），則卽非定向，故有而非有（非死于有），則有亦非定有矣。若落于物上言，則卽成定有、定用（利）矣。道之向性之有只顯道之妙用也。道之「無」性之妙卽在成向性之有，而亦卽由此向性之有以反顯其妙用也。故「有之爲利，必以無爲用。」而向非定向，有非定有，故可渾化于無也。有與無，母與始，渾圓而爲一，則謂之玄。「玄而又玄，衆妙之門。」至乎「玄」，則恢復道之具體性與眞實性而可以生萬物，爲「衆妙之門」也。

兩者渾一即爲同。「同謂之玄」，所以「謂之玄」者，依王注，玄非定名，乃稱謂也。此下着實解「玄之又玄」義，由之以盛發「名號」與「稱謂」之不同。此可視爲王弼玄理中之名理也。

「玄」本不可得而名。以其爲渾圓之一故也。名之則定之矣。故凡名皆定名也。定名曰玄，則失其玄，而非玄。故不曰「同、名曰玄」，而曰「同、謂之玄」。王弼解「謂之玄」曰：「不可得而名，故不可言：同、名曰玄。而言謂之玄者，取於不可得而〔名〕，〔而〕謂之然也」。（原句當補一「名」字與「而」字，則句意足矣。原句有脫落，故不可解）。此言玄不可以定名名，而強謂之然也。強謂之然，「則不可以定乎一玄而已」。定乎一玄，則玄亦是定名。是即表示「名則失之遠矣」。（原句「則是名則失之遠矣」，隨筆文，亦可通。其意即：「是則名之，則失之遠矣」。）故曰：「玄之又玄也」。王弼於此，實甚精密。蓋意在着實講「玄之又玄」句也。實則只要知此名乃不可名之名，則「名曰玄」與「謂之玄」，皆無不可。然王弼於此，實有一番用心。蓋意在講「名號」與「稱謂」之不同。注中言之甚略，人多忽之。而詳發此義，則見之於其所著之「老子微旨例略」。（此文原存於道藏，未署作者名。嚴靈峯先生定爲王弼作。是也。此發見，甚有功）。

老子微旨例略云：

「名也者，定彼者也。稱也者，從謂者也。名生乎彼，稱出乎我。故涉之乎無物而不由，則稱之曰道。求之乎無妙而不出，則謂之曰玄。妙出乎玄，衆由乎道。故生之畜之，不壅不塞，通物之性，道之謂也。生而不有，爲而不恃，長而不宰，有德而無主，玄之德也。玄，謂之深者也。道，稱之大者也。名號生乎形狀，稱謂出乎涉求。名號不虛生，稱謂不虛出。故名號，則大失其旨。稱謂，則未盡其極。是以謂玄，則玄之又玄。稱道，則域中有四大也」。

案此段文可視爲注文之理論根據。此段文字，盛辨名號與稱謂之不同。「名生乎彼」，從客觀。「稱出乎我」，從主觀。「名號生乎形狀」，故名號皆定名。「稱謂出乎涉求」，故稱謂皆虛意。（「意」是言不盡意之意，稱謂皆出乎心中涉求之「虛意」也。「涉」即「涉之乎無物而不由」之涉。「求」即「求之乎無妙而不出」之求）。名號皆定名，故於「强謂之然」處，而定名以限之，則必「大失其旨」。故不曰「同、名曰玄」也。然既强謂之然矣，則稱謂亦未能「盡其極」也。故雖稱謂之曰玄，而必曰「玄之又玄」也。故注曰：「不可以定乎一玄而已」。【「稱道，則域中有四大」。二十五章：「域中有四大，而王居其一焉」。注：「四大，道天地王也。凡物有稱有名，則非其極也。言道，則有所由。有所由，然後謂之爲道。然則是道，稱中之大也，不若無稱之大也。無稱不可得而名，曰域也。道，天，地，王，皆在無稱之內，故曰域中有四大也」。案此以「無稱不可得而名」解「域」。道雖大，猶是稱中之大。故在無稱之「域」中，而曰「域中有四大」。此注無甚意思。文中引之以配「玄之又玄」而已。】

「微旨例略」又云：

「夫道也者，取乎萬物之所由也。玄也者，取乎幽冥之所出也。深也者，取乎探賾而不可究也。大也者，取乎彌綸而不可極也。遠也者，取乎綿邈而不可及也。微也者，取乎幽微而不可覩也。然則道，玄，深，大，微，遠之言，各有其義，未盡其極者也。然彌綸無極，不可名細。微妙無形，不可名大。是以篇云：字之曰道，謂之曰玄，而不名也。然則言之者，失其常。名之者，離其眞。爲之者，敗其性。執之者，失其原矣。是以聖人不以言爲主，則不違其常。不以名爲常，則不離其眞。不以爲爲事，則不敗其性。不以執爲制，則不失其原矣。然則老子之文，欲辯而詰者，則失其旨也。欲名而責者，則違其義也。……」

此段亦辨稱謂與名號之不同。道，玄，深，大，微，遠，皆稱謂之詞也。非定名也。雖「各有其義，未盡其極」。故可撥而去之，而歸於玄冥。以名責者，「則違其義」，「離其眞矣」。與上段合觀，則注文之意無不朗然，而亦甚精密也。

老子第一章爲全經之總綱，故第一章注亦函攝餘注一切玄義。以下逐步引發之。

第二節　道之主宰性、常存性、先在性

經文第四章：

道沖而用之，或不盈，淵兮似萬物之宗。挫其銳，解其紛，和其光，同其塵，湛兮似或存。吾不知誰之子，象帝之先。

注：「冲而用之，用乃不能窮。滿以造實，實來則溢。故冲而用之，又復不盈，其爲無窮亦已極矣。形雖大，不能累其體。事雖殷，不能充其量。萬物舍此而求主，主其安在乎？不亦淵兮似萬物之宗乎」？

「銳挫而無損，紛解而不勞，和光而不汙其體，同塵而不渝其眞，不亦湛兮似或存乎」？

「地守其形，德不能過其載。天慊其象，德不能過其覆。天地莫能及之，不亦似帝之先乎？帝，天帝也」。

案：以上三段注文，一、言道爲萬物之宗主；二、言道永存而不可變；三、言道在一切形物之先。一是道之主宰性，二是道之常存性，三是道之先在性。

道以何方式而爲萬物之宗主？道非實物，以冲虛爲性。其爲萬物之宗主，非以「實物」之方式而爲宗主，亦非以「有意主之」之方式而爲宗主，乃即以「冲虛無物，不主之主」之方式，而爲萬物之宗主。冲虛者，無適無莫，無爲無造，自然之妙用也。虛妙於一切形物之先，而不自知其爲主也。此即爲「不主之主」。故「老子微旨例略」云：「夫物之所以生，功之所以成，必生乎無形，由乎無名。無形無名者，萬物之宗也」。其注第十章「生而不有，爲而不恃，長而不宰，是謂玄德」云：「不塞其源，則物自生，何功之有？不禁其性，則物自濟，何爲之恃？物自長足，不吾宰成。有德無主，非玄而何？凡言玄德，皆有德而不知其主，出乎幽冥」。有「不塞其源，不禁其性，不吾宰成」之冲虛玄德，則物自然而生，自然而濟，自然而長足。此即冲虛玄德之妙用也。而即以此德爲萬物之宗主，則即「不主之主」也。竊王注意，「有德無主，非玄而何」，此「無主」是指此德之無主言。無主，言此德無使之如此者，即不知其所以然而然也。無主使之然，不知其所以然而然，故其爲德即「玄德」。「凡言玄德，皆有德而不知其主，出乎幽冥」，此重解「有德無主」之意也。此「有德而不知其主」之玄德，其主物而爲物之宗，亦是「不主之主」也。「有德無主」是解「玄」字義。此注眉目不甚顯，須如此分疏始明。實則經文甚顯豁，可如此解：「生而不有」，即是無心之生。無心之生，則暢其源，物自生，都任置之，非吾所得而有也。「爲而不恃」，即是無爲之爲。無爲之爲，則「虛而不屈，動而愈出」，功自成濟，非吾所得而恃也。（前句言「不有」，此句言「不恃」）。「不有」是不佔有。「不恃」是「不恃功」。王注混不分明）。「長而不宰」即是不主之主。不主之主，則雖首出庶物，而無宰治之施。生，爲，長，皆指道言。即於道之「生而不有，爲而不恃，長而不宰」，見其冲虛妙有之玄德。如此，已甚圓足，不煩辭費。而王注則歧出不切，隱曲不明。而籠統大意，似亦得之。

又，此冲虛玄德之爲萬物之宗主，亦非客觀地置定一存有型之實體名曰冲虛玄德，以爲宗主。若如此解，則又實物化而爲不虛不玄矣。是又名以定之者矣。此冲虛玄德之爲宗主實非「存有型」，而乃「境界型」者。蓋必本於主觀修證，（致虛守靜之修證），所證之冲虛之境界，即由此冲虛境界，而起冲虛之觀照。此爲主觀修證所證之冲虛之無外之客觀地或絕對地廣被。此冲虛玄德之「內容的意義」完全由主觀修證而證實。非是客觀地對於一實體之理論的觀想。故其無外之客觀的廣被，絕對的廣被，乃即以此所親切證實之冲虛而虛靈一切，明通一切，即如此說爲萬物之宗主。此爲境界形態之宗主，境界形態之體，非存有形態之宗主，存有形態之體也。以自己主體之虛明而虛明一切。一虛明，一切虛明。而主體虛明之圓證中，實亦無主亦無客，而爲一玄冥之絕對。然卻必以主體親證爲主座而至朗然玄冥之絕對。故「冲虛之無」之在親證上爲體，亦即在萬物上爲宗也。我窒塞，則一切皆窒塞，而「生而不有」之玄德之爲宗主亦泯滅而不見矣。故其爲體爲宗，非由客觀地對於宇宙施一分解而置定者也。「物之所以生，功之所以成，必生乎無形，由乎無名。無形無名者，萬物之宗也」。此由親證之冲虛而明通一切，（「不塞其源，不禁其性」），所引生之客觀形式之陳述也。實非客觀地眞有一由分解而成之無形無名之實體以客觀地存有地爲萬物之宗也。實只是由「一虛明、一切虛明」而如此觀照者。故「老子微旨例略」云：「故象而形者，非大象也。音而聲者，非大音也。然則四象不形，（「則」當爲「而」），則大象無以暢。五音不聲，則大音無以至。四象形，而物無所主焉，則大象暢矣。五音聲，而心無所適焉，則大音至矣」。大象雖無形，而必由有形之象以暢之。有形之象、物也。於物而不塞其源，不禁其性，則冲虛顯矣。不塞其源，不禁其性，即無定主以主之。定主以主之，則物而物矣。物而物，則不通矣。無定主以窒塞之，則冲虛之妙通矣。冲虛之妙通，則開源暢流，生而不有，而生生者無限量矣。此即爲「四象形，而物無所主焉，則大象暢矣」。大象暢，即冲虛之玄德通也。「五音聲，而心無所適焉，則大音至矣」。亦同此解。大音雖希聲，而必由有聲之音以至之。五音聲，而心無所專主（適），則虛明通矣。虛明通，即希聲之大音也。希聲之大音，無形之大象，即冲虛玄德，不主之大主也。故其爲萬物之宗，即由此「無所主」，「無所適」之虛靈明通而立也。

道之常存性與先在性亦如此解。其永存而不可變者，即無所存之存也。有所存，則存而不存矣。抑亦非「存有形態」之存也，而乃朗然玄冥之絕對之「境界形態」之存也。似存而非存，似非存而實存，超乎存與不存之存也。不以挫銳而損，不以解紛而勞，不以和光而汙其體，不以同塵而渝其眞。此即冲虛玄德之永存也。其先在性亦是境界形態也。大象暢，大音至，生生無限量，聲聲不相碍，則即冲虛玄德之在一切形物之先矣。此非「存有形態」之先在也。此非邏輯原則之先在，亦非範疇之先在，亦非存有形態的形上實體之先在，而乃開源暢流，冲虛玄德之明通一切，故爲一切形物之本，而其本身非任一形物也。此即在一切形物之先矣。「無爲而無不爲」，無爲先於無不爲。「地守其形，德不能過其載。天慊（足也）其象，德不能過其覆」。天地亦有限定之形物也。於形物而無所主，無所適，則冲虛朗現，而天地自成其覆載之功。此亦即冲虛玄德之先於天地也。此境界形態之先在性乃消化一切存有形態之先在性，只是一片冲虛無迹之妙用。此固是形上之實體，然是境界形態之形上的實體。此固是形上的先在，然是境界形態之形上的先在。此是中國重主體之形上心靈之最殊特處也。

以上爲三段注文之疏解。此注文之前，復有一段，似與此章之經注皆不相關。嚴靈峯先生謂當是二十五章「道法自然」句下之注文，錯簡於此。此說是。當移置。俟疏該注時，再合併解之。（參看嚴著「陶鴻慶老子王弼注勘誤補正」。此下如有涉及，簡稱「陶勘補正」）。

第三節　道之自然義

經文第五章：

天地不仁，以萬物爲芻狗。

注：「天地任自然，無爲無造，萬物自相治理，故不仁也。仁者必造立施化，有恩有爲。造立施化，則物失其眞。有恩有爲，則物不具存。物不具存，則不足以備載矣。地不爲獸生芻，而獸食

芻。〔天〕不爲人生狗，而人食狗。無爲於萬物，而萬物各適其所用，則莫不贍矣。若慧由己樹，未足任也」。

案：此言道之自然義，亦可謂由「自然」規定道。「天地任自然，無爲無造」，即「天地無心而成化」之意，亦即前文「不塞其源，則物自生」，「四象形，而物無所主焉，則大象暢矣，五音聲，而心無所適焉，則大音至矣」，諸句之意。是以此「自然」亦是冲虛境界所透顯之「自然」，非吾人今日所謂之自然世界或自然主義所說之「自然」也。「自然世界」之自然乃指客觀實物自身之存在言，而境界上之自然則是指一種冲虛之意境，乃是浮在實物之上而不着於物者。故「天地任自然」是依冲虛而觀所顯之境界上之自然。又，自然世界中之自然物，一是皆他然者，即是相依相待而有條件者，依條件而存在。依此而言，正皆非「自然」，而實是「他然」。而境界上之自然既不着於物而指物，則自亦無物上之他然，而卻眞正是自然。正是遮撥一切意計造作而顯之「洒脫自在」之自然，此即是冲虛而無所適、無所主之朗然自在。如果存在上一切皆他然之自然爲指物者，爲第一序者，則境界上之自然即爲非指物者，乃第二序上之「非存在的」自然。存在的，有時間性與空間性。非存在的，則無時間性，亦無空間性，故只是一冲虛之意也。吾人說天地有此意，乃是「依冲虛之止」而觀者，非是指物而言者。是以「天地任自然」是抒意語句，非指事語句。此「意」是遮撥一切造作恩爲而顯者，遮撥一切主、適、莫、宰、足以窒塞其源者，而顯者。故「天地不仁」之「不」不是「莫」，即不是與「適」對立之另一邊。特顯仁親，有偏愛，是一邊，否定仁親而特不仁，亦是一邊。故此「不仁」非殘忍之意也。凡邊見對立，皆是有主有適，皆足成窒塞。故「天地不仁」是超過仁與不仁之對待而顯一絕對之冲虛。非是與肯定命題相對之否定命題，而是超過肯定否定之兩行而顯一絕對之「一」。故此語句，嚴格言之，不是一命題。即，不可作命題觀。而乃是超越命題而顯示絕對之一之顯示語句，而且由遮以顯之語句，雙遮二邊而無所主無所適之遮顯語句。故王注云：「天地任自然，無爲無造，萬物自相治理，故不仁也」。言不特顯仁親，開其「自相治理」之源也。自相治理亦函自相消長。開其源而不窒塞之，即浮現一冲虛之德於其上，此即「天地任自然」之自然。下繼之云：「仁者，必造立施化，有恩有爲。造立施化，則物失其眞。有恩有爲，則物不具存。物不具存，則不足以備載矣」。「造立施化」，即是有所主，有所適，而違禁萬物之性矣。違禁其性，即是「物失其眞」也。「有恩有爲」，有恩即是有偏愛；有爲，即函有不爲。有愛有不愛，有爲有不爲，則自不能具存。不能具存，自不能備載。備者呼應「具」而言也。有主有適，不具不備，即非「天地任自然」之冲虛玄德。亦失天地之所以爲天地者。故下復云：「地不爲獸生芻，而獸食芻。〔天〕不爲人生狗，而人食狗。無爲於萬物，而萬物各適其所用，則莫不贍也。若慧由己樹，（慧同惠，作惠解），未足任也」。「惠由己樹」，即是有恩爲於萬物。有恩爲於萬物，則厚於此而薄於彼，未必能贍足也。此可作爲自由主義之一極深之「超越理由」。

天地之間，其猶橐籥乎？虛而不屈，動而愈出。

注：「橐，排橐也。籥，樂籥也。橐籥之中，空洞無情無爲，故虛而不得窮屈，動而不可竭盡也。天地之中，蕩然任自然。故不可得而窮，猶若橐籥也」。

案：上言「天地任自然」，表示「萬物自相治理」，「萬物各適其所用」。此言「天地之中，蕩然任自然」，則表示「虛而不屈，動而愈出」，亦即「不塞其源，則物自生」，生而無窮盡也。「自然」義，同於上。

多言數窮，不如守中。

注：「愈爲之，則愈失之矣。物樹其惡，（惡當爲「惠」），事錯（同措）其言，不濟不言不理，必窮之數也。橐籥而守數（數字衍）中，則無窮盡。棄己任物，則莫不理。若橐籥有意於爲聲也，則不足以供吹者之求也」。

案：此注中「不濟，不言，不理」一句，頗費解。必有錯亂脫落。但亦很難有恰當之校正。嚴著「陶勘補正」，無論陶說或嚴說，皆未允當。陶鴻慶以爲「不濟」上奪「不慧」二字。（慧同惠）。如是，原句當爲「不慧不濟，不言不理」。但如此，下句「必窮之數也」之「必」字即不通，當改爲「不」字。嚴說即改爲「不」字，但上句又不從陶說。以爲「不濟不言」中之「不言」當作「其言」。此根據日人宇佐美惠及東條弘之說而改。又以爲「不理」當作「不違其理」。如是原句當作「不濟其言，不違其理，不窮之數也」。此校尤不見佳。如改「必」爲「不」，則陶說語意較順。然亦有病。蓋此兩句承上兩句「物樹其惠，事錯其言」而來。而「物樹其惠，事錯其言」兩句語意並未完足，即並非整句，而下忽又轉而自正面言「不慧不濟，不言不理，不窮之數也」，則語意不順。依「物樹其惠，事措其言」語意未完言，則必以「必窮之數也」作結。是則「必」字並不誤，不可改爲「不」。此數句是解析「多言數窮」，故當以「必窮之數」作結。下文始正言「守中不窮」。如以「必窮之數也」句作準，則「不濟不言不理」必有錯亂脫落，未可隨意改。在未有允當之校正前，此句存而不論，或逕略之，直接下「必窮之數也」，語意思理反更順適。如是，此注當爲：

「愈爲之，則愈失之矣。（此先作一般說）。物樹其惠，事措其言，必窮之數也。（此着實解「多言數窮」句）。橐籥而守中，（守中即守虛），則無窮盡。棄己任物，則莫不理。若橐籥有意於爲聲也，則不足以供吹者之求也」。

經文第六章：

谷神不死，是謂元牝。元牝之門，是謂天地根。緜緜若存，用之不勤。

注：「谷神，谷中央無谷也。（依經典釋文，末一「谷」字爲「者」字）。無形無影，無逆無違。處卑不動，守靜不衰。谷以之成，而不見其形。此至物也」。（案：此上解「谷神不死」句。「谷以之成」，谷字並不誤。言谷以「谷神」而成其爲谷也。「谷神」是由谷之「中央無」處而說，藉以象徵道也。末句「此至物也」之「物」字亦無誤。言谷神是至極之物也）。

「處卑而不可得名，故謂天地之根。緜緜若存，用之不勤」。（案：此注文有錯亂。依陶鴻慶說，首句當爲「處卑守靜，不可得而名」。此校是。又以爲「天地之根，緜緜若存，用之不勤」，三句爲複衍之文。「故謂」下當爲「玄牝」。如是，則此注當爲：「處卑守靜，不可得而名。故謂玄牝」。此解「是謂玄牝」句）。

「門，元牝之所由也。本其所由，與極同體。故謂之天地之根也」。（案：此解「元牝之門，是謂天地根」句。元牝之門與極同體，故可藉以象徵「天地之根」也。何以「與極同體」？以其「處卑守靜，不可得而名」也）。

「欲言存耶？則不見其形。欲言亡耶？萬物以之生。故緜緜若存也。無物不成，用而不勞也。故曰用而不勤也」。（案：此解「緜緜若存，用之不勤」句）。

案：此章注文，呼應第四章「湛兮似或存」句之注。皆言道之永存性也。「用而不勤」則言「自然」也。

第四節　綜括前義

經文第廿五章：

有物混成，先天地生。

注：「混然不可得而知，而萬物由之以成，故曰混成也。不知其誰之子，故先天地生」。

案：經文「混成」以及「先天地生」之「生」字，皆意指道本身而言。言道之爲物混然而成，不可分示，不可辨知。混然而成即混然而自在也。「生」亦「在」義。「先天地生」即「先乎天地而存在」也。而王注於「混然」屬之於道，而「成」字則屬之於物，云「萬物由之成，故曰混成」。此解非是。

　此兩句只是言道之「先在性」，故王注以第四章「吾不知誰之子，象帝之先」，解此「先天地生」也。

寂兮寥兮，獨立不改。

注：「寂寥，無形體也。無物之匹，故曰獨立也。返化終始，不失其常，故曰不改也」。

案：此言道之獨立性。以寂寥狀其四無傍依而獨立自在也。獨立性即「自在性」。與化推移，成始成終，未有能「汙其體」而「渝其眞」者。故云：「返化終始，不失其常」也。「返」字頗不易解。其意似是既能順之，亦能返之，即「不逐四時凋」也。句意太簡混。

周行而不殆。可以爲天下母。

注：「周行無所不至，而免殆。能生全大形也，故可以爲天下母也」。

案：陶勘以爲「而免殆」當作「而不危殆」。其根據是永樂大典本，「免」正作「危」，而奪「不」字。如此，則作「而不危殆」，固輕順通。

此言道之「遍在性」。由「周行而不殆」以言其無所不在也。亦即以周流言遍在。實則道亦無所謂「行」，亦無所謂「流」。只是遍與萬物而生全之。物有流有行，道無流無行也。遍與萬物而生全之，即遍與萬物而爲其體也。爲其體，爲其本，即爲其母也。但此道之遍在而爲體爲母，亦不是「存有形態」之爲體爲母，只是境界形態冲虛之所照。「不塞其源，不禁其性」，暢開萬物「自生，自治，自理，自相贍足」之門，即如此而爲體爲母也。此遍在之體是「虛」義，非「實」義。儼若有客觀實體之姿態，（有客觀性，實體性之姿態），實則只是一姿態，故非「存有形態」也。

吾不知其名。

注：「名以定形。混成無形，不可得而定。故曰：不知其名也」。

案：此言「混成無形」顯指道本身言，故知首句注爲隨意不審之語也。

字之曰道。

注：「夫名以定形，字以稱可。言道，取於無物而不由也。是混成之中，可言之稱最大也」。

案：「不知其名」，「名以定形」故也。「字之曰道」，「字以稱可」故也。是則「字以稱可」，亦猶首章注中辨「名號」與「稱謂」之別也。「名號生乎形狀，稱謂出乎涉求」。（微旨例略語）。「字以稱可」，亦「稱謂出乎涉求」之意也。此稱謂之道是「可言之稱最大者也」。

强爲之名曰大。

注：「吾所以字之曰道者，取其可言之稱最大也。責其字定之所由，則繫於大。大有繫，則必有分。有分，則失其極矣。故曰：强爲之名曰大」。

案：字之曰道者，以此乃可言之稱最大者。故繫於大而稱其爲道也。「字定」改爲「字稱」，則較順適。但是因「繫於大」而稱道，此「大」亦非對待之詞。若不知其爲無對，而執着於「大」，則「大」亦有繫矣。「有繫，則必有分」。此「分」讀去聲。乃本分之分，分位之分。有分即有所專當也。如大當大，小當小，則大即分位有對之「大」也。若如此，則「大」名「失其極矣」。言失其以「大」稱「道」之意也。故此「大」決不可有繫也。故名之曰大，亦强爲之名也。「大」非「生乎形狀」之定名也。亦「稱謂」之類耳。道，玄，深，大，微，遠，皆稱謂之言也。雖「各有其義，未盡其極者也」。（微旨例略語）。故言玄，則「玄之又玄」也。言道，則「字之曰道」也。言大，則「强爲之名曰大」也。言大，不與小對。「微妙無形，不可名大」。言小，不與大對。「彌綸無極，不可名細」。（皆微旨例略語，見前引）。推之，言深，不與淺對。言遠，不與近對。故下面經文云：「大曰逝，逝曰遠，遠曰反」也。而三十四章：「常無欲，可名於小」。注云：「萬物皆由道而生。既生，而不知其所由。故天下常無欲之時，萬物各得其所。若道無施於物，故名於小矣」。此言名「小」之由。然經文又云：「萬物歸焉而不爲主，可名爲大」。注云：「萬物皆歸之以生，而力使不知其所由。此不爲小，故復可名於大矣」。此言「大」之由。大也，小也，微也，遠也，玄也，深也，皆「未盡其極者也」。故此等稱謂之詞，皆非定名，而乃暗示之詞，不可執着以有繫。故皆可遮撥之，以會通道之極旨也。此亦王弼「得意忘象」之意也。稱謂之而復遮撥之，即由辨證詭辭以通其極也。

大曰逝。

注：「逝，行也。不守一大體而已，周行無所不至，故曰逝也」。

案：此藉「逝」字以軟化「大」字之固執。此大非定量之大，故以逝而軟圓之。以逝而軟圓之，則大而非大，而爲逝矣。

逝曰遠，遠曰反。

注：「遠，極也。周行無所不窮極，不偏於一逝，故曰遠也。不隨於所適，其體獨立，故曰反也」。

案：前句以「逝」軟圓大。此復以「遠」周圓逝。周圓逝者，不使逝成爲一單線之逝也。故云：

「周行無所不窮極，不偏於一逝，故曰遠也」。此即明：此逝乃周圓之逝，非單線一向之逝也。此即逝而非逝，而爲遠矣。又，周行無窮極，非一往不反也。周行之遠，儼若散逝。實則並非馳騖逐轉，隨遠而適也。而仍是不汙不渝，不殆不改，並不喪其純一獨立之體也。此即遠而反矣。即以反泯其遠相，遠而不遠，而名曰反也。故云：「不隨於所適，其體獨立，故曰反也」。再推之，若執於反，則亦非是。反而不反，即無反相。無反相，則反而復遠矣。其極也，亦遠亦反，無遠無反，而唯是一冲虛之玄德。大而不大，逝而不逝，亦大亦逝，非大非逝。亦唯是一冲虛之玄德。以逝救大，以遠救逝，以反救遠。遞相救即遞相遮，不滯不執，而求通以盡其極也。此言大言逝言遠言反之意也。亦皆「稱謂」之詞也。

以上言道之先在性，獨立性，遍在性，以及名號與稱謂之不同。即稱謂亦未能盡其極，故必遞相救遞相遮，經由辨證之詭辭以求盡其極。此皆呼應首章注文之意也。茲再引「微旨例略」中一段以明「至道之不可名，即可稱之，稱亦不能盡」之意：

「夫奔電之疾，猶不足以一時周。御風之行，猶不足以一息期。善速在不疾，善至在不行。（繫辭傳云：「唯神也，不疾而速，不行而至」）。故可道之盛，未足以官天地。有形之極，未足以府萬物。是故歎之者，不能盡乎斯美。詠之者，不能暢乎斯弘。名之不能當，稱之不能既。（此指不可道者言）。名必有所分，稱必有所由。有分，則有不兼。有由，則有不盡。不兼，則大殊其眞。不盡，則不可以名。此可演而明也」。

「名之不能當」，因「名必有所分」也。分是「分位」之分，即專當意。「名號生乎形狀」，惟形狀始可名。道無形狀，故「名不能當」也，以本無所當也。雖可稱之，然「稱必有所由」，因「稱謂出乎涉求」故也。既涉求而有所由，則稱謂亦不能盡也。故云：「稱之不能既」。（既，盡也）。又云：「有由，則有不盡」。有所不盡，即稱之不能盡其極也。既不能盡其極，則其不可以名也必矣。故云「不盡，則不可以名。此可演而明也」。此段文再與前疏解首章注文中所引之兩段文合觀之，則「微旨例略」與注文實兩相呼應，同一思理也。

人法地，地法天，天法道，道法自然。

注：「法謂法則也。人不違地，乃得全安。法地也。地不違天，乃得全載。法天也。天不違道，乃得全覆。法道也。道不違自然，乃得其性。（案：法自然者，即道以自然爲性，非道以上，復有一層曰自然也。故云：「道不違自然，乃得其性」）。法自然者，在方而法方，在圓而法圓，於自然無所違也。自然者，無稱之言，窮極之辭也」。（案：「無稱之言」，即連「稱謂」之詞亦無者，而況名乎？故曰「窮極之辭」也）。「夫執一家之量者、不能全家。執一國之量者，不能成國。窮力舉重，不能爲用。故人雖知萬物治也，治而不以二儀之道，則不能贍也。地雖形魄，不法於天，則不能全其寧。天雖精象，不法於道，則不能保其精」。（精當爲「淸」）。（此上原錯置於第四章注文。今從嚴靈峯先生說，移置於此）。

「用智不及無知，而形魄不及精象，精象不及無形，有儀不及無儀，故轉相法也。道順自然，天故資焉。天法於道，地故則焉。地法於天，人故象焉」。（案：此下復有「所以爲主，其一者主也」兩句。義不相屬。當屬上經文：「而王居其一焉」之注文：「處人主之大也」句下。

此亦從嚴說）。

案：此解「道法自然」，言道之「自然」義也。「道法自然」，以自然爲性，然道並不是一實有其物之獨立概念，即並不是一「存有形態」之實物而以自然爲其屬性。道是一沖虛之玄德　一虛無明通之妙用。吾人須通過沖虛妙用之觀念了解之，不可以存有形態之「實物」（enitty）觀念了解之。此吾人所首先應注意之大界限。其次，若移向客觀方面而說道爲萬物之宗主，萬物由之以生以成，其爲宗主，其爲由之以生以成之本，亦須通過沖虛之心境而觀照其爲如此者。以沖虛之止起觀，「不塞其源，不禁其性」，而暢通萬物自生、自長、自相治理之源，此即其爲主爲本之意。故亦不是存有形態之實物而爲主爲本者。道不是一獨立之實物，而是一沖虛之玄德，故其本身實只是一大自然，大自在。然猶懼人將此自然，自在，單提而孤懸之也，故言其「法自然」，以自然爲性，即就於萬物之不執而顯示之。故云：「法自然者，在方而法方，在圓而法圓，於自然無所違也」。「在方而法方」者，即，在方即如其爲方而任之。亦即於物而無所主焉。如此，則沖虛之德顯矣。此即「自然」也。此即自然，則即「於自然無所違也」。不是着於「方之爲物」之自然，乃是「在方而無所主，如其爲方而任之」之自然，此是浮上來之自然。若用專門術語言之，則是超越之自然。不是着於物之自然，不是經驗意義之自然。要遮撥此「着」，故第一步教人先作「截斷衆流」之超拔，即：方不是方，圓不是圓，山不是山，水不是水。然遮撥後所顯之沖虛，又恐人起執而孤懸也，故第二步仍須回來，作平平觀：方仍是方，圓仍是圓，山仍是山，水仍是水。此山仍是山，水仍是水，是表示一種圓通無碍，沖虛無執之無外之心境，亦即沖虛之玄德。此即是道，此即是自然。亦即「在方而法方」之意也。道尚是一稱謂，尚有所由。（「道也者，取乎萬物之所由也」）。故道尚是虛說。至乎「道不違自然，乃得其性」，直認取道以自然爲性，而達乎「自然」，則方是拆穿一切稱謂虛說，而歸於實，乃落於平平。故云「自然者，無稱之言，窮極之辭也」。至乎此，方是無稱可稱，拆穿一切稱，盡乎其極，而消融一切謂。「稱謂出乎涉求」。至乎此，消化一切涉求，故「自然」一詞，乃直如如之描述詞語也。故是「窮極之辭，無稱之言」也。此王弼注老最精之語也。

此章注文可爲以上諸章注文之綜括。以上諸章注文之大義，要在一、辨明「名號」與「稱謂」之不同。二、說明道之宗主性，永存性，及先在性。三、說明道之「自然」義，而歸極於「窮極之辭，無稱之言」之「自然」。此以上諸文，可謂爲對於道之「本體論的體悟」。此下再就道之爲母，而言道之「生成」義。此爲對於道之「宇宙論的體悟」。

第五節　道之生成性或實現性：道爲「實現原理」之意義。

經文第五十一章：

道生之，德畜之。物形之，勢成之。

注：「物生而後畜，畜而後形，形而後成。何由而生？道也。何得而畜？德也。何由而形？物也。何質而成？勢也。唯因也，故能無物而不形。唯勢也，故能無物而不成。凡物之所以生，功之所以成，皆有所由。有所由焉，則莫不由乎道也。故推而極之，亦至道也。隨其所因，故各有稱

焉」。

案：此經文四語，皆可視爲「宇宙論之辭語」。最重要者，在「道生之」一語。王注云：「何由而生？道也」。萬事萬物皆由道而生。此「生」字是何意義？此是値得考慮者。「生」字之意義，如能確定，則「道生，德畜」之爲宇宙論的辭語是何形態之宇宙論的辭語亦可得而確定矣。「道生德畜」是超越意義的生、畜，是繫屬於道與德而言者。「物形勢成」是內在意義的形成，是繫屬於物與勢而言者。問題是在「道生德畜」一面，而不在「物形勢成」一面。

故道生之，德畜之。長之育之，亭之毒之，養之覆之。

注：「謂成其實。各得其庇蔭，不傷其體矣」。

案：「謂成其實」句有脫落。孫人和指出初學記九，引王注云：「亭謂品其形，毒謂成其質」。文選辯命論注引同。（孫說，見嚴著陶勘補正引）。是則王注當爲：「亭謂品其形，毒謂成其質。各得其庇蔭，不傷其體也」。今脫落，只剩「謂成其實」四字，而「質」字又誤爲「實」字也。此注是解亭、毒、養、覆之意。長育，亭毒、養覆，亦是內在意義者，皆囿於物形之內而言者。道生德畜是超越於物形而言者，故其生畜是超越意義之生畜。故經云：「是以萬物莫不尊道而貴德。道之尊，德之貴，夫莫之命而常自然」。此亦道、德提出來說。

生而不有，爲而不恃，長而不宰。是謂玄德。

注：「有德而不知其主也。出乎幽冥。是以謂之玄德也」。

案：「此四句經文與第十章同。此處之注，只注「玄德」，注語亦與第十章該句注語同。而第十章四句皆詳注。見前引。（解第四章注主宰義）。此四句言玄德，即就「道生德畜」，「道尊德貴」，「莫之命而常自然」而言也。

經文第三十四章：

大道氾兮，其可左右。

注：「言道氾濫，無所不適，可左右上下，周旋而用，則無所不至也」。

案：此亦言道之普遍性。

萬物恃之而生，而不辭。功成不名有。衣養萬物而不爲主。

案：此經文無注。「萬物恃之而生」，反過來亦可說「道生之」。「功成不名有」，即「爲而不恃」義。「衣養萬物而不爲主」，即「長而不宰」義。其主宰義是「不主之主」。然則「道生之」，以及「恃之而生」，此中生「字」是何意義？

經文第三十九章：

昔之得一者。

注：「昔，始也。一，數之始而物之極也。各是一物之生所以爲主也。【案：此句語意不明。「各」字有問題。】物皆各得此一以成。既成，而舍（一）以居成。（案道藏集注本有「一」字，當據補。）居成，則失其母，故皆裂、發、歇、竭、滅、蹶也」。

案：此以「一」代表道。物皆各得此一以成，即下經文「天得一以清，地得一以寧」等。天得一以成其爲淸，地得一以成其爲寧。「既成」後，若舍一以居於成，則即「失其母」，而裂、發、歇、竭、滅、蹶也。一即母也。失其母即失其本。萬事萬物皆由「一」以成。「一」成之，而居於成，則即與一脫節，如魚脫水，必至枯死也。

天得一以清，地得一以寧，神得一以靈，谷得一以盈，萬物得一以生，侯王得一以爲天下貞。其致之一也。

注：「各以其一，致此清、寧、靈、盈、生、貞」。

天無以清，將恐裂。

注：「用一以致清耳。非用清以清也。守一，則清不失。用清，則恐裂也。故爲功之母，不可舍也。是以皆無用其功，恐喪其本也」。

案：「用一以致清」，即「天得一以成其爲清」。是清之成也，由於一。故致清，必越乎清而由本以致之。若囿於清而用清，則清不可得。清是功，一是「爲功之母」。「無用其功」，即無用清以致清也。下「地無以寧，將恐發。神無以靈，將恐歇」等句，皆同此解。故王氏不再注。老子微旨例略云：「凡物之所以存，乃反其形。功之所以尅，乃反其名。夫存者，不以存爲存，以其不忘亡也。安者不以安爲安，以其不忘危也。故保其存者亡，不忘亡者存。安其位者危，不忘危者安。善力舉秋毫，善聽聞雷霆。此道之與形反也。安者實安，而曰非安之所安。存者實存，而曰非存之所存。侯王實尊，而曰非尊之所爲。天地實大，而曰非大之所能。聖功實存，而曰絕聖之所立。仁德實著，而曰棄仁之所存。故使見形而不及道者，莫不忿其言焉」。案此段文即與此章注文相呼應。「反其形」，「反其名」，即「用一以致清，非用清以清也」。清、寧、靈、生、盈、貞等如此，安、存、尊、大、聖功、仁德、亦如此。此中有一絕大之智慧。而常爲守形居成者所不能及。微旨例略最後一段云：「故古人有嘆曰：甚矣！何物之難悟也？既知不聖爲不聖，未知聖之不聖也。既知不仁爲不仁，未知仁之爲不仁也。故絕聖而後聖功全，棄仁而後仁德厚。夫惡强，非欲不强也。爲强，則失强也。絕仁，非欲不仁也。爲仁，則僞成也。有其治，而乃亂。保其安，而乃危。後其身，而身先。身先，非先身之所能也。外其身，而身存。身存，非存身之所爲也。功不可取，美不可用。故必取其爲功之母而已矣。篇云：既知其子，而必復守其母。尋斯理也，何往而不暢哉」？此文與上段文意義相同。亦與此處之注爲同一思理也。「取其爲功之母」即不囿於功而思功也，亦不居於成而思成也。囿於功，則無功。居於成，則無成。「聖之爲不聖」，亦囿於聖而求聖，聖終不可得也。「仁之爲不仁」，亦如此。「絕聖而後聖功全」，即「用一以致聖，非用聖以致聖」也。「棄仁而後仁德厚」，即「用一以致仁，非用仁以致仁」也。「先身」則不能「身先」，「存身」則不能「身存」。「後其身而身先，外其身而身存」。此亦「反其形」，「反其名」之謂也。反者，反而至乎一，而與其形其名相反也。一即沖虛之德也。不管所欲有者爲何，要必沖虛之一以致之。此種「正言若反」之智慧，曲線型之詭辭，下文再稍論其義。吾茲所注意者，單在此「用一以致清」之「致」字，「各得此一以成」之「成」字，「道生之」之「生」字，究如何而規定。此皆宇宙論之詞語，皆表示道之生成性，實現性。即由此等詞語，吾人很易視道爲一「實現原理」也。「實現原理」是宇宙論之原理。此實現原理是何形態之實現原理耶？

故貴以賤爲本，高以下爲基。是以侯王自謂孤寡不穀。此非以賤爲本耶？非乎？故致數輿無輿。（「輿」字當爲「譽」）。不欲琭琭如玉，珞珞如石。

注：「清不能爲清，盈不能爲盈。皆有其母以存其形。故清不足貴，盈不足多。貴在其母，而母無貴形。貴乃以賤爲本，高乃以下爲基。故致數輿，乃無輿也。（此「輿」字亦當爲「譽」）。玉石琭琭珞珞，體盡於形，故不欲也」。

案：此注，意同上。「體盡於形」句甚美。琭琭珞珞，一切精采皆盡於形。此亦「舍一以居成」之意也。故沖虛以泯之，處於玄德之一，而不欲此琭琭與珞珞也。

以上五十一、三十四、三十九、三章，皆有一種宇宙論的辭語，表示道之生成性，實現性，即表示道爲一「實現原理」。此種意思，無論經文或注語，皆隨時表現。首章：「無名，天地之始。有名，萬物之母」。注云：「凡有皆始於無。故未形無名之時，則爲萬物之始。及其有形有名之時，則長之育之，亭之毒之，爲其母也。言道以無形無名始成萬物」。「始成萬物」，即生成萬物。道之創始性，即函道之生成性。「凡有皆始於無」，即凡有皆由無開出。無、始之，即無、生之。長育亭毒屬於「物形勢成」之範圍。雖在有形有名，然所以能長之育之亭之毒之，而爲其母者，亦必由於「道生德畜」之玄德而始然。四十章經文云：「天下萬物生於有，有生於無」。注云：「天下之物，皆以有爲生。有之所始，以無爲本。將欲全有，必反於無也」。「皆以有爲生」，即物形勢成，長育亭毒也。是在有形有名範圍內而完成其實際之生也。此爲內在意義之「生」。而「內在意義」之實際之生皆必由沖虛之德而開出。此即「有之所始，以無爲本」

也，即「有生於無」也。此爲「超越意義」之生，即無形無名，道生德畜之生也。亦即「玄德」之生。玄德之生是「生而不有，爲而不恃，長而不宰」，亦即「無生之生」也。（猶如無主之主，無爲之爲）。但「有」卻必恃此無生之生而開出。

三十七章：「道常無爲（注：「順自然也」）。而無不爲。（注：「萬物無不由爲以治以成之也」）。侯王若能守之，萬物將自化。化而欲作，吾將鎮之以無名之樸。（注云：「化而欲作，作欲成也。吾將鎮之無名之樸，不爲主也」）。無名之樸，夫亦將無欲。（注：「無欲競也」）。不欲，以靜，天下將自定」。無論從宇宙萬物方面說，或從人事方面說，道之「實現性」皆同。但吾人可以「道常無爲而無不爲」一語爲代表，以明道之爲「實現原理」爲何形態。無爲開無不爲，無不爲以無爲爲本（超越根據）。道之作用即如此。王弼亦即自此而言「道者，取乎萬物之所由也」。侯王若能守此「道」，萬物將自化。「將自化」者，即「無不爲」也。「不欲，以靜，天下將自定」。「將自定」者，亦「無不爲」之意也。將自定自化，推之，亦可言將自生自成。是則定也，化也，生也，成也，皆落於萬事萬物之自身說。然則非道生之，化之，定之，成之也。將自定自化，將自生自成，即拉開「道生之」之强度性。道只是一沖虛之德。沖虛無爲，不塞其源，則物即自定自化矣。此自定自化之無不爲由乎道而來，由乎道而然，則反過來，即是「道生之」矣。此種「道生之」之陳述，完全是消極的表示。故第十章：「生之」。注云：「不塞其源也」。「畜之」。注云：「不禁其性也」。此「生之」即「道生之」。「畜之」即「德畜之」。而王弼注以「不塞其源」解「道生」，以「不禁其性」解「德畜」，即是消極的表示也。而於「生而不有，爲而不恃，長而不宰，是謂玄德」，則注云：「不塞其源，則物自生，何功之有？不禁其性，則物自濟，何爲之恃？物自長足，不吾宰成。有德無主，非玄而何？」此亦表示沖虛玄德，不塞不禁，則物自生，自濟，自長足。此亦是「道生」之消極表示。「道生之」者，只是開其源，暢其流，讓物自生也。此是消極意義的生，故亦曰「無生之生」也。然則道之生萬物，既非柏拉圖之「造物主」之製造，亦非耶教之上帝之創造，且亦非儒家仁體之生化。總之，它不是一能生能造之實體。它只是不塞不禁，暢開萬物「自生自濟」之源之沖虛玄德。而沖虛玄德只是一種境界。故道之實現性只是境界形態之實現性，其爲實現原理亦只是境界形態之實現原理。非實有形態之實體之爲「實現原理」也。故表示「道生之」的那些宇宙論的語句，實非積極的宇宙論之語句，而乃是消極的，只表示一種靜觀之貌似的宇宙論語句。此種宇宙論之語句，吾名之曰「不着之宇宙論」。「不着」者，不是客觀地施以積極之分解與構造之謂也。而道之爲體爲本，亦不是施以分解而客觀地肯定之之存有形態之實體也。故其生成萬物，亦不是能生能成之實體之生成也。故生者，成者，化者，皆歸於物之自生自成，自定自化，要者在暢其源也。此種「不着之宇宙論」，亦可曰「觀照之宇宙論」。然則，物無體乎？曰：無客觀的存有形態之體，而卻有主觀的境界形態之體。沖虛玄德即體也。若因自生自成，自定自化，着於物而遮撥一切超越者，而成爲唯物論或自然主義，則悖矣。

老子之道，本是由遮而顯，故況之曰「無」。他首先見到人間之大弊在有爲，在造作，在干涉，在騷擾，在亂出主意，在亂動手腳，故有適，有莫，有主，有宰，故虛妄盤結，觸途成滯。

其弊總在「有爲」，「有執」也。故二十九章：「爲者敗之，執者失之」。注云：「萬物以自然爲性，故可因而不可爲也，可通而不可執也。物有常性，而造爲之，故必敗也。物有往來，而執之，故必失矣」。而六十四章則云：「爲者敗之，執者失之。是以聖人無爲，故無敗，無執，故無失」。是故遮者即遮此爲與執也。「無」先作動詞看，則無者即無此爲與執也。無爲無執，無適無莫，無主無宰，則暢通矣。（暢通即萬物自定自化，自生自成）。由此諸動詞之無所顯之沖虛玄德之境即曰道，曰自然，而亦可即以名詞之「無」稱之。依道家，此沖虛玄德之「無」，不能再自正面表示之以是什麽，即不能再實之以某物。如實之以上帝，或實之以仁，皆非老子之所欲也。他以爲道只由遮所顯之「無」來了解即已定。外此再不能有所說，亦不必有所說。說之，即是有爲有造。惟此沖虛之無始是絕對超然之本體，而且是徹底的境界形態之本體。故彼視聖、智、仁、義等，皆是有邊事。與天之清，地之靈，神之靈，谷之盈，萬物之生等同，同爲既成之功，而非「爲功之母」也。而「爲功之母」則無也。故老子之「絕聖棄智，絕仁棄義」，實非否定聖智仁義，而乃藉「守母以存子」之方式，「反其形」以存之也。王弼深知此義。前文引微旨例略：「凡物之所以存，乃反其形。功之所以剋，乃反其名」一段，以及「既知不聖爲不聖，未知聖之不聖也。既知不仁爲不仁，未知仁之爲不仁也」一段，皆表示「守母以存子」之義。（三十八章「上德不德，是以有德」全文，王弼有一甚長之注文，亦盛發此義。見後附錄）。「守母存子」之方式，即「正言若反」之方式，亦即「辯證詭辭」之方式。惟藉此詭辭之方式以保存聖智仁義，是一種作用之保存，並非自實體上肯定之。而聖智仁義亦只是功，而不是功之母。儒者並不認爲如此即滿足。如孔子之仁，並不只是「功」，而亦是實體。仁之在經驗中曲曲折折之表現是功，但其不安，不忍，悱惻之感之心是體。踐仁之最高境界是聖。踐仁以至聖，固亦可無適無莫，無爲無執，無意必固我，此亦是沖虛之德。老子所說之無、一、自然、玄、遠、深、微、諸形式特性，固亦皆可有之，然皆成爲仁體之屬性，或踐仁至聖之境界之屬性。固不只是沖虛之無爲本，而是以仁體爲本也。此是自實體上肯定仁智，固不只是作用之保存也。此是儒道之本質的差異。老子只是作用之保存，故多詭辭以通無，而即視無以爲體。此即玄理玄智也。此是道家之勝場，而由此接佛教之般若，乃益見恢廓而壯大。王弼之注老，向、郭之注莊，固皆能盛發「詭辭通無」之玄理。而此後佛教方面之談般若者，固亦無不受其影響也。

附錄

經文三十八章：

上德不德，是以有德。下德不失德，是以無德。

上德無爲而無以爲，下德爲之而有以爲。

上仁爲之而無以爲，上義爲之而有以爲。

上禮爲之而莫之應、則攘臂而扔之。

故失道而後德，失德而後仁，失仁而後義，失義而後禮。

夫禮者忠信之薄而亂之首。前識者、道之華而愚之始。是以大丈夫處其厚、不居其薄，處其實、不居其華。故去彼取此。

注：德者得也。常得而無喪，利而無害。故以德爲名焉。何以得德？由乎道也。何以盡德？以無爲用。以無爲用，則莫不載也。故「物」無焉，（「物」字衍），則無物不經。有焉，則不足以「免」其生。（「免」字於義不通。當爲「延」或「久」）。是以天地雖廣，以無爲心。聖王雖大，以虛爲主。故曰：以復而視，則天地之心見。至日而思之，則先王之「至」覩也。（「至」當爲「志」）。故滅其私而無其身，則四海莫不瞻，遠近莫不至。殊其己而有其心，則一體不能自全，肌骨不能相容。

是以上德之人，唯道是用。不德其德，無執無「用」。（「用」字當爲「爲」）。六十四章：「爲者敗之，執者失之。是以聖人無爲，故無敗，無執故無失」。無爲無執，經文連用。）故能有德而無不爲。不求而得，不爲而成，故雖有德而無德名也。

下德求而得之，爲而成之，則立善以治物，故德名有焉。求而得之，必有失焉。爲而成之，必有敗焉。善名生，則有不善應焉。故下德爲之而有以爲也。

無以爲者，無所偏爲也。凡不能無爲而爲之者，皆下德也。仁義禮節是也。將明德之上下，輒擧下德以對上德，至於無以爲。極下德之量，上仁是也。足及於無以爲、而猶爲之焉。爲之而無以爲，故有爲爲之，患矣。本在無爲，母在無名。棄本捨母、而適其子，功雖大焉、必有不濟，名雖美焉、僞亦必生。不能不爲而成、不興而治 則乃爲之。故有宏普博施仁愛之者。而愛之無所偏私、故上仁爲之而無以爲也。

愛不能兼、則有抑抗正直而義理之者。忿枉祐直，助彼攻此。物事而有以心爲矣。故上義爲之而有以爲也。

直不能篤、則有游飾修文禮敬之者。尙好修敬，校責往來，則不對之間，忿怒生焉。故上禮爲之，而莫之應，則攘臂而扔之。

夫大之極也，其唯道乎？自此已往、豈足尊哉？故雖盛業大富，而有萬物，猶各得其德。雖貴以無爲用，不能「捨」無以爲體也。（「捨」當爲「居」）。不能「捨」無以爲體，（「捨」亦當爲「居」），則失其爲大矣。所謂失道而後德也。

以無爲用，德其母。故能已不勞焉，而物無不理。下此已往，則失用之母。不能無爲，而貴博施。不能博施，而貴正直。不能正直，而貴飾敬。所謂失德而後仁，失仁而後義，失義而後禮也。

夫禮「也」所始，（「也」當爲「之」），首於忠信不篤，通簡不「陽」。（「陽」當爲「暢」）。責備於表，機微爭制。夫仁義發於內、爲之猶僞。況務外飾、而可久乎？故夫禮者、忠信之薄、而亂之首也。

前識者、前人而識也。即下德之倫也。竭其聰明以爲前識，役其智力以營庶事。雖德(同得)其情，姦巧彌密。雖豐其譽、愈喪篤實。勞而事昏，務而治薉。雖竭聖智、而民愈害。舍己任物，則無爲而泰。守夫素樸，則不順典制。聽彼所獲，棄此所守，「識」道之華而愚之首。

(「識」字於義不順、當爲「誠」)。

故苟得其爲功之母，則萬物作焉、而不辭也。萬事存焉、而不勞也。用不以形，御不以名。故「名」仁義可顯、禮敬可彰也。(「名」字涉上而衍)。

夫載之以大道、鎭之以無名。則物無所尙，志無所營。各任其貞(眞)，事用其誠。則仁德厚焉、行義(誼)正焉、禮敬淸焉。棄其所載，舍其所生。用其成形，役其聰明。仁則「誠」焉，(「誠」字誤、當爲「薄」)，義其競焉，禮其爭焉。

故仁德之厚、非用仁之所能也。行義(誼)之正、非用義之所成也。禮敬之淸、非用禮之所濟也。載之以道，統之以母，故顯之而無所尙，彰之而無所競。用夫無名，故名以篤焉。用夫無形，故形以成焉。守母以存其子、崇本以擧其末。則形名俱有、而邪不生。大美配天、而華不作。故母不可「遠」，(「遠」當爲「違」)，本不可失。仁義、母之所生，非可以爲母。形器、匠之所成，非可以爲匠也。捨其母而用其子，棄其本而適其末。名則有所分，形則有所止。雖極其大，必有不周。雖盛其美，必有患憂。功在爲之，豈足處也?

第六章　向、郭之注莊

第一節　注莊之故事

晉書卷四十九向秀傳：

「向秀字子期。河內，懷人也。淸悟有遠識。少爲山濤所知，雅好老莊之學。莊周著內外數十篇，歷世方士，雖有觀者，莫適論其旨統也。秀乃爲之隱解。發明奇趣，振起玄風。讀之者超然心悟，莫不自足一時也。惠帝之世，郭象又述而廣之。儒墨之迹見鄙，道家之言遂盛焉。

「始秀欲注，嵇康曰：此書詎復須注？正是妨人作樂耳！及成，示康曰：殊復勝不？又與康論養生，辭難往復，蓋欲發康高致也。

「康善鍛，秀爲之佐。相對欣然，旁若無人。又共呂安灌園於山陽。

「康旣被誅，秀應本郡計，入洛。文帝（司馬昭）問曰：聞有箕山之志，何以在此？秀曰：以爲巢、許狷介之士，未達堯心，豈足多慕？帝甚悅。

「秀乃自此役，作思舊賦云：余與嵇康呂安居止接近。其人並有不羈之才。嵇意遠而疏，呂心曠而放。其後並以事見法。嵇博綜技藝，於絲竹特妙。臨當就命，顧視日影，索琴而彈之。逝將西邁，經其舊廬。於時，日薄虞泉，寒冰淒然。鄰人有吹笛者，發聲寥亮。追想曩昔遊宴之好，感音而嘆。

故作賦曰：

「將命適於遠京兮，遂旋返以北徂。濟黃河以汎舟兮，經山陽之舊居。瞻曠野之蕭條兮，息余駕乎城隅。踐二子之遺迹兮，歷窮巷之空廬。歎黍離之愍周兮，悲麥秀於殷墟。追昔以懷今兮，心徘徊以躊躇。棟宇在而弗毀兮，形神逝其焉如？昔李斯之受罪兮，歎黃犬而長吟。悼嵇生之永辭兮，顧日影而彈琴。託運遇於領會兮，寄餘命於寸陰。聽鳴笛之慷慨兮，妙聲絕而復尋。佇駕言其將邁兮，故援翰以寫心」。

案此小傳，述向秀之注莊，以及其與嵇康之相往還。莊書歷來「莫適論其旨統」。是則莊子之玄理，湮沒無聞已久。演至魏晉之際，獨向秀能「發明奇趣，振起玄風」。一如王弼之注易老。然向注爲郭象所竊據。故至今只有郭象注，而無向秀注。實則「其義一也」，只是向注。晉書卷五十郭象傳云：

「郭象字子玄。少有才理，好老莊，能清言。太尉王衍每云聽象語，如懸河洩水，注而不竭。州郡辟召不就。常閑居以文自娛。後辟司徒椽，稍至黃門侍郎。東海王越引爲太傅主簿，甚見親委。遂任職當權，熏灼內外。由是素論去之。永嘉末，病卒。著碑論十二篇。

「先是，注莊子者，數十家，莫能究其旨統。向秀於舊注外，而爲解義。妙演奇致，大暢玄風。惟秋水，至樂二篇未竟，而秀卒。秀子幼，其義零落。然頗有別本遷流。象爲人行薄。以秀義不傳於世，遂竊以爲己注。乃自注秋水、至樂二篇，又易馬蹄一篇。其餘衆篇，或點定文句而已。其後秀義別本出。故今有向郭二莊，其義一也」。

案：「世說新語」文學第四已有此文。晉書所記，蓋全採「世說」。據是，則郭注即向注也。四庫全書總目卷一百四十六子部道家類，於郭竊向注事，復有考訂云：

『錢曾「讀書敏求記」獨謂世代遼遠，傳聞異辭。晉書云云，恐未必信。案向秀之注，陳振孫稱宋代已不傳。但時見陸氏釋文。今以釋文所載校之，如逍遙遊：「有蓬之心」句，釋文郭向並引，絕不相同。胠篋篇：「聖人不死，大盜不止」句，釋文引向注二十八字。「又爲之斗斛以量之」句，釋文引向注十六字。郭本皆無。然其餘皆互相出入。又，張湛列子注中，凡文與莊子相同者，亦兼引向郭二注。所載達生篇「痀僂丈人承蜩」一條，向注與郭一字不異。應帝王篇「神巫季咸」一章，「背棄而走」句，向郭相同。「列子見之而心醉」句，向注曰：「迷惑其道也」。「而又奚卵焉」句，向注六十二字，郭注皆無之。「故使人得而相汝」句，郭注多七字。「示之以地文」句，向注：「塊然如土也」。郭注無之。「是殆見吾杜德機」句，「鄉吾示之以天壤」句，「名實不入」句，向郭並同。「是殆見吾善者機也」句，向注多九字。「子之先生，坐不齋」句，向注二十二字，郭注無之。「鄉吾示之以太冲莫勝」句，郭改其末句。「淵有九名，此處三焉」句，郭增其首十六字，尾五十一字。「鄉吾示之以未始出吾宗」句，「故逃也」句，「食豨如食人」句，向郭並同。「於事無與親」以下，則並大同小異。是所謂竊據向書，點定文句者，殆非無證。……錢曾乃曲爲之解，何哉？』

案向注已佚。若郭竊向注，據爲己有，則今之郭象注，其大義固只是向秀之思想。故晉書云：「向郭二莊，其義一也」。故今言郭象注莊，連屬向秀而言之，不沒其源也。

「世說新語」文學第四向秀注莊條下，注引「秀別傳」曰：「秀與嵇康呂安爲友，趣舍不同。嵇康傲世不羈，安放逸邁俗。而秀雅好讀書。二子頗以此嗤之。後秀將注莊子，先以告康、安。康、安咸曰：書詎復注？（案：「書」上似略「此」字）。徒棄人作樂事耳。（案：「棄」晉書爲「妨」）。及成，以示二子。康曰：爾故復勝不？（此爲秀問語，「康」當屬下）。安乃驚曰：莊周不死矣。後注周易，大義可觀。而與漢世諸儒，互有彼此，未若隱莊之絕倫也」。

注又引「秀本傳」曰：

「或言：秀遊託數賢，蕭屑卒歲，都無注述。唯好莊子。聊隱崔譔所注，以備遺忘云」。

注又引「竹林七賢論」云：

「秀爲此義，讀之者無不超然若已出塵埃而窺絕冥。始了視聽之表，有神德玄哲，能遺天下，外萬物。雖復使動競之人，顧觀所徇，皆悵然自有振拔之情矣。」

由此觀之，向秀確有玄解。且較沉潛內斂，不似阮籍嵇康等之傲放奇瓌。「別傳」謂其「雅好讀書」，而康、安「以此嗤之」。此亦足見其於莊子沉潛往復，故能總持大義，獨得玄珠。即如「秀本傳」中或者所言，亦見其並非無所用心者。蓋狂放固本於性情，而隱解莊書，則尤非具玄智精玄解者不能。非只狂放所能盡也。莊書以「謬悠之說，荒唐之言，無端崖之辭」，暗示其意，烘託其理。恣縱芒忽，不可方物。彼誠「充實不可以已，上與造物者遊，而下與外生死無終始者爲友。其於本也，宏大而辟，深閎而肆。其於宗也，可謂調適而上遂矣」。（莊子天下篇語。）故能於道術成大家，非只一時之狂情。於人生之宗向，夢覺之關鍵，皆有切至而究極之理存焉。雖未至乎中正，要爲玄理之大宗。然若透過其恣縱芒忽之辭，撥開其「摶扶搖而上」之姿，直握其所烘托暗示之玄理，而以義理之文表而出之，則非有玄解者不能。粗率任性之狂情無當也。文辭之士無足言也。晉書稱其「清悟有遠識」，不誤也。「遠」者「玄遠」之遠，乃玄解上之遠識，非世務之遠識也。又稱其「發明奇趣，振起玄風」，亦不誤也。蓋老莊之學，主觀言之，爲玄智之學，客觀言之，爲玄理之學。亦猶佛家之有「般若」。道家之玄智玄理，至莊子而全部朗現。所謂「宏大而辟，深閎而肆」，「調適而上遂」者是也。老子之玄智玄理，有王弼發之，莊子之玄智玄理，有向、郭發之。然則莊子玄智玄理是何形態，向郭又如何發之，而能「振起玄風」，不可不察也。

第二節　老莊之同異

老子與莊子，在義理骨幹上，是屬於同一系統。此是客觀地言之。若主觀地言之，則有不同之風貌。此不同可由以下三端而論：

一、義理繫屬於人而言之，則兩者之風格有異：老子比較沉潛而堅實（More potential and more substantial），莊子則比較顯豁而透脫（More actual）。沉潛，則多隱而不發，故顯深遠。堅實，則體立而用藏，故顯綱維。顯豁，則全部朗現，無淺無深，無隱無顯，而淺深隱顯融而爲一：淺即是深，顯即是隱。透脫，則全體透明，無體無用，無綱無維，而體用綱維化而爲一：全體在用，用即是體，全用在體，體即是用。故「其書雖瓌瑋，而連犿無傷也。其辭雖參差，而諔詭可觀」。參差瓌瑋，即透脫也。連犿諔詭，即左右逢源也。此即所謂全體透明。彼於「天下」篇以「博大眞人」稱老子，而自居爲「不離於宗」之「天人」。眞人即沉潛而堅實。天人則顯豁而透脫。彼謂「不離於宗，謂之天人。不離於精，謂之神人。不離於眞，謂之至人」。老子之爲「博大眞人」實即「不離於精」之神人，「不離於眞」之至人。精、眞，皆內斂地言之之辭。「道德經」云：「道之爲物，惟恍惟惚。惚兮恍兮，其中有象。恍兮惚兮，其中有物。窈兮冥兮，其中有精。其精甚眞，其中有信」。其中有象、有物、有精、有信，以「其中」言之，即示內斂之意。故精、眞、信，皆內斂之詞，亦即皆道之內容表示，不失其强度與深度者也。故「不離於精」之神人，「不離於眞」之至人，乃至統稱之曰「眞人」，皆是內斂而沉潛堅實之風格也。至若「不離於宗」之「天人」，則並此「內斂」之相亦打散。「萬法歸一」，謂之內斂。「一歸何處」？則示「一」必打散，「一」相亦泯。一相泯，而後「眞一」見。「眞一」者，即莊子「大宗師」篇所謂「其好之也一，其弗好之也一。其一也一，其不一也一」之「一」。「眞一」見，則無內無外，無人無我，純然是「天」。故精、眞是內斂地言之，則「宗」即是外散地言之。故「不離於宗」之「天人」即是外散而顯豁透脫之風格。亦無內，亦無外。內即是外，外即是內。內外之相泯，則精眞之相亦泯。而全體是用，用即是體矣。全用是體，體即是用矣。此之謂「天人」。莊子於「天下」篇自述曰：「芴漠無形，變化無常，死與生與？天地並與？神明往與？芒乎何之？忽乎何適？萬物畢羅，莫足以歸。古之道術有在於是者，莊周聞其風而悅之。以謬悠之說，荒唐之言，無端崖之辭。時恣縱而不儻，不以觭見之也。以天下爲沉濁，不可與莊語。以卮言爲曼衍，以重言爲眞，以寓言爲廣。獨與天地精神往來，而不敖倪於萬物，以與世俗處。其書雖瓌瑋，而連犿無傷也。其辭雖參差，而諔詭可觀。彼其充實，不可以已。上與造物者遊，而下與外生死無終始者爲友。其於本也，宏大而辟，深閎而肆。其於宗也，可謂調適而上遂矣。雖然，其應於化，而解於物也，其理不竭，其來不蛻。芒乎昧乎，未之盡者」。此整段所述，即全部朗現之「天人」境界。亦猶「華嚴經」之毘盧遮那佛法身境界也。凡達此境界，即可曰圓教境界。故「華嚴宗」名此境界爲圓教一乘法，亦曰「出出世一乘法」。唯是就毘盧遮那佛法身而說，故亦曰「稱法本教」，非「逐機末教」也。逐機末教是隨機方便說，稱法本教是如理究竟說。如理究竟說，故全部朗現，通體透明也。莊子「不離於宗」之天人境界亦是圓教境界。「其於本也，宏大而辟，深閎而肆」。辟至何竟？肆至何竟？無有竟也。即以「上與造物者遊，而下與外生死無終始者爲友」爲竟。「其於宗也，可謂調適而上遂矣」。上遂何竟？無有竟也。即以「獨與地精神往來，而不敖倪於萬物，以與世俗處」爲竟。「獨與天地精神往來」是出世，「而不敖倪於萬物，以與世俗處」，是「出出世」。首段以極端飄忽，不可方物之天外飛來之筆，憑空說起，以述其所嚮往之道術。「芴漠無形，變化無常」。郭象注云：「隨物也」。成玄英疏云：「妙本無形，故寂漠也。迹隨物化，故無常也」。「死與生與？天地並與？神明往與」？郭象注云：「任化也」。成玄英疏云：「以死生爲晝夜，故將二儀並也。隨造化而轉變，故共神明往矣。」「死與生與」？實即亦無生亦無死也。「天地並與」？即「天地與我並生，萬物與我爲一」也。「神明往與」？即「獨與天地精神往來」也。「天下」篇開首云：「神何由降？明何由出」？神無由降，無所不在。明無由出，朗然遍照。無降無不降，無出無不出。通體透明即通體是神明也。非是一己孤離之神明，乃是「與天地精神往來」之神明。「芒乎何之？忽乎何適」？亦同此解。「芒乎何之」？無所之也。「忽乎何適」？無所適也。「周行而不殆」即是「獨立而不改」。（道德經語）。故郭象注此兩問曰：「無意趣也」。成玄英疏云：「委自然而變化，隨芒忽而遨遊。既無情於去取，亦任命而之適」。無意無趣，淵渟自在。故總結曰：「萬物畢羅，莫足以歸」。既「畢羅」矣，而又「莫足以歸」。此詭詞也。羅於何處？無處可羅也。無羅無不羅，洒然各歸於其自己而已。故郭象注云：「故都任置」。而成玄英疏云：「包羅庶物，囊括宇內。未嘗離道，何處歸根？」此實極豁朗而透脫之極致。禪家一切詭辭亦不出乎此矣。此即謂玄智玄理之徹底透出，而爲「圓而無圓」之圓教也。

二、表達之方法有異：老子採取分解的講法，莊子採取描述的講法。

分解地講之，則系統整然，綱舉目張。種種義理，種種概念，皆連貫而生，各有分際。故吾曾就全經，分三大端明之。一、對於道之本體論的體悟。二、對於道之宇宙論的體悟。三、對於道之修養工夫上的體悟。在此三綱領下，種種概念相連而生。如可道，不可道，可名，不可名。無、有、玄。有爲、無爲。用（妙用）與利（定用）。妙與徼。反、弱、與自然。道之生一、二、三。道生、德畜，道尊、德貴。「無」之爲始，「有」之爲母。「無之以爲用，有之以爲利」。虛與靜，損與益，爲道與爲學。「其出彌遠，其知彌少」。「不出戶，知天下」。慈、簡、儉，抱一與抱樸。無爲而無不爲，無知而無不知。知的問題，心的問題，性的問題，俱已透出。而「曲則全，枉則直」之「詭辭爲用」亦彰顯無遺。有與無是客觀之玄理，「詭辭爲用」是主觀之玄智。故王弼作「老子微旨例略」，反覆申明，不過兩義。其言曰：「老子之書，其幾乎可一言而蔽之。噫！崇本息末而已」。本即無，末即有。去僞存樸。此一義也。又曰：「故古人有歎曰：甚矣！何物之難悟也？既知不聖爲不聖，未知聖之不聖也。既知不仁爲不仁，未知仁之爲不仁也。故絕聖而後聖功全，棄仁而後仁德厚」。此詭辭爲用也。此又一義也。本無爲體，詭辭爲用。體用兩義，無不賅盡。而老子以分解之法示之，以經體之文出之，故綱舉目張，義理整然。而道家之所以爲道家，亦於焉確立。

至於莊子，則隨詭辭爲用，化體用而爲一。其詭辭爲用，亦非平說，而乃表現。表現者，則所謂描述的講法也。彼將老子由分解的講法所展現者，一起消融於描述的講法中，而芒忽恣縱以烘託之，此所謂表現也。芒忽恣縱以烘託之，即消融於「詭辭爲用」中以顯示之。

此所謂描述的講法，非通常義。除對遮「分解的講法」外，以以下三層義理明之。首先，「以巵言爲曼衍，以重言爲眞，以寓言爲廣」。此中之巵言、重言、寓言，即是描述的講法。並無形式的邏輯關係，亦無概念的辨解理路。巵言曼衍，隨機而轉。重言尊老，並無我見。寓言寄意，推陳出新。隨時起，隨時止。「道惡乎往而不存，言惡乎存而不可」。（齊物論）。聲入心通，無不圓足。故「謬悠之說，荒唐之言，無端崖之辭」，正是巵言、重言、寓言之意也。其次，在此漫畫式的描述講法中，正藏有「詭辭爲用」之玄智。此謂「無理路之理路」，亦曰「從混沌中見秩序」。全部莊子是一大混沌，亦是一大玄智，亦整個是一大詭辭。老子之所分解地展示者，全消融於此大詭辭之玄智中，而成爲全體透明之圓教。最後，此大詭辭之玄智，如再概念化之，嚴整地說出，便是一種「辯證的融化」（Dialectical reconciliation）。「恢詭譎怪，道通爲一」。無成無毀，無有無無。「俄而有無矣，而未知有無之果孰有孰無也」。（齊物論）。此之謂辯證的融化。老子是概念的分解，莊子是辯證的融化。而「辯證的融化」卻是藏在謬悠、荒唐、無端崖之芒忽恣縱之描寫中。平常之描寫，大體是平面的平鋪直述，而此芒忽恣縱之描寫卻是有一種立體的詭辭玄智藏於其中。此可曰「辯證的描述」。凡描述俱是具體的敍事，而此則雖是具體的，卻無事可敍，只是藉事以寄意。此辯證的融化，經過立體的詭辭玄智而至乎「無適焉，因是已」之「道通爲一」，則亦當體具足，一切放平。但此具足放平卻不是事的平鋪，亦不是分解概念的平擺，而卻是自然、自在、洒然自足之玄智境界。一自然，一切自然。一自足，一切自足。故如如平鋪，而無之無適也。而向郭注莊，即能握住此義而盛發之。

三、義理之形態（不是內容）有異：老子之道有客觀性、實體性、及實現性，至少亦有此姿態。而莊子則對此三性一起消化而泯之，純成爲主觀之境界。故老子之道爲「實有形態」，或至少具備「實有形態」之姿態，而莊子則純爲「境界形態」。

同是玄理玄智，同屬於一義理系統，然因表達方法之異，遂有此義理形態之不同。老子之無與有，本亦是從人生方面講進去。無爲、有爲，無爲而無不爲，本都是從生活上體驗出之眞理，由對於「巧僞」之否定而顯示出者。「巧僞」即不自然。「巧僞」之否定即自然。自然即無爲。「無爲而無不爲」，則「無不爲」有「無爲」爲其超越之根據。以「無爲」爲其超越之根據，則「無不爲」雖亦落於經驗界，而卻是圓應無方，無意必固我之自然因應，而亦一起具有超越之意義。是以其初也，無爲而無不爲，而無爲與無不爲並非兩截，故終也，「無爲」非死體，故無爲即是無不爲。「無不爲」非妄執，故無不爲即是無爲。無爲是體，無不爲是用，而體用固是一也。全用是體，則「無不爲」非意之也。全體是用，則「無爲」非虛掛也。俱是至眞至實，而無一毫虛妄幻結者。無爲、有爲，一般化而爲有與無，便成爲一對形而上學的概念。如是，無與有便向宇宙論方面申展，而成爲道體上之概念，而不只是生活修養上之有爲無爲。「無名天地之始，有名萬物之母」。不論是「無名」，是「有」，還是「有名」，總是無與有之對翻。而「無」總是天地之始，「有」總是萬物之母。「始」者本也。「無」是天地萬物之本。如是，「無」是客觀之實體，而不只是生活修養上之境界。依此，「無」有客觀性與實體性。再加上「天下萬物生於有，有生於無」。「道生之，德畜之」。「大道汜兮，其可左右，萬物恃之以生而不辭」。「自古及今，其名不去，以閱衆甫。吾何以知衆甫之然哉？以此」！以及「天得一以淸，地得一以寧」等等。便可知，道亦有「實現性」，即道是「實現原理」。實現原理者即道生之或成之使其爲如此而不如彼者。「吾何以知衆甫之然哉以此」，正示此意。「天得一以淸，地得一以寧」亦然。一者本也、無也。天得一、成其爲天之淸，地得一、成其爲地之寧。故「一」即現實其爲如此者。此即示道顯然有一「實現性」。客觀性、實體性、是本體論的。實現性是宇宙論的。如是，道德經之形上系統，因有此三性故，似可爲一積極而建構之形上學，即經由分解而成之積極而建構之形上學。但此積極形上學似乎並保不住，似乎只是一姿態。客觀性、實體性、實現性、似乎亦只是一姿態。似乎皆可化掉者。而莊子正是向化掉此姿態而前進，將「實有形態」之形上學轉化而爲「境界形態」之形上學。

莊子以其芒忽恣縱之辯證的描述，辯證的融化，將老子之分解的系統化而爲一大詭辭，將其道之客觀性、實體性，從天地萬物之背後翻上來浮在境界上而化除，從客觀面收進來統攝於主觀境界上而化除，依是，道、無、一、自然，俱從客觀方面天地萬物之背後翻上來收進來而自主觀境界上講。道遙乘化，自由自在，即是道，即是無，即是自然，即是一。以自足無待為逍遙，化有待為無待，破「他然」為自然，此即是道之境界，無之境界，一之境界。「自然」是繫屬於主觀之境界，不是落在客觀之事物上。若是落在客觀之事物（對象）上，正好皆是有待之他然，而無一是自然。故莊子之「自然」，（老子亦在內），是境界，非今之所謂自然或自然主義也。今之自然界內之物事或自然主義所說者，皆是他然者，無一是自然。老莊之自然皆眞是「自己而然」者。故以「圓滿具足」定之。此是聖人、至人之境界。「俄而有無矣，而未知有無之果孰有孰無也。今我則已有謂矣，而未知吾所謂之其果有謂乎？其果無謂乎？天下莫大於秋毫之末，而太山為小，莫壽於殤子，而彭祖為夭。天地與我並生，而萬物與我為一」。（齊物論）。此是道之境界，無之境界，一之境界，亦即自然之境界。而即由此境界上說道，說無，說一，說自然。「吾有待而然者耶？吾所待又有待而然者耶？吾蛇蚹蜩翼耶？惡識所以然，惡識所以不然。」此一芒忽搖曳之筆，正顯示一渾化之境，而即由此顯無待，顯圓滿具足。此即是道、無、一、自然也。豈是客觀方面有一物事擺在那裏曰道、曰無、曰一、曰自然乎？如是，經由分解而成之貌似積極而建構之形上學純化而為境界形態之形上學，而道之客觀性、實體性、實現性，亦純化除而不見矣。本來道德經之實有形態，本只是一姿態。此姿態，是由「無為而無不為」之普遍化（擴大應用）而成者。根據此原則以觀天地萬物，則萬有之本以生萬有者，不能再是一限定之有，而必須是「無」。無者，非「限定之有」之謂也。此只是一消極表示，所謂遮詮。故「無」之為本為體，一方面固只是生活上「無為」之擴大，一方面亦只是遮詮，而只為形式之陳述。本末就客觀的宇宙施一積極的分解而發現一正面之「實有」以為本體者。故「道德經」之積極而建構之實有形態之形上學只是一貌似之姿態，並非眞正之分解，即並未「着」也，故亦非眞正積極而建構之形上學。旣非經由眞正之分解而着得上，故道之客觀性、實體性、實現性，亦易於拉下而化除。凡經由積極之分解而着者，爲積極而建構之實有形態之形上學。凡不着者，即非積極之分解，故亦非積極而建構之實有形態之形上學。故「道德經」之形上學，究其實，亦只是境界形態之形上學。不過根據「無爲而無不爲」以觀天地萬物，拉開以尋其本，遂顯有「實有形態」之貌似。此種「拉開以尋其本」，而顯道有客觀性等，即吾所謂「動觀則有」也。（見下章「魏晉名理正名」）。而莊子則翻上來，收進來，從主觀境界上成一大詭辭以顯「當體之具足」，則即消掉此客觀性、實體性、實現性，而爲「靜觀則無」也。然此兩者，並不衝突。而莊子則爲根據老子而進一步矣。所謂消融老子分解講法之所展示而成一大詭辭者是也。（成一辯證之融化）。此種進一步之境界即爲向郭注莊所闡發。晉書所謂「發明奇趣，振起玄風」者，並不誤也。

第二節　向、郭之「逍遙」義

劉義慶「世說新語」文學類云：「莊子逍遙篇舊是難處。諸名賢所可鑽味，而不能拔理於郭、向之外。支道林在白馬寺中，將馮太常共語，因及逍遙。支卓然標新理於二家之表，立異議於衆賢之外。皆是諸名賢尋味之所不得。後遂用支理」。

劉孝標於此條下注云：「向子期，郭子玄逍遙義曰：夫大鵬之上九萬，尺鷃之起楡枋，小大雖差，各任其性。苟當其分，逍遙一也。然物之芸芸，同資有待。得其所待，然後逍遙耳。唯聖人與物冥而循大變，爲能無待而常通。豈獨自通而已？又從有待者，不失其所待。不失，則同於大通矣。

「支氏逍遙論曰：夫逍遙者，明至人之心也。莊生建言大道，而寄指鵬鷃。鵬以營生之路曠，故失適於體外。鷃以在近而笑遠，有矜伐於心內。至人乘天正而高興，遊無窮於放浪。物物而不物於物，則遙然不我得。玄感不爲，不疾而速，則逍然靡不適。此所以爲逍遙也。若夫有欲，當其所足。足於所足，快然有似天眞。猶饑者一飽，渴者一盈。豈忘烝嘗於糗糧，絕觴爵於醪醴哉？苟非至足，豈所以逍遙乎？

此向、郭之注所未盡」。

案此爲「世說新語」注所記向、郭之逍遙義與支遁之逍遙義。兩家實相差不遠，而向、郭義則出折稍多。向、郭義分三層說：

一、「大鵬之上九萬，尺鷃之起榆枋，小大雖差，各任其性，苟當其分，逍遙一也。」案此數語先從理上作一般的陳述。郭注「逍遙遊」篇，題注云：「夫小大雖殊，而放於自得之場，則物任其性，事稱其能，各當其分，逍遙一也。豈容勝負於其間哉」？此爲向、郭之原義，比「世說新語」劉注所記，較爲圓足。然其大義固是相同。大鵬與尺鷃有小大之差。小大之差是由對待關係比較而成。落於對待方式下觀萬物，則一切皆在一比較串中。此爲比較串中大小之依待。長短、夭壽、高下串中之依待亦然。此爲量的形式關係中之依待。在量的形式關係中之依待所籠罩之「現實存在」又皆有其實際條件之依待。此爲質的實際關係中之依待。在此兩種依待方式下觀萬物，則無一是無待而自足者。亦即無一能逍遙而自在。大鵬之上九萬，固是有待，即列子「御風而行，泠然善也」，亦還是有待。此蓋爲實際存在所必有之限制。依莊子，逍遙必須是在超越或破除此兩種依待之限制中顯。此爲逍遙之「形式的定義」。郭注所謂「放於自得之場，……各當其分，逍遙一也」，此中所謂「自得」，所謂「當分」，亦是超越或破除此兩種依待之限制中的話。故亦是逍遙之形式的定義。此爲先從理上作一般的陳述。吾人必須先記住此種分際。然吾人如何能超越或破除此限制網？以下即作分別說。

二、「物之芸芸，同資有待。得其所待，然後逍遙耳」。此實不可說逍遙。亦猶支遁所謂「猶飢者一飽，渴者一飲，豈忘烝嘗於糗糧，絕觴爵於醪醴哉」？「惟聖人與物冥而循大變，爲能無待而常通」。此即明標「惟聖人」始能超越或破除此限制網，而至眞正之逍遙。然則眞正之逍遙決不是限制網中現實存在上的事，而是修養境界上的事。此屬於精神生活之領域，不屬於現實物質生活之領域。此爲逍遙之眞實定義，能體現形式定義之逍遙而具體化之者。此聖人修養境界上之眞實逍遙，即支遁所明標之「逍遙者，明至人之心也」。（道家作「致虛極、守靜篤」的工夫，自然是「心」上的事）。然人能自覺地作虛一而靜之工夫，以至聖人或至人之境界，而大鵬尺鷃，乃至草木瓦石，則不能作此修養之工夫。故「放於自得之場，逍遙一也」，此一普遍陳述，若就萬物言，則實是一觀照之境界。即以至人之心爲根據而來之觀照，程明道所謂「萬物靜觀皆自得」者是也。並非萬物眞能客觀地至乎此「眞實之逍遙」。就萬物自身言，此是一藝術境界，並非一修養境界。凡藝術境界皆繫屬於主體之觀照。隨主體之超昇而超昇，隨主體之逍遙而逍遙。所謂「一逍遙一切逍遙」，並不能脫離此「主體中心」也。六祖惠能說：「不是風動，不是旛動。仁者心動」。心動，則風旛皆動，一切皆落於實際條件之依待中。心不動，則一切皆超越此依待之限制，而當體即如：風亦不動，旛亦不動，更無所謂風因旛而動，或旛因風而動。當下即超越因果之依待。此亦是「一止一切止」也。惟六祖說此義，是以佛家教義爲基點，如緣起，性空，無明等。而向、郭注莊，則意在越此限制網而回歸於各物之自己，（物各付物），以明「苟當其分，逍遙一也」。道家對於萬物並無無明，業識、緣起、性空一套破滅的分解工作。故能直就至人之心越此依待而顯各物圓滿自足之逍遙，此所以道家能直接開藝術境界，而佛家則只是寂滅之超渡意識也。雖有此不同，而「心止即一切皆止」之「主體中心」方式，固相同也。

三、向、郭復進而立一義云：「豈獨自通而已？又從有待者，不失其所待。不失，則同於大通矣」。此言聖人（或至人）無爲而治之功化。「聖人與物冥而循大變」。「絕聖而後聖功全，棄仁而後仁德厚」。（王弼「老子微旨例略」語）。不以仁義名利好尚牽拽天下，則物物含生抱樸，各適其性，此即所謂「從有待者，不失其所待」。此「不失其所待」之功化，亦含有觀照之藝術境界在內。既不類儒家「致中和，天地位焉，萬物育焉」之積極意義之功化，尤不是「牽動其欲望而滿足之」之「不失其所待」。儒家積極意義之功化，是德化之治。牽動其欲望而再滿足之，此實成爲無窮之追逐，而永不能滿足者。既不能滿足，則即永不能至「不失其所待」之境。而道家之功化則爲道化之治。道化之治重視消極意義之「去碍」。無己、無功、無名。「我無爲而民自治」。「生而不有，爲而不恃，長而不宰」。「不尙賢，使民不爭。不貴難得之貨，使民不爲盜。不見可欲，使民心不亂。是以聖人之治也，虛其心，實其腹，弱其志，强其骨。常使民無知無欲。使夫知者不敢爲。爲無爲，則無不治矣」。此即消極主義之去碍。上下都渾然相忘。「人相忘於道術，魚相忘於江湖」。如是，則含生抱樸，各適其性，而天機自張。此即爲「從有待者，不失其所待」也。在去碍之下，渾忘一切大小、長短、是非、善惡、美醜之對待，而皆各回歸其自己。性分具足，不相凌駕。各是一絕對之獨體。如是，「則雖大鵬無以自貴於小鳥，小鳥無羨於天池，而榮願有餘矣。故小大雖殊，逍遙一也」。（郭象逍遙遊注語）。芸芸衆生，雖不能自覺地作工夫，然以至人之去碍，而使之各適其性，天機自張，則亦即「使不失其所待」，而同登逍遙之域矣。此即所謂「不失，則同於大通矣」。「同於大通」者，無論聖人之無待與芸芸者之有待，皆渾化於道術之中也。此即謂聖人之功化。功化與觀照一也。在「去礙」之下，功化即是觀照，觀照即是功化。觀照開藝術境界，功化顯渾化之道術。在去礙之下，一切浮動皆止息矣。浮動息，則依待之限制網裂矣。此即莊子「天下」篇所謂「備天地之美，稱神明之容」也。

以上三層，一是從理上一般說，二是分別說，三是融化說。支遁義只是分別說，實未眞能「標新理於二家之表」也。且未能至向、郭義之圓滿。然亦並不誤。

莊子「逍遙遊」篇：「若夫乘天地之正，而御六氣之辯（變），以遊無窮者，彼且惡乎待哉」？此點逍遙之正義。郭象於此注曰：

「天地者，萬物之總名也。天地以萬物爲體，而萬物必以自然爲正。自然者，不爲而自然者也。故大鵬之能高，斥鴳之能下，椿木之能長，朝菌之能短，凡此皆自然之所能，非爲之所能也。不爲而自能，所以爲正也。

「故乘天地之正者，即是順萬物之性也。御六氣之辯者，即是遊變化之途也。如斯以往，則何往而有窮哉？所遇斯乘，又將惡乎待哉？此乃至德之人，玄同彼我者之逍遙也。

「苟有待焉，則雖列子之輕妙，猶不能以無風而行。故必得其所待，然後逍遙耳。而況大鵬乎？

「夫唯與物冥而循大變者，爲能無待而常通。豈自通而已哉？又順有待者，使不失其所待。所待不失，則同於大通矣。

「故有待吾待，吾所不能齊也。至於各安其性，天機自張，受而不知，則吾所不能殊也。夫無待猶不足以殊有待，況有待者之巨細乎」？

「世說新語」所記，即此注文之簡化。此注文略分五段。首段言「自然」。主要觀念即在「天地以萬物爲體，而萬物必以自然爲正」兩語。「天地」是萬物之總說，萬物是天地之散說（分說）。「天地以萬物爲體」，「體」者內容也。除萬物外，別無所謂天地。此體非經由分解而立之本體之「體」。萬物之體即自然，即以自然爲性。此體亦非經由分解而立之本體之體。「萬物以自然爲正」者，即以自然爲性也。故郭注第二段云：「乘天地之正者，即是順萬物之性也」。「自然者不爲而自然者也。故大鵬之能高，斥鴳之能下，椿木之能長，朝菌之能短，凡此皆自然之所能，非爲之所能也」。即非有使之能如此也。「不爲而自能」，自然而如此，郭象於此而有「理有至分，物有定極」之說。「夫質小者，所資不待大，則質大者，所用不得小矣。故理有至分，物有定極。各足稱事，其濟一也。若乃失乎忘生之主，而營生於至當之外，事不任力，動不稱情，則雖垂天之翼，不能無窮，決起之飛，不能無困矣」。（逍遙遊：「且夫水之積也不厚，則其負大舟也無力」。一段注文）。有「至分」、「定極」之自然，故有「小大雖殊，逍遙一也」之說。各歸其至分，各任其定極，則性足分當，一切皆齊，而「自然」之義亦顯矣。「自然」之義顯，而境界形態之道、無、一、與自然，亦浮現，而不得不繫屬於主體中心而言之矣。郭注甚能把握此義，而莊子亦實未就客觀宇宙，施以積極之分解，而建立一「實有」式之本體也。此即吾前文所謂之「不着」。因爲「不着」，故郭象得以言「天地以萬物爲體，而萬物必以自然爲正」，有此直截了當之「當體觀」也。如此，則分解方式下，萬物背後之道與體，無與一，自不得不浮上來而繫屬於主體矣。

二段即自主體以言逍遙，即「至德之人，玄同彼我者之逍遙也」。「乘天地之正，即是順萬物之性」。無依無待。（王弼注「道法自然」云：「在方而法方，在圓而法圓，於自然無所違也」。亦是「順萬物之性」，而無依無待也）。「御六氣之辯，即是遊變化之途」。無執無着。

三、四兩段同前解。

五段是綜結。分別說，則有待無待不能齊也。然通過至人之逍遙，使有待者不失其所待，而同登逍遙之域，皆渾化於道術之中，則至人之無待亦無殊於芸芸者之有待。此爲一整個渾化之大無待。在此「大無待」中，「無待猶不足以殊有待，況有待者之巨細乎」？此亦可說整個是一「詭辭爲用」之一大詭辭所成之大無待。

逍遙遊：「小知不及大知，小年不及大年」。注云：「物各有性，性各有極。皆如年、知。豈跂尚之所及哉？自此以下，至於列子，歷舉年知之大小，各信其一方，未有足以相傾者也。然後統以無待之人，遺彼忘我，冥此羣異。異方同得，而我無功名。是故統小大者，無小無大者也。苟有乎大小，則雖大鵬之與斥鴳，宰官之與御風，同爲物累耳。齊死生者，無死無生者也。苟有乎死生，則雖大椿之與蟪蛄，彭祖之與朝菌，均於短折耳。故遊於無小無大者，無窮者也。冥乎不死不生者，無極者也。若夫逍遙而繫於有方，則雖放之使遊，而有所窮矣。未能無待也」。

案：此注甚美。以前所言，皆攝於此。此即一大詭辭所成之大無待。

第四節　向、郭之「迹冥」論

逍遙只是「玄同彼我，與物冥而循大變」。自然，無爲，皆非隔絕人世，獨立於高山之頂。「無爲而無不爲」總是道家之普遍原則。「無爲」是本，是冥。「無不爲」是末，是迹。本末、冥迹，並非截然之兩途。截然兩途，是抽象之分解。經由抽象之分解，顯無以爲體，顯有以爲用。無是本，有是迹。故迹冥亦曰迹本。亦曰「迹」與「所以迹」。是則兩者本是具體地圓融於一起。若停滯於抽象上，則無是頑空之死體，有是俗情之巧僞。無不成無，有非是有，則「無爲而化」亦不能說矣。「無爲」自然函着化迹，化迹由於無爲。若停滯於無爲，則不能成化。若停滯於化迹，則皆爲「物累」。化而無累，迹而無迹，則固是「玄同彼我，與物冥而循大變」者之妙用也。不獨道家本義如此，即一切聖人皆是如此。故荀粲說「六籍雖存，固聖人之糠粃」。而王弼亦曰：「聖人體無。無又不可以訓，故不說也」。此理，聖人不說，（作者之謂聖），而老莊說之。（述者之謂明）。說之以抉其迹而發其本，而終歸於迹本之圓融。故常藉堯舜仲尼以明迹之所以迹。渾忘一切，洒脫自在。透宗立極，而堯舜自在。是誠「其塵垢粃糠，將猶陶鑄堯舜」者也。表面雖似掊擊乎堯舜，而實則椎拍輐斷，抉其迹以明其冥也。莊生「未始藏其狂言」，而亦唯聖人始能接受其狂言。是故言之者無傷，而受之者莞爾。狂言與聖人相與爲一冥，則迹即冥，冥即迹，而迹冥圓矣。非眞推尊許由，而薄堯舜也。故郭注云：「夫莊子推平於天下，故每寄言以出意。乃毀仲尼、賤老聃，上掊擊乎三皇，下病痛其一身也」。（山木篇：「栗林虞人，以吾爲戮，吾所以不庭（逞）也。」注文）。向郭以「寄言出意」以明莊生之狂言，而顯迹本之圓融，可謂得之矣。

逍遙遊：「堯讓天下於許由」至「許由曰：子治天下，天下既已治矣」。郭注曰：「夫能令天下治，不治天下者也。故堯以不治治之，非治之而治者也。今許由方明既治，則無所代之。而治實由堯，故有子治之言。宜忘言以尋其所況。而或者遂云：治之而治者，堯也。不治而堯得以治者，許由也。斯失之遠矣。夫治之由乎不治，爲之出乎無爲也，取於堯而足。豈借之許由哉？若謂拱默乎山林之中，而後得稱無爲者，此莊老之談所以見棄於當塗，自必於有爲之域，而不反者，斯之由也」。

而成玄英疏云：「言堯治天下，久已昇平。四海八荒，盡皆淸謐。何勞讓我，過爲辭費？然觀莊文，則貶堯而推許，尋郭注，乃劣許而優堯者，何耶？欲明放勳大聖，仲武大賢。賢聖二途，相去遠矣。故堯負扆汾陽，而喪天下。許由不夷其俗，而獨立高山。圓照偏溺，斷可知矣。是以莊子援禪讓之迹，而有爝火之談。郭生察無待之心，更致不治之說。可謂探微索隱，了文合義。宜尋其指況，無所稍嫌也」。

郭注謂：「治之由乎不治，爲之出乎無爲，取於堯而足」。成疏謂：「堯負扆汾陽，而喪天下。許由不夷其俗，而獨立高山。圓照偏溺，斷可知矣」。是則假許由以明本，藉放勳以明圓。堯無心於天下，故隨時而可忘。許由亢然自足，故不越俎而代庖。故曰：

「子治天下，天下既已治也。而我猶代子！吾將爲名乎？名者實之賓也。吾將爲賓乎」？郭注云：「夫自任者對物，而順物者與物無對。故堯無對於天下，而許由與稷契爲匹矣。何以言其然耶？夫與物冥者，故羣物之所不能離也。是以無心玄應，唯感之從。汎乎若不繫之舟，東西之非已也。故無行而不與百姓共者，亦無往而不爲天下之君矣。以此爲君，若天之自高。實君之德也。若獨亢然立乎高山之頂，非夫人有情於自守，守一家之偏尙，何得專此？此故俗中之一物，而爲堯之外臣耳。若以外臣，代乎內主，斯有爲君之名，而無任君之實也」。此即示許由有對，而堯無對。獨立高山，雖顯無以爲本，而不能渾化，則滯無而成有。堯雖治天下，而「以不治治之」，則無心而成化，「窅然喪其天下」，則有無兩得，玄同而化，而亦不知其孰有孰無也。此即成疏所謂之「圓照」，許由未能至乎此也。故藉堯以明之。

「庖人雖不治庖，尸祝不越樽俎而代之矣」。郭注云：「庖人尸祝，各安其所司。鳥獸萬物各足於所受，帝堯許由各靜其所遇。此乃天下之至實也。各得其實，又何所爲乎哉？自得而已矣。故堯許之行雖異，其於逍遙一也」。

此下復藉肩吾與連叔之問答，以明「圓照」。

「藐姑射之山，有神人居焉。肌膚若冰雪，綽約若處子」。郭注云：「此皆寄言耳。夫神人，即今所謂聖人也。夫聖人雖在廟堂之上，然其心無異於山林之中。世豈識之哉？徒見其戴黃屋，佩玉璽，便謂足以纓紱其心矣。見其歷山川，同民事，便謂足以憔悴其神矣。豈知至至者之不虧哉？（陸德明釋文云：「至至者」本亦作「至足者」）。今言王德之人，（釋文云：「王德」本亦作「至德」。案作「至德」是）。而寄之此山。將明世所無由識，故乃託之於絕垠之外，而推之於視聽之表耳」。……

案此即假託神人以明「聖人之體無」。聖人不只是「迹」，亦有其「所以迹」。「雖在廟堂，無異山林」。雖在山林，不泯廟堂。迹不離冥，冥不失迹。此其所以為「圓照」。然世人徒蔽於其迹，而不能透其所以迹，故推開聖人之圓照，而假託之於世外之神人。所謂「託之於絕垠之外，而推之於視聽之表」也。

「不食五穀，吸風飲露」。郭注云：「俱食五穀，而獨爲神人。明神人者，非五穀所爲，而特稟自然之妙氣」。

「……吾以是狂而不信也」。郭注云：「夫體神居靈，而窮理極妙者，雖靜默閒堂之裏，而玄同四海之表。故乘兩儀而御六氣，同人羣而驅萬物。苟無物而不順，則浮雲斯乘矣。無形而不載，則飛龍斯御矣。遺身而自得，雖淡然而不待。坐忘行忘，忘而爲之。故行若曳枯木，止若聚死灰，是以云其神凝也。其神凝，則不凝者自得矣。世皆齊其所見而斷之，豈嘗信此哉」？

案莊子本是寄言出意。若其「荒唐之言，無端崖之辭」，不止於其荒唐，「藐姑射之山」不止於爲神話，則向、郭之注爲不虛矣。

「之人也，之德也，將旁礴萬物以爲一。世蘄乎亂，孰弊弊焉以天下爲事」？郭注云：「夫聖人之心極兩儀之至會，窮萬物之妙數，故能體化合變，無往不可。旁礴萬物，無物不然。世以亂故求我，我無心也。（案「世蘄乎亂」亦可意謂「世自祈乎治」。亂訓治）。我苟無心，亦何爲不應世哉？然則體玄而極妙者，其所以會通萬物之性，而陶鑄天下之化，以成堯舜之名者，常以不爲爲之耳。孰弊弊焉勞神苦思，以事爲事，然後能乎」？

案：「常以不爲爲之」，故能迹本圓。欲了道家之玄理，須順詭辭之路進。故以詭辭爲用，一切沾滯皆化矣。「弊弊焉以天下爲事」，則膠着於一邊，而以意必爲之，此莊子所謂「勞神明爲一，而不知其同也，謂之朝三」。（齊物論）。向、郭此注，可謂極玄談之能事。後來佛教方面，談般若者，亦不能離此型範。故其辭語，多相類似。自迹上言之，可謂取之於老莊，及魏晉之玄學家，然自理境言之，則凡至乎無執之圓教者，皆必以「詭辭爲用」也。

「……是其塵垢粃糠，將猶陶鑄堯舜者也。孰肯以物爲事」？郭注云：「堯舜者，世事之名耳。爲名者，非名也。故夫堯舜者，豈直堯舜而已哉？必有神人之實焉。今所稱堯舜者，徒名其塵垢粃糠耳」。

案：此明點迹之所以迹。「和光同塵」迹也。「體玄極妙」神也。唯聖人能一之。

「宋人資章甫」，至「窅然喪其天下焉」。郭注云：「夫堯之無用天下爲，亦猶越人之無所用章甫耳。然遺天下者，固天下之所宗。天下雖宗堯，而堯未嘗有天下也。故窅然喪之，而嘗遊心於絕冥之境。雖寄坐萬物之上，而未始不逍遙也。四子者，蓋寄言以明堯之不一於堯耳。夫堯實冥矣，其迹則堯也。自迹觀冥，內外異域，未足怪也。世徒見堯之爲堯，豈識其冥哉？故將求四子於海外，而據堯於所見。因謂與物同波者，失其所以逍遙也。然未知至遠之迹，順者更近。而至高之所，會者反下也。若乃厲然以獨高爲至，而不夷乎俗累，斯山谷之士，非無待者也。奚足以語至極，而遊無窮哉」？

案：此總解迹冥圓融。許由，藐姑射之山，以及此處之「往見四子」，皆是寄言以顯「本」。而此本正是堯之「實」，迹之所以迹。然人着於迹，而不知其冥，故「託於絕垠之外，而推之於視聽之表」以明之。然託「絕垠之外，視聽之表」以明之，正是抽象地明之。亦即道體之抽象觀。撥開具體之迹而單觀此玄冥（無）之體，即謂「抽象觀」。此抽象觀，唯顯一「純粹普遍性」，即冥體之自己。但此「冥體之自己」並不能空掛。空掛即爲死體。滯於冥，則冥即非冥而轉爲迹。是則冥亦迹。故冥之體必須轉於具體而不離迹，即冥體之無必會有。冥即在會中見。會而無執即爲冥，冥而照俗即爲迹。冥則成其無累之會，故體化合變，而遊無窮。迹則實其冥體之無，故冥非絕會，即在域中。遊無窮，則會而冥矣。會而冥，雖迹而無迹。即在域中，則冥而會矣。冥而會，雖冥而不冥。冥而不冥，則全冥在迹，而不淪於無。迹而無迹，則全迹在冥，而不淪於有。即迹即冥，非迹非冥，斯乃玄智之圓唱，聖心之極致。而非「獨高爲至」者之有對也。故「至遠之迹，順者更近。而至高之所，會者反下也」。「順者更近」，則冥體即在堯心。「會者反下」，則玄極不在域外。離迹言冥，是「出世」也。離冥言迹，是入世也。冥在迹中，迹在冥中，是「世出世」也。「世出世」者，即世即出世，即出世即世，亦非世非出世也。是謂雙遣二邊不離二邊之圓極中道也。此唯寄堯以明之。故儒聖之贊堯曰：「唯天爲大，唯堯則之。蕩蕩乎！民無能名焉」。此即其渾化之境，而不可以名言表之也。是故「夫堯實冥矣。其迹則堯也。自迹觀冥，內外異域」。又曰：「堯舜者，世事之名耳。爲名者，非名也」。自名觀非名，亦內外異域也。是以分解言之，可列爲三觀：

一、觀冥，此是抽象地單顯冥體之自己。此爲內域。（無）
二、觀迹，此是抽象地單視具體之散殊。此爲外域。（有）
三、觀迹冥圓，此爲具體之中道：冥體之普遍是具體之普遍，迹用之散殊是普遍之散殊，是全冥在迹，迹不徒迹，有冥體以融之。具體之普遍，是全迹在冥，冥不徒冥，有迹用以實之。（玄）

後來天台智者大師，根據佛教之三智三眼，開爲一心三觀，亦不能外此模型。

一、「從假入空，空慧相應，即能破見思惑，成一切智，智能得體，得眞體也」。此爲「慧眼」。是則「從假入空」，成「一切智」，成「慧眼」，即是抽象地單顯空如眞體之自己。單觀此，爲慧眼。總持地破假入空，即名「一切智」。此「一切智」是總持地說，故亦是抽象地說。

二、「從空入假，分別藥病，種種法門，即破無知，成道種智，智能得體，得俗體也」。此爲「法眼」。是則「從空入假」，成「道種智」，得「法眼」，即是抽象地單落於散殊之迹用上，單觀此，爲「法眼」。分別地知一切法門，即名「道種智」。此「道種智」是分別說，因而亦可說是具體地說。但與空慧隔絕，故亦成抽象的具體。抽象的具體，實只是「經驗的具體」也。

三、「雙遮二邊，爲入中方便，能破無明，成一切種智。智能得體，得中道體也」。此爲「佛眼」。是則「雙遮二邊」，成「一切種智」，得「佛眼」，即是具體之中道。此則不抽象地觀空，融空於假，融普遍於特殊，則空爲具體之空。不抽象地觀假，融假入空，融特殊於普遍，則假爲空化之假。空化之假，假非經驗的具體，乃「超越的具體」。旣分別又總持，旣總持又分別。其分別是總持的分別，（智慧的，非經驗的）。其總持是分別的總持，（直覺的，非概念的）。故爲「一切智」與「道種智」之融化，而爲「一切種智」也。此爲具體之普遍智，普遍之具體智。如此觀，則爲「佛眼」。佛眼佛智即聖心也。

曰：「佛眼達粗細色空，如二乘所見，名慧眼。達假名不謬，如菩薩所見，名法眼。於諸法中，皆見實相，名佛眼」。又曰：「佛智照空，如二乘所見，名一切智。佛智照假，如菩薩所見，名道種智。佛智照空假中，皆見實相，名一切種智」。（以上所引，皆見智者大師：「摩訶止觀」）。簡列如下：

一、從假入空→一切智→慧眼：二乘；抽象的普遍。（空）

二、從空入假→道種智→法眼：菩薩；抽象的特殊。（假）

三、雙遮二邊→一切種智→佛眼：佛；具體的普遍與普遍的具體。（中）

此爲由智心，以詭辭爲用，所必至之模型。在道家，即爲玄智之模型，在佛教，即爲般若之模型。在道家，莊子發之，所謂一大詭辭，一大無待，而向郭探微索隱，則發爲迹冥圓融之論。千哲同契，非謂誰取自誰也。若必謂佛家所獨有，莊子、向、郭，何能至此，則偏執之謬也。實則，若自中國之佛教言之，其發此「詭辭爲用」之般若模型，反在老、莊、向、郭之後也。而老、莊、向、郭早已具備此玄智之模型矣。夫以「詭辭爲用」所達之圓境，乃各聖心之共法也。圓教不惟自「詭辭爲用」顯，且可自「體性之綱維」顯。此在佛教，則從「佛性」一系入。在儒家，則從「心即理」入。而道家，則演至莊子之純境界形態，即全由「詭辭爲用」顯。故老莊者，實「詭辭爲用」之大宗也。

人徒知魏晉玄學爲吸收佛教之橋樑，而不知其互相契接者爲何事。吾今答曰，即以「詭辭爲用」契接其般若一系也。然佛教畢竟尚有其不同於道家者，則除般若一系外，復有「涅槃佛性」一系也。此則不可不知也。

第五節　向、郭之「天籟」義

「天籟」義即「自然」義。明一切自生、自在、自己如此，並無「生之」者，並無「使之如此」者。然此並非唯物論，亦非順科學而來之自然主義。是以仍須先知此「自然」是一境界，由渾化一切依待對待而至者。此自然方是眞正之自然，自己如此。絕對無待、圓滿具足、獨立而自化、逍遙而自在、是自然義。當體自足、如是如是，是自然義。唯物論中之物，自然主義中之自然，以及「自然界」中之自然現象，實皆是「他然」者。此其一。皆着於對象而爲言，心思轉於對象上而客觀地肯定之，墮於「對象之平鋪」而注意其機械運動與因果鍊子。此其二。於對象施以積極的經驗分解。此其三。雖皆在「他然」之鍊索中，而卻不承認有第一因，故無超越的分解。此其四。而道家之自然，尤其莊子所表現者，向郭所把握者，雖亦不經由超越的分解而客觀地肯定一第一因，然卻是從主體上提昇上來，而自渾化一切依待對待之鍊索而言「自然」。故此自然是一虛靈之境界。從主體說，是「與物冥而循大變」。自冥，一切冥。故從客觀方面說，是一觀照之境界，根本不着於對象上，亦不落於對象上施以積極之分解，故個個圓滿具足，獨體而化。此即爲絕對無待，亦即所謂自生、自在、自然。把超越分解所建立之絕對，翻上來繫屬於主體而爲渾化境界之絕對。故此境界絕對之自然即是逍遙，亦通「齊物」。齊物者即是平齊是非、善惡、美醜，以及一切依待、對待、而至之一切平平。一切平平，即是個個具足，無虧無欠，無剩無餘。故逍遙齊物，其旨一也。向、郭在「齊物論」注中所發之「天籟義」，實即「逍遙遊」注中之義也。

然向、郭注「逍遙遊」，大體皆恰當無誤，而注「齊物論」，則只能把握大旨，於原文各段之義理，則多不能相應，亦不能隨其發展恰當地予以解析。此其故即在：「逍遙遊」比較具體，藉具體故事以烘託，如大鵬、斥鴳、宋榮子、列子、許由、藐姑射之山，直至篇尾，俱是具體的烘託，故一旦知其「寄言出意」，以無待為準，即可通篇暢通，恰當相應。而「齊物論」雖亦芒忽恣縱，「猶河漢而無極」，而義理豐富，不似「逍遙遊」之單純，各段俱有其本身之義理，亦有其理論之發展，此為莊子書中最豐富、最具理論性之一篇，此非向、郭之學力所能及。而自「南郭子綦隱几而坐，仰天而噓」起，直至天籟止，從天外飛來，清機徐引。自「大知閑閑，小知閒閒」起，直至「其我獨芒、而人亦有不芒者乎」止，則低回慨嘆，對於現實人生最具「存在之悲感」。亦猶「天下篇」首段，對於「古人之大體」、「道術將為天下裂」之慨嘆，亦具存在之悲感。此種悲感意識亦向郭之所缺。全篇空靈透脫，無一敗筆。誠是「死與生與？天地並與？神明往與？芒乎何之？忽乎何適？萬物畢羅，莫足以歸」。此種神來之興，飄忽之筆，誠是「其理不竭，其來不蛻，芒乎昧乎，未之盡者」，亦非向郭所能至。因此，向郭之注「齊物」便不能如注「逍遙遊」之相應，而顯萎縮。不能隨其「宏大而辟，深閎而肆」，「調適而上遂」。而只能就其通於「逍遙遊」者而握其大旨。故不見「齊物論」之豐富，而只仍如「逍遙遊」之單純。此其所以只能為名士之玄理，而不能至老莊之大家。向郭之限度在此。可由此識其不足，而不可妄肆譏議也。至於「行薄」，則凡名士，在德性方面，大體俱庸俗。取其智悟足耳。關於莊子「齊物論」原文，須別講。向郭不能盡也。此處所述，單就向、郭所把握者而言。

「齊物論」：「夫吹萬不同，而使其自己也。」郭注云：「此天籟也。夫天籟者，豈復別有一物哉？即衆竅比竹之屬，接乎有生之類，會而共成一天耳。無既無矣，則不能生有。有之未生，又不能爲生。然則生生者誰哉？塊然而自生耳。自生耳，非我生也。我既不能生物，物亦不能生我，則我自然矣。自己而然，則謂之天然。天然耳，非爲也。故以天言之，所以明其自然也。豈蒼蒼之謂哉？而或者謂天籟役物使從己也。夫天且不能自有，況能有物哉？故天者萬物之總名耳。莫適爲天，誰主役物乎？故物各自生，而無所出焉。此天道也」。

成玄英疏云：「夫天者，萬物之總名，自然之別稱。豈蒼蒼之謂哉？故夫天籟者，豈別有一物耶？即比竹衆竅，接乎有生之類是爾。尋夫生生者誰乎？蓋無物也。故外不待乎物，內不資乎我，塊然而生，獨化者也。是以郭注云：自己而然，則謂之天然。故以天然言之者，所以明其自然也。而言吹萬不同。且風唯一體，竅則萬殊。雖復大小不同，而各稱所受，咸率自知。豈賴他哉？此天籟也。故知春生夏長，目視耳聽，近取諸身，遠託諸物，皆不知其所以，悉莫辨其所然。使其自己，當分各定，率性而動，不由心智。所謂亭之毒之，此天籟之大意者也」。

「咸其自取，怒者其誰耶？」郭注：「物皆自得之耳，誰主怒之使然哉？此重明天籟也。」

成疏云：「自取，由自得也。言風竅不同，形聲乃異。至於各自取足，未始不齊。而怒動爲聲，誰使之然也？欲明羣生亂紛，萬象參差，分內自取，未嘗不足。或飛或走，誰使其然？故知鼓之怒之，莫知其宰。此則重明天籟之義者也」

案：此兩注兩疏皆不出逍遙遊注中之旨。謂「天籟」即自然，並非「別有一物」曰天籟，此亦不誤。蓋「人籟比竹是已，地籟衆竅是已」，皆有物可指，而當子游問及天籟，則子綦卻並無可指以示之，只說：「夫吹萬不同，而使其自己也，咸其自取，怒者其誰耶」？此只以疑問語句暗示之。此即示：天籟並非一物，只是一「意義」，一「境界」。此意義，此境界，即就「吹萬不同」之自己、自取、而暗示之，故即「自然」也。「自己而然，謂之天然」。背後並無一怒（努）發之者使之如此。「而使其自己也」之「自己」亦作「自已」。兩解皆通，於大旨不生影響。此句本不十分條暢圓足。如無進一步校刊訓詁上之新發見，則連貫下兩句而觀之，其意義亦顯豁可見。如作「自己」解，意即「吹萬不同，而使其成爲自己如此如此者，皆自取如此如此也。並無一努發之者使之如此也」。如作「自已」解，則較複雜，「自已」即「自止」。已，止也。意即「吹萬不同，而使其自息者，皆自取也。意即或起或止，皆其自取，並無一怒發之者使之起或止」。此解稍差，不如前解直接而順。故作「自己」爲是。郭注成疏俱作自己解。（後解亦通，亦儘有其長處）。無論「自己」或「自已」，貫而通之，皆示「自然」義。天籟即就此「自然」而說，故是一「意義」，一「境界」，而郭注亦說：「即衆竅比竹之屬，接乎有生之類，會而共成一天耳」。「會而共成一天」，即個個圓滿具足，自己而然。天融解於萬物之自然，而並非獨立之一物。故「逍遙遊」注云：「天地者萬物之總名也」。而此注亦云：「天者萬物之總名也」。天或天地被拆掉，即就萬物之自然而言天，此即天籟耳。下即申明此天籟之自然直接所函之意義，即自生、自在，而化除因果方式下之他生、他在、與他然。吾人必須先知此自生、自在、乃是繫於主體之境界，即「自己無待，一切無待，自己平齊，一切平齊」之境界。不可落於因果方式下，追求自生自在究如何而可能。即不可當作一客觀問題而辯論之。如當作一客觀問題而辯論之，則即歧出，立見自生自在之有問題，而亦遠離郭注自「無待」而言之「個個具足」之境界。

然郭注云：「無既無矣，則不能生有。有之未生，又不能爲生」。此兩句實表現爲一辯論之方式，故亦易引人當作一客觀問題而辯論之。茲暫歧出，落於第二義，當作一客觀問題而辯論之，看有若何之歸結出現。

一、首先此足使吾人落於因果方式下，即使吾人意識膠着於生與被生之因果問題上。如此，則直接見出「無既無矣，不能生有」與老子「天下萬物生於有，有生於無」，「無名天地之始，有名萬物之母」之「無生有」，或「由無出有」之觀念相衝突。而老子根據「無爲而無不爲」，亦實可言「無生有」，「有自無出」。蓋無非死體，非頑空，乃一無限之妙用，其生有乃必然者。而郭注「無既無矣，則不能生有」，此即將無視作一單純之無，抽象而空名之無。此則未免於着。然窺其意似不如此之衝突。分解言之，即可說「無生有」。自主體之渾化境界言，則即無所謂「無生有」。故吾以「動觀則有，靜觀則無」解之。（有者有此「無生有」之義，無者無此義也）。而郭注之言「無既無矣，則不能生有」，是在「靜觀則無」之方式下說之。其初意只是將分解方式下置於萬物背後之「無」，翻上來，而自主體之渾化境界上以言之，故只剩一自足無待義。自足無待即自生、自在之自然也。此主體境界之自然即是「無」之境界，「一」之境界，「獨化」之境界，亦即是「與物冥而循大變」、「玄同彼我」之境界。故此自然、無、一，並非是靜態之死寂，乃是「與物冥而循大變」，皆當體如是如是之順應而化。即靜即動，即獨即化，即寂即照，即冥即會，故循變即恆常，遷流即無待。即無即有，非無非有之渾一境界也。並非單滯一邊，只將分解之無翻上來而已也。實將老子所分解以示之諸義，一起由芒忽恣縱之「詭辭爲用」而渾圓之耳。渾圓之以顯自生自在之獨化，故排除「無生有」之因果方式也。而「無既無矣，則不能生有」，實只爲顯此義之一「滯辭」耳。而若作客觀問題以辨之，則滯中之滯也。是以當通其初義而活之。

二、若膠着於生與被生之因果問題上，則亦可有龍樹中論之「總無生」義，「生不可解」義。中論云：「諸法不自生，亦不自他生，不共不無因，是故總無生」。凡說「生」不外四可能：一、自生。二、他生。三、「自他共」生。四、無因生。但這四可能無一而可能。既是一物，何能自生？如是通常皆說他生。但他自他，我自我，他如何能生我？既不自生，亦不他生，自他合起來當然還是不能生。然則無因而生乎？世間甯有無因而生者？（郭象之自生、自在、自然，不是屬於此「「無因而生」一可能）。既非無因而生，自當歸於有因。然有因生，又不外上三可能，而上三可能，又無一而可能。是故總無生。此言「總無生」、是示「生」一概念不可理解。佛家言「緣起」，不是吾人通常所想的積極意義，即，其本身不表示一個理性的因果性概念，因而亦不表示一物藉之可以理解者。緣生正表示「一物之生」之不可理解，然卻因衆緣和合，而宛然呈現。目的在說如幻如化，當體即空。故緣起即性空也。說有，不可解。說無，宛然現。以緣起明之，正示其無有自性也。所以如此，正因其根是「無明」。緣起之根是無明，即表示並無一積極的理性根據。既無積極的理性根據，則緣起自身自非一理性概念。（此只就「中論」說是如此。如依講如來藏緣起者，如「起信論」，則較複雜。一心開爲二門，生滅依無明，亦憑依不生滅之眞心。是則生滅緣起亦有正面之根據。但此正面之根據卻與通常想者不同，並不能使緣起成爲一理性之概念）。故生總不可理解，總無生也。（即性空宛現）。但此並非老、莊義，自亦非向、郭之注莊意。故「無旣無矣，則不能生有，有之未生，又不能爲生」，並不可落於中論之「無生」義以解之。佛教有一套分解工作，老、莊與向、郭之注莊，對於萬物並無一套分解工作也。

三、若依休謨之狹隘的經驗主義之立場，生與被生之因果性亦可被破除。此自非郭注意。

四、若依理性主義之立場，由經驗上之因果關係而至充足理由，由充足理由而至第一因，則自可予因果性概念以超越之根據。此是經由一超越分解而至者。但老、莊與向、郭之注，皆無此超越之分解。（老子之言「無生有」，亦並非此種積極的超越分解，見上第二節）。故郭注之意亦非透過此超越分解之否定而言自然、自生、與自在。但若經由一超越分解而建立因果性，再自主體上之玄同彼我而渾化之，平靜之，則自生自在之境界仍可說。故無論有無此種超越之分解，對於郭注之意皆不生影響。但「中論」之分解，（緣起觀之分解），與休謨之分解，卻與郭注之意不相融。

經由以上四義之考慮，郭注之意乃純經由「詭辭爲用」而至之境界，不可歧出，落於第二義上，當作一客觀問題而辨之，明矣。故「無既無矣，則不能生有」云云，實只是顯境界義之自生自在之「滯辭」。吾人須活觀以通其意。若順其滯而滯之，須經過以上種種之考慮，而透出，而重反其初意。

如此方不失郭注之玄理。

「齊物論」：「天下莫大於秋毫之末，而太山爲小。莫壽於殤子，而彭祖爲夭。天地與我並生，而萬物與我爲一」。郭注云：「夫以形相對，則太山大於秋毫也。若各據其性分，物冥其極，則形大未爲有餘，形小不爲不足。足於其性，則秋毫不獨小其小，而太山不獨大其大矣。若以性足爲大，則天下之足未有過於秋毫也。其性足者爲大，則雖太山亦可稱小矣。故曰：天下莫大於秋毫之末，而太山爲小。太山爲小，則天下無大矣。秋毫爲大，則天下無小也。無小無大，無壽無夭，是以蟪蛄不羨大椿，而欣然自得，斥鴳不貴天池，而榮願以足。苟足於天然，而安其性命，故雖天地未足爲壽，而與我並生，萬物未足爲異，而與我同得，則天地之生又何不並，萬物之得又何不一哉」？

案：此不出「玄同彼我，與物冥而循大變」之旨。

「長梧子曰：是黃帝之所聽熒也，而丘也何足以知之？且女亦大早計，見卵而求時夜，見彈而求鴞炙」！郭注：「夫物有自然，理有至極。循而直往，則冥然自合。非所言也。故言之者孟浪，而聞之者聽熒。雖復黃帝，猶不能使萬物無懷，而聽熒至竟。故聖人付當於塵垢之外，而玄合乎視聽之表。照之以天，而不逆計，放之自爾，而不推明也。今瞿鵲子方聞孟浪之言，而便以爲妙道之行，斯亦無異見卵而責司晨之功，見彈而求鴞炙之實也。夫不能安時處順，而探變求化，當生而慮死，執是以辯非，皆逆計之徒也」。

案成玄英疏「「聽熒」句云：「聽熒，疑惑不明之貌也。夫至道深玄，非名言而可究。雖復三皇五帝，乃是聖人，而詮辯至理，不盡其妙，聽熒至竟，疑惑不明。我是何人，猶能曉了」！據此，成玄英根據陸德明釋文，以丘爲長梧子之自稱。實則不然，兪樾已明其非。此丘即孔子也。前文「聞諸夫子」，夫子亦指孔子言。故兪樾曰：「瞿鵲子必七十子之後人。所稱聞之夫子，謂聞之孔子也」。聞諸孔子云云。孔子以此義「爲孟浪之言，而我以爲妙道之行。吾子以爲奚若」？故有長梧子之此答。曰：「是黃帝之所聽熒也」。意即「此黃帝之所疑惑不明者，汝與丘又何足以知之」？汝師孔子「以爲孟浪之言」固非，即汝「以爲妙道之行」亦非。其非即在逆計而空想耳。何曾眞知？眞知者不言，言之者皆妄耳。故郭注云：「循而直往，則冥然而合。非所言也」。又云：「故聖人付當於塵垢之外，而玄合乎視聽之表。照之以天，而不逆計，放之自爾，而不推明也」。此皆極當。惟中間「言之者孟浪，聞之者聽熒」諸句，則不貼切，意亦不顯明。

「衆人役役，聖人愚芚，參萬歲而一成純」。郭注：「純者不雜者也。夫舉萬歲而參其變，而衆人謂之雜矣。故役役然勞形怵心，而去彼就此。唯大聖無執，故芚然直往，而與變化爲一。一變化而常遊於獨者也。故雖參糅億載，千殊萬異，道行之而成，則古今一成也。物謂之而然，則萬物一然也。無物不然，無時不成，斯可謂純也」。

案：此注亦佳。玄旨皆同。

「罔兩問景曰」至「惡識所以然，惡識所以不然」。郭注：「世或謂罔兩待景，景待形，形待造物者。請問夫造物者有耶無耶？無也，則胡能造物哉？有也，則不足以物衆形。故明衆形之自物，而後始可與言造物耳。是以涉有物之域，雖復罔兩，未有不獨化於玄冥者也。故造物者無主，而物各自造。物各自造，而無所待焉，此天地之正也。故彼我相因，形景俱生。雖復玄合，而非待也。明斯理也，將使萬物，各反所宗於體中，而不待乎外。外無所謝，而內無所矜。是以誘然皆生，而不知所以生。同焉皆得，而不知所以得也。今罔兩之因景，猶云俱生，而非待也。則萬物雖聚而共成乎天，而皆歷然莫不獨見矣。故罔兩非景之所制，而景非形之所使，形非無之所化也。則化與不化，然與不然，從人之與由己，莫不自爾。吾安識其所以哉？故任而不助，則本末內外，暢然俱得，泯然無迹。若乃責此近因，而忘其自爾，宗物於外，喪主於內，而愛尚生矣。雖欲推而齊之，然其所尚已存乎胸中，何夷之得有哉」？

案：此注可謂爲逍遙義與天籟義之綜括。渾化有待無待而至絕對之無待，此之謂自爾、獨化。罔兩責景「無特操」。景曰：「吾有待而然者耶？吾所待，又有待而然者耶？吾待蛇蚹蜩翼耶？（「待」字衍）。惡識所以然，惡識所以不然」！此搖曳之筆即將有待無待之別，知與不知之辨，一切渾化而至一絕對之無待。故郭注以自爾，獨化明之，信不誤也。在依待方式下，景待形，形待造物，此超越之造物主之所以立也。若拆穿此依待之方式，則個個自爾，相忘而獨化，此即爲天籟。「故明衆形之自物，而後始可與言造物耳」。此即將超越之造物翻上來而消掉矣。消掉者，消融於玄冥之中，而即就自爾獨化以言造物也。故云「造物者無主，而物各自造」。此無主、自造、自爾、獨化之境，即主體境界形態下之道、無、自然、與一也。（寓言篇：「予蜩甲也，蛇蛻也。似之而非也」。可證此處「吾待蛇蚹蜩翼耶」句中之「待」字衍。）

不獨有待無待如此渾化，即有無之分解對待，亦如此渾化。「齊物論」曰：「有始也者，有未始有始也者，有未始有夫未始有始也者。有有也者，有無也者，有未始有無也者，有未始有夫未始有無也者。俄而有、無矣，而未知有、無之果孰有孰無也。今我則已有謂矣，而未知吾所謂之其果有謂乎？其果無謂乎」？有始、無始，有有、有無，俱是分解的追溯。雖溯而至於其極，究是辨解之執。莊子不取此路，故收於主體上而一起渾化之。「俄而有、無矣，而未知有、無之果孰有孰無也」，即將辨解追溯中之有無之滯，（抽象的有無），渾化之而至一具體之無。此無是超然之玄冥之無，無相亦無。有謂無謂，亦復如是。故云：「无謂有謂，有謂无謂，而遊乎塵垢之外」。是即越乎有謂无謂而至絕對無言之玄冥。玄冥即遊也。故郭注云：「與物冥而循大變」。遊亦即獨化也，故皆獨化於玄冥之中。

「庚桑楚」篇：「有乎生，有乎死，有乎出，有乎入。入出而無見其形，是謂天門。天門者，無有也。萬物出乎無有。有不能以有爲有，必出乎無有。而無有一無有，聖人藏乎是。古之人，其知有所至矣。惡乎至？有以爲未始有物者，至矣盡矣，弗可以加矣。其次以爲有物矣。將以生爲喪也，以死爲反也。是以分已。其次曰：始无有。既而有生，生俄而死。以无有爲首，以生爲體，以死爲尻。孰知有無死生之一守者，吾與之爲友」。此與「齊物論」「俄而有、無矣，而未知有、無之果孰有孰無也」同。「而無有一無有，聖人藏乎是」，尤具玄義。吾舉此以明莊生之玄旨，並明郭注之不謬也。

第六節　向、郭之「養生」義

「養生主」篇：「吾生也有涯，而知也無涯」。郭注：「夫舉重攜輕，而神氣自若，此力之所限也。而尙名好勝者，雖復絕膂，猶未足以慊其願。此知之無涯也。故知之爲名，生於失當，而滅於冥極。冥極者，任其至分，而無毫銖之加。是故雖負萬鈞，苟當其所能，則忽然不知重之在身。雖應萬機，泯然不覺事之在己。此養生之主也」。

「以有涯隨無涯，殆已」。郭注：「以有限之生，尋無極之知，安得而不困哉」？

「已而爲知者，殆而已矣」。郭注：「已困於知，而不知止，又爲知以救之，斯養而傷之者，眞大殆也」。

「爲善無近名，爲惡無近刑」。郭注：「忘善惡而居中，任萬物之自爲。悶然與至當爲一，故刑名遠己，而全理在身也」。

「緣督以爲經」。郭注：「順中以爲常也」。人身督脈曰中脈，故以中訓督。

「可以保身，可以全生，可以養親，可以盡年」。郭注：「苟得中而冥度，則事事無不可也。夫養生非求過分，蓋全理盡年而已矣」。

案：莊子言養生，即從生有涯，知無涯說起。「知」是用來作此問題的一個一般關節，它有代表性與概括性，不只限於知之本身，而知之本身亦當然是一重要關節。從其爲一般關節言，知是表示離其自在具足之性分而陷於無限的追逐中。故郭注云：「知之爲名，生於失當，而滅於冥極」。失當，則離其自性，此所以有知之名。是「知之爲名」即代表一離其自性之無限追逐。凡陷於無限追逐而牽引支離其性者，皆可爲知所概括。聲、色、名、利、仁、義、聖、智，皆可牽引成一無限之追逐，而學與知本身當然亦是其中之一項。此可總之曰生命之紛馳，意念之造作，意見之繳繞，與知識之葛藤。此皆所謂離其自性之失當，亦即皆傷生害性者也。故養生之主，亦即在「心」上作致虛守靜之工夫，而將此一切無限追逐消化滅除，而重歸於其自己之具足，此即所謂「滅於冥極」也。冥極者，滅除一切追逐依待而玄冥於其性分之極也。此即通於逍遙、齊物、自爾、獨化之境矣。若用於「有涯之生」，則性分之極即是「所稟之分各有極也」。（郭注語）。冥於此極，即是不「歧出而失當」。故冥極即表示一虛靜渾化之工夫。所稟之分，雖各有極，（有涯），而通過此「冥極」之工夫，則具足無待，自爾獨化，雖有涯而無涯矣。（此「無涯」非「知無涯」之「無涯」）。亦即雖有涯而取得一「永恆而無限」之意義，「絕對而無待」之意義。故能「天地與我並生，而萬物與我爲一」。即玄冥即逍遙，即逍遙即獨化。此即謂「全生」。故郭注云：「夫養生非求過分，蓋全理盡年而已矣」。「全理盡年」非是直接落於「有涯之生」上，展轉於糗糧醪醴之中以全之盡之。如此，則正是順世外道之自然主義。此固非老莊之旨，亦非向郭之意也。蓋其「全理盡年」，正是由冥極而滅失當，消除其無限之追逐，而回歸於自在具足之境，此是由極深之虛靜工夫而至者。若不通過此虛靜冥極之工夫，而直接陷落於「有涯之生」上，內在於「有涯之生」之種種固有傾向而言之，則正是不能自在具足者，因而必是落於依待追逐中，而正不能全理盡年也。焉得有所謂「自爾獨化」之境乎？故「生於失當，滅於冥極」，其義深矣。非如庸俗之安分守己，吃點喝點，以適口腹之欲者之當分也。若如此解，則焉得有所謂玄理玄智者乎？

養生既在滅「無限追逐」之失當，則其在「心」上有一極深之虛靜工夫、甚顯。此工夫正代表一逆提逆覺之精神生活，此即所謂「逆之則成仙成道」也。（用於儒家，則爲「逆之則成聖成賢」。用於佛教，則亦須逆之以成佛。皆然。）道家，工夫自心上作，而在性上得收穫。無論是「不離於宗」之天人，或不離於精，不離於眞之至人、神人，皆是從心上作致虛守靜之工夫。故老子云：絕聖棄智，絕仁棄義，絕學無憂，蓋正因此聖智、仁義、學與知，皆可牽引人而至無限之追逐。從此作虛靜渾化之玄冥工夫，始至天人、至人、神人之境，而養生之義亦攝於其中矣。此爲道家養生之本義。至於落在自然生命上，通過修煉之工夫，而至長生、成仙，則是順道家而來之「道教」，已落於第二義。當然此第二義亦必通於第一義。然原始道家卻並不自此第二義上着眼。嵇康之「養生論」卻正是自此第二義上着眼。而向、郭之注莊，卻是自第一義上着眼。

嵇康「養生論」云：「世或有謂神仙可以學得，不死可以力致者。或云：上壽百二十，古今所同。過此以往，莫非妖妄者。此皆兩失其情。請試粗論之。

「夫神仙雖不目見，然記籍所載，前史所傳，較而論之，其有必矣。似特受異氣，稟之自然。非積學所能致也。至於導養得理，以盡性命，上獲千餘歲，下可數百年，可有之耳。而世皆不精，故莫能得之」。

案此開宗明義，首明神仙實有，惟「似特受異氣，非積學所能致」。此遮「神仙可學得，不死可力致」之說。神仙雖不可學得，並非修養即無效。亦猶聖人雖不必人人能至，不必道德實踐全無謂。故云：「至於導養得理，以盡性命，上獲千餘歲，下可數百年，可有之耳」。此即謂導養延年是可能者。此遮「上壽百二十，古今所同。過此以往，莫非妖妄」之說。遮彼兩極端，基此中道以論養生。下即言服藥有效，以及人之無恆、縱情，遂至無成。此乃導養不得理，非服藥養生延年不可能也。

最後結之曰：「善養生者，則不然矣。清虛靜泰，少私寡欲。知名位之傷德，故忽而不營。非欲，而強禁也。識厚味之害性，故棄而弗顧。非貪，而後抑也。外物以累心不存，神氣以醇白獨著。曠然無憂患，寂然無思慮。又守之以一，養之以和。和理日濟，同乎大順。然後蒸以靈芝，潤以醴泉，晞以朝陽，綏以五絃。無爲自得，體妙心玄。忘歡而後樂足，遺生而後身存。若此以往，恕（當爲庶）可與羨門比壽，王喬爭年。何爲其無有哉」？（案此文見「文選」及「藝文類聚」七十五，「全三國文」卷四十八）。

此最後之結語，即表示雖從第二義入手，而通於第一義。「清虛靜泰，少私寡欲」，即第一義也。此蓋爲養生之必要條件。然後再進至第二義之充足條件，始可得延年益壽。此論並無不是。稍識道家義者，亦必不至有異辭。何可難之有？然嵇康有此「養生論」，而向秀卻正好又有「難嵇叔夜養生論」。（嚴輯「全晉文」，卷七十二）。辭意鄙俗，全非道家之立場，尤不類注莊之思想。此甚可怪。其辭有曰：

「若夫節哀樂、和喜怒，適飲食，調寒暑，亦古人之所修也。至於絕五穀，去滋味，窒情欲，抑富貴，則未之敢許也。何以言之？

「夫人受形於造化，與萬物並存，有生之最靈者也。異於草木，……殊於鳥獸。……有動以接物，有智以自輔。……若閉而默之，則與無智同。何貴於有智哉？有生則有情，稱情則自然。若絕而外之，則與無生同。何貴乎有生哉？（案此全非道家義，亦非注莊義）。且夫嗜欲，好榮惡辱，好逸惡勞，皆生於自然。（案此全非注莊之「自然」）。夫天地之大德曰生，聖人之大寶曰位。崇高莫大於富貴。富貴、天地之情也。……此皆先王所重，關之自然。不得相外。……或覩富貴之過，因懼而背之，是猶見食之有噎，因終身不餐耳。（案此全非注莊之義理）。……夫人含五行而生，口思五味，目思五色，感而思室，饑而求食，自然之理也。但當節之以禮耳。今五色雖陳，目不敢視，五味雖存，口不得嘗，以言爭而獲勝則可，焉有勺藥爲荼蓼，西施爲嫫母，忽而不欲哉？（案此純俗情，與道家義及其注莊毫無關係）。苟心識可欲而不得從，性氣困於防閑，情志鬱而不通，而言養之以和，未之聞也。（案此若非白癡語，即裝癡語。若眞稍識老莊，焉得謂「未之聞也」）。……若性命以巧拙爲長短，則聖人窮理盡性，宜享遐期。而堯舜禹湯文武周孔，上獲百年，下者七十，豈復疏於導養耶？顧天命有限，非物所加耳。且生之爲樂，以恩愛相接。天理人倫，燕婉娛心，榮華悅志。服饗滋味，以宣五情。納御聲色，以達性氣。此天理之自然，人之所宜，三王所不易也。今若舍聖軌而恃區種，離親棄懽，約己苦心，欲積塵露以望山海，恐此功在身後，實不可冀也。從令勤求，少有所獲，則顧影尸居，與木石爲隣，所謂不病而自炙，無憂而自默，無喪而蔬食，無罪而自幽，追虛徼幸，功不答勞。以此養生，未聞其宜。故相如曰：必若長生而不死，雖濟萬世，猶不足以喜。言背情失性，而不本天理也。長生猶且無懽，況以短生守之耶」？

案：此種順世外道，反動放縱之論，焉得謂爲稍有學養者？如果今之郭注眞是竊自向秀，則不得以此文定向秀。此文必有委曲。此非吾所能考。如果以此文定向秀，則向秀決不能有如郭注之注莊，或非注莊時之向秀。若以齊一論之，則只有兩可能：或者未注莊，或者未作此文。但人之思想有發展，人之表示意見亦常有特殊之機緣與心理。如是亦可有第三可能，即：向秀既可注莊，亦可作此

文。即此中函有思想發展中成熟不成熟之問題。亦函有在特殊之機緣與心理下而作之之問題。晉書卷四十九「向秀傳」：「又與康論養生，辭難往復，蓋欲發康高致也」。此「發康高致」四字甚有意思。此或是故作俗論以發康之高致。總之，若眞是「向郭二莊，其義一也」，則當以注莊爲主，決不可以此文定向秀。此吾所可斷言者。而或者以其莊注牽合此文之思想，則吾未見其當。

茲再歸於郭注「知之爲名，生於失當，滅於冥極」之義而言之。

「人間世」篇云：「且若亦知夫德之所蕩，而知之所爲出乎哉？德蕩乎名，知出乎爭。名也者相札（軋）也。知也者爭之器也。二者凶器，非所以盡行也」。可見名與知非善事。故郭象於此注云：「夫名知者，世之所用也。而名起則相札，知用則爭興。故遺名知，而後行可盡也」。「遺名知」，即是滅名知於冥極。知生於失當，名亦生於失當。皆歧出也。歧出而相札以名，則反而蕩其德。歧出而相爭以知，則反而傷其生。故必「遺名知」而化之於玄冥之境，而後德可葆，而生可全。故最後孔子告顏回以「心齋」，「一宅而寓於不得已，則幾矣」。繼言：「絕迹易，無形地難」。「聞以有翼飛者矣，未聞以無翼飛者也。聞以有知知者矣，未聞以無知知者也」。此即提出不飛之飛，無知之知。有知之知皆歧出之失當，皆在無限追逐中表現：順官覺經驗而牽引，順概念思辨而馳騖，在主客對待之關係中而撐架。「滅於冥極」者，即以玄冥而滅此牽引，滅此馳騖，滅此對待關係之撐架，而歸於「無知之知」。「無知之知」即「無知而無不知」。根本是一個止，而即止即照。止是無知，照是無不知。故接上「無知知」而言：「瞻彼闋者，虛室生白，吉祥止止。夫且不止，是之謂坐馳。夫徇耳目內通，而外於心知，鬼神將來舍，而況人乎？是萬物之化也，禹舜之所紐也，伏戲几蘧之所行終，而況散焉者乎」？

郭象於此注曰：「夫使耳目閉而自然得者，心知之用外矣。故將任性直通，無往不冥，尚無幽昧之責，而況人間之累乎」？（此注「耳目內通」等四句）。又曰：「言物無貴賤，未有不由心知耳目以自通者也。故世之所謂知者，豈欲知而知哉？所謂見者，豈爲見而見哉？若夫知見可以欲而爲得者，則欲賢可以得賢，爲聖可以得聖乎？固不可矣。而世不知知之自知，因欲爲知以知之，不見見之自見，因欲爲見以見之，不知生之自生，又將爲生以生之。故見目而求離朱之明，見耳而責師曠之聰。故心神奔馳於內，耳目竭喪於外，處身不適，而與物不冥矣。不冥矣，而能合乎人間之變，應乎世世之節者，未之有也」。

案：此注在「況散焉者」下，實非注該四句，乃總括上來一大段而綜注其大意，而歸於「無知之知」。「未有不由心知耳目以自通」，卻非順心知耳目追逐以自通，而乃「滅於冥極」以內通。「徇耳目內通，而外於心知」，即停止意必固我之造作，（此皆造作之心知之用），而使耳目不順刺激以外用。耳目之內通，即是郭注所謂耳目之「自見」。「自見」者，非「爲見以見之」。「爲見以見之」，即是有心知之造作。有心知之造作，則耳目即不能內通，而「竭喪於外」矣。但是心知亦有其自然之明。順其「自然之明」而冥之，則心知之知即是「自知」。「自知」者，非「爲知以知之」。爲知以知之，即是以心知之造作而使之知。「使之知」，則心知之明亦不能內通而自知，而落於追逐之外知，此所謂「心神奔馳於內」也。推而廣之，則生亦是「自生」。「自生」者，非「爲生以生之」。爲生以生之，則亦是心知之造作，而一切皆不自然矣。故知、自知，見、自見，生、自生，即是一切皆內通而不殉於外也。此之謂「吉祥止止」，亦即冥極也。冥極，則「知、自知」即是無知而無不知，「見、自見」即是無見而無不見，「生、自生」即是無生而無不生。無知之知，無「知相」也。無見之見，無「見相」也。無生之生，無「生相」也。何謂知相？主客對待關係之撐架，即「知相」也。何謂「見相」？有見與被見，即「見相」也。何謂「生相」？有生與被生，即「生相」也。無此諸相，則一切「自爾」。見目不求離朱之明，則目之明「無成與虧」，而目明圓矣。見耳不求師曠之聰，則耳之聰「無成與虧」，而耳聰圓矣。見心不求聖智之明，則心之明「無成與虧」，而心明圓矣。故「齊物論」云：「有成與虧，故昭氏之鼓琴也。無成與虧，故昭氏之不鼓琴也」。此之謂玄冥。故郭注之自見，自知，自生，實是一大詭辭所至之「至止」，無悖於莊生之玄旨也。

「人間世」：「福輕乎羽，莫之知載」。郭注：「足能行而放之，手能執而任之；聽耳之所聞，視目之所見；知止其所不知，能止其所不能；用其自用，爲其自爲：恣其性內，而無纖介於分外，此無爲之至易也。無爲而性命不全者，未之有也。性命全而非福者，理未聞也。故夫福者即向之所謂全耳。非假物也。豈有寄鴻毛之重哉？率性而動，動不過分，天下之至易者也。舉其自舉，載其自載，天下之至輕者也。然知以無涯傷性，心以欲惡蕩眞，故乃釋此無爲之至易，而行彼有爲之至難，棄夫自舉之至輕，而取夫載彼之至重，此世之常患也」。

案：此注亦甚美，綜括養生全性之大意。此純從第一義上言，有一毫類乎「難養生論」者乎？放之，任之，即是任足之「行其自行」，任手之「執其自執」。「聽耳之所聞」即是任耳之「聽其自聽」。「視目之所見」即是任目之「視其自視」。「知止其所不知」即是任知之「知其自知」。「能止其所不能」即是任能之「能其自能」。推之，「用其自用，爲其自爲」，皆然。此即上文之自知，自見，自生，一切皆「自爾」。亦即此注所謂「恣其性內，而無纖介於分外，此無爲之至易也」。「至易」亦猶易經之言「簡易」，皆非直接反應之平擺，不可掉之以輕心。皆是經過一對於追逐之否定，所謂「滅於冥極」，而顯出者。無有一毫心知之造作，牽引歧出而假於物。一歧出而假於物，則所假者雖至輕如羽毛，亦至重而至難。此非養生全性之至福也。故至福無假，即是至易至輕。此非比較中者。故「至易」無易相，「至輕」無輕相，而唯是一「全」。「行其自行」，則行全，「視其自視」，則視全。「行全」無行相，「視全」無視相。此即謂「以無翼飛」，「以無知知」。易所謂「不疾而速，不行而全」也。一念歧出，則「禍重乎地」。所謂「知以無涯傷性，心以欲惡蕩眞」也。此皆落於假物之追逐中，「弱喪而不知歸者也」，「溺之於所爲之不可使復之也」。（皆「齊物論」語）。故「釋此無爲之至易，而行彼有爲之至難，棄夫自舉之至輕，而取夫載彼之至重，此世之常患也」。亦即「人之生也，固若是其芒乎」？（齊物論）。滅芒歸全，即是「率性而動」。此「率性」是道家義，非儒家義。讀者知之。

「大宗師」：「知天之所爲，知人之所爲者，至矣。知天之所爲者，天而生也」。郭注：「天者，自然之謂也。夫爲爲者不能爲，而爲自爲耳。爲知者不能知，而知自知耳。自知耳，不知也。不知也，則知出於不知矣。自爲耳，不爲也。不爲也，則爲出於不爲矣。爲出於不爲，故以不爲爲主。知出於不知，故以不知爲宗。是故眞人遺知而知，不爲而爲。自然而生，坐忘而得。故知稱絕，而爲名去也」。

案：此注與前「人間世」兩段注意全同。「爲爲」，「爲知」，即前所謂「欲知而知」，「爲見而見」。意即以心知之造作，有意去知之，有意去見之。此即歧出而落於追逐。故有意爲之，「不能爲」。滅此「有意爲」之歧出，而歸於「冥極」，則「爲，自爲耳」。此即前注「用其自用，爲其自爲」，「舉其自舉，載其自載」之意也。「自知耳」亦同。「爲其自爲」，即是「不爲爲之」。故「不爲也，則爲出於不爲矣」。「知其自知」亦同。「不爲爲之」，無「爲」相。「不知知之」，無「知」相。無「爲」相，則「爲名去」，無「知」相，則「知稱絕」。此解「知天之所爲者，天而生也」。

「大宗師」：「知人之所爲者，以其知之所知，以養其知之所不知。終其天年，而不中道夭者，是知之盛也」。郭注云：「人之生也，形雖七尺，而五常必具。故雖區區之身，乃舉天地以奉之。故天地萬物，凡所有者，不可一日而相無也。一物不具，則生者無由得生。一理不至，則天年無緣得終。然身之所有者，知或不知也。理之所存者，爲或不爲也。故知之所知者寡，而身之所有者衆。爲之所爲者少，而理之所存者博。在上者莫能器之而求其備焉。人之所知不必同，而所爲不敢異。異則僞成矣。僞成而眞不喪者，未之有也。或好知而不倦，以困其百體。所好不過一枝，而舉根俱弊。斯以其所知而害所不知也。若夫知之盛也，知人之所爲者有分，故任而不强也。知人之所知者有極，故用而不蕩也。故所知不以無涯自困，則一體之中，知與不知闇相與會，而俱全矣。斯以其所知養所不知者也」。

案：「知天之所爲者，天而生也」。「知人之所爲者」，則知「生有涯，知無涯，以有涯隨無涯殆已」。故泯無涯之追求，而歸於「知之自知」，則歧出之疲命自困可以止矣。人之所知所爲，本屬有限。知其有限而不强不蕩，即不牽引歧出而落於無涯之追逐。不落於無涯之追逐，而歸於「知其自知，爲其自爲」，則雖與有涯之生同其有涯，卻亦同歸於玄冥之「自爾」，而無不知，無不爲。如是，則自知無知相，自爲無爲相，而知與爲俱全矣。知爲俱全，則雖有限，而取得無限之意義。而吾有涯之生亦可得養而全矣。全則亦無限也。此之謂「眞人」。（大宗師篇之眞人）。亦即所謂「以其知之所知，以養其知之所不知」也。而郭注亦云：「所知不以無涯自困，則一體之中，知與不知闇相與會，而俱全矣」。此言可謂至恰而美矣，無餘蘊矣。以所知養所不知，即以有限之知滲透於「所不知」，而知與不知一矣。反之，所不知亦反而養所知，而全部「所不知」滲透於知之所知，而不知與知亦一矣。此之謂「闇相與會，而俱全也」。而吾人之常患，則總想以心知之造作，抽離其心知，「欲知而知之，爲見而見之」，期欲以無涯之追逐，窮盡一切「所不知」。殊不知愈追愈遠，「所不知」永不能盡。此之謂「心神奔馳於內，耳目竭喪於外」也。而此注亦云：「所好不過一枝，而舉根俱弊」也。吾曾總謂之爲「生命之離其自己」。一切追逐之學問皆是「生命之離其自己」。此老子所謂「爲學日益」也。而「生命之在其自己」，則歸於自爾獨化，老子所謂「爲道日損」也。「損之又損，以至於無爲」，則「一體之中，知與不知闇相與會」矣。

以上分別言「知天之所爲，知人之所爲」。能如此知，固已至矣。然而莊子飄忽之筆，固不止此。故下文又泯此知而渾化之，無一相可着也。故云：「雖然有患。（注：雖知盛，未若遺知任天之無患也）。夫知有所待而後當。（注：夫知者未能無可無不可，故必有待也。若乃任天而生者，則遇物而當也）。其所待者，特未定也。庸詎知吾所謂天之非人乎？所謂人之非天乎」？天待人而顯，人待天而見。即知天之所爲，知人之所爲，亦「「有所待而後當」。「其所待者，特未定也」。焉知天之非人乎？人之非天乎？天人相與爲一冥，天即人，人即天也。天即人，天而非天也。人即天，人而非人也。「知稱絕，爲名去」，則人而天也。天者自然之謂也，則天而人矣。此之謂「闇相與會，而俱全也」。

「大宗師」：「子桑戶，孟子反，子琴張，三人相與友曰：孰能相與於無相與，相爲於無相爲」？注云：「夫體天地冥變化者，雖手足異任，五藏殊官，未嘗相與，而百節同和。斯相與於無相與也。未嘗相爲，而表裏俱濟。斯相爲於無相爲也。若乃役其心志，以卹手足，運其股肱，以營五藏，則相營愈篤，而外內愈困矣。故以天下爲一體者，無愛爲於其間也」。此即「魚相忘於江湖，人相忘於道術」。相忘即是「相與於無相與，相爲於無相爲」。此爲橫的「闇相與會」。而「知與不知闇相與會」，則爲縱的也。成玄英疏該注云：「……知之所知者，謂目知於色，即以色爲所知也。知之所不知者，謂目能知色，不能知聲，即以聲爲所不知也」。此疏知與不知，非。又云：「既而目爲手足而視，腳爲耳鼻而行，雖復無心相爲，而濟彼之功成矣」。此疏「知與不知，闇相與會」，亦非。審之可知。談「養生義」止於此。

第七節 向、郭之「天刑」義

德充符：「魯有兀者叔山无趾，踵見仲尼。仲尼曰：子不謹，前既犯患若是矣。雖今來，何及矣？無趾曰：吾唯不知務，而輕用吾身。吾是以亡足。今吾來也，猶有尊足者在。吾是以務全之也。夫天無不覆，地無不載。吾以夫子爲天地，安知夫子之猶若是也？孔子曰：丘則陋矣。夫子胡不入乎？請講以所聞。無趾出。孔子曰：弟子勉之！夫無趾兀者也，猶務學，以復補前行之惡。而況全德之人乎？無趾語老聃曰：孔丘之於至人，其未耶？彼何賓賓以學子爲？（賓賓猶頻頻）。彼且蘄以諔詭幻怪之名聞！不知至人之以是爲己桎梏耶」？

郭注云：「夫無心者，人學亦學。然古之學者爲己，今之學者爲人。其弊也，遂至乎爲人之所爲矣。夫師人以自得者，率其常然也。舍己効人，而逐物於外者，求乎非常之名者也。夫非常之名，乃常之所生。故學者，非爲幻怪也。幻怪之生，必由於學。禮者非爲華藻也，而華藻之興，必由於禮。斯必然之理，至人之所無奈何。故以爲己之桎梏也」。

「老聃曰：胡不直使彼以死生爲一條，以可不可爲一貫者，解其桎梏，其可乎」？

注云：「欲以直理冥之，冀其無跡」。

「無趾曰：天刑之，安可解」？

注云：「今仲尼非不冥也。顧自然之理，行則影從，言則響隨。夫順物，則名跡斯立，而順物者非爲名也。非爲名，則至矣，而終不免乎名。則孰能解之哉？故名者影響也。影響者，形聲之桎梏也。明斯理也，則名跡可遺。名跡可遺，則尚彼可絕。尚彼可絕，則性命可全矣」。

案：此兩注甚精。「德充符」者，「德充於內，應物於外。外內玄合，信若符命。」（郭注語）。「德充於內」之德，可直就道家之「德」言。「孔德之容，唯道是從」。德是道之內容的表示，道是德之外延的表示。能將道體而有之，即謂之德。體道而爲德，即所謂「德充於內」也。德充於內，如眞是具體之德，具體之充，則必「應物於外」。不「應物於外」者，則德是抽象之德，充亦是抽象之充。抽象之德，是隔離地單言「德之自己」，單顯德之「在其自身」。抽象之充，是只抽象地言此德爲吾人之體，此亦只是充之在其自身。充之在其自身實不是具體之充。非具體之充，故亦非眞能「德充於內」也。眞能「德充於內」者，則德爲具體之德，而充始眞爲具體之充也。具體之德，則德必起用。具體之充，則充必應物。充必應物，則「名跡斯立」。德必起用，則德不虛懸。然則起用應物者，是具體之德，具體之充，所必然不可免，而亦理上必應如此者。自「德充於內」言，則謂之「冥」。自「應物於外」言，則謂之「迹」。情尙於冥者，則以迹爲己之桎梏。故必絕迹而孤冥。然絕迹而孤冥，則非其至者也。既非大成渾化之境，而冥亦非眞冥也。非眞冥者，孤懸之冥也，猶執着於冥也。此猶佛教小乘之怖畏生死而欣趣涅槃也。然欣趣涅槃，即非眞涅槃。唯佛始眞涅槃。而佛之涅槃即不涅槃。佛之涅槃與不涅槃，皆是方便，而其本身即無所謂涅槃不涅槃也。此之謂渾化之大冥。大冥者，冥即迹，迹即冥，迹冥如一也。迹冥如一，則迹之桎梏不可免。桎梏不可免，則謂之天刑。「不可解」之謂天刑。知「天刑」，則情尙於冥者，即消化此冥，而亦不以桎梏爲桎梏也。安焉受之而已矣。此孔子所以自稱爲「天之戮民也」。（大宗師）。佛教菩薩「留惑潤生」亦復如是。同體大悲，不捨衆生，則惑即不惑也。涅槃即不涅槃也。天刑安可解哉？郭注即以此境說聖人。莊子假託兀者與老聃之問答，寄此境於仲尼。表面觀之，爲貶視，而實則天地氣象之孔子實眞能持載一切也。孔子自居爲「戮民」，以一身受天刑，持載天下之桎梏而應物，豈眞無本而徒逐物者乎？若眞以莊生之言爲譏貶孔子者，則誠愚陋之心也哉！夫莊生能言天刑、戮民，則其狂言誠非情尚於冥之邊見小成也。彼於「人間世」，假託顏回與孔子以明至理，其崇敬孔子可知。「德充符」，假託兀者與老聃之問答，以烘托「惟聖人爲能受狂言」。復於「大宗師」，假託子貢與孔子之問答，以明孔子爲「天之戮民」。則其心境之通透與蒼涼居可知矣。其視孔子爲「大智若愚」，「大方無隅」，亦居可知矣。亦猶「逍遙遊」言「堯讓天下於許由」，非眞崇尙許由者也。凡此寄言出意之秘密藏，竟爲向郭所掘發，則所謂「發明奇趣，振起玄風」者，誠有以夫。故王弼曰：「聖人體無者也」。而郭象此注即曰：「今仲尼非不冥也」。前注「逍遙遊」亦云：「夫堯實冥矣，其迹則堯也」。此皆明以大成圓教寄之於堯與孔子。然則孔子稱堯舜，與儒門稱孔子，固有其正面之稱道，而莊生之稱道則出之以「正言若反」也。而其所以「正言若反」者，則因其智甚通透，而又不能直承仁體以言應物也。（又不能如佛教之言大悲以潤生）。此其所以有桎梏、天刑、戮民、等詭辭所示之蒼涼悲感之境也。（蒼涼悲感是智者型之無可奈何。通透圓境矣，卻是消極意義之通透。而居宗體極者之承悲心仁體以言圓，則卻是積極的。故莊子書中有天刑、戮民等字樣，而儒門中無此字樣也。佛門中亦無此字樣也。此哲人型之老莊之所以異於聖人型之釋迦與孔子也）。

大宗師：「莫然有間，而子桑戶死。未葬，孔子聞之，使子貢往侍事焉。或編曲，或鼓琴，相和而歌。曰：嗟來桑戶乎！嗟乎桑戶乎！而已反其眞，而我猶爲人猗」！

郭注：「人哭亦哭，俗內之跡也。齊生死，忘哀樂，臨尸能歌，方外之至也」。

「子貢趨而進曰：敢問臨尸而歌，禮乎？二人相視而笑，曰：是惡知禮意！」

郭注：「夫知禮意者，必遊外以經內，守母以存子，稱情而直往也。若乃矜乎名聲，牽乎形制，則孝不任情，慈不任實，父子兄弟，懷情相欺，豈禮之大意哉」？

「子貢反，以告孔子曰：彼何人者耶？修行無有，而外其形骸。臨尸而歌，顏色不變。無以命之，彼何人者耶？孔子曰：彼遊方之外者也，而丘遊方之內者也」。

郭注：「夫理有至極，外內相冥。未有極遊外之致，而不冥於內者也。未有能冥於內，而不遊於外者也。故聖人常遊外以宏內，無心以順有。故雖終日揮形，而神氣無變，俯仰萬機，而淡然自若。夫見形而不及神者，天下之常累也。是故覩其與羣物並行，則莫能謂之遺物而離人矣。覩其體化而應務，則莫能謂之坐忘而自得矣。豈直謂聖人不然哉？乃必謂至理之無此！是故莊子將明流統之所宗，以釋天下之可悟。若直就稱仲尼之如此，或者將據所見以排之。故超聖人之內迹，而寄方外於數子。宜忘其所寄，以尋述作之大意。則夫遊外宏內之道，坦然自明。而莊子之書，故是涉俗蓋世之談矣」。

「外內不相及，而丘使汝往弔之，丘則陋矣。彼方且與造物者爲人，（人、相人偶之人，偶也，友也），而遊乎天地之一氣。彼以生爲附贅縣疣，以死爲決疣潰癰。夫若然者，又惡知死生先後之所在？假於異物，託於同體。忘其肝膽，遺其耳目。反覆終始，不知端倪。芒然彷徨乎塵垢之外，逍遙乎無爲之業。彼又惡能憒憒然，爲世俗之禮，以觀衆人之耳目哉？子貢曰：然則夫子何方之依？孔子曰：丘，天之戮民也」。

郭注：「以方內爲桎梏，明所貴在方外也。夫遊外者依內，離人者合俗。故有天下者，無以天下爲也。是以遺物而後能入羣，坐忘而後能應務。愈遺之，愈得之。苟居斯極，則雖欲釋之，而理固自來。斯乃天人之所不赦者也」。

案：莊子假孔子之言以明「方外」之旨，並述孔子自稱爲「天之戮民」，爲「遊方之內者」。則孔子之內外通透，而無沾滯，甚明。「外內不相及，而丘使汝往弔之，丘則陋矣」。坦然自稱爲陋，則「唯聖人爲能受狂言」，亦甚明。能自認陋，則即不陋。能自認爲「遊方之內」，則即能體無而通於方之外。然則在孔子，外內豈眞不相及哉？故郭注云：「仲尼非不冥也」。又云：「未有極遊外之致，而不冥於內者也。未有能冥於內，而不遊於外者也。故聖人常遊外以宏內，無心以順有」。冥者玄合也。外內相與爲一冥，豈有限隔哉？限隔者，皆偏執之情也。此眞爲對立而不相及矣。然則對立而以爲不相及者，在許由，在方外之數子（子桑戶、孟子反、子琴張等），而不在堯與孔子也。莊子假許由與方外之數子以顯本，而本之無固已體之於堯與孔子，故即假託堯與孔子以明大成之圓境。此義也，爲向、郭所掘發而盛闡之。故「理有至極，外內相冥」。外內固不應限隔，而停於偏執之階段。外內相冥，即迹冥如一。此至極之理所必應如此，固不在孔子不孔子也。至極之理，即大成圓教也。

外內相冥，則「遊外以宏內，無心以順有」。「終日言而未嘗言」。「以無心意而現行」，「不動等覺而建立諸法」。（僧肇「般若無知論」所引佛經語）。終日言未嘗言，則無迹也。老子云：「善行無轍迹」。「遊外以宏內」，不無也。「無心以順有」，不有也。不有不無，則雖迹而無迹，雖冥而不冥。此至人之至極也。然「絕迹易，無行地難」。（「人間世」孔子語）。順有宏內，則不能「無行地」。無迹，言其無執之心境。而「行則影從，言則響隨」，則又不能無「名迹」。內觀無迹，外觀有迹。「故學者，非爲幻怪也，幻怪之生必由於學。禮者非爲華藻也，而華藻之興必由於禮」。此至人之所無可奈何，乃必然有之桎梏。此孔子之所以自居爲「天之戮民」，而兀者叔山無趾之所以謂爲「天刑」也。「遺物而後能入羣，坐忘而後能應務。愈遺之愈得之。苟居斯極，則雖欲釋之，而理固自來。斯乃天人之所不赦者也」。故曰天刑，又曰天之戮民。實則不是「遺物而後能入羣」，當推進一步說，眞正而具體之遺物必入羣，眞正而具體之坐忘必應物。必入羣，必應務，是眞「雖欲釋之，而理固自來」，斯眞乃天人之所不赦者也。儒者謂爲承體起用，開物成務，乃充實飽滿之教，而莊生則謂爲「天刑」。是則一切聖人皆是「天之戮民」，皆直接承當此天刑而不捨者也。此亦即大乘佛教所以必發展至「如來藏緣起」之密義也。

（案：大乘空宗，惟是一般地言緣起性空，以般若照空爲主。唯識宗則將一切法統攝於業識之流，而言賴耶緣起。此爲經驗之識心。轉識成智，則證圓成實之眞如。「大乘起信論」以及楞伽、勝鬘等經，則言如來藏自性清淨心。此於經驗識心外，點出超越之眞心。如來者，如是體，來是用。如來者乘如而來，自亦可乘如而去。來去自如，謂之如來。自如而言，謂之體，謂之冥，謂之自性清淨，不生不滅。自來而言，則謂之用，謂之迹，謂之過恆沙不思議佛法功德。此即迹冥如一，體無而必起用。有空如來藏，有不空如來藏。離無明妄染，謂之空如來藏。具無量不思議佛法功德，謂之不空如來藏。如來眞心，因無明風動而有妄染生滅，妄染生滅亦憑依如來藏而起。此所謂「如來藏緣起」也。亦「起信論」所言一心開二門也。即生滅與不生滅之二門。「勝鬘夫人經」謂「有二法難可了知：謂自性清淨心難可了知。彼心爲煩惱所染，亦難可了知」。此中確極深微嚴肅，須能明徹。如來眞心「若離若脫若異一切煩惱藏」，則名「空如來藏」。空如來藏呈現即具「過於恆沙不脫不異不思議佛法」，則謂「不空如來藏」。自此「不空如來藏」言，亦得曰「如來藏緣起」。惟此緣起是無漏功德，乃眞體現眞心後所自生之不思議佛法功德。非妄染緣起也。然既曰緣起，既曰不思議佛法功德，則即不能無生滅之迹。蓋此皆屬於用，屬於事也。而乘如而來，則生滅即不生滅，用即體，事即理，皆有永恆之意義。此即謂有聲有色之牟尼大法身：色心不二，智如不二，非灰身滅智之小乘涅槃也。一切生滅法統依於如來眞心，則一旦翻上來，即一切法皆佛法。此亦大成圓教之境也。然既有聲色，機感衆生，非爲幻怪，而幻怪必由乎此，非爲華藻，而華藻必由乎此。彼無量不思議佛法功德實亦即「行則影從，言則響隨」。自莊生觀之，皆天刑之桎梏也。「有一衆生不成佛，我誓不成佛」。則佛之成佛必以無量衆生爲內容。全佛是衆生，全體衆生入於佛。此亦可說「心佛與衆生，無二亦無別」。如此，則佛亦必然是「天之戮民」也，與孔子無以異。豈有高蹈空掛之佛哉）？

第八節　向、郭之「四門示相」義

應帝王：「鄭有神巫曰季咸，知人之死生存亡，禍福壽夭，期以歲月旬日，若神。鄭人見之，皆棄而走。列子見之而心醉。歸以告壺子，曰：始吾以夫子之道爲至矣。則又有至焉者矣。壺子曰：吾與汝既其文，未既其實。而固得道與？衆雌而無雄，而又奚卵焉？而以道與世亢，必信。夫故使人得而相汝。嘗試與來，以予示之。明日，列子與之見壺子。出而謂列子曰：嘻！子之先生死矣，弗活矣！不以旬數矣！吾見怪焉！見濕灰焉！列子入，泣涕沾襟，以告壺子。壺子曰：鄉吾示之以地文，萌乎不震不正」。（俞樾曰：『列子黃帝篇作「罪乎不誫不止」。當從之。「罪」讀爲「𦋺」。說文山部作𡸣，云「山貌」，是也。「誫」即「震」之異文。「不誫不止」者，不動不止也。故以「罪乎」形容之。言與山同也。今「罪」誤作「萌」，「止」誤作「正」，失其義矣。據「釋文」，則崔本作「不誫不止」，與列子同，可據以訂正』。）

郭注：「萌然不動，亦不自正。（案此兩句，當據俞說訂正）。與枯木同其不華，濕灰均於寂魄。此乃至人無感之時也。夫至人，其動也天，其靜也地，其行也水流，其止也淵默。淵默之與水流，天行之與地止，其於不爲而自爲，一也。今季咸見其尸居而坐忘，即謂之將死。覩其神動而天隨，因謂之有生。誠應不以心，而理自玄符。與變化升降，而以世爲量。然後足爲物主，而順時無極。故非相者所測耳。此應帝王之大意也」。

成疏：「文，象也。震，動也。地以無心而寧靜，故以不動爲地文也。萌然寂泊，曾不震動。無心自正，文類傾頹。此是大聖無感之時，小巫謂之弗活也。而壺丘示見，義有四重：第一示，妙本虛凝，寂而不動。第二示，垂迹應感，動而不寂。第三，本迹相即，動寂一時。第四，本迹兩忘，動寂雙遣。此則第一，妙本虛凝，寂而不動也」。

「是殆見吾杜德機也」。

郭注：「德機不發曰杜」。

成疏：「杜，塞也。機，動也。至德之機，開而不發。示其凝淡，便謂濕灰。」

案：以上莊子謂爲「杜德機」。郭注謂爲「至人無感之時」。成玄英則以佛家四門列之，謂爲

「第一，妙本虛凝，寂而不動」。

「嘗又與來。明日，又與之見壺子。出而謂列子曰：幸矣！子之先生遇我也！有瘳矣！全然有生矣！吾見其杜權矣。（郭注：「權，機也。今乃自覺昨日之所見，見其杜權，故謂之將死也」）。列子入，以告壺子。壺子曰：鄉吾示之以天壤。（注：「天壤之中，覆載之功見矣。比之地文，不猶卵乎？此應感之容也」。）名實不入，而機發於踵。是殆見吾善者機也」。（陶光注「列子」，以爲「善者機」當爲「善道機」。「者」乃「道」之誤）。

郭注：「機發而善於彼，彼乃見之」。

成疏：「示其善機，應此兩儀。季咸見此形容，所以謂之爲善，全然有生，則是見善之謂也」。

成疏「全然有生矣」句云：「此即第二，垂迹應感，動而不寂。示以應容，神氣微動。既殊槁木，全似生平。而濫以聖功，用爲己力。謬言遇我，幸矣，有瘳矣」。

案：以上莊子謂爲「善道機」。郭注謂爲「應感之容」。成疏則謂「第二，垂迹應感，動而不寂」。

「嘗又與來。明日，又與之見壺子。出而謂列子曰：子之先生不齋。吾無得而相焉！試齋，且復相之」。

成疏：「此是第三示，本迹相即，動寂一時。夫至人德滿智圓，虛心凝照。本迹無別，動靜不殊。其道深玄，豈小巫能測耶」？

「列子入以告壺子。壺子曰：吾鄉示之以太冲莫勝。（郭注：「居太冲之極，浩然泊心，而玄同萬方，故勝負莫得措其間也」）。是殆見吾衡氣機也」。

郭注：「無往不平，混然一之。以管窺天者，莫見其涯。故似不齊」。

成疏：「衡，平也。即迹即本，無優無劣。神氣平等，以此應機。小巫近見，不能遠測。心中迷亂，所以請齋耳」。

案：以上莊子謂爲「衡氣機」。郭注謂爲「無往不平，混然一之」。而成疏則謂爲「第三，本迹相即，動寂一時」。

「嘗又與來。明日，又與之見壺子。立未定，自失而走」。

成疏：「季咸前後，虞度來相。未呈玄遠，猶有近見。今者第四，其道極深。本迹兩忘，動寂雙遣。聖心行虛，非凡所測。遂使立未安定，奔逸而走也」。

「壺子曰：追之。列子追之，不及。反以報壺子曰：已滅矣。已失矣。吾弗及已！壺子曰：鄉吾示之以未始出吾宗。（郭注：「雖變化無常，而常深根冥極也」）。吾與之虛而委蛇，不知其誰何。因以爲弟靡，因以爲波流。故逃也」。（釋文：「波流，崔本作波隨」。王念孫云：「作波隨者，是也」。隨，古音徒禾反。波隨疊韵。與靡（摩）、何、蛇爲韵）。

郭注：「變化頹靡，世事波流（流亦當爲隨），無往而不因也。夫至人一耳。然應世變而時動，故相者無所措其目，自失而走。此明應帝王者無方也」。

案：以上莊子謂爲「未始出吾宗」。以「虛而委蛇，不知其誰何。因以爲弟靡，因以爲波隨」明之。此誠「芴漠無形，變化無常。死與生與？天地並與？神明往與？芒乎何之？忽乎何適？萬物畢羅，莫足以歸」。故季咸「無所措其目，自失而走」。此純爲「不離於宗」之天人渾化境界，動寂之相俱泯也。故成疏謂爲「第四，本迹兩忘，動寂雙遣」也。

總結，壺子以四門示相：

一、示之以地文：杜德機：妙本虛凝，寂而不動。無門。

二、示之以天壤：善道機：垂迹應感，動而不寂。有門。

三、示之以太冲莫勝：衡氣機：本迹相即，動寂一時。亦有亦無門。

四、示之以未始出吾宗：「波隨機」：本迹兩忘，動寂雙遣。非有非無門。

四門訣固出於佛教。成玄英處於佛教鼎盛之後，故隨手拈來，左右逢源。向、郭之時，猶未能意識及此也。然而其意俱備，而莊子本以四義示相。理之所在，固應如此。非比附也。四門亦可縮爲三觀。（見前第四節）。玄理自爾，亦非比附也。

圓教可自兩方面說：一、自玄智之詭辭爲用說，不滯一邊，動寂雙遣，自爾渾化，一時頓圓。二、自超越心體含攝一切說，一毀一切毀，一成一切成，無餘無欠，一時頓圓。前者老莊玄智，本自具有。在佛教，則爲般若破執，冥照實相。玄智，般若智，固相類也。在儒家，則不自智入，而自仁體之感通神化說，故無許多詭辭，而亦平實如如也。後者，在道家，超越心體似不顯。道家不經由超越分解以立此體。惟是自虛靜工夫上，損之又損，以至無爲。無爲而無不爲，則進而自詭辭爲用以玄同彼我。「上與造物者遊，下與外生死無終始者爲友」。（天下篇）。以至「天地與我並生，萬物與我爲一」。（齊物論）。「既已爲一矣，且得有言乎」？進而一相亦無。無餘無欠，而至圓頓之教。

此亦是超越之心境，而唯是自境界言，並不立一實體性之超越心體。在佛教，則立一超越之心體，此即如來藏自性清淨心，乃至涅槃佛性，統攝一切法，天台宗所謂一念三千，一心具十法界，一淨一切淨，一切法俱是佛法，唯是一乘，無二無三。華嚴宗所謂「稱法本教，非是逐機末教」。此與般若冥智，一體一用，冥合爲一。禪宗所謂「即心是佛」，是如是體，「無心爲道」，是智是用。智如不二，色心不二。無心外之法，無心外之理（空理，如理）。心佛衆生，無二無別。此天台華嚴所說之圓頓之教也。在儒家，則亦有超越之心體，仁體。心即理，心外無理。「萬物皆備於我矣。反身而誠，樂莫大焉」。乾坤知能，即是人之良知良能。「寂然不動，感而遂通」。無內無外，唯是一寂感之體。「仁者渾然與物同體」，無餘無欠。「萬物森然於方寸之中，滿心而發，充塞宇宙，無非斯理」。心性天道，無二無別。此儒者之大成圓頓之教也。

在佛家，超越心體與般若智冥合爲一，在儒家，超越心體亦與仁之感通實踐冥合爲一。故「肫肫其仁，淵淵其淵，浩浩其天」。盡心即知性，知性即知天。「自誠明，謂之性」。即本體便是工夫。「自明誠，謂之教」。即工夫便是本體。如此，似與道家不立超越心體，無大差異。立與不立，似亦無甚關係。然而不然。立一超越之心體，始眞可言圓頓之教，爲圓頓之教立一客觀而嚴整之可能性，立一超越而形式之可能性。至於具體而眞實之可能性，主觀之可能性，則視乎根器，故理上人人皆可成聖，人人皆可成佛，一乘究竟，並非三乘究竟。根器利者，立地成佛。根器鈍者，「雖愚必明，雖柔必強」。及其成功一也。「其次致曲，曲能有誠。誠則形，形則著。著則明，明則動。動則變，變則化。唯天下之至誠爲能化」。亦與「唯天下之至誠爲能盡性，以至參天地贊化育」同其功化。（當然上智下愚不移，亦無可奈何。但理想不斷，並非宿命）。但不立超越心體者，則圓頓唯是自詭辭爲用之境界說，便無客觀而嚴整之標準，圓頓便不免於虛晃，而亦易流於枯萎。詭辭爲用之境界之圓頓，雖可到處應用，然無超越而客觀之根據以提挈之，則便無客觀之充實飽滿性。此只有主觀性原則，而無客觀性原則，故易流於虛晃與偏枯也。超越實體是客觀性原則，仁之感通實踐是主觀性原則。（般若智亦是主觀性原則）。主客觀性統一，方是眞實之圓頓。此天台宗之所以列大乘空宗爲通教，華嚴宗之所以列之爲大乘始教也。亦道家之所以教味不重，剛拔不足之故也。於天刑、戮民之詞，亦可以見矣。此固甚美，究非至極。

第七章　魏晉名理正名

第一節　魏初名理之緣起

吾旣將劉劭「人物志」予以系統的解析，又將王、韓、向、郭之玄學予以條擧簡別。玆再進而論此兩系之「正名」問題。

「人物志」之內容是品鑒才性，開出人格上之美學原理與藝術境界。其目的固在實用，即在知人用人。然就其內容而觀之，似與先秦名家之形名學完全無關。然隋史經籍志則將其列入子部名家。此甚可怪。疑之於心，久不能決。遂發生魏晉思想之正名問題。本文想予以徹底之疏通。略有以下之問題須待解決：

1. 先秦名家究如何規定？其談形名、名實之形名學究如何規定？
2. 「人物志」列入名家，其理由何在？有無本質之意義？
3. 魏初順「人物志」下來而談才性者名曰談「名理」。此爲「名理」一詞之初現。因此普通將魏晉思想分爲兩派：一爲名理派。一爲玄論派。復有分爲三派：一爲名理，二爲玄論，三爲曠達。玆捨曠達（竹林七賢）不論，名理玄論之分，有無嚴格之意義？「名理」一詞是否能嚴格地單屬於談才性者？玄論派之所談是否亦得稱名理

4. 如果統得稱名理，則此廣義之名理，其意義究如何規定？與先秦之形名、名實究如何區別？

本文環繞以上之四問題而措思，並欲對於魏晉之思想形態或心靈形態之函義，予以充分展露。

隋史經籍志卷三十四子部名家類列有以下四種：

1. 鄧析子一卷。（析、鄭大夫）。
2. 尹文子二卷。（尹文、周之處士，遊齊稷下）。
3. 士操一卷。（魏文帝撰）。
4. 人物志三卷。（劉劭撰）。

在魏文帝（曹丕）撰「士操」項下，並注明梁有：

1. 「刑聲論」一卷。亡。（撰者不明）。

在劉劭撰「人物志」三卷項下，並注明梁有：

2. 「士緯新書」一卷。姚信撰。又
3. 「姚氏新書」二卷。與「士緯」相似。（當亦姚信撰）。
4. 「九州人士論」一卷。魏司空盧毓撰。
5. 「通古人論」一卷。亡。（撰者不明）。

以上共九種，二十二卷。與「廣弘明集」所載梁阮孝緒「七錄」名家類著錄者相合。在修隋史時，所言梁有某某者，並皆亡失。是則劉劭「人物志」之入名家，至少在梁代即然。

姚信乃吳選部尙書。而「士緯」現存佚文，如論及人性、物性，稱有淸高之士、平議之士，品評孟子、延陵、楊雄、馬援、陳仲舉（蕃）、李元禮（膺）、孔文舉（融），則固品題人物之作。「意林」引有一條曰：「孔文舉金性太多，木性不足。背陰向陽，雄倬孤立」。（見湯用彤先生「魏晉玄學論稿」）。

至於盧毓，則「魏志」二十二「盧毓傳」：「毓於人及選舉，先舉性行，而後言才。黃門李豐嘗以問毓。毓曰：才所以爲善也。故大才成大善，小才成小善。今稱之有才而不能爲善，是才不中器也。豐等服其言。」是則盧毓亦注意人之才性。其作「九州人士論」，蓋亦廣論天下之人物者。

至「通古人論」，觀其書名，可知亦爲論人者。曹丕「士操」，則當是討論士之情操或操行以見人品者。由其典論論文觀之，曹丕固亦有鑒識之慧。惟「形聲論」（刑形通用）一卷，其內容不明，不便意測。惟既列入名家，當非小學中之形聲問題。

由此觀之，以上除先秦古籍二種外，其餘魏初七種，大抵與「人物志」爲同類，皆是品評人物者。而自梁代起，即皆列入名家，而爲「形名學」。然與先秦名家之函義迥然不相屬。惟於先秦，列鄧析子、尹文子，而無惠施、公孫龍。先秦名家自爲一形態。魏初名家則專品評人物，自屬另一形態。此類書籍，自屬子部。若以漢書藝文志之分類爲標準，試想當該列入何家？司馬談論六家要旨，班固藝文志於六家之外，再列縱橫家、雜家、農家、以及小說家，共爲十流。後四家固無論矣。即以六家而言，其內容主旨固無品評人物者。然則魏初之品評人物、論才性，乃是新題目、新內容，有非先秦六家所能賅括者。然修史著錄者，無處置列，亦只好列入名家。是則其被列入名家，並無若何之理由。只是史家爲先秦諸子已有之分類所局限而硬列入者。縱有理由，亦是歷史的因緣，並無本質的理由。

所謂歷史的因緣，即漢魏間人皆注意察舉上之名實問題是已。名不副實，影響政治及社會風氣甚大。後漢末有晉文經，黃子艾（允）等人者，恃其才智，炫耀上京。聲價已定，徵辟不就。士大夫坐門問疾，猶不得見。隨其臧否，以爲予奪。後因符融、李膺之非議，而名漸衰，慚嘆以逃。（事見後漢書列傳第五十八郭太符融傳）。故葛洪「抱朴子」「名實篇」云：「漢末之世，靈獻之時，品藻乖濫，英逸窮滯，饕餮得志。名不準實，賈不本物。以其通者爲賢，塞者爲愚」。「審舉篇」亦言及此。

漢末政論家首推崔實、仲長統。崔實綜核名實，號稱法家。其「正論」亦稱：「賢佞難別，是非倒置」。並謂世人徒以一面之交，定臧否之決。仲長統作「樂志論」。立身行己，服膺老莊。然猶言曰：「天下之士，有三可賤。慕名而不知實，一可賤」。王符「潛夫論」主張考績，謂爲太平之基。「考績篇」有云：「有號者必稱於典，名理者必效於實。則官無廢職，位無非人。」徐幹「中論」「考僞篇」曰：「名者所以名實也。實立而名從之。非名立而實從之也。故長形立而名之曰長。短形立而名之曰短。非長短之名先立，而長短之形從之也。仲尼之所貴者，名實之名也。貴名乃所以貴實也」。劉廙「政論」「正名篇」曰：「名不正，則其事錯矣」。又曰：「王者必正名以督其實」。又曰：「行不美，則名不得稱。稱必實其所以然，效其所以成。故實無不稱於名，名無不當於實」。是則漢魏間人物，無論史志列入法家或儒家，論及政治，皆重名實問題。

現行之「尹文子」，人或以爲非先秦舊籍，或即漢末名實問題流行時所僞託。其中所論與漢魏間之政論大體相合。據其所論，以循名責實爲骨幹。如云：「名以檢形，形以定名。名以定事，事以檢名。察其所以然，則形名之與事物，無所隱其理矣」。

然重名實不必是名家。儒、法皆重名實。此蓋是政治上之通義。（即個人立身處世亦應名實相副）。形名與名實義同。皆談名實，視其基本立場之不同，而或爲儒家，或爲法家，或爲道家，或爲名家。儒家孔子即重正名，荀子亦作「正名」。法家綜核名實，以定賞罰。道家亦可談及形名，故有「黃老形名」之連稱。此皆從政治實用上着眼。惟談形名、名實，而得稱爲名家者，其談法稍不同。蓋能內在於形名、名實之本身而爲純理論之談論，有純名理之興趣者曰名家。故或流於詭辯，或流於苛察繳繞。此雖是病象，然亦足見其純理論之興趣。漢魏間之政論，重名實，亦只是政治上之實用。於名實形名本身滋生不出道理，故並非名家，其談形名亦並非「形名學」，只重視名實問題而已。而荀子之作「正名」，方可算得形名學。先秦名家所談亦可曰形名學。

惟中國古代言學，皆有世道人心之大帽子。如晉魯勝注「墨辯」敍曰：「名者所以別同異，明是非。道義之門，政化之準繩也」。又曰：「取辯於一物，而原極天下之汚隆，名之至也」。此皆是實用上之大帽子。眞正足以成名家而爲形名學者，則在其所綜述之先秦名家所涉之問題：「名必有形，察形莫若辨色。故有堅白之辨。名必有分明，分明莫若有無。故有有厚無厚之辨。是有不是，可有不可。是名兩可。同而有異，異而有同。是謂辨同異。至同無不同，至異無不異，是謂辨同辨異。同異生是非，是非生吉凶」。此所述之問題方是名家或形名學中之問題。末語「是非生吉凶」，與開首之大帽子同。皆不相干者。

隋志所列魏初名家，皆爲品鑒人物之作。即以「人物志」爲代表，固非政論家之重視名實一語，彼能滋生出一套理論。然此理論卻非先秦名家所談之問題，故亦不得名爲形名學。其理論系統乃是品鑒才性之系統。如稱之爲名理，亦是「才性名理」。而此「名理」之意並非形名、名實本身之理，亦非今日所謂「邏輯」之意。乃即一般所謂「理論」或「義理」之意。故此名理與先秦名家絕無關係。

魏初品鑒人物之名理固有其現實之因緣，即一方因漢魏間政論家之重名實，一方亦因魏帝（曹氏父子）之好法術，而注重典制與刑律。此皆爲政治上之實用者。政治上之實用與品鑒常是平行而起。如在東漢末年，因察舉而重名實，故有對於人物之題拂品覈。此即所謂品鑒。品鑒有兩指向：一是實用之指向，一是內在於人格之本身而爲純美之欣賞。前者爲外在之利用，後者爲內在之興趣。如「郭林宗至汝南，造袁奉高，車不停軌，鸞不輟軛。詣黃叔度，乃彌日信宿。人問其故。林宗曰：叔度汪汪，如萬頃之陂。澄之不清，擾之不濁，其器深廣，難測量也」。（「世說新語」德行第一）。此種品鑒即純爲內在之興趣。蓋於人格美之欣賞上而爲最高，最有風致者，不必能滿足實用上之需要。而政治上能名實相符者，也許爲品鑒上之最俗者。許劭之月旦評必漸向內在之興趣而趨。政論家之重名實，以及在位之政治家之綜核名實，其衡量人物皆非內在興趣之品鑒。此兩者決不可混。魏初之品鑒人物，即由現實之因緣而轉爲內在興趣之品鑒。當面品鑒，即爲人格之欣賞。演爲理論，即爲才性名理。如王衍、樂廣等即皆有欣賞人格之審美的智慧。故史傳大皆稱其美風神、善談論，而不稱其善名理。彼等之風神秀徹，既被欣賞，又欣賞人。如被看殺之衞玠，「初欲渡江，形神慘悴。語左右云：見此茫茫，不覺百端交集。苟未免有情，復誰能遣此」？（「世說新語」言語第二）。此寥寥數語，可謂美矣。袁彥伯所謂中朝名士，大抵皆此類。此若以政治實用衡之，可說皆不中用者，亦可說皆不符實者。即盧毓所說「才不中器也」。實則非「才不中器」，乃實根本非器。亦非名不符實，乃實爲無用之實。此等人只是逸氣棄才之名士，而毫無實用者。其「實」乃名士之實，故即得名士之名。滿朝文武皆此等人當國居位，國事焉得不敗？故政論家之重名實，與內在興趣之品鑒，乃絕然兩事。此所以由品鑒人物之才性名理，乃自然演變而爲魏晉之清談名士，而並未獲得吏治人才之故。

魏初談才性名理者，大抵皆較實際，不似後來之虛浮。如劉劭在建安中曾爲計吏。至魏明帝時，亦曾作「新律」十八篇，及「律略論」。又作「都官考課七十二條」，並作「說略」一篇。此皆屬於典制刑律者。三國志魏志評之爲「該覽學籍、文質周洽」。洵非虛語。

三國志魏志卷二十一傅嘏傳：「嘏常論才性同異。鍾會集而論之」。注引傅子曰：「嘏既達治好正，而有清理識要。好論才性，原本精微，鮮能及之。司隸校尉鍾會年甚少，嘏以明智交會」。傅嘏在魏黃初（文帝年號）中爲侍中尚書。司空陳羣辟爲掾。而陳羣在魏初制九品官人之法。（九品官人，中正品狀。品美其性，狀顯其才。）

作「九州人士論」之盧毓亦於此時在選舉上論才性。見前引。

三國志魏志卷二十八鍾會傳：「鍾會字士季，潁川長社人，太傅繇小子也。少敏慧夙成。中護軍蔣濟著論謂，觀其眸子，足以知人。會年五歲，繇遣見濟。濟甚異之曰：非常人也。及壯，有才數技藝、而博學。精練名理」。又曰：「會嘗論易無互體，才性同異。及會死後，於會家得書二十篇，名曰道論，而實形名家也。其文似會」。（隋史經籍志道家類列有鍾會注「老子道德經」二卷。於經部易類，列有鍾會撰「周易盡神論」一卷。並注明梁代著錄尚有其「周易無互體論」三卷。是則鍾會不但論才性，且注老、論易。梁代時尚存其「無互體論」。作隋史時，其注「老子道德經」二卷與「周易盡神論」一卷尚存）。

「世說新語」文學第四：「鍾會撰四本論始畢，甚欲使嵇公一見。置懷中，既定，畏其難。懷不敢出。於戶外遙擲，便面急走」。注云：「魏志曰：會論才性同異傳於世。四本者，言才性同、才性異、才性合、才性離也。尚書傅嘏論同，中書令李豐論異，侍郎鍾會論合，屯騎校尉王廣論離。文多不載」。

以上，劉劭、傅嘏、盧毓、李豐、鍾會、王廣，茲捨其個人之事業人品不論，就其論才性言，爲同一系。可名曰「才性名理系」。鍾會稍晚，已接上王弼，俱在少年知名於世。鍾會注老、論易，可謂由「才性名理」至「玄學名理」之轉關人物。魏初以才性問題爲主，不見有談老易之玄學者。其人亦不名曰名士。但人物志既列入名家，故談才性者，史傳皆直接名之曰談名理。又其人皆比較實際，談名理者又皆較爲精練或校練。而談玄學者，則比較「玄遠」而有「高致」。故傅嘏與荀粲對言，則曰：「嘏善名理，而粲尚玄遠」。（見前第三章第二節所引）。鍾會與王弼對言，則曰，「會論議以校練爲家，然每服弼之高致」。（見前第三章第三節所引）。是則鍾會雖注老論易，必無王弼之玄遠高致。故鍾會仍以列入才性名理系爲宜。

第二節　「名理」一詞是否單可用於才性？

然則「名理」一詞是否單可用於才性？是否亦可用於玄學？吾已使用「玄學名理」一詞矣，此使用爲合法否？

從魏初（漢魏之際）到鍾會這一段歷史，自以才性爲主，而史傳亦多稱其人爲「善名理」。自正始名士出，轉向老、易，如王弼、何晏、荀粲等，史傳即以玄遠高致稱之，而不見有名理字樣。下屆竹林名士（魏晉之際）與元康名士（亦稱中朝名士、元康爲惠帝年號，但查晉書元康爲永平，不知何故），則又從老、易轉向莊子，莊學最盛。史傳亦多以「玄言」、「清言」、「玄理」稱之，很少見有「名理」字樣。以此觀之，「名理」似單屬於魏初談才性者。史既多以形名家目之，而名理亦專屬焉。至乎正始、竹林、元康，則以老、易、莊之玄理爲主，稱以玄言、淸言、玄理，而不稱曰名理，似「名理」不可用於此。如是，名理與玄論之分，似有嚴格之意義，而眞可以之分派者。然細思而詳檢之，彼等所談之內容自有不同，（如才性與玄理），然「名理」一詞似無如此嚴格之限制。試看以下諸條：

1. 「世說新語」言語第二：「諸名士共至洛水戲。還，樂令（廣）問王夷甫曰：今日戲樂乎？王曰：裴僕射善談名理，混混有雅致。（注引「冀州記」曰：頠弘濟有淸識。稽古，善言名理。履行高整）。張茂先（華）論史漢，靡靡可聽。我與王安豐（戎）說延陵、子房，亦超超玄著」。

案此言裴頠善「名理」。但裴頠著「崇有論」，旣反老莊之虛無，亦不見其論才性。然彼亦有思理而能持論。世說或以此而稱其爲善名理乎？是則「名理」一詞旣不單屬於談才性者，亦不專屬於形名家。

2.「世說新語」文學第四：「裴散騎（裴遐）娶太尉（王衍）女。婚後三日，諸壻大會。當世名士，王、裴子弟悉集。郭子玄（象）在坐，挑與裴談。子玄才甚豐贍。始數交未快。郭陳張甚盛。裴徐理前語。理致甚微。四坐咨嗟稱快」。（注引鄧粲「晉紀」曰：「遐以辯論爲業，善敍名理。辭氣清暢，泠然若琴。聞其言者，知與不知，無不嘆服」）。

案此言裴遐善名理。但不知其所談者爲何事。恐亦未必屬才性也。

3. 又：「衞玠始度江，見王大將軍。（注引「敦別傳」曰：「敦字處仲，琅琊臨沂人。少有名理」）。因夜坐。大將軍命謝幼輿（鯤）。玠見謝，甚悅之。都不復顧王。遂達旦微言。王永夕不得豫。玠體素羸，恒爲母所禁。爾夕忽極，於此病篤。遂不起」。（注引「玠別傳」曰：「玠少有名理，善易、老」）。

案此言王敦與衞玠俱善名理。但此兩人皆非談才性者。於玠，明言其善易老。晉書本傳即稱其「好言玄理」。可見玄理、名理，亦可互用。

4. 又謝車騎條，注引「玄別傳」曰：「玄能清言，善名理」。

案此言謝玄善「名理」，亦與「清言」連言。但並不說其談才性。（當然他亦可談才性。談才性不必是形名家）。謝安謝玄叔侄俱有經國才略，而亦俱好清言玄談。晉書卷七十九謝安傳：「嘗與王羲之登冶城。悠然遐想，有高世之志。羲之謂曰：夏禹勤王，手足胼胝。文王旰食，日不暇給。今四郊多壘，宜思自效。而虛談廢務，浮文妨要。恐非當今所宜。安曰：秦任商鞅，二世而亡。豈清言致患耶」？可見謝安自非綜核名實之法家，爲清言玄談而辯護。則謝玄之名理亦是清言玄論之名理耳。

5. 又：「支道林初從東出，住東安寺中。王長史宿構精理，並撰其才藻，往與支語。不大當對。王敍致作數百語，自謂是名理奇藻。支徐徐謂曰：身與君別多年。君義言，了不長進。王大慚而退」。

案王長史旣構精理與支道林（遁）談，其所謂「名理」自是玄理無疑。而支謂其「義言」了不長進，則義言與名理互用，即義理之言。屬玄理之義言也。

6. 又「殷仲軍讀小品」條，注引高逸「沙門傳」曰：「殷浩能言名理」。

案晉書卷七十七「殷浩傳」，則謂其善玄言，好老、易。爲風流談論者所宗。而「世說新語」文學第四則又謂其「思慮通長，然於才性偏精。忽言及四本，便若湯池鐵城，無可攻之勢」。是則殷浩之玄言、名理，乃老、易、才性俱在內。過江以後，名士惟殷浩擅長才性。才性亦爲淸談之題目。而殷浩不必爲形名家，名理亦不必專限於才性。老易玄理亦可曰名理。亦可皆曰「義言」。

7. 又：「羊孚弟（羊輔）娶王永言女。及王家見壻。孚送弟俱往。時永言父東陽尚在。（王訥之字永言。其父臨之，東陽太守）。殷仲堪是東陽女壻。亦在坐。孚雅善理義。乃與仲堪道齊物」。

案羊孚與殷仲堪談「齊物」，可見其「善理義」，亦是玄理之理義。義言、名理、理義，皆可互用，成爲當時淸談之通稱，不拘其所談者爲老易，或才性，或莊子。

8. 又：「殷仲堪云：「三日不讀道德經，便覺舌本間强」。注引「晉安帝紀」曰：「仲堪有思理，能淸言」。

案此又用「思理」字樣。亦未嘗不可說有名理，能義言。亦可稱其善理義，能淸言。

9. 又：「阮宣子有令問。太尉王夷甫見而問曰：老莊與聖教同異？對曰：將無同。太尉善其言，辟之爲掾。世謂三語掾。衞玠嘲之曰：一言可辟，何假於三？宣子曰：苟是天下人望，亦可無言而辟。復何假一？遂相與爲友」。注引「名士傳」曰：「阮修字宣子。陳留尉氏人。好老易，能言理」。（「將無同」之問答，晉書則記爲阮瞻，非阮修。又是王戎問，非王衍問）。

案此言阮修能言理，亦即玄理也。此又單用一「理」字。當然亦可稱其能言理義，能善名理，能義言等。

10. 晉書卷七十五「范汪傳」：「范汪字玄平。……博學多通，善談名理」。

案范汪之子即范寧，注穀梁傳。著論反浮虛，申王何之罪，深於桀紂。其父子皆儒家思想。然亦稱其善談名理。

11. 晉書卷七十五「劉惔傳」：「劉惔字眞長。……惔少清遠，有標奇。……及惔年德轉升，論者遂比之荀粲。……以惔雅善言理，簡文帝初作相，與王濛並爲談客，俱蒙上賓禮。」

案劉眞長「善言理」，當亦是玄理。此亦單用一「理」字。是則理、思理、理義、名理、義言，俱可通用。

由以上十一條觀之，「名理」一詞乃概括之通稱，而才性與玄理則是指謂之殊目。魏初一段談才性者名爲談名理，只是該一段歷史只有才性，尙無玄論。及至老莊易之玄論出，直接指謂名之，曰玄遠、玄言、玄理、玄論。反省地以通稱概括之，亦得曰名理、思理、理義、義言。是則名理一詞乃提升而爲通稱。其粘付於才性乃是事實之偶然，並非本質之必然。此義決定，則「玄學名理」自爲合法之詞語。是則無論才性或玄論，俱可名爲名理。如是，吾作結論如下：

1. 才性名理與先秦名家所談之形名、名實，絕不相同。不得列入名家，亦不得稱爲形名學。史志列之入名家，只是歷史現實之因緣，並無本質之理由。

2. 名理一詞爲概括之通稱，才性與玄論則爲指謂之殊目。普通名理玄論之分只是就殊目而言，「名理」一詞並非專屬於普通所稱之名理派。

如此待決之問題乃是：

1. 先秦名家究如何規定？
2. 魏晉名理究如何規定？

在答此兩問題以前，須先一言「言意之辨」。

第三節 「言意之辨」之緣起

魏初才性名理之非先秦名家所談之形名、名實問題，現在有一直接而顯明的特徵足以區別開，此即在形名或名實上，名與實要相對應。「名以檢形，形以定名」。此在原則上，是肯定名言是能指實而且盡實的。但在才性名理，則既是品鑒人品、才性，則在原則上，名與實即不能一一相對應，此即函說：名言不是指謂的名言，而是品鑒的名言，欣趣的名言，而「實」亦不是外在的形物，一定的對象，而是生命之姿態。如是此種品鑒名言即無一定之形物爲其對應之實。雖足以指點而透露出生命姿態之內容，然此內容是永不能爲那名言所盡的。如此，由品鑒才性，必然有「言不盡意」之觀念之出現。此爲「言意之辨」興起之直接的理由。此理由不是歷史的，而是本質的或問題的。本來「書不盡言，言不盡意」是最古的話（易繫孔子語）。亦是中國歷史上直至今日，爲一般生活上最普遍流行的觀念，甚至爲全人類所最易感觸到的觀念。然在魏晉時代，則特別正視此觀念，而且當作一個問題來辨論。這就不只是普通生活上的感觸，而是因着他們所談論的內容而興起，這就與「眞理領域」之不同有了關聯，因此「言意之辨」亦成了把握眞理之方法論上的問題。故須吾人仔細予以疏通，看看：一、能盡意的名言是何名言？二、盡意的名言所指的意是何種意？三、不能盡意的名言是何名言？四、不能盡意的名言所指的意是何種意？

言能不能盡意既是本質地由品鑒才性而起，而隨後來玄言、清言之發展，復亦爲當時人所普遍地意識到。故此問題不但與才性名理有本質的關係，且亦與玄學名理有本質的關聯。茲略徵引此方面之文獻如下。

葛洪抱朴子「清鑒篇」曰：「區別臧否，瞻形得神。存乎其人，不可力爲。自非明並日月，聽聞無音者，願加清澄，以漸進用，不可頓任，輕假利器」。此言識人之難。「存乎其人，不可力爲」。即示品鑒才性，可以意會，不可言宣。此即函「言不盡意」。

而晉歐陽建字堅石，則作「言盡意論」（藝文類聚卷十九）。茲引其全文於下：

「有雷同君子問於違衆先生曰：世之論者，以爲言不盡意，由來尚矣。至乎通才達識，咸以爲然。若夫蔣公（濟）之論眸子，鍾（會）、傅（嘏）之言才性，莫不引此爲談證。而先生以爲不然，何哉？先生曰：夫天不言而四時行焉，聖人不言而鑒識形焉。形不待名，而方圓已著；色不俟稱，而黑白以彰。然則名之於物，無施者也。言之於理，無爲者也。而古今務於正名，聖賢不能去言，其故何也？誠以理得於心，非言不暢，物定於彼，非名不辨。言不暢意，則無以相接；名不辨物，則鑒識不顯。鑒識顯而名品殊，言稱接而情志暢。原其所以，本其所由，非物有自然之名，理有必定之稱也。欲辨其實，則殊其名。欲宣其志，則立其稱。名逐物而遷，言因理而變。此猶聲發響應，形存影附，不得相與爲二。苟其不二，則無不盡。吾故以爲盡矣」。

歐陽建亦知「言不盡意，由來尚矣」。蓋自古而已然。繫詞傳孔子明言「書不盡言，言不盡意」。孟子亦言「不以辭害意」。老子道德經首章即言「道可道，非常道，名可名，非常名」。莊子秋水篇：「夫精粗者，期於有形者也。無形者，數之所不能分也。（至精無形）。不可圍者，數之所不能窮也。（至大不可圍）。可以言論者，物之粗也。可以意致者，物之精也。言之所不能論，意之所不能察致者，不期精粗焉」。莊子此言，尤見層次。最後是「超言意」，而比「言不盡意」又進一步。孔、孟、老、莊之言如此。故云「由來尚矣」。此是述古。至於蔣濟論眸子，鍾、傅言才性，「莫不引此爲談證」。則是述今。今人亦皆以爲「言不盡意」也。而歐陽建則獨違衆而以爲不然。其主「言盡意」之說，頗費分疏。彼大體是客觀主義者。「形不待名，而方圓已著。色不俟稱，而黑白已彰」。名言之於客觀之物，客觀之理，並無多大作用。故曰：「名之於物，無施者也。言之於理，無爲者也」。此首段之意，表示客觀之物與理，存在於彼，吾人之言不言，對之並無影響。說它，是如此，不說它，亦是如此。猶之乎「天不言，而四時行，聖人不言，而鑒識形」。此只表示其客觀主義之立場，並非表示「言不盡意」之義。下段即言：名言對於存在雖無影響，然自人間而言，則「理得於心，非言不暢。物定於彼，非名不辨」。名言仍不可廢。名言有暢志辨物之作用。名言既能暢吾人之志意，又能辨物之名品，則「名逐物而遷，言因理而變」，名言與物理「不得相與爲二」。此即回應其客觀主義，而表示名言與物理有期會對應之關係。既有期會對應之關係，則名自能盡物，言自能盡理。此是此短文之脈絡。彼自有其立場，故亦言之成理，持之有故。然此中確有待分解者，尚不可如此一概而論。名言有各種之名言，客觀之物與理亦有不同之層次。言能不能盡意，須待對名、言與物、理，加以簡別後而決定。暫提醒於此，詳解見下。要之歐陽之說，自爲一重要之主張。雖與當時談名理者不合，然亦可由之而使人認識某一眞理之領域。（雖其本人並不自覺）。故王導過江，止標三理，而「言盡意論」居其一焉。

當時除歐陽建外，大體皆順「言不盡意」一線措思。首先即有一極端聰明之人物爲荀彧之少子荀粲。魏志卷十「荀彧傳」注引何劭「荀粲傳」云：「粲諸兄並以儒術論議，而粲獨好言道。常以爲子貢稱夫子之言性與天道不可得而聞。然則六籍雖存，固聖人之糠粃。粲兄俁難曰：易亦云，聖人立象以盡意，繫辭焉以盡言，則微言胡爲不可得而聞見哉？粲答曰：蓋理之微者，非物之象所舉也。今稱立象以盡意，此非通於意外者也。繫辭焉以盡言，此非言乎繫表者也。斯則象外之意，繫表之言，固蘊而不出矣」。此段前講王弼玄學時，已引過。茲再引於此，以明言意之問題。荀粲與上引莊子秋水篇之言相同，蓋均造乎言意之表，直向「超言意」境而趨。「立象以盡意」，此是象所盡之意。有象所盡者，即有其所不盡者。象所不能盡者，即「象外之意」。繫辭以盡言，此是辭所盡之言。固亦有無窮之言而未盡矣。此即「繫表之言」。所以有「繫表之言」即因有「象外之意」故也。有象外之意，象有限度。有繫表之言，辭有限度。總之是言象並不能盡意也。自其盡者而言之，爲「言意境」；自其所不盡者而言之，則爲「超言意境」。此則「盡而不盡」，與歐陽建之盡論不同也。盡論中之「盡」、「名言」、與「意」，三者，俱與「盡而不盡」中之「盡」、「名言」、與「意」三者不同。雖盡而不盡，而荀粲是向「象外之意」趨。而同時又有王弼「立象以盡意，得意而忘象」之說。然則王弼之說與荀粲之意爲不同之二說乎？抑即一說之所函乎？以吾觀之，即「盡而不盡」一說之所函，非有不同之二說也。

王弼周易略例「明象」曰：

「夫象者，出意者也。言者，明象者也。盡意莫若象，盡象莫若言。言生於象，故可尋言以觀象。象生於意，故可尋象以觀意。意以象盡，象以言著。故言者所以名象，得象而忘言。象者所以存意，得意而忘象。猶蹄者所以在兔，得兔而忘蹄。筌者所以在魚，得魚而忘筌也。然則言者象之蹄也。象者意之筌也。是故存言者，非得象者也。存象者，非得意者也。象生於意而存象焉，則所存者，乃非其象也。言生於象而存言焉，則所存者，乃非其言也。然則忘象者，乃得意者也。忘言者，乃得象者也。得意在忘象，得象在忘言。故立象以盡意，而象可忘也。重畫以盡情，而畫可忘也。是故觸類可爲其象，合義可爲其徵。義苟在健，何必馬乎？類苟在順，何必牛乎？爻苟合順，何必坤乃爲牛？義苟應健，何必乾乃爲馬？而或者定馬於乾，案文責卦，有馬無乾。則僞說滋漫，難可紀矣。互體不足，遂及卦變。變又不足，推致五行。一失其原，巧愈彌甚。縱復或値，而義無所取。蓋存象忘意之由也。忘象以求其意，義斯見矣」。

此段文字是魏晉時代最重要的文獻。有綜括代表性之作用。彼雖對漢人之「存象忘意」，「有馬無乾」而發，然亦在原則上判明名言與意理之關係。就易經言，象與辭是構成易經之重要成分，自有其作用。然易經之象，客觀地說，明是卦爻之圖象，主觀地說，（如大象小象之象），明是取象，象徵之意。而卦爻之圖象亦是象徵事變之幾。取象則是象徵心中所得之意。每一意是一普遍之理。「立象以盡意」，即立象以明幾與理。此則象自有其啓發與指點之作用，此即所謂「盡」。辭是說明象者，亦自有其啓發與指點之作用，即助象以指點幾與理。此即「繫辭焉以盡言」。是則言與象皆有啓發與指點之作用。目的在幾與理，而言與象皆工具。故有筌蹄之喩。此爲言象之工具論。言象既爲工具，自可得意而忘象，得象而忘言。焉可定馬於乾，執馬而忘乾？馬是象徵之例，乾是義，是普遍之理。幾不可爲象所定，理亦不可爲象所限。王弼只說到言象能盡意，然而是工具，故可忘。表面上似不函「言不盡意」與「象外之意」。然則王弼之說同於歐陽建乎？曰：是不然。吾謂王弼說與荀粲說同屬「盡而不盡」之一說，非有不同之二說。然則表面之不函，其實必函也。故與荀粲爲一致，而與歐陽建爲對立。其故何在？曰：其關鍵單在看其所盡之幾與理是何種眞理而定。

第四節　名言能盡意與不能盡意之辨之義理的疏解

魏晉言意之辨，雖直接緣起於品鑒，而「言不盡意」之觀念實早見於周易繫辭傳。繫辭傳曰：「子曰：書不盡言，言不盡意。然則聖人之意，其不可見乎？子曰：聖人立象以盡意，設卦以盡情僞，繫辭焉以盡其言，變而通之以盡利，鼓之舞之以盡神」。此連用五「盡」字，此所言之「盡」是何意義？其所盡者又是何意義？

晚周儒經好言盡，而道家老子只言「可道」與「不可道」，莊子只言「言之所不能論，意之所不能察致」。（見前節引）。並不從正面言盡。然而儒家經典則好從正面言盡。上引繫辭傳外，孟子言盡心知性知天，又言能不能盡其才。荀子言：聖人盡倫，王者盡制。中庸言：盡己性，盡人性，盡物性，以至參天地贊化育。周易「說卦傳」亦言「窮理盡性以至於命」。此中所言之盡，有是解悟的盡，有是踐履的盡。繫辭傳所言，是解悟的盡，孟、荀、中庸、說卦所言，是踐履的盡。有時即在踐履中有解悟。如盡心是踐履，知性知天是解悟。有時即在解悟中有踐履，如窮理是解悟，盡性至命是踐履。又窮理亦可是踐履的窮，不必定屬解悟也。總之，此中所言之盡，大體是解悟與踐履交融而進者。解悟是在踐履中解悟，踐履是在解悟中踐履。如繫辭傳所言，字面上純屬解悟者，然無聖人之踐履，亦不能有此窮神知化之解悟。如中庸所言，字面上純屬踐履者，然無盡心知性之解悟，亦不能有此盡性贊化育之踐履。故解悟的盡即是踐履的盡，而踐履的盡亦即是解悟的盡。此即是儒家所說的盡，而在此盡中所盡的意即儒家性命天道之「意」也。（盡是充分至極之意。就踐履言，盡是充分的實現。就解悟言，盡是充分的表現）。

荀子勸學篇：「倫類不通，仁義不一，不足謂善學。學也者，固學一之也。……全之盡之，然後學者也。君子知夫不全不粹之不足以爲美也，故誦數以貫之，思索以通之，爲其人以處之」。「天見其明，地見其光（廣），君子貴其全也」。「學惡乎始？惡乎終？曰：其數，則始乎誦經，終乎讀禮。其義，則始乎爲士，終乎爲聖人。眞積力久則入，學至乎沒而後止也。故學，數有終，若其義，則不可須臾舍也」。荀子這幾段話，總之是說「全盡」二字。當然亦是解悟的盡。善學的最高標準是「倫類通」，「仁義一」，此即爲全盡，此爲「廣度的全盡」。「數之始乎誦經，終乎讀禮」，此終始是有盡，此爲「列舉的全盡」。義之「始乎爲士，終乎爲聖人」，此終始是無盡，故曰：「學至乎沒而後止」。蓋聖人之內容無窮無盡，無有止境也。此爲「强度或深度的全盡」。「列舉的全盡」，是「數有終」。「强度的全盡」是無盡，故既曰：「至乎沒而後止」，又曰：「不可須臾舍」。「廣度的全盡」，廣度地言之，似是能全能盡，深度地言之，則實是不能全不能盡的，亦即是無窮無盡也。故只有「列舉的全盡」可盡，至若「廣度的全盡」與「强度的全盡」，則全是無盡。「廣度的全盡」是外延地言聖人，「强度的全盡」是內容地言聖人，聖人之內容總是不能盡的。

倫類通、仁義一，自其所一所通而已表現可見者言，皆是聖人之符徵（徵象），所謂「迹」也。此即夫子之文章可得而聞也。然總有冒乎所一所通以外者。蓋此「通」與「一」即表示一「無限」，並非列舉所可盡。可列舉而盡者，不得謂之通，亦不得謂之一。孔子言「一以貫之」，此一貫即表示一無限。荀子言倫類通，其意是「有法者以法行，無法者以類舉」。「有法者以法行」是有定而可以列舉盡的，「無法者以類舉」，則是「神而明之，存乎其人」，是無定而不可以列舉的。此即所謂「通」。通賴智慧。智慧之用是無限定的。無智慧，則不能於無法處，類舉而通之。能通能一之神明與所通所一之無限，俱非可得而表現。此即夫子之言性與天道不可得而聞也。所通所一之義理（無限）與能通能一之神明（智慧），皆非表現可見者之所能盡，亦即非名言之所能盡其蘊也。名言與表現可見之「文與迹」相應，而能所兩方之所不能盡者，則非名言所能相應也。聖盡倫，王盡制，亦然。自所已盡之倫與制表現而可見者言，則與名言相應，自所未盡之無窮盡與能盡之神明言，則非名言所能相應。盡心盡性亦復如此。推之，盡才盡情盡氣亦然。蓋才、情、氣之通於生命，亦無窮無盡也。心性之爲德，其內容尤其無窮無盡也。所謂不可思議也。神會和尚言：「世間不思議事，爲布衣登九五。（盡才盡情盡氣）。出世間不思議事，爲立地成佛。（盡心盡性）」。

至繫辭傳所謂「立象以盡意，設卦以盡情僞，繫辭焉以盡言，變通以盡利，鼓舞以盡神」，則是自窮神知化之解悟以言盡。「是故夫象，聖人有以見天下之賾，而擬諸其形容，象其物宜，是故謂之象」。「立象以盡意」，即此「象其物宜」之象也。易之卦爻皆象也。象者，以此卦爻圖畫之象，符徵神明之容，萬物之宜也。將以「備天地之美，稱神明之容」也。故曰：「擬諸其形容，象其物宜」，象其物宜，即象其物情，所謂「設卦（即立象）以盡情僞」也。繫之以辭以盡聖人所欲言，此言即解象之言也。變通以盡利，利是「元亨利貞」之利，非利用，利益之利。變通是盡利之兩個關節。變通固盡利，而亦有不盡之利矣。變通是關節，即是可說者，而不盡之利則是不可說者。可說者名言相應，不可說者非名言相應。鼓舞以盡神，鼓舞是可說之關節，而神用無方，則是不可說者。朱子言：「變通、鼓舞，以事而言」。以事而言，即從客觀之事方面言。而言解象，象盡意，言象則是自主觀之措施言。無論主觀措施所呈現之名言與符號，或客觀之事之表而可見之關節，皆是名言相應，可得而見聞者，即皆是形而下者。而其所盡之意、利、以及情僞與神，則皆是形而上者，不可得而見聞者，亦即非名言相應也。以此，雖由象、卦、辭、變通、鼓舞、以各盡其所當盡，而儘有不能盡者存乎其所盡之外矣。此即雖盡而不盡。雖盡而不盡，故總曰：「言不盡意」也。然則其盡也，非一一恰當相應之盡，非指實（指物）之盡，非名實相應之盡，非可道之盡，乃不可道之盡。不可道之盡，乃啓發暗示之盡，指點之盡也。凡啓發暗示之盡，指點之盡，皆有餘而不盡。以有餘而不盡，故盡之者皆筌蹄也，皆可忘也。忘之而不爲其所限，則不盡之意顯矣。不忘而滯於象言，則不盡之意隱而泯矣。此即王弼「得意忘象，得象忘言」之說之所由立。而與「言不盡意」爲一脈之相衍，非二說也。與荀粲之「象外之意，繫表之言」，亦一脈之相衍，非二說也。是以繫辭傳雖云：「極天下之賾者存乎卦」，而儘有非卦所盡能盡之「賾」矣。卦象之盡，暗示指點之謂也。是以終歸於「神而明之，存乎其人；默而成之，不言而信，存乎德行」。而終歸於「無言」也。此即至乎「超言意」之境矣。是以：

1. 歐陽建之主「言盡意」，其「盡」如眞是「盡而無不盡」，則其所盡之意必是形而下之意。「名逐物而遷，言因理而變」，名與物、言與理，不得相與爲二，則其物與理亦皆形而下者。「苟其不二，則無不盡」，則「盡」亦是「名實相應」之盡，指實之盡；而能盡之之名言亦是於客觀界有恰當相應之名言。總之，名言、盡、以及所盡之意、理或物、理，皆屬於「可道世界」也。亦即屬於「外延眞理」也。凡「外延眞理」皆爲名言所可盡。而名言亦是外延之名言。盡者恰當相應之謂，指實而有效。故「理得於心，非言不暢，物定於彼，非名不辨」，此兩聯皆須分別論。言之暢，有相應指實之言，有暗示指點之言。隨之，其得於心之理，亦有不同者在。如果「物定於彼」之物是限定之物，如方圓黑白等，則辨之之「名」即恰當相應，辨之而可盡之名。如非限定之物，而是心、性、神、化之類，則辨之之名即不能恰當有效，雖辨之而不盡。因此，名即非指實之名，而是指點之名。

同時，「理得於心，非言不暢」，如此得於心之理是限定之物之「物理」，則暢之之言即相應指實之言，而無不盡。然如果是玄理，則暢之之言即非指實之言，而是「指點」之言，此則雖盡而不盡。當然，「物定於彼」之物，此在一般看之，自容易意指是方圓黑白一類之限定之物，不容易想到非限定之物。但「理得於心」之理卻很易想到玄理，而不必爲物理所限。是以無論是物或理，原則上皆應有一分別。如果「理得於心」之理只限於限定之物而爲物理，則歐陽建之「言無不盡」自然成立而無可疑。但如果不加分別，而一概主之以「言無不盡」，則爲非是。是以吾人疏導歐陽建之說，必然引至外延眞理與內容眞理之分別論。如眞「言無不盡」，則當限於「外延眞理」，而不能擴至於「內容眞理」。既限於外延眞理，則「名言」與「盡」之意義俱亦隨之而不同：名言是指實名言，或外延名言，而盡亦是名實相應之盡。外延眞理，指實名言，名實相應之盡，此三者，皆屬可道世界，或現象世界。而主「言不盡意」者，則意指超現象界或「不可道界」。此則不可泯也。歐陽建不加分別，而即反之以「言盡意」，此則未免於輕率。然其所說，要非全無理。故加疏導如上。

2. 王弼之「立象以盡意，得意而忘象」即函「盡而不盡」，亦函荀粲之「象外之意，繫表之言之蘊而不出」。此皆屬於「言不盡意」系。此則「盡」爲啓發暗示之盡，非名實相應之盡；而其所盡者皆內容眞理；其能盡之之名言亦內容名言，或曰啓發名言。於啓發而有得之後，固皆可忘，然非無用。非謂「言不盡意」，言即無用也。名實相應之言，雖能盡其所指之實或理，如方當方，圓當圓，上當上，下當下；而且方所當者只是方，圓所當者只是圓，上下亦然。然方圓上下之名言亦只是指實之符號，並無本質之意義。是則仍是工具筌蹄也。既仍是工具筌蹄，便於指實而得實之後，即可忘。

其不可忘者，文化上之傳達作用耳。惟指實語言之爲工具與啓發語言之爲工具，其意不同。其爲可忘與啓發語言之爲可忘，意亦不同。前者之爲工具，是一一對應的，後者之爲工具，非是一一對應的，甚至並無一定之對象可應。因此，前者之可忘，乃在呈現客觀之定實，而後者之可忘，乃在祛執以達圓，遮形以通微，撥封域畛界以會通而爲一。故可由形名而至超形名。而指實語言之可忘並不能開闢一超形名之領域，反而只是呈現形名之領域。故欲極成「言不盡意」，非先辨明內容眞理與啓發語言不可。而王弼之忘言忘象，其所忘者非一一對應之指實語言，乃啓發指點之象徵語言也。其所盡者亦非外延眞理，而乃內容眞理也。即超形名之道、無、至寂至靜之一，以及神、化、自然、無爲、無爲而無不爲也。

第五節　中國先秦名家之形名、名實與魏晉之名理究有本質之意義否？

名言、盡不盡、內容眞理、外延眞理之義既明，則中國先秦形名學以及魏晉名理，即可得而言。即：中國先秦之形名與魏晉名理究有本質之意義否？

先秦名家講形名、名實，而並無「名理」一詞。魏初品鑒人物，論才性，而史志亦列之於名家。當世亦稱之爲「名理」。此爲「名理」一詞之初出現。旣列之於名家，由形名、名實、而進曰名理，亦爲最易聯想之詞語。後世據此爲分類，遂列魏初談才性者爲名理派，而王、何、向、郭之玄學以及諸名士之淸言，則劃爲玄論派，或更注意及生活之情調，而復區劃出曠達派，如竹林名士等。如此劃分，儻若只談才性者屬名理，而玄學與淸言不得屬名理。但吾於上一、二兩節已指出：

1. 魏初之品鑒人物、論才性、其被列入名家，只有歷史之因緣，並無本質之理由。

2. 劃魏初談才性者爲名理派，玄學、淸言爲玄論派，儻若不得屬名理，此種劃分亦只是歷史之劃分，並無本質之意義。

3. 依歷史之發展，就其所談之內容之不同，而姑如此分，固無不可。然吾已就魏晉時期，對於「名理」一詞之使用，廣泛指出，見其並不必專屬於魏初談才性者。玄理、淸言，亦得曰「名理」。此爲「名理」一詞之廣泛應用。如此，吾人遂得說：無論才性或玄理，俱可總之曰「魏晉名理」。但此名理與先秦名家之形名、名實，迥不同。

依此，吾人可說：

1. 先秦名家之形名、名實，除其政治禮法上之作用外，有其本質之意義。其意義相當於今日之邏輯與知識論。此有本質意義之名家之形名學可規定爲：「積極地論名之本身以及名與其所指之實之關係」。此即中國名家原初之意義，亦即典型之意義。

2. 魏晉名理亦有本質之意義，其意義相當於今日之哲學。其中談玄理者爲形上學，（以老莊爲底子）。談才性者，爲「品鑒之人學」。

如果依照魏晉人使用「名理」一詞之意義，則名理、理義、思理、義言，甚至只簡單曰理，此皆可通用。如此，則名理一詞，更可提升，而爲廣泛的使用。因之，先秦形名、名實、與魏晉名理吾人俱可賅之以名理。此即爲「廣義之名理」。此廣義之名理相當於通稱之哲學，即廣義之哲學。此爲中國傳統中所使用之「名理」。此廣義之名理，其本質意義可規定如下，即：「名理者，環繞名之本身、名所牽涉、以及名與其所牽涉者之關係而論其意義之謂」。即：關於名之本身，名之所涉（限定之實與超限定之實），以及名與其所名者之關係之理也。如此界定，則名理即是廣義之哲學。邏輯、知識論、形上學、人學，俱含在內。此與科學不同，亦與道德宗教不同。其基本精神為反省的，批判的，為第二序之學，而非第一序之學。

如依照西方傳統使用「名理」一詞之意義，則「名理」意指為邏輯。如此，先秦名家之形名學較近之。如只以此為名理，則為狹義之名理。單說先秦名家，亦為狹義之名理。連屬魏晉一起說，則為廣義之名理。前者依西方傳統說，後者依中國傳統說。

先秦名家講形名、名實。其現實之緣起為孔子之正名，以及法家之「循名責實」，「綜核名實」，「名以定形，形以檢名」。此是緣於政治禮法而起的名實觀念。自漢後，凡述名家，俱從此現實的緣起說。故班固漢書藝文志說名家云：「名家者流，蓋出於禮官。古者名位不同，禮亦異數。孔子曰：必也正名乎？名不正則言不順，言不順則事不或。此其所長也。及譥者為之，則苟鉤鈲析，亂而已」。司馬談論六家要旨則曰：「名家苛察繳繞，使人不得反其意。專決於名，而失人情。故曰使人儉而善失眞。若夫控名責實，參伍不失。此不可不察也」。隋書經籍志說名家，亦沿此矩矱，而稍異其辭曰：「名者所以正百物、敍尊卑、列貴賤，各控名而責實，無相僭濫者也。春秋傳曰：古者名位不同，節文異數。孔子曰：名不正則言不順，言不順則事不或。周官宗伯以九儀之命，正邦國之位，辨其名物之類是也。拘者為之，則苛察繳繞，滯於析辭，而失大體」。此皆從現實緣起以及於政治禮法之作用上論謂名家之得失。

然在先秦，自墨辨以後，直到荀子之正名，此名實之觀念，則更爲一般化、抽象化，校練而成爲邏輯知識論上之名實。超脫政治禮法上之拘繫，而無特屬之限制。即：抽去其所附麗，而爲一般意義之名實。故更爲一般化、抽象化。然其名實之意義，則固屬同一層次也。此一般化、抽象化之名實，甚有價值。史家所謂檄者拘者爲之云云，實指此一面而言。彼等只注意其政治禮法上之作用，而不知此一面之在名家之本質的意義，而只以苛察繳繞視之。

唐君毅先生曰：『人之以名表實，而成知識，原與人類文化俱始。但人之反省到知識之完成乃係於以名表實、及其中之問題，則是人類思想之一轉進。故墨辨之論「知、名實合爲」，謂知名而能取實，乃謂之知，及其他一切對知識名言的討論，與公孫龍之辨名實，亦確是在先秦儒墨諸家所喜言的人生之禮樂刑政等問題以外，另開出一思想學問之路。這問題之答案，不是要指導人如何行爲，亦不是重在人說些甚麽有價值，有實用意義的話，而是要人去反省其說的話，與實際世界之實，有甚麽關係。對於一實，甚麽名能用，甚麽名不能用；對一名，它能指甚麽實，不能指甚麽實。由此而能辨各名間之函義之分際，而知我們所用之名之正誤。由用名之正誤，而能定我們之是否有眞觀念眞知識。這些問題，全是由人之思想，回頭反省他自己所說之話，與其所指者之關係而生。同時，亦可說是由人之思想，思想其自己之思想、觀念、知識、與所指者之關係而生。這在邏輯層次上，是比一般之思想言說，只直接向外思想甚麽東西、甚麽行爲之道者，乃更高一層的思想。（案此更高一層，是反省的、批判的第二序意義之更高一層，而非第一序上之更高一層）。而由此思想本身所再建立之理論言說，是高一層次的理論言說。這是對我們之言說之爲如何一回事的言說。由此而說出的道理，是關於「我們之如何說道理」的道理，而爲另一種理。（案此即「狹義的名理」之理）。我們對先秦由墨辨至荀子之一切關於名實問題之討論的文字，皆當作如是觀。而此亦可說即魏晉以下名理之論的一淵源所自」。（「論中國哲學思想中理之六義」一文。新亞學報第一卷第一期）。

案此魏晉以下名理之論淵源所自之「名實之論」，即狹義之名理。乃中國名家形名學之原初意義，亦即典型意義也。唐先生撥開其現實緣起，而直握其本質之意義，而言之如上。至若魏晉名理，則本與此狹義名理不同。而乃屬於玄學與品鑒之人學者。名之曰名理，是魏晉人使用「名理」一詞之意義。此乃廣義之名理。此已不爲名實所囿，超出其外而別闢領域矣。即依魏晉人而言之，其所闢者，乃玄學與品鑒才性也。若於品鑒才性，只沿先秦名家之名實傳統，而只由其現實緣起之「緣」之有名實意義，遂謂之爲名家，或名理，則此名家或名理便無本質之意義，而只有歷史之意義。若將其自名實觀念下提出，而賅之於魏晉人所使用之「名理」一詞下，則其爲「名理」，（不爲名家之名實），便有本質之意義，其本質不以「反省名實之關係」定，而以哲學定。若再將此種意義之名理擴大，將先秦名家之名實論，在名稱上亦提升而賅之於其下，統曰名理，則此名理亦有本質之意義。此即相當於今日通稱之哲學，亦即廣義名理之充其極。而先秦名家之名實即爲其下之一目。若依西方傳統中邏輯一詞之意義而謂之爲名理，則此名理即爲邏輯意義之名理，而中國傳統中之名理則曰哲學意義之名理。哲學意義之名理，可以將先秦名家之名實與魏晉名理統攝於一起。以後起之「名理」一名統攝早期之名實，而統曰名理，則此名理有本質之意義。以早期之名實統攝後起之才性而謂之爲名家，則此名家即只有歷史之意義，而無本質之意義。邏輯意義之名理只限於先秦名家之名實，而無所提升，亦無所統攝，故與魏晉所闢之領域，即玄學與才性之領域，亦即哲學名理之領域，爲並列之對立。

唐先生復繼上而言曰：「但從先秦之談名實，至魏晉之談名理，卻又是中國思想史之一大轉進。魏晉之談名理，實際上是由漢末品評人物之風下來，亦與漢魏政治思想上綜核名實之形名之論相關」。

案此即所謂「現實緣起之緣之有名實意義」，而其本身固非談「名實」也。其主題內容已轉矣。亦可謂有特殊之主題與內容，而非即以「名實」爲主題與內容。此有特殊之主題與內容之學，賅之於「廣義名理」之下，即相當於通稱之哲學，而哲學固可有各方面之內容爲其討論與反省之主題也。惟魏晉之玄學名理與才性名理乃屬於內容眞理，而非關於外延眞理者。而先秦之名實論，若恰當落實言之，則當屬於外延眞理，而非關於內容眞理者。屬外延眞理者，言可盡意。屬內容眞理者，言不盡意。故能重見周易老莊之玄理而有言意之辨也。

是故在中國，除儒、釋、道三教以及墨法陰陽外，求其與西方哲學相當者，惟在先秦名家與魏晉名理一支耳。其表現之方式，亦可以系統出之，如荀子之「正名」，劉劭之「人物志」；亦可藉注疏以見之，如王弼之注老易，向郭之注莊子；復可以雋語妙意之淸言以自見，如中朝名士、竹林名士等之談言微中。不管方式如何，而其內容則可說是哲學者。宋明儒之心性之學，則仍可說是屬於儒教者。其中雖可說有是「哲學的」，如佛教中亦有是「哲學的」，然有宗有教，有理論有修持（工夫），則仍是屬教而不屬哲學。故顧亭林所謂「古之淸談談老莊，今之淸談談孔孟」，雖是憤慨而並非無故，然兩者之談究有不同也。談老莊者，可只是名理，而談孔孟者，卻必有歸宗。此將於下文詳辨之。

第六節　中國先秦名家之名實與魏晉名理之進一步的提練與規定

1. 先秦名家所講之形名、名實，吾人雖說其是知識論與邏輯上之問題，然實則究與西方哲學中之邏輯與知識論有間。縱謂其是邏輯與知識上之名理，亦是原始的初步的邏輯與知識論。蓋其原意，在政治禮法之實用上，只是「名實相符」，「循名責實」，「名以檢形，形以定名」之意義；在一般化、抽象化、而泛言名實以說「知」上，亦只是墨辨「知、名實合為」一語之所示，「沿名取實，實以定名」之意義。只注意此「名實之關係」，便是中國學術傳統中所謂之名家。至於在政治禮法上，如何能充其實以稱其名，又所充之實為何，則是各方內容問題。如德、才、能、及守法盡分、無過、無不及等，便是儒、道、法等家所講之內容之學問，而非名家之所以為名家者。當然，只是「循名責實」，「綜核名實」之一語，亦儘有其獨立自足之意義。如其在概念上有獨立自足之意義，便可以此成家，而由之以定其為家之本質意義。在一般化、抽象化、而泛言名實以說「知」上，亦只停於「知、名實合為」之一語。至於名所指之「實」之積極地討究，如對於質、量、關係等之一定的對象，與超此三方面之絕對的對象（超越對象）之討究，則非其所能及。又，對於名本身之積極地討究，如名之形成，名之分類，名與名間之關係，名間之關係所遵守之律則，亦非其所能及。最後，

「名實合爲」之「知」之積極地討究，如對於知之活動之形態，及知所及之限度與範圍，知之有效與無效，以及能知之心之探討，亦非其所能及。當然，「名實合爲」以成知，（此仍是「循名責實」一語之變形），此一語亦儘有其獨立自足之意義。如其在概念上有獨立自足之意義，便可以之定名家之所以爲名家。

故以上兩方面所表現之「循名責實」一語之獨立自足的簡單意義，便是中國名家之原初的意義，典型的意義。故在政治禮法方面，那樣就是名家，而不列入法家、道家、或儒家。而在泛言名實以說「知」上，亦那樣就是名家，而說其是邏輯與知識論，亦只是原始的初步的邏輯與知識論。當然，此原始的初步的邏輯與知識論，在那「名實合爲」一語之獨立自足的意義上，亦可有獨立自足的意義。此就是典型意義的中國名家所牽連至之邏輯與知識論。故據史乘所載，典籍所見，凡中國名家言，只是環繞那簡單一語而展轉重複。說簡單，亦簡單，思想理論總展不開。說鄭重嚴肅，亦甚鄭重嚴肅，此其所以能成家也。其所以有鄭重嚴肅之意者，蓋只在「循名責實」一語之獨立自足的意義，以及此有獨立自足意義之一語之兩頭通：既通於知，亦通於政治禮法。光只是政治禮法，不是中國之名家，光只是知，亦不是中國之名家。必須兩頭通，而以政治禮法方面之名實爲籠罩之氣氛，以知識方面之名實爲經綸於其中之「泛智之照察」。從政治禮法方面之名實說，有鄭重嚴肅之意義；從知方面之名實說，亦有俊逸之意義。

但，雖說那簡單一語有獨立自足之意義，亦因此而成家，然概念引生概念，乃爲不能必然劃止者。每一概念皆可有獨立自足之意義。然其牽涉內容而爲問題之引生，乃爲原則上不能停止者。是以中國名家，在過去亦常不止於典型意義之名家之當身，而亦常黃老形名連稱，此即由名實對應而牽連至超名超形。亦道法形名連稱，此即不但通道，亦通法。通法是「內在地」通，通道是「超越地」通。而在邏輯與知識方面，雖引生者少，而荀子亦稍有引生焉。如其「正名篇」言「所為有名，所緣以同異，與制名之樞要」，即對於名本身之形成有其積極的思量。然則通邏輯、知識論，亦為其所必函。惟在以前，此方面之牽連顯萎縮。而由「名實合為」之知通超名超象之知，所謂「言意之辨」，則有充分之發展。此亦由通道而來者。通邏輯與知識論為內在地通，通玄學為超越地通。是以名家，若不限於狹義之名理，隨其牽連而推擴至「廣義之名理」，則通法、通道、通邏輯與知識論，以及通玄學，乃為其充類至盡之牽連。此即相當於西方哲學之全部：通法是政治哲學，通道亦通三教，是道德宗教之哲學。會而通之，錯綜其變，則人生哲學、藝術哲學、歷史哲學，亦皆賅而存焉。至於邏輯與知識論，則固可順其本性而內在地引生出。（中國文化生命於名家所應有之內在地通一面皆未能積極正視，而於超越地通一面，則充分發展。此猶莊子大談超知，而對於知本身未能正視。因而凡屬科學、民主層，皆未能正視）。至於通玄學，則尤是哲學之當行。茲就中國固有之超越地通一面，（通道而至玄學），進而確定魏晉名理所談之特殊內容之特殊意義，以言其與西方傳統玄學之不同。

2. 魏晉名理，雖若蜻蜓點水，頭緒繁多，觸處機來，時有明悟，然大要言之，不過兩類：一為才性，一為玄學。才性名理是中國所獨有。與先秦人性論為並行之兩支，構成中國全幅人性之學問。一為道德的，一為品鑒的。前者以孟學系統為主，後者以「人物志」為代表。詳論已見論「人物志」章。至若「玄學」名理，則由通道而引生。淸言所及，大要不出此兩範圍。其「言意之辨」中，言所不盡之「意」，亦大體可說屬於品鑒與玄學。由此觀之，依前所說凡名言所不能盡者為「內容眞理」，則魏晉才性名理與玄學名理所論者，即此內容眞理，名言所不能盡之「意」，究有若何之特殊意義？即：究竟是何形態之內容眞理？內容眞理形態多端，魏晉名理所表現者是何形態？吾前言中國名家傳統，廣義名理，可相當於今日通稱之哲學。（在中國，哲學傳統由名家起，科學傳統由羲和之官起，道統則由儒家立）。假定魏晉名理所及之內容眞理，其特殊之形態得而確定，則中國由名家傳統所開出之魏晉名理之玄理哲學，其在以往所表現之形態、模型，（不是形式方面，而是內容方面），亦可得而確定矣。此將與其第一序之道統相應，廣言之，與儒釋道三教相應。而與西方哲學所表現之形態、模型，（亦自內容方面說，不自形式方面說），不同。西方哲學之形態或模型亦與其道統（宗敎）相應，復與其科學傳統相應。大體言之，中國名家傳統所開之玄理哲學，其形態是「境界形態」；而西方哲學，其形態是「實有形態」。一是主觀的神會、妙用，重主觀性；一是客觀的義理、實有，重客觀性。一是圓而神，一是方以智。一是淸通簡要，虛明朗照，一是架構組織，骨格挺立。一是圓應無方，而歸於一體如如，洒然無所得。一是系統整然、辨解精練，顯露原則原理之「實有」。一是不着，一是着。一是混圓如如地對於客觀眞實無分解撐架的肯定，一是分解撐架地對於客觀眞實有肯定。

在中國玄理哲學之「境界形態」下，一切名言所不能盡之意與理，（名與理相對，言與意相對），吾皆統之於「內容眞理」下，而謂其是「主觀性之花爛映發」。即，其所不盡之意理乃屬內容眞理，而此種內容眞理皆是關於「主觀性本身」與「主觀性之映發」所作成之「內容的體會」。此義，於儒釋道三教所證成之最高理境以及順「人物志」才性一路而來之識鑒與品評，皆可適用。順人物志才性一路而來之識鑒與品評，（此亦綜曰「內容的體會」），其主觀性是才性，即所謂「才性主體」。環繞此「才性主體」而有之才情、才氣、氣質、資質、性情、神韻、容止、風姿、骨格、器宇等，皆是此「才性主體」之主觀性之花爛映發，而關於這一切「花爛映發」之內容的體會皆是美的欣趣判斷，故其爲內容眞理皆是屬於美學，而表現人格上之美的原理或藝術境界者。順儒釋道三教所證成之最高理境而言，其主觀性是心性，道德的與超道德的，即所謂「心性主體」是。環繞此「心性主體」而有之道心、天心、菩提心、自然、無爲、虛、空、寂、照、一、天、化、神、幾、應等，皆是此「心性主體」之主觀性之花爛映發，而關於這一切「花爛映發」之內容的體會皆是形而上的玄思，故其爲內容眞理皆屬於形而上，道德的或超道德的，一是皆表現道德宗教上之眞理。這些眞理皆由聖人、至人、眞人、神人、天人、以及菩薩、佛所親證、體現、或達至之境界。一切皆從人證聖證之「主觀性」上說，不自存有之「客觀性」上說。自「我」這裏發，不自「它」那裏發。

自「我」這裏發，發而亦可函蓋乾坤，賅宇宙萬物而言體、言用、言無言有、言神化、言一多、言寂感，儼若亦可成一本體論。然此本體論實只是聖證之主觀性所達至之境界之客觀姿態，而不眞是分解撐架地在客觀眞實方面眞有如此之「實有」，眞作如此之「實有」之肯定。故不是積極的本體論，即不是分解的，架構的本體論，總之，不是「實有形態」之本體論，而是「境界形態」之本體論；此只是消極的，亦曰主觀的本體論。

魏晉名理的玄理哲學即以此聖證爲規範，而發其玄談與清言，且眞能契此規範而不走失，發揮至通徹盡致者。故一洗漢儒之質實，而歸於虛靈，扭轉其客觀的「氣化實有之宇宙論」而爲主觀的境界虛靈之本體論。彼等雖偏於虛、無、自然、而言之，然此一義亦爲儒聖所體現，而確爲儒釋道三教聖證之所共許者。吾確信，凡屬形上學最後皆當總歸於道德宗教之形上學，即植根於道德宗教而安住道德宗教之形上學。而道德宗教之形上學最後必歸於主觀性之花爛映發，而爲境界形態。故不但漢儒之「氣化實有之宇宙論」須提升或扭轉，而予以消化之，即西方傳統中「實有形態」之本體論或形上學，亦須提升或扭轉而予以消化之。提升是從氣化或萬有層提至最高之道德宗教之「理」一層。扭轉是從客觀之實有，氣的或理的，轉至主觀之虛靈。消化是統客觀性於主觀性而至眞實的主客觀之統一。經過提升、扭轉與消化，中國之玄理哲學亦可因而得其進一步之充實。然而千聖同證之「境界形態」下之主客觀之統一，恐是不移之內容眞理也。

第七節　順唐君毅先生之辨進一解

唐君毅先生盛辨魏晉名理所談之理與先秦名實論中所言之實之不同。魏晉名理所言之理是不直接屬於外在實物的「意之所及」之理，先秦名實所言之「實」恆是屬於外在實物之「物理」。吾今皆以外延眞理與內容眞理以別之，而內容眞理又皆統之於聖證之「主觀性之花爛映發」。依此，「意之所及」之理不是空頭的紛然雜出之「意之所及」，而是統之於「主觀性之花爛映發」，以見魏晉淸言固有義範，而非泛然漫談也。以下引唐先生之文以示之。

「先秦思想之論名實，其所謂實，恆是指客觀之外物，或物之形色。此形色是直接屬於物之理。

然「意之所及」之理儘有不直接屬於外物者。故由論名實至論言意，論名理，便是思想上一大轉進』。

『我們說言意、名理之問題，是較名實之問題更進一步者，關鍵全在意之所及之理，可有不及於實物者。先秦之墨辨及名家之討論堅白之盈離，白馬之是否馬，牛馬是否非牛非馬，有厚無厚，南方有窮無窮，鏃矢是行是止之問題，抽象誠然是抽象，但皆大體不出關於物之時間、空間、形色、數量、運動的問題。物之佔時空，有形色、數量、運動，皆可說是直接屬於物之實理。則論我們之名與他們之關係，又只是一名實問題。但以意所及之理，則可是不屬於客觀外物之理』。

1. 『譬如王導過江所標之三理，除歐陽建之「言盡意論」以外，其另二者是嵇康之「聲無哀樂論」與「養生論」。無論說聲有哀樂與無哀樂，都是一判斷，亦都表一意，表一理。聲乃耳之所聞，在外，哀樂乃我之所感，在內。說聲無哀樂，或聲有哀樂，皆只表此在內在外二者之關係，因而此理便不能只在外。此理不能屬於在外之聲。此與形色數量等尙可說屬在外之實物者，全然不同。屬於在外之實物者，可以手指，而此則不可手指，而只可意會。不只是「聲無哀樂」之一理只可意會，即「聲有哀樂」之一理，說哀樂在聲，亦要待於意會。因縱然聲上原有哀樂，我不動哀樂之情，哀樂之意，仍不得說聲有哀樂也。又如「養生論」中說：「忘歡而後樂足，遺生而後身存」，此亦只是一可意會之生活上的道理，而非客觀的外物之理。對於只可意會之理而以言表之，是遠比對於可指的外在實物之形色等理以名表之，更爲人類之更高一步的思想與言說』。

案：嵇康「聲無哀樂論」意在表示和聲純美之客觀性，將哀樂剝下來歸之於主觀之情。聲音「以單複、高埤、善惡爲體」，實即以「和」爲本質。無所謂哀樂也。故云「和聲無象」，文云：「託大同於聲音，歸衆變於人情」。嵇康此義，在美學上爲客觀主義，其境界甚高。然無論如何，欣賞和聲之純美亦是一種欣趣判斷。故「聲無哀樂」亦是一種屬於美學的內容眞理。此雖與才性及玄學不同，似並非主觀性之花爛映發，然欣賞和聲純美要與審美主體有關。人之心境空寂無物，無任何指向與歧出，然後始能與此純美之和聲相遇。主客觀方面皆脫落一切實際內容，不但和聲無象，即心境亦無象，然後大同之和聲始見。此純爲「形式美」之如如地欣趣。此是就聲樂而言。若進一步而至無聲之樂，所謂「大樂與天地同和」，則便是聖證境界之和。自脫落一切實際內容而言，此和聲純美之欣賞，可說是純形式的或純抽象的。然聲之和，色之美，亦常不能單抽象地看其形式，必有色澤於其中。和聲是具體的和聲，美色是具體的美色。並不單是其裏面之形式。就此而言，亦可說「和聲有象」。有時吾人心境純在平淡之中，並無哀樂之情主於其中，然對於客觀之聲音亦有哀音之感。推之有昂揚之音，沈鬱之音，憂戚之音，愉悅之音，肅殺之音，歡暢之音，靡靡之音，朗朗之音，舒展和平之音，乖戾殺伐之音，此皆屬於音之色澤，並非吾心中之喜怒哀樂之情。由和聲爲緣，引起吾人之情感是一事，而和聲本身之色澤又是一事。吾有哀戚之心，覺一切皆哀。此種由情而賦予之哀可以剝落而歸之於人情。然和聲本身之色澤則不易脫落而亦歸之於人情。說聲有哀樂，若自所引起之主觀有主之情言，則非是。若自和聲本身之色澤言，則似亦可說。「託大同於和聲」，和聲是聲樂的一個普遍的底子，而其種種色澤情調，則不可脫落。「歸衆變於人情」，以聲樂爲緣所引起之中心有主之喜怒哀樂，此「衆變」可歸之於人情，而和聲本身所自具之色澤情調之衆變，則不可歸之於人情。此而脫落，則只有齊同之一冥，而無聲樂可言矣。現在，說聲無哀樂，固是形式的欣趣判斷，說「聲有哀樂」亦是實際的具體的欣趣判斷。兩者固皆屬於美學的內容眞理。（嵇康原作，主客對辨，客方主有哀樂，其設辨之理由全自所引起之中心有主之情識言，故嵇康可剝落之也。此爲不盡者。詳見下第九章）。雖與才性及玄理不同，不能盡謂其是主觀性之花爛映發，然要與審美主體有關也。凡內容眞理皆不能脫離主體之感受而呈現。

至於「忘歡而後樂足，遺生而後身存」，則是本老子「後其身而身先，外其身而身存」而來，此顯然是「無爲而無不爲」玄理之所攝。故是聖證境界形態中之內容眞理，而亦是聖證之「主觀性之花爛映發」也。種種玄理由此引生。華嚴十玄門蓋亦此聖證境界形態中內容眞理之充分映發也。又無一而可相碍者。

2.『關於魏晉之談名理，是較先秦名墨諸家之論名實爲進一步之思想發展，尙可由魏晉人所談之形而上之問題與王弼之論易之言，以證之。王弼之論易，其大旨在由漢人象數之學進一步。漢人象數之學之大毛病，在太質實。乾必爲馬，坤必爲牛。某一卦、某一爻，必指一特定事物之象。是謂太質實。漢人之陰陽五行之論，原是一種從事物之變化歷程去看物理之論。在漢人之論易，恆是要把易之一切卦爻之配合變化，通通視作一具體的物理現象之構造的圖畫。如是，卦氣、爻辰、納甲、納音之說，皆相沿而生。由此而某一卦、某一爻，亦必指一特定事物之象。易經中之名言皆成直接指實者。此與先秦之名家言雖不同，然其重直接觀名之指實，則並無不同。而王弼論易，則正是要去此漢人之太質實之病，而求進一步。而其所以能進一步者，正在其於名言與所指之實物間、指出一個意來，亦同時指出一個不屬於特定之物的理來。王弼「周易略例」說：「爻苟合順，何必坤乃爲牛？意苟應健，何必乾乃爲馬」？坤直接表順、而不表牛。乾直接表健，而不表馬。馬牛是象，而健順是意。則乾坤之名與實物之關係鬆開，而只與意理連接。……故忘象而後能得意。牛馬之名只及牛馬之象。此是名象關係，亦即名實關係。而健順之言，則能表我們牛馬之象中所意會之理，則此便是言意關係，名理關係」。

案：此乾坤健順之德，正亦是德性生活之所印證，亦即「德性主體」之所映發與實物無關之內容眞理也。擴而大之，賅宇宙萬物而爲言，則乾元坤元之爲創造原理與凝聚原理，正亦是儒家聖證之境界形態下虛靈的、主觀的宇宙論與本體論通而爲一的形上學。因儒家聖證自正面立言，以「仁」爲體，故雖是虛靈的、主觀的，而在客觀方面，亦即肯定仁爲實體，此即具備一「客觀性」，「即活動即存有（實有）」之客觀性。但此客觀性即此主觀的正面聖證所顯露之仁體之函蓋性。故「客觀性之實有」即此「主觀性實有」（亦即活動即存有）之超越表象，而眞至一主客觀性之統一。此義，於釋道兩家，因其聖證自反面立言，故不具備。然賅括言之，則固同是境界形態下之內容眞理也。

3.　『王弼之玄學，除見於其論易外，亦見於其論老子。今併引其老子注及周易略例之數語、以證上之所說。老子「道法自然」，注：「道不違自然，乃得其性。自然者，在方而法方，在圓而法圓，於自然無所違也。自然者，無稱之言，窮極之辭」。「天地不仁」，注：「天地任自然，無爲無造。萬物自相治理，故不仁也」。「道生一」，注：「萬物萬形，其歸一也。何由致一？由於無也」。此中所謂道，所謂自然，所謂一，所謂無，都是許多名言。這許多名言，皆能表意表理。但是這些名言，都不是表某一特定的實物，亦不表特定的實物之理，亦不必是表一客觀存在的外在實體。其所謂自然，實迴別於今之西方科學哲學中所謂自然。說「自然者，在方而法方、在圓而法圓」，即自然只是任方者之自方，任圓者之自圓，任萬物之自相治理，而自是其所是，自然其所然。故曰：「自然者、無稱之言，窮極之辭」。……自然之名如是，道、一、與無之名亦復如是。邢昺論語正義疏引王弼釋「志於道」曰：「道者、無之稱也。寂然無體，不可以爲象。是道不可體，故但志慕之而已」。謂道只可志慕而非體，即道只爲意中之理之謂也』。

案：道法自然，即道以自然爲本性。故注曰：「道不違自然，乃得其性」。是則自然即道之別名。但亦不是於天地萬物以外，別有一物曰「自然」。故注曰：「自然者、在方而法方、在圓而法圓，於自然無所違也」。直就天地萬物平視一切而任之，此即爲自然、爲道。此顯是聖證袪執之化境。而非別有一物或「客觀實有」曰道、曰自然。唐先生亦謂其「不必是表一客觀存在的外在實體」，即已顯示此義。據此袪執之化境以觀萬物，則萬物個個圓滿自足，自由自在，自然其然，自是其是。向、郭注莊，特顯此義。

但老子亦有「天下萬物生於有，有生於無」，「無名天地之始，有名萬物之母」等義。此則道、無，亦顯有一客觀實體之意義。此將如何解？依吾觀之，道、無之此種客觀實體之意義，亦實只反面的主觀聖證之化境之客觀姿態，而非眞有一「客觀之實有」而可名之曰道或無者。即，道、無之此種客觀姿態實依主觀聖證上「無爲而無不爲」而成立，即依「無爲而無不爲」而有客觀實體之意義。在主觀聖證上，「無不爲」以「無爲」爲體。「無不爲」爲有，「無爲」爲無。是則「有」之繁多以「無」之渾一爲體。此爲「體」之無，在主觀聖證上是至眞至實的：「眞」是親證親見，而「無」亦實可爲體，並非虛擬，亦非假託，故曰「實」。若不是達到至虛至寂、渾圓而一之「無」，何能圓應無方，而繁興無限量之大用乎？此是聖證上之「存在的眞實」，而不可以絲毫置疑者。此義既實，則據此以觀天地萬物之爲無限量的「有」，亦必以至虛至寂渾圓而一之「無」以爲其體。故曰：「天地之間，其猶橐籥乎？虛而不屈，動而愈出」。若非至虛至寂渾圓而一，何能不屈？若非虛而不屈，何能動而愈出？是則「無」之「客觀實體」意義（在宇宙論上）實類比主觀聖證上「無爲而無不爲」而得其眞實之意義。即，此客觀姿態亦依主觀聖證而得印證。然主觀聖證上之「無」是一種虛寂渾化之心境，是一種虛靈之妙用，而非是一「物」。故道、無、不是通過「物事」之觀念去了解，而是通過「妙用」之觀念去了解。其客觀姿態之客觀實體意義亦當如此觀。故曰：「常無、欲以觀其妙，常有、欲以觀其徼」。又曰：「無之以爲用，有之以爲利」。是則其客觀實體之意義實是主觀聖證化境妙用之超越表現，亦即所映發之客觀姿態，並非在客觀存在方面，分解撐架地肯定一客觀實有曰道曰無也。

此客觀姿態可有可無。然皆無碍。捲之則無，放之則有。動觀則有，靜觀則無。向、郭注莊，平視萬物，個個圓滿自足，自然其然，自化其化，無有生之者，無有然之者。此即「靜觀則無」也。然無論動觀之有，或靜觀之無，要皆「主觀性之花爛映發」，聖證所至之「內容眞理」也。在動觀之有上，既不可執「無」爲一物，在靜觀之無上，復不可下委於平視之萬物而直認此物自身即爲道爲自然。此不過捲之於主觀化境之觀照：平視一切，任之而圓滿自足。此是一種境界，一種意義。此仍是提起來，虛靈起來，無執無着而至之境界意義。此即是「自然」。此是境界之「自然」，境界之「獨化」，此即是道與無也。（洒脫地說，鬆散地說）。不是實物之自然，實物之遷化也。（若落於實物上，則一切實物正好不是「自然」。而皆是「他然」。在因果鍊索中之「他然」正是科學所謂「自然界」，而亦正是莊生所慨嘆之「人生若是其芒」也）。若忘提起來，而下委於實物，滿眼是有，以此為自然自在，藉以表示並非於「有」外而有「無」為其體，且認為向、郭注莊是崇有論，（湯用彤先生「魏晉玄學論稿」如此說），則其沈墮不反，謬以千里矣。

4. 『向秀、郭象注莊子，言自然、自爾，言獨化，都是魏晉玄學中之最重要者。今再引郭一段注莊子之言，來說明何以此類名言概念思想、皆重在言我們之意中之理，而非重在論客觀之物自身所以存在之物理。莊子齊物論注：「夫天籟者，豈別有一物哉？即衆竅比竹之屬，接乎有生之類，會而共成一天耳。無既無矣，則不能生有。有之未生，又不能為生。然則生生者，誰哉？塊然而自生耳。自生耳，非我生也。我既不能生物，物亦不能生我，則我自然矣。自己而然，則謂之天然。天然耳，非為也。故以天言之，所以明其自然也。豈蒼蒼之謂哉？而或者謂天籟役物使從己也。夫天且不能自有，況能有物哉？故天者，萬物之總名也。莫適為天，誰主役物乎？故物各自生，而無所出焉。此天道也」。郭象這一類的話，當然亦講了許多道理。但是這許多道理，明不是論特殊具體之物所以成之物理，而其否認有主宰萬物使物生的「天」之存在，謂天只為萬物之總名，即明見他不要追求萬物共同的客觀原因，或萬物之所以存在之理。然則他這一類話講的是甚麽道理？這正只是我們用名言去指客觀存在的萬物時，我們的意中之理』。

案：郭象此注之意正是上項所說道或無之客觀姿態、「靜觀則無」之義也。人籟是比竹，地籟是衆竅，而天籟則並無所指，亦並無斯物。天籟表示一個意義，一個境界。而此意義，此境界，直就「衆竅怒號」之自然而無使之然以顯示。故曰：「天籟者、豈別有一物哉」？吾以虛靈渾化之心平視萬物，不經由因果對待之方式觀萬物，而經由體性學之方式觀萬物，萬物各歸其自己而個個圓滿自足。此不是在因果對待中之「現象的萬物」，而是根據道心以觀之「道體上的萬物」，「自性具足」之萬物。要者在撥開他生、使生、因果、依待，而寂照其自身。因此，顯出其「自性具足」。故一切皆非他生、被生，亦無使之生，而皆是「自生」。自生即「自己而然，謂之天然」。此「自生」一義，顯是由「自性具足」而來。否則，自現象以觀，顯是互依互待，他生、被生，亦有使之生：皆是他然，（依他而然），並非自然。而郭象注莊，（莊子本身亦在內），顯不欲自現象拉長，以言他生，使生，（此是「動觀則有」一路，老子具備。見上項），而是本道心以寂照，「當下即是」之一路，所謂「靜觀則無」也。此是莊子之進於老子者，而郭注能冥契此義而不失。然與「動觀則有」一路相融而不相碍。非可據此以斥彼。郭象能冥契「當下即是」，而似不能圓解「有生於無」之一義。其言「無既無矣，則不能生有」，此語顯然說得太死殺，而不知據「無爲而無不爲」之義以會通「無之生有」也。此即落於邊見，而非圓唱。（郭注「無既無，不能生有。有之未生，又不能爲生」。此有類於龍樹中論之破「生」。此雖可用，然不免於詭辯。不若直就寂照以言其「獨化」。而郭象之底子亦實即此道心之寂照。顯於文字，則有此辯證之象。又，就「動觀則有」一路，自現象拉長以言最後之生因，若是分解撐架地辨解以出之，則即有康德所批判之背反。若如老子類比「無爲而無不爲」以言「有生於無」，則無之爲因即是「境界形態」下之姿態，而此與「靜觀則無」即相融而不相碍者。）

郭注言自生、自然，是道心觀照之境界，故此內容眞理亦是主觀聖證之花爛映發。其注逍遙無待，亦與其注天籟略同。茲錄之以助讀者之理解。注曰：「天地者，萬物之總名也。天地以萬物爲體，而萬物必以自然爲正。自然者，不爲而自然者也。故大鵬之能高，斥鷃之能下，椿木之能長，朝菌之能短，凡此皆自然之所能，非爲之所能也。不爲而自能，所以爲正也。故乘天地之正者，即是順萬物之性也。御六氣之辯者，即是遊變化之塗也。如斯以往，則何往而有窮哉？所遇斯乘，又將惡乎待哉？此乃至德之人，玄同彼我者之逍遙也。苟有待焉，則雖列子之輕妙，猶不能以無風而行。故必得其所待然後逍遙耳。而況大鵬乎？夫唯與物冥而循大變者，爲能無待而常通。豈自通而已哉？又順有待者，使不失其所待。所待不失，則同於大通矣。故有待無待，吾所不能齊也。至於各安其性，天機自張，受而不知，則吾所不能殊也。夫無待猶不足以殊有待，況有待者之巨細乎」？此末後一義甚精。不但自通，且亦通他。「順有待者使不失其所待」，則有待者亦自性具足，而各歸於無待。「稱體而足，不知所以然也」。（亦逍遙遊注語）。此則「玄同彼我」，無待與有待亦無殊。此爲絕對之無待，至極之逍遙。逍遙、齊物之旨，郭象可謂得之矣。老子尚有客觀之姿態，而莊子則唯是言聖證之境界。

第八節　境界形態下主客觀性統一問題

魏晉名理，順道家言「無」而來之玄論，就「無」之爲本體說，雖說動以觀之，「無」有客觀實體之意義，主觀聖證之「無」有客觀之姿態，而爲天地萬物之始；然因其自反面立言，自否定之路以顯「無」，又因德性之心性不立，不能解消自由與道德之矛盾，則即不能眞建立道或無之客觀實體之意義，亦即不能眞至主客觀性之統一、而不免於偏枯。故至莊子與後來之向、郭，則即消化此客觀姿態，而純歸於「境界形態」。雖云動觀、靜觀，兩不相碍，然畢竟「無」之客觀實體意義是虛說，故不能眞建立道之客觀性，亦不能眞至主客觀性之統一。

至於佛教，則尤純自菩提、般若、以言聖證，證如不證悲，故尤純屬境界形態，而根本不肯定「實體」之觀念，故自不涉及其客觀性。

惟儒家聖證自正面立根，自德性之路入。體天立極，繁興大用，故既有主觀性，亦有客觀性。且眞能至主客觀性之統一。蓋仁是客觀之實體，遍人遍萬物而爲實體，而亦即由聖證而見而立。而渾化、無爲、寂照、寂感、圓、一、虛、空、覺、健，這一切皆自主觀聖證之境界言，皆爲聖人所體證；而又一是皆樹之以仁體而實之，故一是又皆爲仁體之屬性。此其所以爲大成圓教也。王弼、向、郭雖崇儒聖，而其玄義實據道家。故只能了解儒聖亦「體無」，而不能透澈其性命天道相貫通之全體大用也。聖人「體冲和以通無」，此言確不虛。而王弼之智亦確能見到，故能如實說出。孰謂聖心尙有縛執哉？不但體冲和以通無，而且通體達用，體無而不遺有，至寂而不失照，至靜至一而圓應無方。故不但神明茂，而且五情同。應物而不累於物，終日應未嘗應也。此種圓融之境，聖人確能體之，而卻不欲多言。他只「肫肫其仁，淵淵其淵，浩浩其天」以示之。所謂「默而成之，不言而信，存乎德行」也。故曰：「聖人體無，無又不可以訓，故不說也」。而老、莊盛言之。至乎魏晉玄理，以老莊爲矩矱，而又盛發之。適同時佛教亦在滋長中，順魏晉南北朝之玄談淸言，而亦有其至鳩摩羅什來華爲止之初期發展。在此兩流順應發展中，一呼一應，推波逐瀾，於空、有，有、無，寂、照，動、靜等聖證之圓境，尤其闡發無餘蘊。此即所謂「境界形態」而至乎其極也。境界形態之義蘊，確爲佛道兩家所喜闡發而盛言之。其功不可沒。惟儒家不只是主觀聖證之境界，且能將其所證現之仁體通出去而建立道之客觀實體性。故中庸云：「君子之道，本諸身，徵諸庶民，考諸三王而不謬，建諸天地而不悖，質諸鬼神而無疑，百世以俟聖人而不惑」。此即主客觀性統一之規模。由之亦足以辨三教之同異。

順儒家性命天道之教義固能開出主客觀性之統一，此爲魏晉玄學名理所未能知者。蓋其所能及的只是外部地籠統地知聖人亦體無，而聖人教義之內在的精蘊與核心的立體骨幹，則非彼所能知。聖人固已至化境，然支持此化境之立體骨幹，則非釋老所能至。是以若只浮面地自此化境而言，則與佛老無以異。即以道家言說之，亦無不可。此即王弼、向、郭之以道體儒用，融合孔老者。然若內在地深入此化境之所以然的立體骨幹以觀，則知聖人固有獨立自足的體用。固不能直以渾化之「無」爲體也。聖人無適無莫，無意、必、固、我，無可無不可，氣象同天地，何嘗有一毫之沾滯，此即王弼所謂「聖人體無」。然實則此只是聖人之化境與氣象，而不可即以此爲體。而自儒者言之，聖人之體固在「仁」也。老莊徒自此化境之化掉一切「有」之定向所顯之「無」而盛言之，並即以所顯之「無」爲體，此是倒果爲因，將「果境」視作一現成的先在原理，置之以爲本，遂只成爲有無對揚，而不知聖人之無之所以然。只成爲智解之路數，而於德性之心性，則不復能直下正視而肯定之。因此，心性分爲二層：性者生也，沈而在下，心者靈也，虛一而靜，浮而在上，而無德性之內容。即此虛一光板之心相應其所置之無，因而有無對揚，寂照對顯，說有說無，說一說多，說體說用，說寂說照，種種玄解，展轉無盡，而只是忘掉「於穆不已」之仁體。固不知聖人之大德敦化本由仁體而來也。將此仁體抽掉，而只在外面空說有無、體用、不即不離，此只是形式之陳述，（前第四章論王弼時所謂水平線型），固可用於一切聖境也。此其所以只有主觀境界，而無客觀實體，只能盡境界形態，而不能至主客觀性之統一也。深入儒聖敎義之內在精蘊而握住其仁體者，唯宋明儒者能之。此是開客觀性關鍵之所在。故至宋明儒者，即不以此水平面上之玄境爲主，問題重心已轉至性命天道相貫通之立體骨幹矣。此爲思想發展上一大轉進。

魏晉玄學名理已能隨老莊敎義而盡境界形態之極致。若在今日，則順名家傳統所開出之中國哲學，復當通過宋儒所闡揚之儒家立體骨幹，進而正視西方之「實有形態」，而予以提升、扭轉、與消化，以達主客觀性之眞實統一，並藉以充實此「統一模型」之內容。此則今日之事也。此爲中國名家傳統所開之哲學之開擴。此當須有兩步驟以完成之：

1. 消化「實有形態」之宗敎與上帝：耶敎「證所不證能，泯能而歸所」，一往爲「實有形態」，脫離「境界形態」而孤懸。只有祈禱與信仰，而無主觀之聖證。此則幽明之路隔，人天之道違。故必須予以消融而眞實化其「實有形態」之客觀性。

2. 提升、扭轉、並消化希臘哲學傳統之「實有形態」之體性學與宇宙論：此則第一步須先打通柏拉圖系與康德系之睽違，而以康德之「主體哲學」統攝柏拉圖系之「實有哲學」，此即謂扭轉。次則將此統一再提升而消化於性命天道相貫通之立體骨幹中。此即吾「認識心之批判」所作者。

西方文化精神一往重「客觀性」。科學注重形而下的外在客觀性，無論矣，即其哲學宗教亦皆重客觀性而爲實有形態。此重客觀性之精神，其成就已爲世人所周知，吾人固不容忽視之。其中雖有許多隔離睽違處，因而衝突與虛幻亦所不能免，然而客觀性之眞實性固不容抹殺也。問題只在如何消化之而融於中國之主觀性之境界形態中，以達主客觀性之統一。此而打通，即中西文化之大通。關此，茲不詳論。

吾茲須進而一論者，爲玄學名理與儒釋道三教之不同，甚至與一切教之不同。此不同乃哲學名理與教下名理之不同，亦含有哲學與聖證之不同。此不同，順魏晉玄學名理與佛教言，唐君毅先生辨之以「言意境」與「超言意境」。茲引其言如下以明之。

第九節　「言意境」與「超言意境」：哲學名理與教下名理之不同，以及其與聖證之不同

『如要以一語表示玄學家與佛學家之不同，則玄學家之言名理不離「意言境」，而佛家則最重離「意言境」。玄學家最重思議，佛家則要達於超思議與不可思議。思是心行，議是言語。超思議是大乘起信論所謂「離言說相，離心緣相」，是後來禪宗常說的「言語道斷，心行路絕」。如依法相宗說，則魏晉玄學家之一切談說，只是其名言種子之現行。而佛家則正要將我們之名言種子轉依於實際。如依空宗說，則魏晉玄學家言正皆是戲論，而佛家則善滅諸戲論。戲論滅己，則可更無所說』。

『……人意中所及之理，可超於現實的具體特殊物之外之上。此便是魏晉玄學家精神之所注。由此，使玄學家一方有遺棄實際事物之傾向，一方更有一超曠的胸襟。玄學家當時所談的天地萬物之有無同異之理，……尤可使人更有一超曠的胸襟。此理由在這些名言與其所表之理都是最富於普遍性，而可涵蓋已成的、現實的、以至未來之天地萬物的。……當我們知此理時，即使我們之心，若超臨於天地萬物之上，而達一廓然虛曠之境，亦非難事。由此而說出種種超妙之理論，亦非難事。但是我們復須知，此一切理論與由此理論所達之超臨虛曠的心境，只是隨我們之意而起。此所起之意與所及之理，都是只能提起，而不能眞正放下而落到實際的直接經驗的世界的。如放下而落實，即將發見其自身之虛幻。而南北朝以後之佛學理論，正是最能顯出此諸理論放下落實時之虛幻，而能空此諸理論之理論。此「空理」之理論之出現，正是表示中國思想史之進一步的發展。必須超越玄學之理論，而展示出一種新理之世界』。

案：此可視爲思想理境之進一步，亦可視爲哲學與聖證之不同，以及玄學名理與佛敎之敎下名理內容之不同。本文是從此兩不同說，不從「理境之進一步」上說。從聖證方面說，聖人體之、懷之，亦可當下空此諸理論，而盡消融於實際：或「默而成之，不言而信，存乎德行」，或渾化之而一切皆實。莊子齊物論云：「聖人懷之，衆人辯之，以相示也」。魏晉玄學名理只是辯以相示，並未達到「聖人懷之」之聖證的境地。此是名理與聖證之不同。

「言意境」與「超言意境」，魏晉玄學名理（亦即哲學）俱可「辯以示之」。由「言不盡意」，而至「得象而忘言，得意而忘象」，以及「象外之意，繫表之言」，層層前進，即可示出頓時默然，而歸於「超言意境」之理。以言盡象，象非最後者。以象盡意，雖盡而不盡。此不盡之「意」不可死看。死看、非最後者；活看、是最後者。活看、則意即是聖證境界中的一切內容眞理。依此，即體之、懷之、存之、不言而信之超言意境亦即是所不盡之意。不可將意只拘定爲「意念層」而視之爲散亂之有也。無、自然、諸名言所示之境界亦即意也。是以從解悟之知上說，魏晉玄學亦未必不能知此「超言意境」。言無、言一、言獨化，正示無言之境。而所以言之者，正是「辯之以相示也」。他們所言之有無、一多、同異等理，是自境界形態下而視之爲體用關係上的「內容眞理」。分解地言之，無、一、與同是體，有、多、與異是用。關係地言之，則體用相即相離，不即不離，故亦可以相融而至圓成。與希臘哲學之自「實有形態」下視之爲實有之概念或範疇者不同。亦與龍樹中論所破之生滅、常斷、一異、來去等對待法不同。當然，此名言，意識中之體用上的有無、同異、一多之凸出，亦可以忘掉而至渾化之境。此即所謂「聖人體無」也。此時亦無所謂體，亦無所謂用，亦無「無」，亦無「有」，亦無「多」，亦無「一」，而只是一「不言而信」之渾化。玄學名理卻正要把此渾化「辯而示之」。故正可以辯示出「超言意境」之理。

超言意境可隨三教之內容不同而有不同之表示。在佛，則由「緣起性空，互相破滅」顯；在道，則由「自然、無爲」顯；在儒，則由「不言而信，存乎德行」顯。此種不同所顯之「超言意境」（空理）之不同相，乃是「教」之不同。而教亦是「名言境」也。在教之層次上，以俱屬名言境或言意境，可與玄學名理同層次。其不同或以爲其進於玄學名理者，乃是教之內容不同，或是名言或言意之知之路數不同，而非境界之不同。總之，是哲學名理與教下名理之不同。教下名理乃有定向之名理。

定向即宗也。宗定在證如證空，則其教之名理即環繞證如證空而施設。宗定在自然無爲，則其教之名理即環繞自然無爲而施設。宗定在盡性知天，則其教之名言即環繞盡性知天而施設。故佛教之經論，乃佛教宗之名理，其名理皆當守其宗而不悖。道之經論，儒之經論，亦復如是。然玄學名理（哲學）、則可超越此教之定向，而涉及一切教與非教之名理而辯示之。魏晉玄學名理以道家爲矩矱，乃一時之因緣，非玄學名理之本質必限於此。（當然，道家之義亦確有恰當於玄學處）。依此言之，玄學名理乃更超越而普遍。但須知超越而普遍，是名理之超越而普遍，非聖證之超越而普遍。名理之超越而普遍是辯以示之。聖證之超越而普遍是體之、懷之、存之、不言而信。依此言之，聖證之超言意境是行，是實，而名理之超言意境是辯、是知、是虛。故聖證進於名理，而高於名理也。依此，吾人可自原則上區別開哲學名理與教下名理之不同，以及名理之超言意境與聖證之超言意境之不同：

1. 教下名理乃依宗起教，有定向者。而哲學之玄學名理則可不爲定向所囿。依此，其內容的層次同，教下名理，在境界上，並不高於哲學之玄學名理。而於外延的層次上，則哲學之玄學名理比教下名理爲超越而普遍。（依此，宋明儒學是教下名理，與玄學名理本質上有別）。

2. 名理之超言意境是辯以示之，而可不必眞能作到，其本質亦不函作到或不作到。此是哲學之本質。而教下名理則必函作到，或至少亦函作到與作不到之問題。此是道德宗教之本質。因此而有聖證之超言意境。聖證之超言意境是體之、懷之，因此它必高於名理之超言意境。即，道德宗教高於哲學。

魏晉玄學家之情調，名家傳統所開者，亦實只是哲學家之情調，而非宗教家之情調。宋明儒則是宗教家之情調。此不可不知。當然哲學家亦可進而歸於宗教家。

依以上兩層區別，乃引生一甚深之問題，即：哲學名理之「辯示」，在境界上，固低於聖證之體之懷之，然聖證之體道（廣義的）而至於無言，或「終日言而未嘗言」，必在「一定形態」下體道，（此即其宗與教），而至於無言，或終日言而未嘗言。此亦即「道之化身」義。道成肉身，藉肉身以表現，通過一偉大生命而表現，同時即爲肉身、生命所限定，此即成一定之形態。儘管孔子體無，釋迦體無，甚至耶穌體無，同至無相之境，然其所示之「無相」後面有一「定形」爲其相。此即孟子所謂「聖人之於天道也、命也、有性焉。君子不謂命也」。「命也」是說受一定形態之限制。「有性焉，君子不謂命也」，則有甚深之智慧。此智慧是表示：不管命限如何，只是盡性以從理，全幅生命潤在性理之中而無一毫之夾雜，此即聖人之無限，聖人之所以爲聖人。莊子亦說：「道惡乎隱而有眞僞？言惡乎隱而有是非？道惡乎往而不存，言惡乎存而不可。道隱於小成，言隱於榮華」。此亦甚深智慧之言。道不能不通過聖證來表現。但通過一定形態之聖證而表現之，同時即限定之，此是一內在之矛盾，而須永遠破除者。若不知此矛盾，而停於限定上以排他，則即「隱於小成」，因而有眞僞之爭也。能永盡性而破除此限定，或知限定終不可免而不固執以排他，則即是大成。聖證無諍。相視而笑，或喟然而嘆。默逆於心，懷之而已。

然每一聖證，雖可相視而笑，或喟然而嘆，以相喩解，然而內在於各聖證之本身說，皆是一絕對之圓滿，而聖人皆是無對者，永遠自我作主者。即使聖人忘我，無人相，無我相，然亦永遠是渾一無對，法體自爾，而此即是超然之大主。因此，跳出其渾一，而看看別人，落於對待參顧中，將其超然之大主，拆開而爲平面之對待，乃永非聖人渾化之心境。聖人氣象同天地。天地無對，決不會有一個跳出天地而外於天地之天地。聖人固講忠恕絜矩之道，此有類乎拆開而爲平面之對待，然此平面之對待，在聖證上說，實是以立體之渾一爲其主。亦猶之乎耶穌之饒恕惡人乃以無對之愛爲其主。在聖人，平面與立體永遠兼備。平面是和光同塵，與人爲徒，立體是上達天德，涵蓋乾坤。固不可從平面看聖人之忠恕也。因此，聖人之渾一無對乃永遠拆不開者。是以莊子大宗師有云：「其好之也一，其弗好之也一。其一也一，其不一也一。其一與天爲徒，其不一與人爲徒。天與人不相勝也，是之謂眞人」。他總是一穿不破之一。因此，要想叫他離開此一而看彼一，乃不可能者。此一彼一即不通。因一無彼此。一是無對渾圓之一。聖人只有一個頭。他皆肯定，是肯定其一個頭之下者。此其故即在：他一方是道，一方又是「一定形態」下之道。「一定形態」依兩義而規定：一、他有一具體之生命，二、因具體之生命而從某一面見道或從某一角度表現道。此兩義即形成一限定，因而成一定之形態。釋迦佛以無常、苦、空而表現道，耶穌以上十字架方式而表現道。即儒聖立教最爲中正無偏，然因彼有一具體之生命，總不能即是「道之自己」。此即是聖人之悲劇。亦即孟子所謂「命也」，亦聖人之無可奈何者。故羅近溪云：眞正仲尼，臨終不免嘆一口氣。即依此義，說聖人之悲劇。

因此，能不落在一定形態下，而單從名理以辯之哲學家，則可拆穿聖人之渾一，而一一予以辯示，而暢通其理理無碍，事事無碍，事理無碍之途徑。哲學以名理爲準。名理凌空，不爲生命所限。聖證以生命爲資，不能不爲其所限。無生命之聖證，則道不實。無名理之凌空，則道不開。哲學辯而開之，顯無幽不燭之朗照。聖證渾而一之，示一體平鋪之實理。然哲學家智及不能仁守，此是哲學家之悲劇。聖證仁守而封之，此是聖人之悲劇。兩者永遠在開闔相成中，而各有其獨立之本質，藉以觀人之所以爲人，精神之所以爲精神。再益之以藝術、天才、生命、英雄之境界，則人類精神之最高峯盡矣。此黑格爾所以視宗教、藝術、哲學、皆爲絕對精神也。

魏晉玄學名理，雖以道家爲矩矱，然其本質實爲哲學名理，而非教下名理。即老莊本身，雖在以前名爲儒釋道三教，然實則道家之教的意味並不甚强。其故即由於彼等非聖人。故其本質實只是哲學家。其所言所談，雖爲知言知本，然只是哲學名理，而非聖證。魏晉人雖高崇老莊，而在人品上仍推尊儒聖。即聖證與名理之別也。王弼已言「聖人體無，無又不可以訓，故不說也。老子是有者也，故恒言其所不足」。雖在老子猶未與於聖證之林，而況莊子？故郭象莊子序曰：

「夫莊子者，可謂知本矣。故未始藏其狂言。言雖無會，而獨應者也。夫應而非會，則雖當無用。言非物事，則雖高不行。與夫寂然不動，不得已而後起者，固有間矣。斯可謂知「無心」者也。夫心無爲，則隨感而應。應隨其時，言唯謹爾。故與化爲體，流萬代而冥物。豈曾設對獨遘，而游談乎方外哉？此其所以不經，而爲百家之冠也。然莊生雖未體之，言則至矣。」

此即只許其知言、知本，而不許其能至聖證之境也。聖人立教，哲人明理。在明理上，可不爲任何現實之迹所限。故堯舜算得甚麽？孔子算得甚麽？即自己之一身又算得甚麽？故「山木篇」末述莊子「守形而忘身，觀於濁水而迷於清淵。……遊於雕陵而忘吾身。異鵲感吾顙，遊於栗林而忘眞」。以至於見戮而「三月不庭」（逞、快也）。注云：「夫莊子推平於天下，故每寄言以出意。乃毀仲尼，賤老聃，上掊擊乎三皇，下痛病其一身也」。其毀、賤、掊擊，乃至痛病其一身，皆示其不爲現實之迹所限，而明聖人之道也。故曰「寄言以出意」。此自是哲學家之風格。吾謂中國哲學傳統由先秦名家開，此是直接從狹言之。若再進一步想，從寬言之，則實當說從道家名家開。魏晉名理繼此而發展，則哲學傳統遂完全確立。故道統在儒家，科學傳統在羲、和之官，而哲學傳統則在道家與名家。科學傳統式微而不彰，道統由宋明儒而彰著，哲學傳統則因魏晉名理而推進。此皆有永恒之價值，而將永遠不斷者。

又老莊言心性，雖未依照儒聖性命天道之教義而立言，然就造詣之最高處之體用、有無、一多之形式關係之闡明言，則亦能盡聖證境界之極致。（王、韓、向、郭亦如此）。此雖爲最普遍之形式陳述，（所謂泛言體用），然即此「形式陳述」乃爲一切聖證所不能逃者。故道家以及魏晉玄學，不涉及任何教之內容，而直就「道之爲道」之本身說，此普遍之形式陳述即已得哲學之本質。當然不必停於此，亦可隨時擴張曲盡其「辯示」之理境。如此，哲學傳統可有其發展。以哲學而活轉道家，則可不必如宋明儒之視之爲異端。道家可自處於哲學，而以哲學凌空其自己，並活轉其自己，不必自定爲一「教」，則即不與教爲對立，而將有其無限之哲學生命焉。此爲吾言「魏晉名理正名」所引至之結論。世之達者，必有契焉。

第八章　阮籍之莊學與樂論

第一節　阮籍之風格

阮籍，嵇康，乃竹林名士之傑出者。竹林名士之特點，世稱之爲任放或曠達。然阮籍有奇特之性情，而嵇康「善談理」。（晉書「嵇康傳」語）。餘者皆無足取焉。茲先論阮籍，後論嵇康。

晉書卷四十九「阮籍傳」云：

「阮籍字嗣宗，陳留尉氏人也。父瑀，魏丞相掾，知名於世。

籍容貌瓌傑，志氣宏放，傲然獨得，任性不羈，而喜怒不形於色。或閉戶視書，累月不出；或登臨山水，經日忘歸。博覽羣籍，尤好老莊。嗜酒、能嘯、善彈琴。當其得意，忽忘形骸。時人多謂之痴。………

籍本有濟世志。屬魏晉之際，天下多故，名士少有全者。籍由是不與世事。遂酣飲爲常。文帝初欲爲武帝求婚於籍，籍醉六十日，不得言而止。鍾會數以時事問之，欲因其可否而致之罪，皆以酣醉獲免。

及文帝輔政，籍嘗從容言於帝曰：籍平生曾遊東平，樂其風土。帝大悅，即拜東平相。籍乘驢到郡，壞府舍屏障，使內外相望。法令淸簡。旬日而還。帝引爲大將軍從事中郎。

有司言：有子殺母者。籍曰：嘻！殺父乃可，至殺母乎？坐者怪其失言。帝曰：殺父天下之極惡，而以爲可乎？籍曰：禽獸知母不知父。殺父、禽獸之類也。殺母、禽獸之不若。衆乃悅服。

籍聞步兵廚營人善釀，有貯酒三百斛。乃求爲步兵校尉。遺落世事。雖去佐職，恒遊府內。朝宴必與焉。會帝讓九錫，公卿將勸進，使籍爲其辭。籍沈醉忘作。臨詣，府使取之。見籍方據案醉眠，使者以告。籍便書，按使寫之，無所改竄。辭甚淸壯，爲時所重。

籍雖不拘禮敎，然發言玄遠，口不臧否人物。

性至孝。母終，正與人圍碁。對者求止，籍留與決賭。既而飲酒二斗，舉聲一號，吐血數升。及將葬，食一蒸肫，飲二斗酒，然後臨訣，直言窮矣。舉聲一號，因又吐血數升。毀瘠骨立，殆致滅性。

裴楷往弔之，籍散髮箕踞，醉而直視。楷弔唁畢，便去。或問楷：凡弔者，主哭，客乃爲禮。籍既不哭，君何爲哭？楷曰：阮籍既方外之士，故不崇禮典。我俗中之士，故以軌儀自居。時人嘆爲兩得。

籍又能爲青白眼。見禮俗之士，以白眼對之。及嵇喜來弔，籍作白眼。喜不懌而退。喜弟康聞之，乃齎酒挾琴造焉。大悅，乃見青眼。由是禮法之士疾之若仇。而帝每保護之。

籍嫂嘗歸寧，籍相見與別。或譏之。籍曰：禮豈爲我設耶？

隣家少婦，有美色。當壚沽酒，籍嘗詣飲，醉便臥其側。既不自嫌，其夫察之，亦不疑也。

兵家女有才色，未嫁而死。籍不識其父兄，徑往哭之，盡哀而還。其外坦蕩而內淳至，皆此類也。

時率意獨駕，不由徑路。車跡所窮，輒痛哭而反。嘗登廣武，觀楚漢戰處，歎曰：時無英雄，使豎子成名。………

嘗於蘇門山，遇孫登。與商略終古，及栖神道氣之術。登皆不應。籍因長嘯而退。至半嶺，聞有聲若鸞鳳之音，響於巖谷。乃登之嘯也。遂歸著大人先生傳。………

子渾、字長成。有父風。少慕通達，不飾小節。籍謂曰：仲容已預吾此流，汝不得復爾」。

案此小傳，可知阮籍之風格，有以下三點：

一、有奇特之性情。

二、與禮法有嚴重之衝突。

三、能嘯、善彈琴，希慕原始之諧和。

※　※　※　※

關於「奇特之性情」，此實浪漫文人之性格。此中固有性情之眞處，然亦有許多夾雜。或因激憤而然，或因矯違而然，或因生物本能而然。如旣厭司馬昭（文帝），而又虛與委蛇，此即趨利避害之生物本能。所謂「喜怒不形於色」，「口不臧否人物」，即此方面之保護色也。即此而言，則固非單純文學家之性格，亦有其動心忍性處，（非孟子所說之「動心忍性」），非一往是性情之眞也。母死吐血，固是眞性情，然「與人圍碁」，必「留與決賭」，則亦是矯違。此處，圍碁之事並無足以使其必壓抑母終之痛者，何强忍爲？或因好勝之心過强，遂抵住其痛母之心乎？抑或故示無動於衷乎？性情之際，主觀心理之事，極曲折微細，固難一律。生命之不經，亦非可以常情論。然在此，若一有心理之曲折，便非性情之眞，亦非性情之純。任何俗情，任何膠着，皆必爲母終之痛所衝破，此方是至孝之性，方是性情之眞純。阮籍此等處，只可說是生命之奇特，不可說是性情之眞純。至居母喪，裴楷往弔，則「散髮箕踞，醉而直視」。嵇喜來弔，則「作白眼」。嵇康「齎酒挾琴」來，則「見青眼」。此皆因激憤而故作怪態。夫一般社交，厭其虛僞無實，故示怪態，猶可說也。居母喪而作怪態，則主客皆成虛僞。父母之喪，昊天罔極。此處最易見眞純與平實。此時只有一哀戚之痛，任何奇特與怪妄皆容不上。奇特與怪妄皆不直，皆是罔，皆違離眞性情。哀戚之痛可以使矯揉造作之心與虛亢矜持之氣消化於無形，心亦平、氣亦和。惟是一肅穆之哀情。客人之弔亦投入此哀情而不容其不眞。主人之哭亦自然而不容已。此一刹間，不是禮俗問題。何來激憤？何容作怪？此時最易見人間之溫暖，與人情之親切。此豈純是應酬之禮節耶？所謂禮者非天降、非地出、皆本乎人情、亦於此表現得最清楚耳。以前中國農村社會裏過新年全是一片喜慶嘉祥之氣。年前之打架仇恨，一至元旦，一聲「賀新年」，皆歸消釋。此是喜慶之情促使人心平氣和。於此亦最易見人間之溫暖與人情之親切。平時之激憤、虛亢、一切驕矜不實之氣、皆頓時消融而歸於平平。於此最易見天地人之本體，亦於此最易見天地人之所以立。故拜年不是禮，乃是喜慶嘉祥之氣之洋溢。居喪之哀，客人之弔，亦不是禮，乃是一片哀情之肅穆。此兩種情，最易拆穿一切虛妄。阮籍居母喪，出怪態，得毋以其平素激憤習氣機括已成，陷溺於其所爲而不可使復，雖在母喪之哀戚，亦不能暢通其性情之眞耶？然母總是母，其吐血數升，不可謂不眞。然此眞是落於第二義，藉激憤禮俗之反動以表現。而一有反動即有僞，故此眞是在激僞中拚發以出，故落於第二義。只此一點渣滓，遂使主客皆僞：主有激情之僞，遂使弔客之舉動皆僞。裴楷嵇喜應酬之僞也。嵇康齎酒挾琴，則怪態之僞也。以僞生僞，以怪引怪，遂顯一切禮俗亦僞。殊不知禮俗並不僞，或無所謂僞不僞，僞只在自己之激憤。而在父母之喪中是容不下絲毫激憤的。一片哀戚之肅穆融化人間一切奇曲之不平。此之謂性情之眞純。是者非者，美者醜者，善者惡者，凡有來弔，皆所以助我之悲，慰我之哀，而其情亦無不眞者也。吾焉得以虛妄分別之激心黑白弔者之善意乎？吾無憤激之心，則禮俗不凸出於念中成一孤懸之概念，則禮俗亦眞。焉得橫亘於胸中而嫉之，藉以僞己而僞人耶？夫自東漢末年，徐穉以「鷄酒薄祭，不告姓名」，哭黃瓊，「置生芻一束於廬前而去」，弔郭太，名士之藉矜亢以顯虛妄之眞，其由來久矣。殊不知其皆僞也。本屬性情之事，而卻轉移之藉以顯世俗之惡濁，成一客觀禮俗問題之激蕩，社會人品分野之鬭爭。主觀性情之事，轉化而爲客觀之憤世嫉俗，則一切皆僞，遂使風俗益壞，而人心益發不可收拾。降至魏晉之際，此情尤顯，阮籍其代表者也。至於後來所謂八伯、八達，則直怪不成怪，奇不成奇，直是放縱恣肆胡鬧之妖孽耳。（晉書卷四十九羊曼傳：「時州里稱陳留阮放爲宏伯，高平郗鑒爲方伯，泰山胡母輔之爲達伯，濟陰卞壺爲裁伯，陳留蔡謨爲朗伯，阮孚爲誕伯，高平劉綏爲委伯，而曼爲黠伯。凡八人，號兗州八伯」。又同卷光逸傳記胡母輔之、謝鯤、阮放、畢卓、羊曼、桓彝、阮孚與光逸、爲八達）。

※　※　※　※

關於「與禮法有嚴重之衝突」一點，阮籍曰：「禮豈爲我設耶」？以其激憤之性格，居母喪，尙不能平其情，何況與嫂作別乎？（嫂歸寧，籍相見與別。人或譏之。不知其如何別法。何以「與別」即違禮？蓋其舉動必有與當時之禮俗不合處。遂引起世人之譏議）。沽酒少婦，以及兵家女等事，此皆表示阮籍爲一浪漫文人之性格，所謂酒色之徒是。晉書對此稱其「外坦蕩而內淳至」，實則只是浪漫文人之性格。雖不至有猥褻不潔處，然酒色之情不可掩也。「坦蕩」只是不避世俗之嫌疑，「淳至」只是浪漫文人之淳至。此中固有生命之眞摯處，吾人不能一概以風化律之。酒色之情不必盡壞。此足以表露「生命」一領域之眞摯與獨特。 如生命如其爲生命，獨立自足而觀之，則生命有其獨立之眞處，亦有其獨立之美善處。此大都爲浪漫文人所表現之領域，即「生命」之領域。如「兵家女有才色，未嫁而死」，此亦天地靈秀之氣之一瞬即逝者。此一靈秀之少女，生於兵家，其處境已堪憐惜。而又「未嫁而死」，則其命運亦可哀矣。此中誠有一種清潔高貴無可奈何之悲情，常爲詩人文人之慧眼所獨識，亦常只爲詩人文人之生命所表現。此詩文之所以獨立，詩人文人之所以自成一格之故。阮籍「徑往哭之，盡哀而還」，此亦以其有獨特之生命與靈慧，故能默契此天地靈秀之氣之少女之在蒼茫中之命運。此中有一種生命之賞識，亦有一種天地之憾之哀情。此是無可奈何者。其哭之盡哀，正是此賞識與哀情之恰當的表現。塵土中儘有悲劇式的優美靈魂，亦儘有悲劇式的良善靈魂。天地故鍾靈秀於此，此非天地之憾而何？在此種賞識與哀情之中，生命之凸出自非粗枝大葉之禮俗所能約束。禮法在此用不上，亦是實情。此是生命之領域。聖人設教，爲防一般庸衆之氾濫。縱欲敗度者不得借口。天下不皆有奇特之生命者。依此，生命固可欣賞，禮法亦有眞實。一個健康之文化，不摧殘生命，亦不橫決禮法。吾於此處，不貶視阮籍；但於其居母喪而現激憤之怪，則亦不予以稱許。蓋喪母之痛與哭少女之哀，本是兩種情也。在前者，禮與情是內在的融一：情之所在即禮之所在。在後者，則可不是內在之融一：情之所在亦可不是禮之所在。然而阮籍究不是一個大生命，只是一浪漫文人之生命，故不能兩情俱得也。

以浪漫文人之生命爲底子，則一切禮法皆非爲我而設。在此，一個「非人文」的生命與禮法有永恒之衝突。所謂永恒的衝突，是說依其奇特之生命，本質上即是與禮法相衝突，乃永不得和諧者。在此，生命是一獨立自足之領域，它不能接受任何其他方面之折衝。依此，它必冲決一切藩籬，一直向上衝，直向原始之洪荒與蒼茫之宇宙而奔赴。這是一個無掛搭之生命，只想掛搭於原始之洪荒與蒼茫之宇宙。不但俗世之一切禮法不能掛搭，即任何「敎」之系統與「學」之系統亦不能掛搭。此即所謂四不着邊。依此，不但與禮法有永恒之衝突，而且與一切禮法敎法爲普遍之衝突。此即所謂「逸氣」，所謂「天地之棄才」。亦即魏晉時名士文人之獨特風格。他只想衝向那原始之洪荒與蒼茫之宇宙。但蒼茫之宇宙與原始之洪荒是不能掛搭的。此是悲劇生命之無掛搭的掛搭。阮籍即在此生命情調下作「達莊論」及「大人先生傳」。顯然，此純以文人生命爲底子所冲向之原始洪荒與蒼茫宇宙並不眞能達莊生「天地與我並生，萬物與我爲一」之境界。其表面有相似之契接，然而似之而非也。因爲老莊之「道」顯然並不是文人生命所冲向之洪荒。無論如何，它總是由「心」上作「虛一而靜」之工夫所達至之「玄冥」、「獨化」之境界，「無爲而無不爲」之境界。老莊之系統，其始固是對外在之周文，（包括後來之仁義聖智禮法等，即如其爲外在而觀之），而來之反動，由此而見出與人文禮法有暫時之衝突。所謂「暫時」，是說想超過它，而期依「詭辭爲用」之方式，由「無心」之渾化，而作用地以自然而至之。依此而言，這不是文人生命所表現之永恒而普遍之衝突。老莊之系統，固只能見外在形式之爲桎梏，固不能自內在主體建立道德性，此其所以異於儒家處。因其不能自內在主體積極地建立內在道德性，故亦不能積極地肯定人文禮法之眞實。雖不能積極地肯定之，但亦並不是積極地橫決之。其所衝破者是外在之虛文而足以使吾人疲命以殉而不能「自適其性」者。假若無心於文，而有自然之文，則亦無須衝破矣。窺道家之意，實是想將仁義禮文乃至聖智推進一步，提升一步，而至「至仁、至義、至聖、至智」之境界，而期依詭辭爲用之方式，由「無心爲道」以實現之。此是作用地保存之，而不是儒家本體地肯定之。故道家多詭辭。如「大道不稱，大辯不言，大仁不仁，大廉不嗛，大勇不忮」。（莊子齊物論）。老子中詭辭尤多。如「大成若缺，其用不弊。大盈若沖，其用不窮。大直若屈，大巧若拙，大辯若訥」。「信言不美，美言不信。善者不辯，辯者不善。知者不博，博者不知」。通過此種詭辭之曲線而達到「至」或「大」之境界。故道曰大道，而大道必不稱。辯曰大辯，而大辯必不辯。仁曰大仁，而大仁必不仁。直曰大直，而大直必若屈。巧曰大巧，而大巧必若拙。廉曰大廉，而大廉必不嗛。而其總原則爲「正言若反」，其例則爲「外其身而身存，後其身而身先」。王弼解之曰：「凡物之所以存，乃反其形。功之所以克，乃反其名。夫存者，不以存爲存，以其不忘亡也。安者不以安爲安，以其不忘危也。故保其存者亡，不忘亡者存。安其位者危，不忘危者安。善力舉秋毫，善聽聞雷霆。此道之與形反也。安者實安，而曰非安之所安。存者實存，而曰非存之所存。侯王實尊，而曰非尊之所爲。天地實大，而曰非大之所能。聖功實存，而曰絕聖之所立。仁德實著，而曰棄仁之所存。故使見形而不及道者，莫不忿其言焉」。又曰：「故古人有歎曰：甚矣！

何物之難悟也？既知不聖爲不聖，未知聖之不聖也。既知不仁爲不仁，未知仁之爲不仁也。故絕聖而後聖功全，棄仁而後仁德厚。夫惡强，非欲不强也。絕仁，非欲不仁也。爲仁，則僞成也。有其治，而乃亂。保其安，而乃危。後其身而身先。身先，非先身之所能也。外其身而身存。身存，非存身之所爲也。功不可取，美不可用。故必取其爲功之母而已矣。篇云：既知其子，而必復守其母。尋斯理也，何往而不暢哉？」（「老子微旨例略」）。王弼此解，諦當不誤。吾以爲可得道家之微旨。吾名此爲曲線之智慧，亦即所謂玄智玄理也。道家大抵不是先分解地從本上以建立禮法，而只是從「無心爲道」上作用地自然以存之。體無以通有，守母而存子。對禮法言，既不是積極地肯定之，亦不是積極地否決之。而只是體無通有，和光同塵，而不覺其有碍，故能至仁義禮法聖智之眞也。此顯然不是文人生命處所表現之永恒而普遍之衝突。王弼注老，向、郭注莊，皆能握此樞機而深切著明之，此則眞可以語於喩老達莊矣。而阮籍之文人生命之冲向洪荒，則不能至此。阮籍只是表現「生命」之領域，而不能表現玄理與玄智。故東晉後，佛家之談般若者，莫不沿襲王弼向郭之玄言，而於阮籍則無所取也。嵇康雖推崇阮籍，而不契其飮酒。（見「與山巨源絕交書」）。蓋嵇康雖亦「非湯武而薄周孔」，然卻「學養生之術，方外榮華，去滋味，遊心於寂寞，以無爲爲貴」。（亦見「絕交書」）。其生命倘有掛搭處也。不似阮籍之純爲文人之生命，而一無掛搭也，彼之達莊，似只藉莊生表面之辭語以文飾其文人生命之狂放耳。文人生命固有其奇特生命之眞處，然若絕無折衝以凝歛之，則其生命之眞與酒色之縱欲亦無分明之界線。非可隨意藉口老莊之敎也。天台宗智者大師云：『阮籍逸才，蓬頭散帶。後公卿子孫皆效之。奴狗相辱者，方達自然。撙節競持者，呼爲田舍。是爲司馬氏滅相。宇文邕毀廢，亦由元嵩魔業。此乃佛法滅之妖怪，亦是時代妖怪。何關「隨自意」意」？〔摩訶止觀：第一章大意，第二節修大行，第四目非行非坐三昧（隨自意三昧）中語。〕如智者所言，則阮籍之文人生命固與其「隨自意」三昧無關，亦與老莊之「自然」無關也。下第二節附錄「達莊論」，以見此處所論之不虛。

※　※　※　※

關於「能嘯、善彈琴、希慕原始之諧和」一點，則吾人以爲凡文人生命一方冲向原始之蒼茫，一方亦常能通過音樂而希慕原始之諧和。任何禮法、教法，皆不能安定其生命，而原始之蒼茫亦不能爲其掛搭處，則只有藉音樂以通向原始之諧和，以爲其暫時棲息之所。阮籍善彈琴，嵇康亦善彈琴。兩人皆有欣賞音樂之能力。然對於音樂之理解與對於音樂之境界，則兩人有不同。阮籍「能嘯」，此是一種寂寞寥廓之聲音。吐向寥廓之宇宙以舒暢胸中鬱悶之氣。「嘗於蘇門山，遇孫登。與商略終古及棲神導氣之術，登皆不應。籍因長嘯而退。至半嶺，聞有聲若鸞鳳之音，響乎巖谷，乃登之嘯也。遂歸，著大人先生傳」。觀此，可以知其「樂論」之境界矣。孫登不與之「商略終古及棲神導氣之術」，蓋彼已知阮籍之生命不適宜於論此。（嵇康適宜論此）。孫登既不應，籍即長嘯而退。而登復以嘯聲而應之。兩人於巖谷之中，以嘯聲相唱和，則聲音與天地通和矣。兩人直接以聲音照面，即直接以生命照面，誰復願拘拘於學究之事哉？吾人由此可以了解阮籍「樂論」之境界。

阮籍論樂，重元氣也。嵇康論樂，主純美也。重元氣，故上提於太和，而崇雅樂。崇雅樂之大通，賤風俗之邪曲。邪曲，則奇音怪聲紛然雜陳。縱耳目之觀，崇曲房之嬿。循至以悲爲樂，以哀爲樂，則乃末世之病態，非易簡質靜之雅樂也。故云：「達道之化，可與審樂。好音之聲，不足與論律」。是則以樂上推於道體，而即以樂之和爲「天地之體，萬物之性」。是即希慕原始之諧和也。其論樂之極，則爲「去風俗之偏習，歸聖王之大化」。「定萬物之情，一天下之意」。（以上引語皆「樂論」中語）。此阮籍論樂之大旨也。

而主純美者，則「託大同於聲音，歸衆變於人情」。「和聲無象，哀心有主」。和聲「以單複、高埤、善惡爲體」。「聲音之體，盡於舒疾。情之應聲，亦止於躁靜」。「五味萬殊，而大同於美。曲變雖衆，亦大同於和」。「聲音以平和爲體，而感物無常。心志以所俟爲主，應感而發。然則聲之與心，殊途異軌，不相經緯。焉得染太和於歡戚，綴虛名於哀樂哉」？此嵇康之純美論也。嵇康有「聲無哀樂論」，純以和聲論樂，和聲本身無哀樂之情。而其所謂和聲即聲樂本身之「和」也。聲樂本身之和「以單複高埤善惡爲體」。非天地之和也。阮籍之論猶是樂記「大樂與天地同和」之意。而嵇康則是內在於聲樂本身而主客觀之純美論。

阮氏之論爲形上學的，嵇康之論爲純藝術的。阮籍浩瀚元氣，嵇康精美恬淡。阮籍能嘯，而在蘇門山與孫登相應和。此長嘯於山谷，暢通其生命，而聲音與天地通和也。故其論樂之和爲天地之和。嵇康彈琴養生，而在華陽亭有異客傳廣陵散。此則「夜分」、「靜談音律，辭致淸辯」，而寄其高致於和聲之當身也。故其論樂之和乃即樂體當身之和也。

阮以氣勝，嵇以理勝。雖同歸老莊，而音制有異。氣勝，則以文人生命冲向原始之蒼茫，而只契接莊生之膚廓。寥濶洪荒，而不及其玄微。理勝，則持論多方，曲盡其致，故傳稱其「善談理」也。

阮爲文人之老莊，嵇則稍偏於哲人之老莊。然皆不及向、郭之「發明奇趣、振起玄風」也。

吾茲論阮籍之音樂境界，故兼及嵇康，略作比論。後文附錄阮籍之「樂論」以及下章嵇康之「聲無哀樂論」，可證此處所言之非虛。

第二節　「達莊論」與「大人先生傳」：對於禮法之反抗

阮籍：達莊論

錄自「全三國文」卷四十五・嚴可均校輯。

伊單閼之辰，執徐之歲，萬物權輿之時，季秋遙夜之月，先生徘徊翱翔，迎風而遊。往遵乎赤水之上，來登乎隱坌之丘。臨乎曲轅之道，顧乎泱漭之州。恍然而止，忽然而休。不識曩之所以行，今之所以留。悵然而無樂，愀然而歸白素焉。平晝閒居，隱几而彈琴。

案：此先烘託一清曠蒼茫之氣氛，悄然而獨立，惟與琴聲爲伍。此純隔乎人世，而俯視塵寰者也。

於是縉紳好事之徒，相與聞之。共議撰辭合句，啓所常疑。乃闚鑑整飾，嚼齒先引。推年躡踵，相隨俱進。奕奕然步，瞷瞷然視。投跖階，（原校云：「投」下脫「跡」字），趨而翔至。差肩而坐，恭袖而檢。猶豫相林，莫肯先占。有一人是其中雄傑也。乃怒目擊勢而大言曰：吾生乎唐虞之後，長乎文武之裔。遊乎成康之隆，盛乎今者之世。誦乎六經之教，習乎吾儒之迹。被沙衣，冠飛翮，垂曲裙，揚雙鴞，有日矣。而未聞乎至道之要，有以異之於斯乎？且大人稱之，細人承之。願聞至教，以發其疑。

案：此言縉紳先生之醜態。

先生曰：何哉？子之所疑者！客曰：天道貴生，地道貴貞。聖人修之，以建其名。吉凶有分，是非有經。務利高勢，惡死重生。故天下安而大功成也。今莊周乃齊禍福，而一死生。以天地爲一物，以萬類爲一指。無乃徵惑以失眞，而自以爲誠者也？

於是先生乃撫琴容與，慨然而歎。俛而微笑，仰而流盼。嘘噏精神，言其所見曰：

昔人有欲觀於閬峯之上者，資端冕，服騂驑，至乎崑崙之下，沒而不反。端冕者，常服之飾。騂驑者，凡乘之耳。（「耳」字待校。疑當爲「騎」）。非所以矯騰增城之上，遊玄圃之中也。（「遊」字上似脫一「遨」字）。且燭龍之光，不照一堂之上。鐘山之口，不談曲室之內。今吾將墮崔巍之高，杜衍謾之流。言子之所由，幾其寤而獲及乎？

天地生於自然，萬物生於天地。自然者無外，故天地名焉。天地者有內，故萬物生焉。當其無外，誰謂異乎？當其有內，誰謂殊乎？地流其燥，天抗其濕。月東出，日西入。隨以相從，解而後合。升謂之陽，降謂之陰。在地謂之理，在天謂之文。蒸謂之雨，散謂之風，炎謂之火，凝謂之冰。形謂之石，象謂之星。朔謂之朝，晦謂之冥。通謂之川，囘謂之淵。平謂之土，積謂之山。男女同位，山澤通氣。雷風不相射，水火不相薄。天地合其德，日月順其光。自然一體，則萬物經其常。入謂之幽，出謂之章，一氣盛衰，變化而不傷。是以重陰雷電，非異出也。天地日月，非殊物也。故曰：自其異者視之，則肝膽楚越也。自其同者視之，則萬物一體也。

案：此談粗疏而不成熟。又自一氣之化言萬物一體，亦非莊生言「一」之意。不及王弼、向、郭遠甚。

人生天地之中，體自然之形。身者，陰陽之精氣也。性者，五行之正性也。情者，遊魂之變欲也。神者，天地之所以馭者也。以生言之，則物無不壽。推之以死，則物無不夭。自小視之，則萬物莫不小。由大觀之，則萬物莫不大。殤子爲壽，彭祖爲夭。秋毫爲大，泰山爲小。故以死生爲一貫，是非爲一條也。別而言之，則鬚眉異名。合而說之，則體之一毛也。

案：此亦摭拾陳言，而爲浮談。並不明其所以。文人談理，皆此類也。

彼六經之言，分處之教也。莊周之云，致意之辯也。大而臨之，則至極無外。小而理之，則物有其制。夫守什五之數，審左右之名，一曲之說也。循自然，住天地者，寥廓之談也。（原校云：「住」，一作「性」。案似當作「位」。作「性」，尤不通）。凡耳目之官，名分之施處。（案此兩句，一本寫作「凡耳目之名，分之施處」。尤不通順）。官不易司，舉奉其身。非以絕手足，裂肢體也。然後世之好異者，不顧其本。各言我而已矣。何待於彼？殘生害性，還爲仇敵。斷割肢體，不以爲痛。目視色，而不顧耳之所聞。耳所聽，而不待心之所思。心奔欲，而不適性之所安。故疾疢萌，則生意盡。禍亂作，則萬物殘矣。

案：阮籍此處以「分處之教」與「致意之辯」判分儒道，亦猶荀粲言六經爲聖人之糠粃，王弼言聖人體無，老子是有，以及後來向、郭根據莊子之迹與所以迹，而盛發迹本之論。然此數子爲此說，皆意在會通孔老，而阮籍則無此意。又此段「官不易司，舉奉其身」以下語意亦不類道家言。此只是一體相關意，儒者亦雅言此意，非迹本之意也。

夫至人者，恬於生而靜於死。生恬，則情不惑。死靜，則神不離。故能與陰陽化而不易，從天地變而不移。生究其壽，死循其宜。心氣平治，不消不虧。是以廣成子處崆峒之山，以入無窮之門。軒轅登崑崙之阜，而遺玄珠之根。是則潛身者，易以爲活。而離本者，難與永存也。

馮夷不遇海若，則不以己爲小。雲將不失於其鴻濛，則無以知其少。由斯言之，自是者不章，自建者不立。守其有者，有據。持其無者，無執。月弦則滿，日朝則襲。咸池不留陽谷之上，而懸車之後將入也。故求得者喪，爭明者失。無欲者自足，空虛者受實。夫山靜而谷深者，自然之道也。得之道而正者，君子之實也。

案：此段「守其有者、有據，持其無者、無執」兩句尚好。

是以作智造巧者，害於物；明是考非者，危其身。修飾以顯潔者，惑於生；畏死而崇生者，失其貞。故自然之理不得作。天地不泰，而日月爭隨；朝夕失期，而晝夜無分。競逐趨利，舛倚橫馳。父子不合，君臣乖離。故復言以求信者，梁下之誠也。克己以爲人者，郭外之仁也。竊其雉經者，（原校云：此句誤。案申生雉經，見國語晉語。言自縊而死。「竊其」二字不明）。亡家之子也。刳腹割肌者，亂國之臣也。曜菁華，被沆瀣者，昏世之士也。履霜露，蒙塵埃者，貪冒之民也。潔己以尤世，修身以明洿，誹謗之屬也。繁稱是非，背質追文者，迷罔之倫也。「誠」非媚悅，（原校云：「誠」一作「成」），以容求孚，故被珠玉以赴水火者，桀紂之終也。含菽采薇，交餓而死，顏夷之窮也。是以「名」之塗開，（「名」上當脫一字或下奪「利」字），則忠信之誠薄。是非之辭著，則醇厚之情爍也。

故至道之極，混一不分。同爲一體，得失無聞。伏羲氏結繩，神農敎耕。逆之者死，順之者生。又安知貪洿之爲罰，而貞白之爲名乎？使至德之要，無外而已。大均淳固，不貳其紀。清靜寂寞，空豁以俟。善惡莫之分，是非無所爭。故萬物反其所而得其情也。

儒墨之後，堅白並起。吉凶連物，得失在心。結徒聚黨，辯說相侵。昔大齊之雄，三晉之士，嘗相與瞑目張膽，分別此矣。咸以爲百年之生難致，而日月之蹉無常。皆盛僕馬，修衣裳，美珠玉，飾帷牆。出媚君上，入欺父兄。矯厲才智，競逐縱橫。家以慧子殘，國以才臣亡，故不終其天年，而大自割繫「其」於世俗也。（「其」字有誤，或此整句有脫誤。待校）。

是以山中之木，本大而莫傷。「復」萬數竅相和，忽焉自已。（原校云：「復」一作「吹」）。夫雁之不存，無其質「而濁其文」。（此句當作「無其質也」）。「而濁其文」四字涉下文而衍）。「死生無變」，而龜之見寶，知吉凶也。（死生無變」四字涉下文而衍）。故至人清其質而濁其文。死生無變，而未始「有云」。（「有云」二字不辭）。夫別言者，壞道之談也。折辯者，毀德之端也。「氣分」者，一身之疾也。（「氣分」亦不辭）。二心者，萬物之患也。故夫裝束馮軾者，行以離支。慮在成敗者，坐而求敵。踰阻攻險者，趙氏之人也。舉山塡海者，燕楚之人也。莊周見其若此，故述道德之妙，敍無爲之本。寓言以廣之，假物以延之。聊以娛無爲之心，而逍遙於一世。豈將以希咸陽之門，而與稷下爭辯也哉？

夫善接人者，導焉而已，無所逆之。故公孟季子衣繡而見，墨子弗攻。中山子牟心在魏闕，而詹子不距。因其所以來，用其所以至。循而泰之，使自居之。發而開之，使自舒之。

且莊周之書，何足道哉？猶未聞夫太始之論，玄古之微言乎？直能不害於物，而形以生。物無所毀，而神以淸。形神在我，而道德成。忠信不離，而上下平。茲容今談而同古，齊說而意殊。是心能守其本，而口發不相須也。

於是二三子者，風搖波蕩，相視瞻眡。亂次而退，蹞跌失迹。隨而望之耳。（此句語意不完整，有脫誤）。後頗亦以是知其無實喪氣，而慚愧於衰僻也。

案：以上爲「達莊論」全文，都無精意。談理粗疏，措辭亦不精練。又因展轉相鈔，文字多脫誤。即句意似可通者，亦多不整之文。茲錄之，未能全校，以待勤學者之稽考。此下所錄，皆此意也。

※　※　※　※

阮籍：大人先生傳

錄自「全三國文」卷四十六。嚴可均校輯。

大人先生，蓋老人也。不知姓字。陳天地之始，言神農黃帝之事，昭然也。莫知其生年之數。嘗居蘇門之山，故世咸謂之「閒」。（有脫誤）。養性延壽，與自然齊光。其視堯舜之所事，若手中耳。以萬里爲一步，以千歲爲一朝。行不赴而居不處，求乎大道而無所寓。先生以應變順和，天地爲家。運去勢隤，魁然獨存。自以爲「能足」與造化推移。（案：若能字斷句，則於古人語法不順。若作一句觀，則「能足」不辭，必多一字）。故默探道德，不與世同之。自好者非之，無識者怪之。不知其變化神微也。而先生不以世之非怪而易其務也。

案：希慕玄古，魁然獨存。

先生以爲中區之在天下，曾不若蠅蚊之著帷。故終不以爲事，而極意乎異方奇域。遊覽觀樂，非世所見。徘徊無所終極。遺其書於蘇門之山而去。天下莫知其所如往也。

或遺大人先生書曰：天下之貴，莫貴於君子。服有常色，貌有常則。言有常度，行有常式。立則罄折，拱若抱鼓。動靜有節，趨步商羽。進退周旋，咸有規矩。心若懷冰，戰戰慄慄。束身修行，日愼一日。擇地而行，唯恐遺失。誦周孔之遺訓，歎唐虞之道德。唯法是修，唯禮是克。手執珪璧，足履繩墨。行欲爲目前檢，言欲爲無窮則。少稱鄉里，長聞邦國。上欲圖三公，下不失九州牧。故挾金玉，垂文組，享尊位，取茅土。揚聲名於後世，齊功德於往古。奉事君王，牧養百姓。退營私家，育長妻子。卜吉宅，慮乃億祉。遠禍近福，永堅固已。此誠士君子之高致，古今不易之美行也。今先生乃被髮而居巨海之中，與若君子者遠。吾恐世之歎先生而非之也。行爲世所笑，身無由自達。則可謂恥辱矣。身處困苦之地，而行爲世俗之所笑。吾爲先生不取也。

案：大人先生與域中之君子適成對反。阮籍視君子之度皆是虛僞浮文。而大人先生則是「生命」之解放。君子表面之浮文，固拘拘庸俗而可厭，然其後面之支持點則爲道德意識。而阮籍所塑造之大人先生則只是生命之冲向原始之混沌。故與禮法敎法爲永恒而普遍之衝突。

於是大人先生乃「逌」然而嘆，（「逌」，古「由」字，與「攸」同）。假雲霓而應之曰：若之云，尚何通哉？夫大人者，乃與造物同體，天地並生，逍遙浮世，與道俱成。變化散聚，不常其形。

天地制域於內，而浮明開達於外。天地之永固，非世俗之所及也。吾將爲汝言之。

往古天嘗在下，地嘗在上。反覆顚倒，未之安固。焉得不失度式而常之？天因地動，山陷川起。雲散震壞，六合失理。汝又焉得擇地而行，趨步商羽？往者羣氣爭存，萬物死慮。支體不從，身爲泥土。根拔枝殊，咸失其所。汝又焉得束身修行，磬折抱鼓？李牧功而身死，伯宗忠而世絕。（伯宗，晉大夫。事見左傳成公十五年）。進求利以喪身，營爵賞而家滅。汝又焉得挾金玉萬億，祇奉君上，而全妻子乎？

案：向最初一步用心，勿爲區中之委蛇。

且汝獨不見夫虱（蝨）之於裩（褌）中乎？逃乎深縫，匿乎壞絮。自以爲吉宅也。行不敢離縫際，動不敢出裩襠。自以爲得繩墨也。飢則嚙人，自以爲無窮食也。然炎丘火流，焦邑滅都。羣虱死於裩中，而不能出。汝君子之處區之內，亦何異夫虱之處裩中乎？悲夫！而乃自以爲遠禍近福，堅無窮也？亦觀夫陽烏遊於塵外，而鷦鷯戲於蓬芰。小大固不相及，汝又何以爲若君子聞於余乎？

案：君子是第二義以下者，猶虱之處裩襠。

且近者夏喪於周，周播之劉。耿薄爲墟，豐鎬成丘。至人來一顧，而世代相酬。厥居未定，他人「也」有。（原校云：「也」，一作「已」）。汝之茅土，將誰與居？是以主人不處而居，不修而治。日月爲正，陰陽爲期。豈希情乎世，繫累於一時？來東雲，駕西風。與陰守雌，據陽爲雄。志得欲從，物莫之窮。又何不能自達，而畏夫世笑哉？

案：世事無常，何從固守？不繫累於世情，將順陰陽而爲雌雄。

昔者天地開闢，萬物並生。大者恬其性，細者靜其形。陰藏其氣，陽發其精。害無所避，利無所爭。放之不失，收之不盈。亡不爲夭，存不爲壽。福無所得，禍無所咎。各從其命，以度相守。明者不以智勝，闇者不以愚敗。弱者不以迫畏，强者不以力盡。蓋無君而庶物定，無臣而萬事理。保身修性，不違其紀。惟茲若然，故能長久。今汝造音以亂聲，作色以詭形。外易其貌，內隱其情。懷欲以求多，詐僞以要名。君立而虐興，臣設而賊生。坐制禮法，束縛下民。欺愚誑拙，藏智自神。强者「睽眠」而凌暴，弱者憔悴而事人。（「睽眠」二字不辭。「眠」字恐有誤）。假廉而成貪，內險而外仁。罪至不悔過，幸遇則自矜。馳此以奏除，故循滯而不振。

案：此段甚佳。將君子之禮法世界一腳踢翻。「無君而庶物定，無臣而萬事理」。「君立而虐興，臣設而賊生。坐制禮法，束縛下民」。此若落在政治上，便是虛無黨，無政府主義。阮籍之發此言，自非積極之政治思想，而乃只是以文人生命衝破一切教法與禮法，而嚮往原始之混沌，在此與道家思想相契接。但即在道家，道家之所以爲道家，無論老或莊，亦不是立根基於文人生命之衝向。老莊固亦時有嚮往混沌，企慕玄古之意。但彼等之說此，只是一象徵之寓言，藉以表示道、無、自然與渾化之境。與言嬰兒、無名樸、一概之比也。而其教之爲教，則必通無以達有，守母以存子；而此又必落在個人修養上，自心性之實以言之，由此展開其玄智與玄理，此其所以爲家而成教也。並非只是文人生命之衝向，亦非只依此衝向，而客觀地以言混沌與玄古也。（此亦自非社會學之思想，亦非積極之政治思想）。故阮籍之衝向，如欲契接道家，則不能只停於此文人生命之衡向。文人生命常只是不安與挑破。其所衡向之混沌與原始之蒼茫並不能安其生命也。故此種衡向常只是四無掛搭之虛無主義。（落於政治上，即是虛無黨）。而道家則必予人以安定與寧靜。其所衡向之境，如「大者恬其性，細者靜其形」云云，如欲眞實現之，則必須由「純然之衡破」轉向於自心上作工夫之凝成，由此凝成上言道、無、一、玄、自然、與渾化，方眞是老莊之教也。此步轉折是重要之關鍵。王弼、向、郭皆能握此樞機，故是學人之言。而阮籍則只是文人生命之挑破也。

夫無貴，則賤者不怨。無富，則貧者不爭。各足於身而無所求也。恩澤無所歸，則死敗無所仇。奇聲不作，則耳不易聽。淫色不顯，則目不改視。耳目不相易改，則無以亂其神矣。此先世之所至止也。

今汝尊賢以相高，競能以相尙，爭勢以相君，寵貴以相加。驅天下以趨之，此所以上下相殘也。竭天地萬物之至，以奉聲色無窮之欲。此非所以養百姓也。於是懼民之知其然，故重賞以喜之，嚴刑以威之。財匱而賞不供，刑盡而罰不行。乃始有亡國戮君，潰散之禍。此非汝君子之爲乎？汝君子之禮法，誠天下殘賊亂危死亡之術耳。而乃自以爲美行不易之道，不亦過乎？

案：君子之禮法皆「殘賊亂危死亡之術」。域中之政治皆「奉聲色無窮之欲」。政不合道，治不依德，亂之端，死之源也。阮籍之言此，固非積極之政治思想。然落於政治上，則必反極權，反奴役。反殘暴，除殘賊。爲敞開之社會，而非封閉之社會。決不會「竭天地萬物之至」以奉一人之欲。必將政府之權力減小至極低度。道家無爲而治，固「藏天下於天下」（莊子語），而非「藏天下於筐筴」（黃梨洲語），尤非如今日之倒掛天下於馬列主義也。法家利用道家以窒息生民，是法家之過，非道家之本義。

今吾乃飄颻於天地之外，與造化爲友。朝飧湯谷，夕飲西海。將變化遷易，與道周始。此之於萬物，豈不厚哉？故不通於自然者，不足以言道。闇於昭昭者，不足與達明。子之謂也。

先生既申若言，天下之喜奇者異之，忼慨者高之。其不知其體，不見其情，猜「耳」其道，（「耳」字不明、待校），虛僞之名。莫識其眞，弗達其情。雖異而高之，與嚮之非怪者蔑如也。至人者，不知乃貴，不見乃神。神貴之道存乎內，而萬物運於外矣。故天下終而不知其用也，逌（由）乎有宗。（此句語意不明）。

扶搖之野，有隱士焉。見之而喜。自以爲均志同行也。曰：善哉！吾得之見而舒憤也！上古質樸滈厚之道已廢，而末枝遺華並興。豺虎貪虐，羣物無辜。以害爲利，殞性（生）亡軀。吾不忍見也。故去而處茲。人不可與爲儔，不若與木石爲鄰。安期逃乎蓬山，角李潛乎丹水。鮑焦立以枯槁，萊維去而逌死。亦由茲夫！吾將抗志顯高，遂終於斯。禽生而獸死，埋形而遺骨。不復反余之生乎！夫志均者相求，好合者齊與。夫子同之！

於是先生乃舒虹霓以蕃塵，傾雪蓋以蔽明。倚瑤廂而徘徊，總衆轡而安行。顧而謂之曰：

太初眞人，惟天之根。專氣一志，萬物以存。退不見後，進不覩先。發西北而造制，啓東南以爲門。微道而以德久娛樂，（此句有誤，待校），跨天地而處尊。夫然成吾體也。（此句語意不完足）。是以不避物而處，所覩則寧。不以物爲累，所逌（由）則成。彷徉足以舒其意，浮騰足以逞其情。故至人無宅，天地爲客。至人無主，天地爲所。至人無事，天地爲故。無是非之別，無善惡之異。故天下被其澤而萬物所以熾也。若夫惡彼而好我，自是而非人，忿激以爭求，貴志而賤身，伊禽生而獸死，尙何顯而獲榮？悲夫子之用心也！薄安利以忘（亡）生，要求名以喪體！誠與彼其無詭，何枯槁而逌死？子之所好，何足言哉？吾將去子矣！

案：此段甚佳。隱士以爲與大人先生志同道合，而大人先生弗之許也。蓋隱士尙有好惡之情，彼我之別，殉孤高之名以喪體亡生，非能渾忘一切，而玄同彼我者也。此非太初眞人之大道也。阮籍此意，亦猶向、郭注「逍遙遊」，斥許由爲「亢然立乎高山之頂」，「守一家之偏尙」，「此故俗中之一物，而爲堯之外臣耳」，非能「無心玄應，唯感之從」也。是故阮籍之生命必由衝向而凝成於此，方眞能契接乎道家。向、郭繼之而起，「發明奇趣，振起玄風」，即由文人生命轉向學人生命也。若論瓌傑宏放，向郭自不及阮籍，而阮籍之逸才亦終必向向、郭之智思而趨也。大抵阮籍嵇康開其端，而向郭澄其流，莊學遂歸於精純焉。

錄「大人先生傳」止於此。下文多賦體之鋪陳，文人之情重。無甚理趣，故略。深望好學之士，能取全文而校注之。

第三節　形而上的天地之和之「樂論」

阮籍：樂論

錄自「全三國文」卷四十六。嚴可均校輯。

劉子問曰：孔子云，安上治民，莫善於禮。移風易俗，莫善於樂。夫禮者，男女之所以別，父子之所以成，君臣之所以立，百姓之所以平也。爲政之具，靡先於此。故安上治民，莫善於禮也。夫金石絲竹鐘鼓管絃之音，干戚羽旄進退俯仰之容，有此何益於政？無之，「政」何損於化？（「政」字衍）。而曰移風易俗，莫善於樂乎？

阮先生曰：善哉！子之問也！昔者孔子著其都乎？且未舉其略也。今將爲子論其凡，而子自備詳焉。

夫樂者，天地之體，萬物之性也。合其體，得其性，則和。離其體，失其性，則乖。昔者聖人之作樂也，將以順天地之性，體萬物之生也。故定天地八方之音，以迎陰陽八風之聲。均黃鍾中和之律，開羣生萬物之情氣。故律呂協則陰陽和，音聲適而萬物類。男女不易其所，君臣不犯其位。四海同其觀，九州一其節。奏之圜丘而天神下降，奏之方岳而地祇上應。天地合其德，則萬物合其生。刑賞不用，而民自安矣。

案：大樂與天地同和，大禮與天地同序。宇宙之體是樂與和。氣機宣揚，而性命自正。故阮籍以樂爲「天地之體，萬物之性」也。阮籍論樂之「和」直下指向天地之和而言之。此即爲企慕原始之諧和。故其論樂爲形上學的，而非純美的也。然論樂，即不能不論禮。然其以前以文人浪漫之生命衝破一切教法禮法者，將在「音樂生命」中而重新肯定之。然則禮法固非可純以虛僞浮文視之也。

乾坤易簡，故雅樂不煩。道德平淡，故無聲無味。不煩，則陰陽自通。無味，則百物自樂。日遷善成化而不自知。風俗移易，而同於是樂。此自然之道，樂之所始也。

案：由天地之和而直以「雅樂不煩」爲宗。「雅樂」所以別風俗之「曲樂」也。

其後聖人不作，道德荒壞。政法不立，智慧擾物。化廢欲行，各有風俗。故造始之教謂之風，習而行之謂之俗。楚越之風好勇，故其俗輕死。鄭衞之風好淫，故其俗輕蕩。輕死，故有蹈火赴水之歌。輕蕩，故有桑間濮上之曲。各歌其所好，各詠其所爲。歌之者流涕，聞之者歎息。背而去之，無不慷慨。懷永日之娛，抱長夜之歎。相聚而和之，羣而習之，靡靡無已。棄父子之親，弛君臣之制。遺室家之禮，廢耕農之業。忘終身之樂，崇淫縱之俗。故江淮之南，其民好殘。漳汝之間，其民好奔。吳有雙劍之節，趙有扶琴之客。氣發於中，聲入於耳。手足飛揚，不覺其駭。好勇則犯上，淫放則棄親。犯上則君臣逆，棄親則父子乖。乖逆交爭，則患生禍起。禍起而意愈異，患生而慮不同。故八方殊風，九州異俗。乖離分背，莫能相通。音異氣別，曲節不齊。

案：地方性之音樂，謂之風俗之樂。風俗之樂，謂之曲樂。曲樂者，一曲之樂也。曲樂隨順民風民習而益縱肆之，不能上提，使之得性情之正。故曲樂即邪曲之樂，使人「乖離分背，莫能相通」。雅樂者，超越於邪曲之上而純淨人之靈魂者也。樂以潔靜、和樂、簡易、平淡爲主，不在搖蕩人之心意而刺激縱肆之也。雅樂由聖人制，曲樂隨風俗流。阮籍重雅樂，而賤邪曲，則其生命將在音樂中得其平正。

故聖人立調適之音，建平和之聲，制便事之節，定順從之容。使天下之爲樂者，莫不儀焉。自上以下，降殺有等。至於庶人，咸皆聞之。歌謠者，詠先王之德。頫仰者，習先王之容。器具者，象先王之式。度數者，應先王之制。入於心，淪於氣。心氣和洽，則風俗齊一。聖人之爲進退頫仰之容也，將以屈形體，服心意，便所修，安所事也。歌詠詩曲，將以宣平和，著不逮也。鐘鼓所以節耳，羽旄所以制目。聽之者不傾，視之者不衰。耳目不傾不衰，則風俗移易，莫善於樂也。

案：聖人作樂，承體而來，非因俗而起。故能化異爲同，而淸靜人之心志也。

故八音有本體，五聲有自然。其同物者，以大小相君。有自然，故不可亂；大小相君，故可得而平也。若夫空桑之琴，雲和之瑟，孤竹之管，泗濱之磬，其物皆調和淳均者，聲相宜也。故必有常處，以大小相君。應黃鍾之氣，故必有常數。有常處，故其器貴重。有常數，故其制不妄。貴重，故可得以事神。不妄，故可以化人。其物係天地之象，故不可妄造。其凡似遠物之音，（此句不明），故不可妄易。雅頌有分，故人神不雜。節會有數，故曲折不亂。周旋有度，故頫仰不惑。歌詠有主，故言語不悖。導之以善，綏之以和，守之以衷，持之以久。散其羣，比其文，扶其夭，助其壽。使去風俗之偏習，歸聖王之大化。先王之爲樂也，將以定萬物之情，一天下之意也。故使其聲平，其容和。下不思上之聲，君不欲臣之色。上下不爭而忠義成。

案：「去風俗之偏習，歸聖王之大化」。「定萬物之情，一天下之意。」此樂之上遂而非下比也。上遂則和而同，下比則縱而異。

夫正樂者，所以屏淫聲也。故樂廢，則淫聲作。漢哀帝不好音，罷省樂府，而不知制正禮。樂法不修，淫聲遂起。張放、淳於長，驕縱過度。丙彊、景武，富溢於世。罷樂之後，下移踰肆。身不是好，而淫亂愈甚者，禮不設也。

刑教一體，禮樂外內也。刑弛，則教不獨行。禮廢，則樂無所立。尊卑有分，上下有等，謂之禮。人安其生，情意無哀，謂之樂。車服旌旗，宮室飲食，禮之具也。鐘磬鞞鼓，琴瑟歌舞，樂之器也。禮踰其制，則尊卑乖。樂失其序，則親疏亂。禮定其象，樂平其心。禮治其外，樂化其內。禮樂正而天下平。

案：「刑教一體，禮樂外內」。然則君子之禮法亦不可廢也。禮亦並非不爲我而設也。其「大人先生傳」中之衝決禮法，至此而又全肯定之矣。阮籍之「樂論」，心平氣和之作也。其生活中之怪態與「大人先生傳」之作，則文人生命之激憤也。而其底子中實有一禮樂之生命。彼之所爲，亦不自認其必爲是也。戒其子阮渾曰；「仲容（其侄）已預吾此流，汝不得復爾」。居母喪，則怪，對其子，則平實。豈孝父母不如慈子女之切耶？戒其子之平實，是作「樂論」之生命也。居母喪之怪態，是作「大人先生傳」之生命也。本心終有一露，阮籍終非虛無黨。

昔衛人求繁纓曲縣，而孔子嘆息。蓋惜禮壞而樂崩也。夫鍾者，聲之主也。縣者，鍾之制也。鍾失其制，則聲失其主。主制無常，則怪聲並出。盛衰之代相及，古今之變若一。故聖教廢毀，則聰慧之人，並造奇音。

景王喜大鍾之律，平公好師延之曲。公卿大夫，拊手嗟嘆。庶人羣生，踊躍思聞。正樂遂廢，鄭聲大興。雅頌之詩不講，而妖淫之曲是尋。延年造傾城之歌，而孝武思嫚孊之色。雍門作松柏之音，愍王念未寒之服。故猗靡哀思之音發，愁怨偷薄之辭興。則「人後有」縱欲奢侈之意，「人後有」內醮自奉之心。（「人後有」有誤，待校）。是以君子惡大淩之歌，憎北里之舞也。

昔先王制樂，非以縱耳目之觀，崇曲房之嬿也。必通天地之氣，靜萬物之神也。固上下之位，定性命之眞也。故淸廟之歌，詠成功之績。賓饗之詩，稱禮讓之則。百姓化其善，異俗服其德。此淫聲之所以薄，正樂之所以貴也。然禮與變俱，樂與時化。故五帝不同制，三王各異造。非其相反，應時變也。夫百姓安服淫亂之聲，殘壞先王之正，故後王必更作樂，各宣其功德於天下。通其變，使民不倦。然但改其名目，變造歌詠。至於樂聲，平和自若。故黃帝詠雲門之神，少昊歌鳳鳥之迹。咸池六英之名既變，而黃鍾之宮不改易。故達道之化者，可與審樂。好音之聲者，不足與論律也。

案：「達道之化者，可與審樂。好音之聲者，不足與論律」。此其意境甚高。可謂純爲古典主義者。可見阮籍背後實有一高貴之靈魂。此下即引述古典傳統之樂教，以明正樂之體在和。

舜命夔、龍典樂，敎冑子以中和之德也。詩言志，歌詠言。聲依詠，律和聲。八音克諧，無相奪倫。神人以和。又曰：予欲聞六律，五聲，八音在治曶，以出納五言。汝聽。夫煩手淫聲，汩湮心耳，乃忘和平。君子弗聽。言正樂通平易簡，心澄氣靜，以聞音律，出納五言也。夔曰；戞擊鳴球，搏拊琴瑟以詠，祖考來格。虞賓在位，羣后德讓。下管鼗鼓，合止柷敔。笙鏞以閒，鳥獸蹌蹌。簫韶九成，鳳凰來儀。夔曰：於！予擊石拊石，百獸率舞。言天下治平，萬物得所。音聲不譁，漠然不兆。故衆官皆和也。故孔子在齊聞韶，三月不知肉味。言至樂使人無欲，心平氣定，不以肉爲滋味也。以此觀之，知聖人之樂，和而已矣。自西陵靑陽之樂，皆取之竹。聽鳳凰之鳴，尊長風之象，采大林之×。（缺字）。當時之所不見，百姓之所希聞。故天下聽其德，而化其神也。

夫雅樂，周通則萬物和，質靜則聽不淫，易簡則節制「令」神，（「令」、原校云：一作「全」。案似當作「合」），靜重則服人心。（案：此四句，文不整齊，「質靜」與「靜重」亦重複。必有脫誤）。此先王造樂之意也。自後衰末之爲樂也，其物不眞，其器不固，其制不信。取於近物，同於人間。（案：「人間」，在此亦不辭）。各求其好，恣意所存。閭里之聲競高，永巷之音爭先。童兒相聚，以詠富貴。芻牧負戴，以歌賤貧。君臣之職未廢，而一人懷萬心也。

當夏后之末，「興」女萬人，（「興」、原校云：一作「輿」）。衣以文繡，食以糧肉。端噪晨歌，聞之者憂戚。天下苦其殃，百姓傷其毒。殷之季君，亦奏斯樂。酒池肉林，夜以繼日。然咨嗟之音未絕，而敵國已收其琴瑟矣。滿堂而飲酒，樂奏而流涕。此非皆有憂者也。則此樂非樂也。當王居臣之時，奏新樂於廟中，聞之者皆爲之悲咽。桓帝聞楚琴，悽愴傷心，依扆而悲。慷慨長息曰：善哉乎！爲琴若此，一而已足矣。順帝上恭陵，過樊衢，聞鳥鳴而悲，泣下橫流，曰：善哉鳥鳴！使左右吟之，曰：使絲聲若是，豈不樂哉？夫是謂以悲爲樂者也。誠以悲爲樂，則天下何樂之有？天下無樂，而有陽陰調和，災害不生，亦已難矣。

樂者使人精神平和，衰氣不入，天地交泰，遠物來集，故謂之樂也。今則流涕感動，噓唏傷氣，寒暑不通，庶物不遂，雖出絲竹，宜謂之哀。奈何俛仰嘆息，以此爲樂乎？

昔季留子向風而鼓琴，聽之者泣下沾襟。弟子曰：美哉鼓琴！亦已妙矣！季流子曰：樂謂之善，哀謂之傷。吾爲哀傷，非爲善樂也。以此言之，絲竹不必爲樂，歌詠不必爲善也。故墨子之非樂也。

悲夫！以哀爲樂者！胡亥耽哀不變，故願爲黔首。李斯隨哀不返，故思逐狡兔。嗚呼！君子可不鑒之哉！

案：以上四段，言衰世之樂。衰末之世，雅樂不修，淫聲競起。此已使樂流入淫縱之曲樂。抑尤甚者，則「以悲爲樂」。此固象徵世代之衰降，亦變態心理之反映也。故阮籍力斥其非，以爲非樂之善。夫樂者樂也。而其爲樂之限制，則以使人恬適平靜，生舒坦諧和之感爲主。若持純藝術之觀點，則凡感人最深者皆樂也。即悲咽流涕，亦樂之至也。故桓帝聞琴傷心，而贊之曰「善哉」！順帝聞「鳥鳴而悲」，則曰「善哉鳥鳴」！此其中亦必有美者焉，故內心亦深覺「以此爲樂」也。然此既非音樂之正，亦非快樂之正。不正則不善。故阮籍之論樂，以雅樂爲主也。雅樂必不以哀爲樂。即持純美之觀點，則以「和聲」本身爲美，而「和聲無象」，並無喜怒哀樂之情。是則善聽音樂者，當以內心不起絲毫波浪，而與客觀之純和聲冥契無間，爲欣趣之極致。此亦當爲音樂之最高境界。此即嵇康「聲無哀樂論」之思路也。阮籍所論者以雅樂爲主，故其觀點爲形上學的，爲古典主義。其論樂之和，爲天地之和，爲平和人心之和，而非和聲本身之和。樂以和爲主，不以哀爲主，故「樂謂之善，哀謂之傷」。哀傷之樂非善樂也。此阮籍論樂之大端也。故吾謂阮籍於其浪漫文人之生命外，復有一古典之禮樂生命也。而嵇康之論樂，則以「和聲」本身之美不美爲主，故其觀點爲純藝術的，爲純美主義，且爲客觀之純美主義，有類乎柏拉圖之重「形式之美」。此亦爲高貴之審美靈魂。詳論見下章。

第九章　嵇康之名理

第一節　嵇康之風格

晉書卷四十九「嵇康傳」：

「康早孤，有奇才，遠邁不羣。身長七尺八寸。美詞氣，有風儀。而土木形骸，不自藻飾。人以爲龍章鳳姿，天質自然。恬靜寡欲，含垢匿瑕。寬簡有大量。學不師受，博覽無不該通。長好老莊。與魏宗室婚，拜中散大夫。

常修養生服食之事。彈琴、詠詩，自足於懷。

以爲神仙稟之自然，非積學所得。至於導養得理，則安期彭祖之倫可及。乃著養生論。……

蓋其胸懷所寄，以爲高契難期，每思郢質。所與神交者，惟陳留阮籍，河內山濤。豫其流者，河內向秀，沛國劉伶，籍兄子咸，瑯琊王戎。遂爲竹林之遊。世所謂竹林七賢也。……

性絕巧，而好鍛。宅中有一柳樹，甚茂。乃激水圜之。每夏月居其下以鍛。

東平呂安，服康高致。每一相思，輒千里命駕。康友而善之。後安爲兄所枉訴，以事繫獄。詞相證引，遂復收康。康性愼言行。一旦縲紲，乃作幽憤詩。……

初康居貧，嘗與向秀共鍛於大樹之下，以自贍給。

潁川鍾會，貴公子也。精練有才辯。故往造焉。康不為之禮，而鍛不輟。良久，會去。康問曰：何所聞而來？何所見而去？會曰：聞所聞而來，見所見而去。會以此憾之。及是，言於文帝曰：嵇康臥龍也。不可起。公無憂天下，顧以康為慮耳。……帝既昵聽信會，遂並害之。

康將刑東市，太學生三千人，請以為師。弗許。康顧視日影，索琴彈之曰：昔袁孝尼嘗從吾學廣陵散，吾每靳固之。廣陵散於今絕矣！時年四十。海內之士，莫不痛之。帝尋悟而恨焉。

初康嘗遊乎洛西，暮宿華陽亭，引琴而彈。夜分，有客詣之，稱是古人。與康共談音律，辭致清辯。因索琴彈之，而為廣陵散。聲調絕倫，遂以授康。乃誓不傳人，亦不言其姓字。

康善談理，又能屬文。其高情遠趣，率然玄遠。撰上古以來高士，為之傳贊。欲友其人於千載也。又作太師箴，亦足以明帝王之道焉。復作聲無哀樂論，甚有條理」。

案以上為嵇康之小傳。阮籍傳中有云：「魏晉之際，天下多故，名士少有全者」。此所謂「多故」，關鍵是在曹爽與司馬氏之鬬爭。曹爽失敗，何晏、夏侯玄等俱被殺。康之被害，是曹爽失敗後之餘波。以其生活之閒居，頹廢，韜光自處，本可無事。然終不免者，固由於鍾會之譖，「與山巨源絕交書」亦是遭忌之重大表露，而主要是在其婚於魏之宗室，對於曹魏不能無情，而對於司馬氏則不能敷衍。阮籍能敷衍。「阮嗣宗口不論人過，吾每師之，而未能及。至性過人，與物無傷。唯飲酒過差耳。至為禮法之士所繩，疾之如讎。幸賴大將軍保持之耳」。（絕交書）。若只是狂放，不守禮法，並非緊要。要者在不能反對司馬氏。司馬昭所以保持之，正因阮籍無顯明之政治反動耳。嵇康在此，恐有不同。竹林名士大抵並無嚴整之政治意識與政治立場，即並非一政治集團。其狂放、好老莊，亦並非因反司馬氏而然。曹氏之篡漢，司馬氏之將篡魏，政治上固不厭人意，而老莊學之盛行，亦是當時之風氣。當時名士亦並無眞正而嚴肅之政治理想，只是隨現實推移，單看個人之遭遇耳。故外表雖俱爲竹林之遊，而內心之現實意向則各有不同。讀老莊並不能決定各人之出處進退。讀老莊是哲學靈魂，並非宗教靈魂。既不能決定其必爲隱居，尤不能決定其政治立場。山濤既投於司馬氏，而又欲薦康以自代，可見平素並無嚴格之政治立場，而對於嵇康亦不相知也。嵇康亦非政治家。惟其個人關係較他人更不易敷衍司馬氏耳。

「與山巨源絕交書」云：「足下傍通，多可而少怪。吾直性狹中，多所不堪。偶與足下相知耳」。此可見兩人性情根本有異。又云：「少加孤露，母兄見驕，不涉經學。性復疏嬾，筋駑肉緩。頭面常一月十五日不洗。不大悶癢，不能沐也。每常小便，而忍不起。令胞中略轉，乃起耳。又縱逸來久，情意傲散。簡與禮相背，嬾與慢相成。而爲儕類見寬，不攻其過。又讀老莊，重增其放。故使榮進之心日頹，任實之情轉篤」。又云：「吾不如嗣宗之賢，而有慢弛之闕。又不識人情，闇於機宜。無萬石之愼，而有好盡之累。久與事接，疵釁日興。雖欲無患，其可得乎？又人倫有禮，朝廷有法。自惟至熟，有必不堪者七，甚不可者二。臥喜晚起，而當關呼之不置。一不堪也。抱琴行吟，弋釣草野，而吏卒守之，不得妄動。二不堪也。危坐一時，痺不得搖。性復多蝨，把搔無已。而當裹以章服，揖拜上官。三不堪也。素不便書，又不喜作書。而人間多事，堆案盈几。不相酬答，則犯教傷義。欲自勉强，則不能久。四不堪也。不喜弔喪，而人道以此爲重。已爲未見恕者所怨，至欲見中傷者。雖瞿然自責，然性不可化。欲降心順俗，則詭故不情。亦終不能獲無咎無譽。如此，五不堪也。

不喜俗人，而當與之共事。或賓客盈坐，鳴聲聒耳，囂塵臭處，千變百伎，在人目前。六不堪也。心不耐煩，而官事鞅掌。機務纏其心，世故繁其慮。七不堪也。又每非湯武而薄周孔。在人間不止此事，會顯世教所不容。此甚不可一也。剛腸疾惡，輕肆直言，遇事便發。此甚不可二也。以促中小心之性，統此九患，不有外難，當有內病。寧可久處人間耶？又聞道士遺言，餌朮黃精，令人久壽。意甚信之。游山澤，觀魚鳥，心甚樂之。一行作吏，此事便廢。安能舍其所樂，而從其所懼哉」？

案此種頹廢懶散之生活，自不宜作官應世。然如此，卻可以於不關現實政治問題，自由思想。晉書本傳稱其「學不師受」，自又謂「不涉經學」。彼能自解於政治與經學之束縛，而依據莊老以談理。彼似多得於老子，而首先寄託其生命於養生。故云：「吾頃學養生之術，方外榮華，去滋味，游心於寂寞，以無為為貴」。（絕交書）。於此，彼似與阮籍之浪漫文人生命不同。阮籍有一浪漫之文人生命，復有一古典之禮樂生命。而嵇康則是一道家養生之生命，（不縱情於酒色），復有一純音樂之生命。阮籍比較顯情，而嵇康則比較顯智。故一屬文人型，一屬哲人型。因較顯智，故能多方持論，往復思辯。故本傳稱其「善談理」也。其談理之文，今所存者如下：

一、養生論
二、答向子期難養生論
三、釋私論
四、明膽論
五、難自然好學論

六、聲無哀樂論

除此六文外，「全三國文」卷五十，復有嵇康：「難張遼叔宅無吉凶攝生論」兩文。案此標題有問題。魯迅輯校明吳寬叢書堂鈔本「嵇康集」中關此有以下四文：

一、阮德如宅無吉凶攝生論

二、難宅無吉凶攝生論

三、阮德如釋難宅無吉凶攝生論

四、答釋難宅無吉凶攝生論

此往復論難，一方主宅無吉凶，要在攝生。一方主宅有吉凶。主有吉凶者是一般流行之見。主無吉凶者，明標爲阮德如。然則此文究誰作乎？難者又是誰乎？主無吉凶而重攝生，當是嵇康之思想。但爲何不明標嵇康作，而標爲阮德如乎？查集中嵇康有五言詩一首與阮德如，阮復答以二首。嵇詩云：

含哀還舊廬，感切傷心肝。良時遘吾子，談慰臭如蘭。

疇昔恨不早，既面侔舊歡。不悟卒永離，念隔悵增嘆。

事故無不有，別易良會難。郢人忽以逝，匠石寢不言。（中略）。

君其愛德業，行路愼風寒。自力致所懷，臨文情辛酸。

阮答詩二首，其一云：

旦發温泉廬，夕宿宣陽城。顧盼懷惆悵，言思我友生。

會遇一何幸，及子遘歡情。交際雖未久，思我愛發誠。（一作「恩愛發中誠」）。

與子猶蘭石，堅芳互相成。庶幾弘古道，伐檀俟河淸。
不謂中離別，飄飄然遠征。臨輿執手訣，良悔一何精。
…………

其二云：

雙美不易居，嘉會故難常。爰自憩斯土，與子講蘭芳。
常願永遊集，拊翼同廻翔。不悟卒永離，一別爲異鄉。
…………

可見兩人相契之深，情好之篤。（張燮本作阮侃答。德如即侃之字。阮共之少子。見世說新語「賢媛」第十九）。宅無吉凶之論難，當是阮德如與他人往復之文。阮意即嵇意。非然者，抑或嵇康假託阮德如乎？此無從考。

據魯迅意，「嵇康集」以明吳寬叢書堂鈔本爲最佳。彼自京師圖書館中假出手鈔，與各本比較，加以輯校。現已就其手鈔，影印公世。此蓋爲「嵇康集」之最完善者。此下錄嵇康談理之文，即以魯迅所鈔之本爲據，簡名曰「魯鈔本」。

第二節　嵇康之「養生論」

嵇康深信道家養生之術，並深信服食白朮黃精足以延年久壽。並信神仙實有，但不以爲「神仙可以學得，不死可以力致」。神仙「似特受異氣，禀之自然。非積學所能致也」。其「養生論」即在辨明以上二義。當時向秀作「難養生論」以難之。其持論之立場全是世間之俗情。但據其注莊中之「養生」義，似不當有此俗情之難。人或據其「難養生論」，而謂其注莊並無價值。關此，吾曾於第六章「向郭之注莊」第六節「向郭之養生義」中稍有辯白。以爲「難養生論」當是注莊前之思想，或是故爲如此以「發康之高致」。（晉書「向秀傳」語）。今觀嵇康「答難養生論」，其中有許多理境，甚至語法，與莊子注極相似。此顯爲向秀受其影響，而言之更精練。晉書向秀傳所謂「與康論養生，辭難往復，蓋欲發康高致」之語，信不誤也。向秀與康相處甚密。「嵇康傳」云：「初康居貧，嘗與向秀共鍛於大樹之下，以自贍給」。「向秀傳」亦記云：「康善鍛。秀爲之佐。相對欣然，傍若無人」。據此，則向秀必在嵇康處同住相當時期。朝夕相聚，必有啓發。「難養生論」之作決不能晚於注莊。以此，在未得康之啓發前，不脫俗情。既得啓發，超然玄解。固不可據「難養生論」以貶其莊子注也。「向秀傳」記秀注莊之事云：「始秀欲注。嵇康曰：此書詎復須注？正是妨人作樂耳！及成，示康曰：殊復勝不」？康無有答辭。但「世說新語」文學篇第四向秀注莊條下，注引「秀別傳」曰：「後秀將注莊子，先以告康、安（呂安）。康、安咸曰：書詎復須注？徒棄人作樂事耳！及成，以示二子。康曰：爾故復勝不？（此句乃秀之問語。「康」字衍，當屬下句）。安乃驚曰：莊周不死矣！（「安」上奪「康」字）。」是則康、安有答辭，且甚驚訝，贊之曰：「莊周不死」。據此，則吾人至少可知在嵇康未被害前，向秀莊注之思想即已成熟，且知其必在「難養生論」之後也。

※　　※　　※　　※

嵇康：養生論

世或有謂神仙可以學得，不死可以力致者。或云：上壽百二十，古今所同，過此以往，莫非妖妄者。此爲兩失其情。請試粗論之。

夫神仙雖不目見，然記籍所載，前史所傳，較而論之，其有必矣。似特受異氣，稟之自然。非積學所能致也。至於導養得理，以盡性命，上獲千餘歲，下可數百年，可有之耳。而世皆不精，故莫能得之。何以言之？

案：此乃「養生論」之大旨。一、導養可以延年。二、神仙不可力致。關於第二點，嵇康亦有定命論之思想。先秦孟、荀俱謂人人皆可以爲堯舜（聖人）。此爲理想主義之精神。兩漢以來，大抵從才資觀聖人，以爲聖人是天縱，不可學而至。此思想直貫至魏晉南北朝，至竺道生始成一正式被討論之問題。蓋聖人如此，仙佛亦如此也。嵇康謂神仙「似特受異氣，稟之自然。非積學所能致」。此亦是從先天之氣稟說，即從才資說。從此方面說，神仙是先天的。在印度，唯識宗一系之思想，亦主成佛有種性之說。如是成佛與否亦是先定的。但若成佛爲先定（有種性），則佛敎敎人唯在成佛，是即斷絕人之成佛之希望。竺道生根據「大涅槃經」宣稱一切衆生皆有佛性，皆可成佛，是即重開理想主義之精神。不特此也，且進而論及如何成佛之方法，是即「頓悟」義。成佛非有階級，非漸進積學所能至。自此以後，成佛問題即算已經解決。但唯識宗種性之說亦不可全廢，故玄奘系之唯識宗即有理佛性與事佛性之分。從理佛性方面說，是理想主義。從事佛性方面說，是命定主義。種性之說，是一限制原理。後來宋明儒講義理之性與氣質之性，亦是如此。義理之性說明人人皆可成聖，是理想主義。氣質之性，說明人之限制，而知成聖之難。在道家成仙方面，亦當如此。惟道家在此方面不甚自覺。老莊思想中無此問題。至嵇康出，說神仙「似特受異氣，禀之自然。非積學所能致」。此則已開出成仙之「限制原則」。惟理想主義所示之「可能性原則」，則在道家，終未開出，嵇康亦未能思及。蓋道家原本即無如儒家性善之說，（性善之性即是成聖之性，故類比佛教，亦可曰聖性），亦無如佛家佛性之說。此道家之吃虧處。嵇康說神仙「非積學所能致」，其說此語只向「特受異氣」趨，從限制原則方面明其先天性，並未進一步說明如何能成仙，如竺道生之主頓悟義。「禀之自然」並非即不須修養工夫。頓悟亦工夫之所至也。（至少亦是工夫之語）。無論成仙成佛或成聖，皆是逆覺上事，非是自然生命之事。神仙雖非積學所能至，但依嵇康，積學亦並不因此即全無意義。積學導養雖不必能至神仙，但至少可以延年久壽。依此，嵇康知道成仙之限制原則，亦知道積學導養之功效。此嵇康思理之所至也。

夫服藥求汗，或有弗獲；而愧情一集，渙然流離。終朝未餐，則囂然思食；而曾子銜哀，七日不飢。夜分而坐，則低迷思寢；內懷殷憂，則達旦不瞑。勁刷理鬢，醇醴發顏，僅乃得之。壯士之怒，赫然殊觀，植髮衝冠。由此言之，精神之於形骸，猶國之有君也。神躁於中，而形喪於外。猶君昏於上。國亂於下也。

夫爲稼於湯之世，偏有一溉之功者，雖終歸於焦爛，必一溉者後枯。然則一溉之益，固不可誣也。而世常謂一怒不足以侵性，一哀不足以傷身，輕而肆之，是猶不識一溉之益，而望嘉穀於旱苗者也。是以君子知形恃神以立，神須形以存。悟生理之易失，知一過之害生。故修性以保神，安心以全身。愛憎不棲於情，憂喜不留於意。泊然無感，而體氣和平。又呼吸吐納，服食養身，使形神相親，表裏俱濟也。

夫田種者，一畝十「斛」，謂之良田。此天下之通稱也。（魯校云：「斛」當作「斗」。因舊書斗爲㪷，傳寫而誤）。不知區種可百餘斛。（案此亦當作斗）。田種一也。至於樹養不同，則功收相懸。謂商無十倍之利，農無百斛（斗）之望，此守常而不變者也。

且豆令人重，榆令人瞑。合歡蠲忿，萱草忘憂。愚智所共知也。薰辛害目，豚魚不養，常世所識也。蝨處頭而黑，麝食柏而香。頸處險而癭，齒居晉而黃。推此而言，凡所食之氣，蒸性染身，莫不相應。豈惟蒸之使重而無使輕，害之使闇而無使明，薰之使黃而無使堅，芬之使香而無使延哉？

故神農曰：上藥養命，中藥養性者，誠知性命之理，因輔養以通也。而世人不察，惟五穀是「見」，（太平御覽引，「見」作「嗜」），聲色是耽。目惑玄黃，耳務淫哇。滋味煎其府藏，醴醪煮其腸胃。香芳腐其骨髓，喜怒悖其正氣。思慮銷其精神，哀樂殃其平粹。夫以蕞爾之軀，攻之者非一途。易竭之身，而外內受敵。身非木石，其能久乎？

其自用甚者，飲食不節，以生百病。好色不倦，以致乏絕。風寒所災，百毒所傷，中道夭於衆難，世皆知笑悼，謂之不善持生也。至於措身失理，亡之於微。積微成損，積損成衰。從衰得白，從白得老。從老得終，悶若無端。中智以下，謂之自然。縱少覺悟，咸嘆恨於所遇之初，而不知慎衆險於未兆。是「由」桓侯抱將死之疾，（「由」當爲「猶」），而怒扁鵲之先見，以覺痛之日，爲受病之時也。害成於微，而救之於著，故有無功之治。馳騁常人之域，故有「一切」之壽。仰觀俯察，莫不「皆然」。以「多」自證，以「同」自慰。謂天下之理，盡此而已矣。（案：「一切」謂齊同。「多」呼應「皆然」。「同」呼應「一切」）。

縱聞養生之事，則斷以所見，謂之不然。其次狐疑，雖少庶幾，莫知所由。其次自力服藥，半年一年，勞而未驗，志以厭衰，中路復廢。或益之以溝澮，而泄之以尾閭，欲坐望顯報者。或抑情忍欲，割棄榮願，而嗜好常在耳目之前，所希在數十年之後。又恐兩失，內懷猶豫。心戰於內，物誘於外。交賒相傾，如此復敗者。

夫至物微妙，可以理知，難以目識。譬之豫章，生七年，然後可覺耳。今以躁競之心，涉希靜之塗，意速而事遲，望近而應遠，故莫能相終。夫悠悠者，既以未效不求，而求者以不專喪業。偏恃者以不兼無功，追術者以小道自溺。凡若此類，故欲之者萬無一能成也。

善養生者，則不然矣。清虛靜泰，少私寡欲。知名位之傷德，故忽而不營。非欲，而强禁也。識厚味之害性，故棄而弗顧。非貪，而後抑也。外物以累心不存，神氣以醇白獨著。曠然無憂患，寂然無思慮。又守之以一，養之以和。和理日濟，同乎大順。然後蒸以靈芝，潤以醴泉，晞以朝陽，綏以五弦。無爲自得，體妙心玄。忘歡而後樂足，遺生而後身存。若此以往，庶可與羡門比壽，王喬爭年。何爲其無有哉？

案：此最後一段，甚佳。養生雖是生理之事，而亦必在心上作工夫。「淸虛靜泰，少私寡欲」，即心「虛一而靜」也。「無爲自得，體妙心玄。忘歡而後樂足，遺生而後身存」。此即由「淸虛靜態」而來之玄理妙境也。一方在心上作工夫，一方在生理上作導養，不惟可以延年久壽，即眞人、至人、神人、天人、亦不外乎此也。嵇康此文，說理皆極精當切實，亦爲「養生」之所必函。向秀之難，蓋純自俗情而言也。

※ ※ ※ ※

向秀：難養生論

若夫節哀樂，和喜怒，適飲食，調寒暑，亦古人之所修也。至於絕五穀，去滋味，窒情欲，抑富貴，則未之敢許也。何以言之？

夫人受形於造化，與萬物並存，有生之最靈者也。異於草木不能避風雨、辭斧斤，殊於鳥獸不能遠網羅、而避寒暑。（魯校：各本「草木」下重「草木」二字，「鳥獸」下重「鳥獸」二字）。有動以接物，有智以自輔，此有心之益，有智之功也。若閉而默之，則與無智同。何貴於有智哉？有生則有情，稱情而自然「得」。（魯校：各本無「得」字）。若絕而外之，則與無生同。何貴於有生哉？

案：此提出「心智」與「生情」以作難。看如何安排或消化此自然本有之心智與生情，始能進於道家養生之境？嵇康答難文，即就此點盛爲辯白，而現行郭象莊子注即順康意而發揮。然則向秀之難，眞可謂「蓋欲發康高致」矣。見下。

且夫嗜欲，好榮惡辱，好逸惡勞，皆生於自然。夫天地之大德曰生，聖人之大寶曰位。崇高莫大於富貴。天地之情也。貴則人順己，行義於下。（魯校：各本「己」下有「以」字）。富則所欲得，以財聚人。（魯校：各本「以」字下有「有」字）。此皆先王所重，「開」之自然。（魯校：「開」各本作「關」。宗案：作「關」是）。不得相外也。又曰：富與貴，是人之所欲也。但當求之以道，不苟非義。（魯校：「不苟非」三字，各本奪）。在上以不驕無患，持滿以損斂不溢。（魯校：「斂」各本作「儉」）。若此，何爲其傷德耶？或覩富貴之過，因懼而背之，是猶見食之有噎，因終身不飡耳。

神農唱粒食之始，后稷纂播「殖」之業。（魯校：殖，各本作「植」）。鳥獸以之飛走，生民以之視息，周孔以之窮神，顏冉以之樹德。賢聖珍其業，歷百代而不廢。今一旦云：五穀非養命之宜。（魯校：命，各本作「生」）。肴醴非便性之物。則「亦有和羹，黃耇無疆，爲此春酒，以介眉壽」，皆虛言也。博碩肥腯，上帝是饗。黍稷惟馨，實降神祇。神祇且猶重之，而況於人乎？肴糧入體，不踰旬而充。此自然之符，宜生之驗也。

夫人含五行而生。口思五味，目思五色。感而思室，飢而求食。自然之理也。但當節之以禮耳。「令」五色雖陳，目不敢視。（魯校：令，各本作「今」）。五味雖存，口不得嘗。以言爭而「獲勝」，則可。（案：「獲勝」恐有誤，連下文，似當爲「弗獲」）。焉有勺藥爲荼蓼，西施爲嫫母，忽而不欲哉？苟心識可欲，而不得從，性氣困於防閑，情志鬱而不通，而言養之以和，未之聞也。

又云：「導養得理，以盡性命。上獲千餘歲，下可數百年」。未盡善也。若信可然，當有得者。此人何在？目之未見。此殆景響之論，何言而不得？（魯校：各本「得」下有「可」字）。縱時有耆壽，耇老，此自特受「一」氣，猶木之有松柏，非導養之所致。（案：「一」字不通，似當爲「異」）。若性命以巧拙爲長短，則聖人窮理盡性，宜享遐期；而堯舜禹湯文武周孔，上獲百年，下者七十，豈復疏於導養耶？顧天命有限，非物所加耳。

且生之爲樂，以恩愛相接。天理人倫，燕婉娛心，榮華悅志。服饗滋味，以宣五情。納御聲色，以達性氣。此天理自然，人之所宜，三王所不易也。今舍聖軌，而恃區種，離親棄歡，約己苦心。欲積塵露，以望山海。恐此功在身後，實不可冀也。縱令勤求，少有所獲，則顧景尸居，與木石爲鄰。所謂不病而自灸，無憂而自默，無喪而蔬食，無罪而自幽。追虛徼幸，功不答勞。「於以」養生，未聞其宜。（魯校：「於以」，各本作「以此」。故相如曰：必若長生而不死，雖濟萬世，猶不足以喜。言背情失性，而不本天理也。長生且猶無歡，況以短生守之耶？若有顯驗，且更論之。

案：向秀此論，純是世間俗情之言。然康之答難，幾每句予以開導辯白。辭不憚煩，思理綿密。自今日觀之，本有許多不必置答者，而亦一一辯示。此可謂以思辨爲樂者，甚可貴也。蓋此爲致生哲學之道也。文長，擇其要者錄於下。

※　※　※　※

嵇康：答難養生論

答曰：所以貴智而尚動者，以其能益生而厚身也。然欲動則悔吝生，智行則前識立。前識立，則心開而物遂。（魯校：心，各本作「志」）。悔吝生，即患積而身危。二者不藏之於內，而接於外，祇足以災身，非所以厚生也。

夫嗜欲雖出於人，而非道德之正。猶木之有「蝎」，雖木之所生，而非木之所宜也。（魯校：程本蝎作「蠹」。下「蝎盛」句同）。故蝎盛則木朽，欲勝則身枯。然則欲與生不並「久」。（魯校：久，各本作「立」）。「一云：木與蝎不並生」。（魯校：此句原是正文，今定爲注。各本無。）名與身不俱存。略可知矣。而世未之悟，以順欲爲得生。雖有厚生之情，（魯校：厚，各本譌「後」），而不識生生之理。故動之死地也。是以古之人知酒色爲甘鴆，棄之如遺。識名位爲香餌，逝而不顧。使動足資生，不濫於物。知正其身，不營於外。（案：知同智）。背其所凶，守其所吉。（魯校：各本作「背其所害，向其所利」）。此所以用智遂生，「養一示蓋」之道也。（魯校：「養一示蓋」疑當作「養一不盡」。各本無此四字。舊校亦刪）。故智之所美，美其養生而不羨。生之爲貴，貴其樂和而不交。豈可疾智靜而輕身，勤欲×而賤生哉？（魯校：「靜」字各本奪。舊校亦刪。又×，各本字奪。案當是「動」字。原鈔爲舊校所滅，不可辨）。

案：以上辯智用與欲動，要者在使兩者「藏於內」，不「接於外」。如是，則「動足資生，不濫於物。智正其身，不營於外」。

且聖人寶位，以富貴爲崇高者，蓋謂人君貴爲天子，富有天下也。（魯校：「天下也」三字，各本作「四海」）。「富」不可無主而存。（魯校：富，各本作「民」）。主不能無「遵」而立。（魯校：遵，各本作「尊」。宗案：似當作「道」）。故爲天下而尊君位，不爲一人而重富貴也。又曰：富與貴是人之所欲者，蓋爲季世惡貧賤而好富貴也。未能外榮華而安貧賤，且抑使由其道。猶不爭不可令，故許其心競，中庸不可得，故與其狂狷。（魯校：各本「令」下有「其力爭」三字。舊校亦加。案「不爭不可令」與下「中庸不可得」爲對文。無者是也）。此俗之談耳。不言至人當貪富貴也。

至人不得已而臨天下，（魯校：至，各本作「聖」）。以萬物爲心，在宥羣生。由身以道，與天下同於自得。穆然以無事爲業，坦爾以天下爲公。雖居君位，饗萬國，恬若素士接賓客也。雖建龍旂，服華袞，忽若布衣在身也。（魯校：各本「衣」下有「之」字，「也」字無）。故君臣相忘於上，蒸民家足於下。豈勸百姓之尊己，割天下以自私，以富貴爲崇高，心欲之而不已哉？

案：此段與向郭注逍遙遊「藐姑射之山」云：「夫聖人雖在廟堂之上，然其心無異於山林之中」意同。

且子文三顯，色不加悅。柳惠三黜，容不加戚。何者？令尹之尊，不若德義之貴。三黜之賤，不傷沖粹之美。二人嘗得富貴於其身，「中」不以人爵嬰心也。（魯校：中，各本作「終」）。故視榮辱如一。由此言之，豈云欲富貴之情哉？請問錦衣繡裳，不陳於闇室，何必顧衆而動，以毀譽爲歡戚也？夫然則欲之患其得，得之懼其失。苟患失之，無所不至矣。在上何得不驕，持滿何得不溢，求之何得不苟，得之何得不失耶？

且君子出其言善，則千里之外應之。豈「患」於多「犯」，欲以貴得哉？（魯校：患，各本作

「在」。犯，各本無）。奉法循理，不絓世網。以無罪自尊，以不任爲逸。（魯校：任，各本作「仕」）。遊心乎道義，偃息乎卑室。恬愉無遻，而神氣條達。豈須榮華，然後乃貴哉？耕而爲食，蠶而爲衣。衣食周身，則餘天下之財。猶渴者飲河，快然自足，不羨洪流。豈待積斂，然後乃富哉？君子之用心若此，蓋將以名位爲贅瘤，資財爲塵垢也。安用富貴乎？

案：郭象注莊子逍遙遊「蜩與學鳩笑之曰」一段云：「苟足於其性，則大鵬無以自貴於小鳥，小鳥無羨於天池，而榮願有餘矣」。此與此段所謂「渴者飲河，快然自足，不羨洪流」，語意相同，而義理之精練且尤過之。此顯然由康之「高致」而開出也。

故世之難得者，非財也，非榮也。患意之不足耳。意足者，雖耦耕甽畝，被褐啜菽，莫不自得。（魯校：莫，各不譌「豈」）。不足者，雖養以天下，委以萬物，猶未愜也。然則足者不須外，不足者無外之不須也。無不須，故無往而不乏。無所須，故無適而不足。不以榮華肆志，不以隱約趨俗。混乎與萬物並行，不可寵辱。此眞有富貴也。故遺貴欲貴者，賤及之。「忘」富欲富者，貧得之。（案「忘」當爲「亡」）。理之然也。今居榮華而憂，雖與榮華偕老，亦所以終身長愁耳。故老子曰：樂莫大於無憂，富莫大於知足。此之謂也。

案：此與向郭逍遙義全同。嵇康言「意足」，向、郭則言「性足」。其義一也。康云：「不足者，雖養以天下，委以萬物，猶未愜也。然則足者不須外，不足者無外之不須也。無不須，故無往而不乏。無所須，故無適而不足」。此皆極美之文，極妙之理。眞可謂「高致」矣。而逍遙遊「小知不及大知，小年不及大年」，郭注云：「是故統小大者，無小無大者也。苟有乎大小，則雖大鵬之與斥鴳，宰官之與御風，同爲物累耳。齊死生者，無死無生者也。苟有乎死生，則雖大椿之與蟪蛄，彭祖之與朝菌，均於短折耳」。此豈非順康意推進一步而更見精練乎？假若郭注眞是竊自向秀，則此注意有一毫與「難養生論」相似乎？

難曰：「感而思室，飢而求食。自然之理也」。誠哉斯言！今不使不室不食，但欲令室食得理耳。夫不慮而欲，性之動也。識而後感，智之用也。性動者，遇物而當，足則無餘。智用者，從感而求，倦而不已。故世之所患，禍之所由，常在於智用，不在於性動。今使瞽者遇室，則西施與嫫母同情。聵者忘味，則糟糠與精粺等甘。豈識賢遇好醜，以愛憎亂心哉？

案：此與郭注「夫名智者，世之所用也。而名起則相札，智用則爭興」意同。（人間世注）。康云：「世之所患，禍之所由，常在於智用，不在於性動」。此意極深刻。可謂精矣。

君子識智以無恒傷生，欲以逐物害性，故智用則收之以恬，欲動則糾之以和。使智止於恬，性足於和。然後神以默醇，體以和成。去累除害，與彼更生。所謂不見可欲，使心不亂者也。

案：此與郭注「知之爲名，生於失當，而滅於冥極」，語意全同。（養生主「生有涯」注）。前文，嵇康言智「藏於內」，「智正其身，不營於外」，而此處則言「智止於恬」，「智用，則收之以恬」，皆郭注「滅於冥極」之意也。向、郭之注顯由康意而來，亦不背於老莊之原意也。

……………

難曰：「聖人窮理盡性，宜享遐期，而堯孔上獲百年，下者七十。豈復疏於導養乎」？案論堯孔，雖稟命有限，故導養以盡其壽。此則窮理之致。不「爲」不養生得百年也。（案：爲，當爲「謂」）。且仲尼窮理盡性以至七十，田父以六弊惷愚，有百二十者。若以仲尼之至妙，資田父之至拙，則千歲之論奚所怪哉？

案：聖人窮理盡性，是道德的，非養生的。堯孔並未致力於「養生」。若眞作道家養生工夫，堯可不止百年，孔亦可不只七十。

且凡聖人，有損己爲世，表行顯功，使天下慕之，三徙成都者。或菲飲勤躬，經營四方，心勞形困，趣步失節者。或奇謀潛遘，（魯校：遘，當作「構」。各本譌「稱」），爰及干戈，威武殺伐，功利爭奪者。或修行以明汙，（魯校：行，各本作「身」），顯智以驚愚，藉名高於一世，取準的於天下。又勤誨善誘，聚徒三千，口倦談議，身疲磬折，形若救孺子，視若營四海，神馳於利害之端，心鶩於榮辱之塗，俛仰之間，已再撫宇宙之外者。若比之於內視反聽，愛氣嗇精，明白四達，而無執無爲，遺世坐忘，以寶性全眞，吾所不能同也。

案：各種聖人，固極可佩。然「比之於內視反聽」云云，「吾所不能同也」。此等句法，皆魏晉至美之文。向、郭注莊，沿用此種句法，屢見而不一見。如：「故有待吾待，吾所不能齊也。至於各安其性，天機自張，受而不知，則吾所不能殊也」。（逍遙遊「彼且惡乎待哉」注）。又如：「故止若立枯木，動若運槁枝，坐若死灰，行若遊塵，動止之容，吾所不能一也。其於無心而自得，吾所不能二也」。（齊物論「心固可使如死灰乎」注）。又如：「故儒墨之辨，吾所不能同也。至於各冥其分，吾所不能異也」。（齊物論「彼是方生之說也」注）。吾讀莊注至此等語句，輒感極大之快適。初不知其源於嵇康也。然則康之高致，其所影響於向秀者深矣。

…………

難曰：「神農唱粒食之始，鳥獸以之飛走，生民以之視息」。今不言五穀，非神農所唱也。既言上藥，又唱五穀者，以上藥希寡，艱而難致。五穀易殖，農而可久。所以濟百姓而繼天，故並而存之。（魯校：「天、故」二字，各本作「天閼也」）。唯賢者志其大，不肖者志其小耳。此同出一人。至當歸止痛，用之不已。耒耜墾辟，從之不輟。何至養命，蔑而不議？此殆翫所先習，怪於未知。且平原，則有棗栗之屬，池沼則有菱芡之類。雖非上藥，猶於黍稷之篤恭也。（魯校：各本「猶」下空一格）。視息之具，豈唯立五穀哉？

案：郭注云：「俱食五穀，而獨爲神人，明神人者非五穀所爲，而特稟自然之妙氣」。（逍遙遊「不食五穀，吸風飲露」注）。此則向秀早已放棄「難養生論」中無謂之俗論矣。若非故發康之高致，何得出此童騃之論？

…………

養生有五難：名利不滅，此一難也。喜怒不除，此二難也。聲色不去，此三難也。滋味不絕，此四難也。神虛精散，此五難也。（魯校：「神虛精散」，各本作「神慮轉發」。舊校同。尤袤本文選注引作「神慮消散」。唐本選注及御覽七百二十引，皆與原鈔合。尤本文選及各本蓋並誤）。

五者必存，雖心希「難老」，口誦至言，咀嚼英華，呼吸太陽，不能不回其操，不夭其年也。（案：「難老」不辭，待校）。五者無於胸主，則信順日濟，玄德日全，不祈喜而有福，（魯校：「有」，御覽作「自」），不來壽而自延。此養生大理之都所也。（魯校：「都所」，各本作「所效」。舊校同。御覽作「所歸」，又無「之」字）。

然或有行踰曾閔，服膺仁義，動由中和，無甚大之累，便謂人理已畢，以此自臧，而不盪喜怒，平神氣，而欲卻老延年「哉」，未之聞也。（魯校：「哉」，各本作「者」。宗案：作「者」是）。或抗志希古，不榮名位，因自高於馳騖。或運智御世，不嬰禍故，以此「言」貴。（魯校：「言」，各本作「自」）。此於用身，甫與鄉黨「不」齒「者」同耳。（魯校：「不」，黃、汪、張溥本字闕。程本作「同」。張燮本作「覷」。「者」，各本作「耆年」）。以言存生，蓋闕如也。或棄世不羣，志氣和粹。不絕穀茹芝，無益於短期矣。或瓊糇既儲，六氣並御，而「不」能含光內觀，凝神復樸，棲心於玄冥之崖，含氣於莫大之涘者，則有「生」可「郄」可「存」可延也。（魯校：原鈔「而」下有「不」字。各本無。舊校亦刪。案「不」或非衍。則其下當有奪文。「生」，各本作「老」。「郄」，各本作「卻」。「存」，各本作「年」。宗案：「而」下原鈔有「不」字是。依此上諸句之語脈，「而」字皆表示轉進一層說。意即雖如何如何，「而不」能如何如何，則還是不行。故此「而」下必有「不」字。「則」字句並非「與」義，乃是「奪」義。即「有生可吝，可存可延」，並非勝義。「忘歡而後樂足，遺生而後身存」。最高境界固在玄冥而忘也。若「有生可吝」，心猶未冥也。故「瓊糇既儲，六氣並御」，且又必須能進而至於「含光內觀，凝神復樸，棲心於玄冥之崖，合氣於莫大之涘」之境始可。否則猶未至養生之極也。「郄」當爲㤝，同吝）。

凡此數者，合而爲用，不可相無。猶轅軸輪轄，不可一乏於輿也。然人「若」偏見，各備所患。（魯校：「若」，張燮本作「皆」）。單豹以營內「忘外」。（魯校：「忘外」各本作「致斃」）。張毅以趣外失中。齊以誠濟西取敗，秦以備戎狄自窮。此皆不兼之禍也。積善履信，世屢聞之。愼言語，節飲食，學者識之。過此以往，莫之或知。請以先覺，語將來之覺者。

案：「答難」至此止。全篇嚴整周洽，無餘蘊矣。經向秀之難，而盛發之。比原論更進一步也。其持論甚質實，而玄義亦賅其中。向秀承其「高致」，發爲莊子注，益精練而肆。晉書秀傳所謂「發明奇趣，振起玄風」，信不誤也。然讀此「答難」，則知其淵源固有自矣。王弼、嵇康、向秀、郭象，固是玄理之大宗，而阮籍不與焉。其他更不足論。

第三節：嵇康之「釋私論」

夫稱君子者，心無措乎是非，而行不違乎道者也。何以言之？

夫氣靜神虛者，心不存乎矜尙。體亮心達者，情不繫於所欲。矜尙不存乎心，故能越名教而任自然。情不繫於所欲，故能審貴賤而通物情。物情順通，故大道無違。越名任心，故是非無措也。是故言君子，則以無措爲主，以通物爲美。言小人，則以匿情爲非，以違道爲闕。何者？匿情矜吝，小人之至惡。虛心無措，君子之篤行也。是以大道言及吾無身，吾有何患。「無以」生爲貴者，是賢於貴

「者」也。（魯校：「者」，各本譌「生」。舊校亦改。又「無以」當作「以無」。宗案：「無以生爲貴」，即「養生論」所謂「忘歡而後樂足，遺生而後身存」之意。歡、樂互代字，生、身互代字。「無以生爲貴」即「遺生」也。「賢於貴者」，即能遺生者賢於不能遺生者。不能遺生，則是「有措」也）。由是而言，夫至人之用心，固不存於有措矣。

案：嵇康以道家思想辨公私，並予「君子」以新定義。此所謂「君子」即「至人」也。此純從內心之「無措」論。「無措」即「無所措意」，普通所謂「無心」也。「有措」則有心。即王陽明所謂「動於意」也。「有善有惡意之動」。「動於意」，則善惡皆壞。壞在有「矜尚」，有隱曲也。有隱曲，即有所匿。有所匿，即是「私」，於人則爲小人。故坦蕩而「無措」，則爲公，於人爲君子。是故工夫之大者，惟在能忘。忘則無事矣。忘者，渾化也。「氣靜神虛」，「體亮心達」，「越名敎而任自然」等等，皆所謂渾化也。

是故伊尹不惜賢於殷湯，故世濟而名顯。周旦不顧嫌而隱行，故假攝而化隆。夷吾不匿善於齊桓，故國霸而主尊。其用心，豈爲身而繫乎私哉？故管子曰：君子行其道，忘其爲身。斯言是矣。

君子之行賢也，不察於有「慶」而後行也。（魯校：「慶」，各本作「度」。晉書同。後諸「慶」字放此。宗案：作「度」，於義爲長）。任心無「窮」，（魯校：「任」，各本譌「仁」。「窮」，各本作「邪」。晉書同。宗案：作「邪」是。「任心」即「越名任心」之「任心」。「任心」者，心任自然，坦蕩而無私曲也。故「任心無邪」，意甚順通）。不「識」於善而後正也。（魯校：「識」，各本作「議」。晉書同。宗案：作「議」是）。顯情無措，不論於是而後爲也。是故傲然忘賢，而賢與慶（度）會。忽然任心，而心與善遇。儻然無措，而事與是俱也。

故論公私者，雖云志道存善，心無凶邪，無所懷而不匿者，不可謂無私。（案：嚴輯「全三國文」，「雖云」下有「一作，終於事與是俱而已」十字。不可通。魯校云：此十字當是注文，在前「而事與是俱也」句下。錯簡於「雖云」下，遂不可通。此說是）。雖欲之伐善，情之違道，無所抱而不顯者，不可謂不公。今執必公之理，以繩不公之情，使夫雖「性」善者，不離於有私。（魯校：「性」，各本作「爲」。宗案：作「爲」是）。雖欲之伐善，不陷於不公。重其名而貴其心，則是非之情不得不顯矣。是非必顯，有善者，無匿情之不是。有非者，不加不公之大非。無不是，則善莫不得。無大非，則莫過其非，乃所以救其非也。非徒盡善，亦所以厲不善也。夫善以盡善，非以救非，而況乎以是非之至者？

案：此段首重匿不匿。匿即有私，雖善而亦非。不匿即公，雖非而可「無大非」。故平面觀之，公私、是非、善惡，並不平行。如何能使此三者平行而爲一？依嵇康以道家思想言之，惟在「無措之渾化」。故前段云：「傲然忘賢，而賢與度會。忽然任心，而心與善遇。儻然無措，而事與是俱」。是則惟以「無心之用」決定公私、是非、善惡也。六祖慧能云：「若欲求佛，即心是佛。若欲會道，無心爲道」。此「無心爲道」即「無心之用」也。自佛家言之，即「般若之用」，蕩然無執之空慧也。自道家言之，則所謂玄智也。皆「無心之用」也。自此方面言，道家與佛之「般若」面全同。惟佛家尙有「涅槃佛性」一面。「即心是佛」即順「佛性之體」而來。「般若之用」與「佛性之體」，雖可一而不二，但亦是二而不一。道家無類此「佛性之體」一面。問題是在：單只是「無心之用」是否即能決定公私、是非、與善惡？依儒家言之，不能。「無心爲道」是「心之玄用」一面。關聯於公私、是非、善惡而言之，依儒家，「心之理體」一面不能不講也。但此一面，亦爲道家之所無。故於決定公私是非善惡爲不足也。依道家，只「心之玄用」一面，即可保存而且決定道德上的眞理。此之謂作用地保存與決定。但依儒家，心之玄用只是實現原理，即，在主觀體現上能使道德眞理實現得更純淨。但這並不能客觀地決定道德眞理之理上的必「是」或「存在」。依此，「心之理體」一面必須講。「心之理體」一面是道德眞理之存在原則，即「客觀性原則」，「心之玄用」一面是道德眞理之體現原則，即主觀性原則。道家無客觀性原則，而只是一主觀性原則。即只是作用地保存與決定。「絕聖而後聖功全，棄仁而後仁德厚」。（王弼語）。只是一詭辭之用。而卻沒有客觀地建立起什麽是仁、什麽是聖，亦沒有客觀地建立起仁之理上的必然與聖之理上的必然。王弼如此，嵇康亦如此。推而上之，老莊原本即如此也。

故善之與不善，物之至者也。若處二物之間，所往者必以公成而私敗。同用一器，而有成有敗。夫公私者，成敗之途，而吉凶之門也。

故物至而不移者寡，不至而在用者衆。若質乎中人之體，（魯校：「體」，各本作「性」）。運乎在用之質，而栖心古烈，擬足公途。「値」心而言，則言無不是。（案：「値」，當作「直」）。

觸情而行，則事無不吉。於是乎「同」之所措者，乃非所措也。（魯校：「同」，疑當作「情」）。「欲」之所私者，乃非所私也。（魯校：「欲」，各本譌「俗」。宗案：情之所措，欲之所私，辭不通順。魯迅以「欲」爲準，故疑「同」當爲「情」。「欲」，各本作「俗」，非必誤。若以「俗」爲準，則「同」似當作「世」。「世之所措者，乃非所措也。俗之所私者，乃非所私也」。此則較順。惟「非所措」、「非所私」，思理與措辭似均不允當）。言不計乎得失、而遇善。行不準乎是非、而遇吉。（案：「不準乎是非」即「不措乎是非」之意。「準」字用得不恰）。豈公成私敗之數乎？（案：「豈」，當作「其」。此不是否定疑問句，乃是肯定疑問句）。夫如是也，又何措之有哉？

故里鳧顯盜，晉文愷悌。勃鞮號罪，忠立身存。繆賢吐釁，言納名稱。漸離告誠，一堂流涕。然斯數子，皆以投命之禍，臨不測之機。表露心識，猶以安全。況乎君子無彼人之罪，而有其善乎？措善之情，亦甚其所病也。唯病病，是以不病。病而能療，亦賢於病矣。

案：以上力言匿情掩飾之非，力言顯情坦蕩之是。

然事亦有似非而非非，類是而非是者，不可不察也。故變通之機，或有矜以致讓，貪以致廉，愚以成智，忍以濟仁。然矜吝之時，不可謂無廉。猜忍之形，不可謂無仁。此似非而非非者也。或讒言似信，不可謂有誠。激盜似忠，不可謂無私。此類是而非是也。故乃論其用心，定其所趣。執其辭以準其理，察其情以尋其變。肆乎所始，名其所終。（案：肆、名二字皆極別扭）。則夫行私之情，不得因乎似「非」而容其非。（案：此句當作「不得因乎似是而容其非」）。淑亮之心，不得蹈乎似「是」而負其是。（案：此句當作「不得蹈乎似非而負其是」）。故實是以暫非而後顯，實非以暫是而後明。公私交顯，則行私者無所冀，而淑亮者無所負矣。行私者無所冀，則思改其非。立公者無所忌，則行之無疑。此大治之道也。

故主妾覆醴，以罪受辱。王陵庭爭，而陳平順旨。於是觀之，非似非「非」者乎？（魯校：「非」下當更有一「非」字。宗案：此句當爲「非似非而非非者乎」？當補「而非」二字）。明君子之篤行，顯公私之所在。闔堂盈階，莫不寓目而曰善人也。然背顏退議，（魯校：各本無「議」字），議而「舍」私者，（魯校：「舍」，各本作「含」。宗案：作「含」是。），不「復」耳。（魯校：各本「復」下有「同」字。宗案：「復」下當有脫落，但不必是「同」字）。

抱「至」而匿情不改「也」者，（魯校：「至」，程本作「怨」，張溥本作「隱」。他本俱空闕。又「也」字，各本字無。宗案：「至」，當爲「私」。無「也」字，是。），「誠」神以喪於所「感」，（魯校：「誠」，原作「議」。據各本及舊校改。又「感」，各本作「惑」。宗案：作「惑」是。），而體以溺於常名，心「已」制於所慴，（魯校：「已」，各本作「以」。宗案：已、以古通用。），而「情有所繫」。（魯校：此句，各本皆作「情有繫於所欲」。舊校從之。宗案：可從）。「容管頤纘」。（魯校：四字當誤。各本俱無。舊校亦刪）。咸自以爲有是，而莫賢乎己。未有攻肌之慘，（魯校：「攻肌」，各本作「功期」。宗案：各本非。），駭心之禍，遂莫能收情以至反，棄名以任實。乃心有是焉，匿之以私；志有善焉，措之爲惡。不措所措，而措所不措。不求所以不措之理，而求所以爲措之道。故明「爲」措，而闇於「措」。（魯校：「明」，各本作「時」。宗案：「爲」，當作「於」。或「爲」上補「於」字亦可。又「闇於措」句，「措」上脫「不」字。句當爲「而闇於不措」）。是以不措爲拙，以致措爲工。惟懼隱之不微，惟患匿之不密。故有矜忤之容，以觀常人。（宗案：觀，示也）。矯飾之言，以要俗譽。謂永年良規，莫盛於茲。終日馳思，莫闚其外。故能成其私之體，而喪其自然之質也。於是隱匿之情，必存乎心。僞怠之機，必形乎事。若是，則是非之議既明，賞罰之實又篤。不知冒陰之可以無景，而患景之不匿。不知無措之可以無患，而恨措之不「以」。（魯校：「以」，類聚作「巧」。張燮本同。宗案作「巧」是）。豈不哀哉？

是以申侯苟順，取棄楚恭。（魯校：「恭」，各本譌「泰」）。宰嚭耽私，卒享其禍。由是言之，未有抱隱顧私，而身立清世，匿非藏情，而信著明「名」者也。（魯校：「名」，張燮本作「君」。宗案：作「君」是）。

是以君子既有其質，又覩其「鑒」。（宗案：「鑒」當作「變」）。前文言：「察其情以尋其變」。故此當爲：「既有其質，又覩其變」）。貴夫亮達，布而存之。惡夫矜吝，棄而遠之。所措一非，而內愧乎神。賤隱一闕，而外慚其形。言無苟諱，而行無苟隱。不以愛之而苟善，不以惡之而苟非。心無所矜，而情無所繫。體清神正，而是非允當。忠感「明」天子，（魯校：「明」即「於」字之譌衍），而信篤乎萬民。寄胸懷於八荒，垂坦蕩以永日。斯非賢人君子高行之美異者乎？

或問曰：第五倫有私乎哉？曰：昔吾兄子有疾，吾一夕十往省，而反必寐。自吾子有疾，終朝不往視，而通夜不得眠。若是，可謂私乎非私也？答曰：是非也。（魯校：「非」，程本作「公」。誤）。非私也。

夫私以不言爲名，公以盡言爲稱。善以無吝爲體，（魯校：「吝」，各本作「名」），非以有措爲負。今第五倫顯情，是「非」無私也。（魯校：「非」字當衍）。矜往不眠，是有非也。無私而有非者，「無措」之志也。（宗案：第五倫「矜往不眠」，正是有措，故雖無私而有非。彼不可說「無措」。故「無措」上當脫一「非」字）。

夫言無措者，不齊於必盡也。（言無措不等於必盡言。無措不以盡言而定。即盡言而無隱，亦仍可是有措。第五倫是也）。言多吝者，不具於不言而已也。（言多吝不以不言而定。即全言之，亦可仍有多吝之心。有吝即有措）。故多吝有非，無措有是。然無措之所以有是，以志無所尚，心無所欲，達乎大道之情，動以自然，則無道以至非也。

抱一而無措，則無私無非。兼有二義，乃爲絕美耳。若非而能言者，是賢於不言之私「非無情」，以非之大者也。（案：「非無情」三字有脫誤。此全句似當爲：「若非而能言者，是賢於不言之私。私非無情，乃非之大者也」。「非而能言」，則有措而無私。「私非無情」，則既有措而又不言，既私且非，故爲「非之大者」。私是指「不言」說，非是指「有措」說。「無情」者，無實也。或曰不改亦可。原句當如此讀：若非而能言者，是賢於不言之「私非無情」，以非之大者也。但古人似無此種語法。故仍當以補一「私」字爲順）。

今第五倫有非而能顯，不可謂不公也。所顯是非，不可謂「有措」也。（案：「有措」上脫「非」字）。有非而「謂」私，不可謂不惑公私之理也。（案：首「謂」字誤。當爲「無」。嚴輯作「無」。此或魯鈔筆誤，非必原鈔之誤）。

案：全文止於此。「釋私論」乃嵇康文中之最有哲學意味者。理趣既精，辨解亦微。而原文多錯亂，幾不可讀。故根據魯迅校輯，全錄之，再予詳校。此等文字歷來無人整理。魯校亦只能比較各本文字之同異。而觀念不通處之錯亂，未能校正也。各本展轉相鈔，只作普通文章看。至於義理，蓋全不解也。於以知校正思想文字，非單純文字學之事也。

第四節　嵇康之「聲無哀樂論」：純美的和聲當身之樂論

吾於上章論阮籍之「樂論」爲形而上的天地之和之樂論，兼及嵇康之「聲無哀樂論」爲純美的和聲當身之樂論。嵇康信服食導養之術。善養生者，一要「淸虛靜泰，少私寡欲」。二要絕穀茹芝，服朮黃精。三要「晞以朝陽，綏以五弦」。在「淸虛靜泰」之心境下，業海不波，心寂情泯，其欣賞音樂，亦易於傾向和聲當身之純美也。又嵇康嘗暮宿華陽亭，夜分與異人「共談音律，辭致淸辯」，此種氣氛亦易使其注意和聲之當身也。聲無哀樂者，「心之與聲，明爲二物」。「殊塗異軌，不相經緯」。「和聲無象，而哀心有主」。是以「託大同於聲音，歸衆變於人情」。聲音「以單複、高埤、善惡爲體，而人情以躁靜專散爲應」。「聲音自當以善惡爲主，則無關於哀樂。哀樂自當以情感而發，則無係於聲音」。「焉得染太和於歡戚，綴虛名於哀樂哉」？此皆文中精美之句，故綴之以見持論之大旨。

此文甚長，首段標宗綜述，此後開爲七難七答。一主有哀樂，一主無哀樂。主有哀樂者，一般之常情。主無哀樂者，嵇康之獨唱。此亦中國音樂思想中之特出者也。往復論辨，思理因之而精。間有瑣碎，未能切當。然哲學心靈，不可掩也。吾故謂中國哲學傳統開自道家與名家。而魏晉繼之，姿態尤顯。王弼、嵇康、向秀、郭象，皆極高之哲學心靈也。嵇康被害，司馬昭之罪大矣。

文長，不能全錄。擇其要者，錄之於下。

※　※　※　※

聲無哀樂論

有秦客問於東野主人曰：聞之前論曰，治世之音安以樂，亡國之音哀以思。夫治亂在政，而音聲應之。故哀思之情，表於金石，安樂之象，形於管絃也。又仲尼聞韶，識虞舜之德。季札聽絃，識衆國之風。斯已然之事，先賢所不疑也。今子獨以爲聲無哀樂，其理何居？若有嘉訊，請聞其說。

主人應之曰：斯義久滯，莫肯拯救。故令歷世，濫于名實。今蒙啓導，將言其一隅焉。

夫天地合德，萬物資生。（魯校：「資」，各本譌「貴」）。寒暑代往，五行以成。章爲五色，發爲五音。音聲之作，其猶臭味在於天地之間。其善與不善，雖遭濁亂，其體自若，而無變也。豈以愛憎易操，哀樂改度哉？

案：聲音在於天地之間，有其自體。其體即下文所謂「和」也，故曰「和聲」。「和」以韵律之度定，此即聲音之體性也。此首標客觀主義。

及宮商集比，（魯校：比，各本譌「化」），聲音克諧。此人心至願，情欲之所鍾。古人知情不可恣，欲不可極，故因其所用，每爲之節。使哀不至傷，樂不至淫。「因事與名，物有其號。哭謂之哀，歌謂之樂」。（魯校：各本以上十六字奪。舊校亦刪）。斯其大較也。然樂云樂云，鐘鼓云乎哉？哀云哀云，哭泣云乎哉？因茲而言，玉帛非禮敬之實，歌「舞」非「悲哀」之主也。（魯校：「舞」，當作「哭」。「悲哀」，當作「哀樂」）。何以明之？

夫殊方異俗，歌哭不同。使錯而用之，或聞哭而歡，或聽歌而戚。然其哀樂之情均也。今用均同之情，而發萬殊之聲，斯非音聲之無常哉？（無常言變化多端。此指歌哭而言。歌哭方面之聲參錯無常，而哀樂之情則齊一均同）。然聲音和平，感人之最深者也。勞者歌其事，樂者舞其功。夫內有悲痛之心，則激哀切之言。言比成詩，聲比成音。雜而詠之，聚而聽之。心動於和聲，情感於苦言。嗟歎未絕，而泣涕流漣矣。

夫哀心藏於內，遇和聲而後發。和聲無象，而哀心有主。夫以有主之哀心，因乎無象之和聲。（）而後發。（魯校：「而後發」三字，各本無。舊校亦刪。案「而」上當奪一字。刪之甚非。宗案：當奪一「感」字。句為「感而後發」）。其所覺悟，惟哀而已。豈復知吹萬不同，而使其自己哉？

案：此上思理，曲折隱晦，不甚顯豁。一、首言「玉帛非禮敬之實，歌哭非哀樂之主」。禮敬，哀樂，是內心之眞情。玉帛，歌哭，是外表之浮事。此兩者間可有一距離，不必能相應也。二、次言歌哭既是外表之浮事，則變化多端，以此言聲音無常。「均同之情，發萬殊之聲」，是則情自情，聲自聲，聲脫穎而出，有其自體矣。三、聲音之「和」者為樂，亦「感人之最深者也」。然和聲本身，則無所謂哀樂。哀樂乃屬於情者也。其主在心。故云：「和聲無象，而哀心有主」。哀心因感和聲而發，非和聲本身有所謂哀樂也。和聲客觀自存，「吹萬不同，而使其自己」，（齊物論語），即其自身惟以「韵律之和」爲體性也。

風俗之流，遂成其政。是故國史明政教之得失，審國風之盛衰。吟詠情性，以諷其上。故曰：亡國之音哀以思也。夫喜怒哀樂，愛憎慚懼，凡此八者，生民所以接物傳情，區別有屬，而不可溢者也。（「區別有屬」，即所傳之情區別而各有所屬）。夫味以甘苦爲稱。今以甲賢而心愛，以乙愚而情憎，則愛憎宜屬我，而賢愚宜屬彼也。可以我愛，而謂之愛人，我憎則謂之憎人，所喜則謂之喜味，所怒則謂之怒味哉？

由此言之，則外內殊用，彼我異名。聲音自當以善惡爲主，則無關於哀樂。哀樂自當以情感而後發，則無係於聲音。名實俱去，則盡然可見矣。（聲音無哀樂之實，自無哀樂之名。此之謂「名實俱去」。於和聲上去哀樂之名與實，則聲音唯以「和」爲體，此即後文所謂「託大同於和聲」。「大同」即此處所謂「盡然」也。「齊物論」云：「萬物盡然，而以是相蘊」。此蓋此處用「盡然」二字之所由來）。

案：此段言「聲音自當以善惡爲主」，此言善惡以和不和定。

且季子在魯，採詩觀禮，以別風雅。豈徒任聲以決臧否哉？又仲尼聞韶，歎其一致。是以咨嗟。何必因聲以知虞舜之德，然後歎美耶？今粗明其一端，亦可思過半矣。

案：以上綜述大義，以立宗旨。此下秦客發爲七難，主人七答，展轉滋生，不外「和聲無象」之一語。而難者亦總在明聲音有情之義也。

秦客難曰：八方異俗，歌哭萬殊。然其哀樂之情不得不見也。夫心動於中，而聲出於心。雖託之於他音，寄之於餘聲，善聽察者，要自覺之，不使得過也。昔伯牙理琴，而鍾子知其所「至」。（魯校：「至」，各本作「志」。宗案：作「志」是）。隸人擊磬，而子產識其心哀。魯人晨哭，而顏淵察其生離。夫數子者，豈復假智於常音，借驗於曲度哉？

心戚者則形爲之動，情悲者則聲爲之哀。此自然相應，不可得逃。唯神明者，能精之耳。夫能者不以聲衆爲難。不能者，不以聲寡爲易。今不可以未遇善聽，而謂之聲無可察之理，見方俗之多變，而謂聲音無哀樂也。

又云：「賢不宜言愛，愚不宜言憎」。然則有賢然後愛生，有愚然後憎起。但不當「其共」名耳。（魯校：「其共」，各本二字倒。宗案：倒是）。哀樂之作，亦有由而然。此爲聲使我哀，音使我樂也。苟哀樂由聲，更爲有實。何得名實俱去耶？

又云：「季札採詩觀禮，以別風雅。仲尼歎韶音之一致，是以咨嗟」。是何言與？且師襄奏操，而仲尼覩文王之容。師涓進曲，而子野識亡國之音。寧復講詩而後下言，習禮然後立評哉？斯皆神妙獨見，不待留聞積日，而已綜其吉凶矣。是以前史以爲美談。今子以區區之近知，齊所見而爲限。無乃誣前賢之識微，負夫子之妙察耶？

案：此第一難也。重新申言哀樂有情。此觀念亦頗不易駁倒。聲音固是以「和」爲體，哀樂固是主於心，因感而發。然問題是在：聲音是否只是「和」之一通性？是否尚有具體而各別之色澤？聲音本身固無所謂哀樂之情，然豈因此即無具體之色澤？此則不易撥無者。和之通性即在具體色澤中表現，具體色澤亦總附離於具體之聲而與和之通性爲一。

如高亢、低沈、急疾、舒緩、繁雜、簡單、和平、激越等，皆具體色澤也。此亦可謂和聲之內容。猶同是人也，而有賢有愚。賢愚亦人之內容也。因賢而生愛，愛之情固不可移於賢。因愚而生憎，憎之情固不可移於愚。然賢愚之內容與愛憎之發，兩者間固有相當之關係。如聲音有具體之色澤，則所謂哀樂因感和聲而發，哀樂之情與和聲之色澤間亦必有相當之關係。如只是「和」之通性，則此關係可建立不起。但若必具色澤，則此關係不易抹殺。然則經由和聲之色澤而感哀樂，或經由和聲之色澤而徵知某種事物，亦非可輕易否定者。如只是和聲，而無具體之色澤，則可無哀無樂，亦可全無徵知。或善聽音樂者，只注意其和聲之美，而不管其具體之色澤，則亦可既不感哀，亦不感樂，除和聲當身外，亦可全無所感知。但聲音必有具體之色澤，聽者亦可不只單注於和聲之抽象之美，且亦可和聲與色澤融一而得一具體整全之美。如是則因某色澤而感哀，因某色澤而感樂，（此中儘可有變化），因某色澤而感知某事，似乃必然可能者。傳統之觀點即依此而說聲音有情矣。嵇康不分聲音之通性與殊性，故其論辨常多糾纏不清，亦不恰當。此足見論辨亦非易事。讀者如能順之而加以清理，一一訂正而辨白之，則亦誘發思理之最佳訓練也。答此一難略。此下二難二答亦略。

秦客難曰：雖衆喩有隱，足招攻難。然其大理，當有所就。若葛盧聞牛鳴，知其三生爲犧。師曠吹律，知南風不競，楚師必敗。羊舍母聽聞兒啼，而知其喪家。凡此數事，皆效於上世，是以盛見錄載。推此而言，則盛衰吉凶，莫不存乎聲音矣。今若復謂之誣罔，則前言往記，皆爲棄物，無用之也。以言通論，未之或安。若能明斯所以，顯其所由，「設」二論俱濟，願重聞之。（「設」，使也）。

案：此三難也。再舉事例以明之。主人一一辨白。然多不允當。從略。茲錄此三答綜結語如下。

主人答曰：（逐句答辨略）。夫聲之於音，猶形之於心也。有形同而情乖，貌殊而心均者。何以明之？聖人齊心等德而形狀不同也。苟心同而形異，則何言乎觀形而知心哉？且口之激氣為聲，何異於籟籥納氣而鳴耶？啼聲之善惡，不由兒口吉凶，猶琴瑟之淸濁，不在操者之工拙也。心能辨理善談，而不能令「內」籥調利。（魯校：「內」，張燮本作「籟」。宗案：作「籟」是）。猶瞽者能善其曲度，而不能令器必淸和也。器不假妙瞽而良，籥不因慧心而調。然則心之與聲，明為二物。二物誠然，則求情者不留觀於形貌，揆心者不借聽於聲音也。察者欲因聲以知心，不亦外乎？今晉母未得之於考試，而專信昨日之聲以證今日之啼，豈不誤中於前世好奇者從而稱之哉？

案：嵇康似只嚴分心聲為二，各有自性。然不能即據此以否定「因聲以知心」。此答辨中諸「猶」字所成之類推皆不妥當。此等辨論只能表示各是各，而不能達成某一分際中之特殊論點。此在讀者能疏導之。

秦客難曰：吾聞敗者，不羞走，所以全也。今吾心未厭，而言「於」難。（魯校：「於」，各本字無）。復更從其餘。

今平和之人，聽箏笛批把，則形躁而志越。聞琴瑟之音，則聽靜而心閑。同一器之中，曲用每殊，則情隨之變。奏秦聲，則嘆羨而慷慨。理齊楚，則情一而思專。肆姣弄，則歡放而欲愜。心爲聲變，若是其衆。苟躁靜由聲，則何爲限其哀樂，而但云：至和之聲無所不感，託大同於聲音，歸衆變於人情，得無知彼不明此哉？

案：此四難也。難中所說，即吾所謂聲音中之色澤也。

主人答曰：難云：「批把箏笛，令人躁越」。又云：「曲用每殊，而情隨之變」。此誠所以使人常感也。批把箏笛，間促而聲高，變衆而節數。以高聲御數節，故使形躁而志越。猶鈴鐸警耳，而鐘鼓駭心。故聞鼓鼙之音，則思將帥之臣。蓋以聲音有大小，故動人有猛靜也。琴瑟之體，間遼而音埤，變希而聲清。以埤音御希變，不虛心靜聽，則不盡清和之極。是以聽靜而心閑也。

案：「間促而聲高，變衆而節數」，「間遼而音埤，變希而聲清」，皆聲音之特殊色澤也。和聲是其通性。此種特殊色澤既能決定躁靜，則另種特殊色澤便能引發哀樂。躁靜由聲，哀樂亦可由聲。無理由以限之也。

夫曲「度」不同，亦猶殊器之音耳。（魯校：「度」，黃本作「用」）。齊楚之曲，多重、故情一，變妙、故思專。姣弄之音，挹衆聲之美，會五音之和。其體贍而用博，故心役於衆理。五音會，故歡放而欲愜。

案：「多重、變妙」，亦聲音之特殊色澤也。此既使人「情一、思專」，則「挹衆聲之美，會五音之和」者，使人「歡放而欲愜」，此豈非樂之由聲乎？樂既可由聲，則亦無理由限制悲哀也。

然皆以單複、高埤、善惡爲體，而人情以躁靜，「專散爲應。譬猶遊觀於都肆，則目濫而情放。留察於曲度，則思靜」而容端。（魯校：各本奪以上括弧內二十五字）。此爲聲音之體盡於舒疾，情之應聲亦止於躁靜耳。

案：「聲音之體盡於舒疾」，此「舒疾」爲强度字，內可含有許多其他之色澤，不只是抽象之廣度字，舒只是舒，疾只是疾也。單複、高埤，亦復如是。「情之應聲止於躁靜」，此躁靜亦是强度字，不能截斷其他之反應也。既言「止於躁靜」，又言「人情以躁靜專散爲應」，加上「專散」，則內容尤豐富矣。故無論從「聲音之體」方面或從「情之應聲」方面，皆不能因「盡於舒疾」，「止於躁靜」，而限制哀樂之由聲也。

夫曲用每殊，而情之處變，猶滋味異美，而口輒識之也。美有甘，和有樂。然隨曲之情，盡於和域。應美之口，絕於甘境。安得哀樂於其間哉？

案：前言「聲音之體盡於舒疾」，或「以單複高埤爲體」，而此又言「盡於和域」。「盡於和域」是表示聲音之體只是一「和」，此是聲音之通性（普遍性），而舒疾單複高埤則表示許多色澤，此是聲音之殊性。兩者不能混同滑轉。「隨曲之情」既有「躁靜專散」之不同，則即不能「盡於和域」，亦不能因「盡於和域」而割截其躁靜專散甚至哀樂之反應。如盡於和域只是盡於一通性之和，自無哀樂可言。但如此，豈只哀樂，即躁靜專散亦不可言矣。既認有舒疾單複高埤之性，不能抹殺其躁靜專散之應，則亦無理由抹去哀樂之應也。

然人情不自同。各師所解，則發其所懷。若言平和哀樂正等，則無所先發，故終得躁靜。若有所發，則是有主於內，不爲平和也。以此言之，躁靜者，聲之功也。哀樂者，情之主也。不可見聲有躁靜之應，因謂哀樂皆由聲音也。

案：若平和哀樂正等，其感聲也，亦不能「終得躁靜」。從聲音之體方面說，如只是一和之通性，則既不感哀，亦不感樂，躁靜亦不感也。如尚有色澤之殊性，則既可感躁靜，亦可感哀樂。哀樂是情，躁靜亦是情。依嵇康意，「哀樂、情之主也」，似乎是心中本有哀情，或本有樂情，（此即所謂有主於內），惟因感和聲而發耳。並非無主於中，只因感和聲之特殊色澤而引起哀或樂也。故云聲音只能引起躁靜，不能引起哀樂。但此並不然。當吾人心境平靜，既無哀事主於中，亦無樂事主於中，而因和聲之特殊色澤又確能引起吾人之哀意與樂情。「肆姣弄，則歡放而欲愜」，此豈非因聲而樂乎？哀樂之奏，確有哀音。不惟當事人聞之而悲哭，即旁觀者亦無不悽然而吞聲。此豈非因聲而哀乎？當事人有哀情主於中，旁觀者並無哀情主於中也。當然聞聲而哀，與實際生活中因傷心之事而哀，自有不同。故阮籍「樂論」中提到有「以哀爲樂」者。此即樂聲之特殊色澤所引起之哀也。並非有傷心事主於中但因和聲而發也。如承認聲音有特殊色澤，不只是一和之通性，則確有因聲而哀者。（大地間確有哀音。即就中國戲劇論，崑曲無哀音，皮黃戲亦無哀音。而秦腔則有哀音）。故「亡國之音哀以思」，並非全無根據。如因特殊色澤而可引起躁靜，即無理由否定因特殊色澤而引起哀樂。故嵇康之分別躁靜與哀樂，謂「躁靜聲之功，哀樂情之主」，哀樂與聲音全無關，乃非堅强之論。至少其論辨多不堅强。

且聲音雖有猛靜，各有一和。和之所感，莫不自發。（言莫不有主於中而自內發，並非眞與聲音有關。只是因和聲而發耳）。何以明之？夫會賓盈堂，酒酣奏琴。或忻然而歡，或慘爾而泣。非進哀於彼，導樂於此也。其音無變於昔，而歡戚並用。斯非吹萬不同耶？夫唯無主於喜怒，亦應無主於哀樂，故歡戚俱見。若資「不」固之音，（魯校：「不」各本作「偏」），含一致之聲，（案：此兩句語意不明），其所發明，各當其分，則焉能兼御羣理，總發衆情耶？

案：有主於中者固可因聲而發，但此並不能否定無主於中者亦可因特殊色澤而起哀或樂也。故不能因「歡戚俱見」而即否定特殊色澤之足以引起哀樂之情。

由是言之，聲音以平和爲體，而感物無常。心志以所俟爲主，應感而發。然則聲之與心，殊塗異軌，不相經緯。焉得染太和於歡戚，綴虛名於哀樂哉？

案：此爲第四答之結語。嵇康所見，自有精采處。和聲當身之純美觀乃其特色也。「託大同於和聲，歸衆變於人情」，使和聲當身從主觀人情禮樂敎化之糾纏中得解放，此種「客觀主義之純美論」亦爲極有意義者。惜乎其辨論多不堅强。其詞語亦多不一律。即如「聲音以平和爲體」一語，即有問題。「平和」與「和聲」之「和」不同。彼既言「和聲無象」，此和聲之「和」是諧和之和。平和或和平則是諧和中之一殊義。（即一特殊色澤）。諧和之和是在具體色澤中表現。和聲本身自無所謂喜怒哀樂，但可有特殊之色澤。無歡戚之相，而可有色澤之相。如只是一和，則自無任何象。但彼又說「以單複高埤爲體」，又說「聲音之體盡於舒疾」，是則其和不只是一抽象之通性之和，而且有殊性於其中之和。舒疾單複高埤即特殊色澤也。如是平和一色澤，則只使人安靜，不激動人之情感，自無所謂哀樂。如只是通性之和，則亦不激動人之情感，自亦不能由之起哀樂。但有特殊之色澤，即可引起特殊之反應。是即不能說無哀樂之應也。聲音以「平和」爲體，聲音以「和」爲體，聲音以「舒疾單複高埤」爲體，此三語各有其義，並不一律。而嵇康則隨時滑轉，故其論辨多不如理，而亦終不能愜難者之心也。此文自是自設難答。既自設難答，而不能肯切逕直，可見其思理並未臻至周匝圓熟。此文之論點，似是涉及存有、體性、關係、普遍性、特殊性、具體、抽象等所成之思想格局。吾人於此可見凡牽涉到此一格局之問題或論辨，中國之學人似大抵皆不行。此一套是「存有形態」或「客觀性形態」之格局，乃西方學術之所長。中國傳統思想中並無此格局。嵇康論聲樂，以其哲學之心靈，突接觸到此格局，自不能精透。後來范縝所掀起之「神滅論」一問題之爭論，亦是此一格局中之問題，尤其主神不滅者是如此，而當時之辨論亦多不行。吾人於此可知此兩問題在中國思想史中是最爲特出者。然皆無人繼之發展，甚可惜也。此文後面尚有五、六、七難及答，多糾纏無謂。故不錄。全文最精采者，即此四難四答也。故止於此。又，嵇康尚有「明膽論」一文，此言有智明者不必有勇膽，有勇膽者不必有智明。此是屬於才性問題。此文甚短，立義亦簡單。嵇康未能順才性名理而多有用心。此亦可惜。又有「難自然好學論」一文。此與阮籍「大人先生傳」反君子禮法同。以爲人並非生而自然即好六經仁義禮律之學，只是爲名利打算，「計而後習」，「困而後學」。此種議論，其背景只是「非湯武而薄周孔」，要求從世俗傳統之桎梏中得解放。此若自哲學心靈言之，本無不可。然解放哲學心靈後，進一步作一問題討論之，則亦當一如哲學心靈之無碍而討論之。如是，從某一義說，人固不必自然即好六經仁義之學，但亦不必自然即好道家之學。如依孟子「理義之悅我心，猶芻豢之悅我口」說，則亦可謂人自然即好仁義之學。如依人總有向上之精神生活之要求以超拔其形軀之生命說，則亦可說人對於任何學或教皆有自然之好。嵇康未能就此敞開論之，則其哲學心靈似尙未能充分也。此兩文陳義皆簡單，故不再疏解。讀者可自披閱。

第十章　自然與名教：自由與道德

第一節　浮文妨要與崇尙自然：自由與道德之衝突

王弼、嵇康、向秀、郭象之玄理，雖于道家思想有貢獻，于學術亦非無價值，然「儒墨之迹見鄙，道家之言遂盛」，（晉書卷四十九「向秀傳」語），其影响於生活與一般時代之風氣，亦不能無嚴重之流弊。此有二端可說：一、士大夫之「祖尙浮虛」（王衍語），「浮文妨要」（王右軍語）。此即入西晉後之官僚名士，袁彥伯「名士傳」中所謂「中朝名士」也。二、一般知識分子之生活放蕩，不遵禮法。此由竹林名士而來，入西晉後，有所謂八伯八達也。此雖分作兩面說，然基本精神乃是自然與名教之衝突，以今語言之，即自由與道德之衝突。

傅玄曰：「近者魏武好法術，而天下貴刑名。魏文慕通達，而天下賤守節。其後綱維不攝，而虛無放誕之論盈于朝野」。（晉書卷四十七，傅玄傳）。

干寶論晉曰：「加以朝寡純德之人，鄉乏不二之老。風俗淫僻，恥尙失所。學者以老莊爲宗，而黜六經。談者以虛蕩爲辨，而賤名檢。行身者以放濁爲通，而狹節信。進仕者以苟得爲貴，而鄙居正。當官者以望空爲高，而笑勤恪。是以劉頌屢言治道，傅咸每糾邪正，皆謂之俗吏。其倚仗虛曠，依阿無心者，皆名重海內。若夫文王日旰不暇食，仲山甫夙夜匪懈者，蓋共嗤黜，以爲灰塵矣。由是毀譽亂於善惡之實，情慝奔於貨欲之塗。選者爲人擇官，官者爲身擇利。而執鈞當軸之士，身兼官以十數。大極其尊，小錄其要。而世族貴戚之子弟，陵邁超越，不拘資次。悠悠風塵，皆奔競之士。列官千百，無讓賢之舉。子眞著崇讓而莫之省，子雅制九班而不得用。其婦女莊櫛織紝，皆取成於婢僕。未嘗知女工絲枲之業，中饋酒食之事也。先時而婚，任情而動。故皆不恥淫佚之過，不拘妬忌之惡。父兄不之罪也，天下莫知非也。又況責之聞四敎於古，修貞順於今，以輔佐君子哉？禮法刑政，於此大壞。如水斯積而決其堤防，如火斯畜而離其薪燎也。國之將亡，本必先顚。其此之謂乎？故觀阮籍之行，而覺禮敎崩弛之所由也。察庾純賈充之爭，而見師尹之多僻。考平吳之功，而知將帥之不讓。思郭欽之謀，而悟戎狄之有釁。覽傅玄劉毅之言，而得百官之邪。核傅咸之奏，錢神之論，而覩寵賂之彰。民風國勢如此，雖以中庸之主治之，辛有必見之於祭祀，季札必得之於聲樂，范燮必爲之請死，賈誼必爲之痛哭。又況我惠帝以放蕩之德臨之哉」？（晉書卷五引）。

干寶之論，痛切之至。從時代精神方面說，從東漢末年起，發展至魏晉，中國固有之思想中，輪轉至老莊玄言之盛行，蓋有歷史之必然。然從政敎方面說，無論如何，總非健康之現象。一注意到政敎，立見老莊學之不足。其總癥結是在道家思想中「內在道德性」之不立。先秦道家，其立言之初機、外在地關聯的說，本是對沒落之周文之虛僞而發。仁義禮法即如其爲外在而外在地視之，而自然，天眞則必由對於此外在之桎梏之直接否定而顯。此爲自然天眞之建立之破裂形態或激憤形態。即此自然天眞之破裂形態，遂構成道家思想與仁義禮法之本質的衝突，因而亦是永恒的衝突。此外在地關聯的說的原始初機固不能盡道家思想之全部。由此外在地關聯的說的原始初機進一步復有一內在地自生命自身說的原始初機，此即是對於一切人爲造作，如生命之紛馳，意念之造作，觀念之系統等之害事之眞切感受。再進一步，如何消化此人爲造作而達至自由、自在、自我解脫之自然無爲之境界，方是道家眞用心之所在，因而亦即在此使道家思想成爲定型，成爲人之精神生活途徑方面之定型。而即在此使道家思想成爲定型處遂使道家思想永不能接觸人之內在道德性，成爲對此領域之永久封閉。王弼之聖人體無論，以及向郭之迹冥論，並不眞能會通自然與名敎之衝突。其以「詭辭爲用」之方式作用地保持仁聖亦並不眞能安立仁義道德以及一切政敎禮法。而且此種「作用地保持」亦只有作道家修養工夫達至聖人至人之境地方能有此無碍之境界。此純屬於有主觀修養之聖人個人的事，並無客觀普遍之意義。當然此種作用，若用之於客觀政治方面，亦有極佳之意義。但此種作用，在客觀政治方面，卻只能用之於帝王個人，故曰君人南面之術。並不是處理各部門實際事務的官吏，以及社會上經營實際生活的各行業，皆可以如此。當然不能每個人皆作皇帝，亦並非抹殺每人作道家修養工夫之權利。到你眞能作皇帝之時，便可用此術。但作皇帝有命。自己作此工夫嚮往至人眞人，是孟子所謂求之在我，人人可作。但若作此工夫，便不可作官。若自信雖作官亦可無碍於修行，則轉過來至少亦不可荒廢於公務。宰相、皇帝可以不親吏事，官吏不能不親吏事。身處政府公務之位，而又宅心虛無，不親所司，則老莊與政事兩俱受害。此爲老莊學之氾濫，非其本性。依是，道家自處之道有三方向：

一、如西方之哲學然，作純哲學談。哲學本是清談。蘇格拉底是徹底的哲學家，故他一生亦是徹底的清談。能徹底清談而作道家型的哲學家，此於思想學術亦有價值。但作官從政不要清談。哲學家當然亦可從政。但若從政，則最好清談歸清談，作事歸作事，不要妨碍公務。

二、向帝王個人用，無爲而治。此則可以減殺其權力之濫用以及其對於社會之騷擾。但今日已無皇帝。道家此方面之思想已爲民主政治之理想所代替。民主政治即是道家政治思想之客觀形態。以前向帝王身上用，是其主觀形態。但無論主觀形態或客觀形態，俱是道家思想之附帶，不是其當身之本質。但即此附帶，亦有其對此附帶思想之本質的態度，此即無爲而治，藏天下於天下，決不封閉社會，故必反極權。

三、道家當身之本質，乃是服食養生，轉爲道教。徹底消化一切人爲造作而達至自由、自在、自我解脫之至人眞人之境。王弼、向、郭是哲學家型之道家，而嵇康則兼向養生之路走。阮籍則是文人式之道家。

以上三路是道家退處於其自己而保持其自己之道路。此三路對於政教皆是採取消極不着之態度。故雖無內在道德性之建立，不能積極安立仁義禮法，乃至全部人文世界，但亦不覺其有碍。惟如此，始能達王弼、向、郭等所說之迹冥圓之境界。而迹冥論亦只能是此分際上之理論。不能認爲是自然與名教，自由與道德之眞正的統一論。但因其守此分際而不覺有碍，則道家思想在人類文化上亦有其價値，故亦不必反對。此是消極的疏解。但若氾濫而不守分際，成爲時代之風氣，則立見自然與名教有嚴重之衝突。此是一客觀之問題。如何能解消此衝突使時代引歸於健康之坦途，則是積極之疏解。在此積極的疏解上，使吾人於精神生活能開闢一新領域，而達到一更廣大更豐富之精神生活之途徑。干寶之論即顯示此一問題，但當時人無法解答。裴頠作「崇有論」想解答此問題。但實則根本不行。以下便是「崇有論」之疏解。

第二節　裴頠之「崇有論」

夫總混羣本，宗極之道也。（言總混萬物而探其本，是建宗立極之道）。方以族異，庶類之品也。（繫辭傳云：「方以類聚，物以羣分」。前句言「總」，總以立本。此句言「分」，分以明物。明物者、明各類之實際存在也）。形象著分，有生之體也。（繫辭傳云：「在天成象，在地成形」。有生之物戴天履地以爲其體也。此「體」是憑藉義。非形上本體之體）。化感錯綜，理迹之原也。（各類自身之生化以及互相間之感應，參伍錯綜自有其脈絡與條理，亦即所謂「軌迹」。故化感錯綜便是「理迹」之原。此「理」是現象的實然，不是形上的「所以然」，故曰「理迹」。言條理即軌迹也）。夫品而爲族，則所稟者偏。偏無自足，故憑乎外資。是以生而可尋，所謂理也。（物之生而可尋其滋生長養之道，即所謂「理」）。理之所體，所謂有也。（理既是化感錯綜所呈現之「理迹」，故必有所附麗或憑藉。其所憑藉即各類有生之物之「存有」也。「有」即「存有」義。此即所謂「本」也。理迹之所憑藉以爲體者也。故有生之物只能以「有」爲體，不能以「無」爲體。根本無所謂「無」也。「有」既是尅就各類有生之物之「存在」而言，故以此有爲「體」，此體亦是現象意義的體，而非超越意義的體。尤非精神生活上價値意義之體。故在此，裴頠決非理想主義，而是實在論者）。有之所須，所謂資也。（每一類存有既「偏無自足」，故必有待於外。其須待於外而滋生長養其自身者，即所謂「資」也）。資有攸合，所謂宜也。（既有所資賴，即有合有不合。合者爲「宜」，不合者爲不宜）。擇乎厥宜，所謂情也。識智既授，雖出處異業，默語殊塗，所以寶生存宜，其情一也。

（既自然稟有覺識心智，故自能有所選擇以「寶生存宜」。此是物之情也。物之情即物之實，亦即物之性。凡物以維持其生存並改進其生存爲性。此性無超越意義，亦無道德價值上的意義。故不用「性」字，而用一較鬆泛之「情」字。此「情」亦非情感之情）。

案：以上爲「崇有論」之基本觀念。故逐句疏解，確定其意。此實在論立場之「有」顯不足以對治老莊之無。

衆理並而無害，故貴賤形焉。失得由乎所接，故吉凶兆焉。是以賢人君子知欲不可絕，而交物有會。觀乎往復，稽中定務。惟夫用天之道，分地之利。躬其力任，勞而後饗。居以仁順，守以恭儉。率以忠信，行以敬讓。志無盈求，事無過用。乃可濟乎？故大建厥極，綏理羣生。訓物垂範，於是乎在。斯則聖人爲政之由也。

案：以上言政治只在順物情而調節導率之。既不可泯而忽之，亦不可縱而肆之。

若乃淫抗陵肆，則危害萌矣。故欲衍則速患，情佚則怨博。擅恣則興攻，專利則延寇。可謂以厚生而失生者也。

悠悠之徒，駭乎若茲之釁，而尋艱爭所緣。察夫偏質有弊，而覩簡損之善。遂闡貴無之議，而建賤有之論。賤有則必外形，外形則必遺制。遺制則必忽防，忽防則必忘禮。禮制弗存，則無以爲政矣。

案：道家「賤有」，其所賤之「有」不是有生之物之存在之有，而乃是巧僞造作之人爲之有。去此人爲之有，而令萬物含生抱樸，自適其性，正所以尊生。其外形、遺制、忽防、忘禮，亦是自巧僞造作之「人爲之有」上而外之，遺之，忽之，忘之，並不是自「存在之有」上而外之遺之忽之忘之也。其所貴之「無」，正是無此巧僞造作之人爲之有而顯之「無」也。依道家，嚴格言之，彼似不是客觀地否定此形、制、防、禮，乃至仁義聖智以及一切禮法之「存在」，其所否決者乃是「殉」。有形，而惟修飾其形，是謂「殉形」。因此而有放浪形骸，或「土木形骸」之超曠。有制而惟「文制是從」，是謂「殉制」。有仁義，而惟奔命於仁義，是謂殉仁義。有聖智，而惟企慕欣羨於聖智，是謂殉聖智。只要一徇於外，則一切皆壞。故殉名與殉利，其爲殉一也。其爲「適人之適，而不自適其適」，（莊子「駢拇」語），亦一也。其所否決者只是此殉。進一步，「絕聖而後聖功全，棄仁而後仁德厚」，字面上是棄絕「聖智」，而其實是棄絕「殉聖智」，故不殉而忘之，則反能「聖功全」，「仁德厚」。此即吾所謂「作用地保持」也）由此觀之，道家所注意者，是殉不殉的問題，而不是仁義禮制本身之客觀的存在問題。客觀地討論仁義禮制本身之「是」甚麽，存在或不存在，應當有或不應當有，道家無此興趣，亦根本無此問題，或根本未注意此問題。此即道家對於存在問題：生命之存在，人文世界之存在，甚至宇宙萬物之存在，取不着之態度，即對於「存在」並無一分解之工作，經驗的或超越的。而只是凌虛以去人爲；對於存在，則是「萬物盡然，而以是相蘊」。（齊物論語）。因爲對於存在不着，故道家本質上函有一種藝術境界。中國之藝術文學之精神大半開自道家，正以此故。

衆之從上，猶水之居器也。故兆庶之情，信於所習。習則心服其業。業服則謂之理然。是以君人必愼所教。班其政刑一切之務。分宅百姓，各授四職。能令稟命之者，不肅而安。忽然忘異，莫有遷志。況於據在三之尊，懷所隆之情，敦以爲訓者哉？（「在三」，下卿之位。見左傳成公三年。此言「在三」泛指公卿而言）。斯乃昏明所階，不可不審。

夫盈欲可損，而未可絕有也。過用可節，而未可謂無貴也。蓋有講言之具者，深列有形之故，盛稱空無之美。形器之故有徵，空無之義難檢。辯巧之文可悅，似象之言足惑。衆聽眩焉，溺其成說。雖頗有異此心者，辭不獲濟，屈於所狎。因謂虛無之理，誠不可蓋。唱而有和，多往弗反。遂薄綜世之務，賤功烈之用。高浮游之業，埤經實之賢。人情所殉，篤夫名利。於是文者衍其辭，訥者讚其旨。染其衆也。

是以立言藉其虛無，謂之玄妙。處官不親所司，謂之雅遠。奉身散其廉操，謂之曠達。故砥礪之風，彌以陵遲。放者因斯，或悖吉凶之禮，而忽容止之表。瀆棄長幼之序，混漫貴賤之級。其甚者，至於裸裎。言笑忘宜，以不惜爲弘。士行又虧矣。

案：以上兩段所言與干寶所論無以異。此即時代風氣形成自然與名教之衝突。此是一種氾濫浪漫之精神，藉直接衝破禮法以顯其率眞與美趣。此大抵是浪漫文人之生命。此爲矯激之率眞與病態之美趣，乃原始諧和破裂後，破裂中之率眞與美趣也。

老子既著五千之文，表撫穢雜之弊，甄舉靜一之義，有以令人釋然自夷，合於易之損、謙、艮、節之旨。而靜一，守本無，虛無之謂也。（「靜一」即清靜純一。「守本無」，本無蓋當時之新名詞。佛教方面即以此詞譯佛教之「空」。故有道安之本無宗）。損、艮之屬，蓋君子之一道。非易之所以爲體，守本無也。觀老子之書，雖博有所經，而云有生於無，以虛爲主。偏立一家之辭，豈有以而然哉？

人之既生，以保生爲全。全之所階，以順感爲務。若味近以虧業，則沈溺之釁興。懷末以忘本，則天理之眞「減」。（「減」，似當爲「滅」）。故動之所交，存亡之會也。夫「有非有，於無非無，於無非無，於有非有」。（此四句語意不明。恐有錯亂。此自非雙遮之玄言）。是以申縱播之累，（此言申明「放縱播動」之患累），而著貴無之文。將以絕所非之盈謬，存大善之中節。收流遁於既過，反澄正於胸懷。宜其以無爲辭，而旨在全有。（案此語是）。故其辭曰：以爲文不足。若斯則是所寄之塗，一方之言也。若謂至理，信以無爲宗，則偏而害當矣。

案：道家誠是以「無」爲宗，王弼所謂「崇本息末」者是也。惟其「無」不是空無之死無。乃以超越之無全宇內之有者。

先賢達識，以非所滯，「示」之深論。（「示」字誤，當爲「未」）。此言先賢達識，以道家言尙不見有所滯礙，故未深論。蓋西漢崇黃老，未見有弊也。惟士風藉以表現氾濫浪漫之精神，則立見其弊。此非道家之本質）。惟班固著難，未足折其情。孫卿、楊雄，大體抑之，猶偏有所許。而虛無之言，日益廣衍。衆家扇起，各列其說。上及造化，下被萬事，莫不貴無。所存僉同，情以衆固。乃號凡有之理，皆義之埤者，薄而鄙焉。辯論人倫及經明之業，遂易門肆。頠用矍然，申其所懷。而攻者盈集，或以爲一時口言。有客幸過，咸見命著文，擿列虛無不允之徵。若未能每事釋正，則無家之義，弗可奪也。頠退而思之，雖君子宅情，無求於顯。及其立言，在乎達旨而已。然去聖人久遠，異同紛糾。苟少有彷彿，可以崇濟先典，扶明大業，有益於時，則惟患言之不能，焉得靜默，及未舉一隅，略示所存而已哉？

案：以上言著論之由。世說新語文學篇第四云：「裴成公作崇有論，時人攻難之，莫能折。唯王夷甫來，如小屈。時人即以王理難裴，理還復申」。注云：「晉諸公贊曰：自魏太常夏侯玄，步兵校尉阮籍等，皆著道德論。於時侍中樂廣，吏部郎劉漢，亦體道而言約。尚書令王夷甫講理而才虛。散騎常侍戴奧以學道爲業。後進庾敳之徒，皆希慕簡曠。頠疾世俗尚虛無之理，故著崇有二論以折之。才博喻廣，學者不能究。後樂廣與頠清閑欲說理，而頠辭喻豐博，廣自以體虛無，笑而不復言」。晉書卷三十五裴秀傳附頠傳亦云：「頠深患時俗放蕩，不尊儒術。何晏、阮籍，素有高名於世。口談浮虛，不遵禮法。尸祿耽寵，仕不事事。至王衍之徒，聲譽大盛。位高勢重，不以物務自嬰。遂相放效，風教陵遲。乃著崇有之論以釋其蔽」。當時朝野風氣已成，皆依託老莊以爲氾濫浪漫之行。彼等固「依阿無心」，頠亦非眞能解道家者。蓋其義理之層次不相及故也。不能及而越之，則不足以疏其蔽而折其情。徒欲以物類存在之有而抵堵道家之無，是乃根本不相應者。

夫至無者，無以能生。故始生者，自生也。自生而必體有，則有遺而生虧矣。生以有爲己分，則虛無是有之所謂遺者也。

案：「至無者，無以能生。故始生者，自生也」。此兩語，表面觀之，與郭象註「齊物論」之天籟云：「無既無矣，則不能生有。有之未生，又不能爲生。然則生生者誰哉？塊然而自生耳」語意全同。然實會之，雙方語句之思想背景完全不同。向、郭之說此語是想將老子之道之客觀性、實體性、實現性之姿態全化而爲境界形態之一片虛靈，而即在此境界形態之一片虛靈上說道，說無，說自然，說一。依此，仍然有一超越虛靈之境涵蓋於「存在」之上而爲其本，此爲主觀形態或境界形態之本，故吾前文案語言道家對於存在問題乃不着者，而是「萬物盡然，而以是相蘊」之態度。自此而言，則謂「塊然自生」亦無不可。而於「王弼之老學」章，第五節言道爲「實現原理」之意義，亦必仔細確定「道生德畜」等宇宙論之語句究爲何義。其究也，亦只是不生之生，不主之主，「不塞其源，則物自生。不禁其性，則物自濟」。結果仍是「開源暢流，讓物自生」之境界形態。並不是客觀地有一實體性之無眞能着迹地生萬有也。吾疏解向、郭之注莊，王弼之注老，見其確能握住道家此種極微妙之隱義。然而裴頠說此語句，則並無超越虛靈之境之涵蓋。故其語句與向郭之語句決不可同論。彼只是客觀之實在論之態度，直接從物類之存在說有，而即以此有窮盡一切，有而外即是無，而此無只是一不存在之死無，有類於西方哲學中所謂「非有」（non-being）者。此種無自不能生。即以否定此種無之能生，而直落於物類之存在上言有生之物之自生。郭象於超越虛靈之境之涵蓋下說「塊然自生」，是有一「自生、自在，圓滿具足」之玄義在內，而裴頠之「自生」則卻是「偏無自足」者。一無待，而一卻正是有待。「有」既是就物類之存在言，而又窮盡一切，則物之自生者「自必體有」。而「虛無」則是「有之所謂遺者也」。「有遺而生虧」，則「遺」者即物之由存在而歸於不存在。此即所謂「無」也。故裴頠之「無」只是一個邏輯概念之「非有」。此決非道家所言之無也。兩不相應，則無由對治。然彼雖不能觸及道家立言之旨趣，而其「崇有」之理路確可開一接觸存在問題而重「客觀性」之哲學。此在思想上亦甚有價值。嵇康之「聲無哀樂論」，裴頠之「崇有論」，以及後來之神滅否之爭論，其中皆函有一「客觀性」領域之開闢。惜乎中國思想未能就此滋長而光大，而爲重主觀性，以主觀性爲首出之儒釋道所湮沒。

故養既化之有，非無用之所能全也。理既有之衆，非無爲之所能循也。心非事也，而制事必由於心。然不可以制事以非事，謂心爲無也。匠非器也，而制器必須於匠。然不可以制器以非器，謂匠非有也。

案：此等語句皆極精練。然老子卻說：「無之以爲用，有之以爲利」。裴頠對於道家「無用」，「無爲」，以及下文所提之「靜拱」、「無知」，皆不能解。故彼所理解之「無」只是「非有」也。

是以欲收重泉之鱗，非偃息之所能獲也。隕高墉之禽，非靜拱之所能捷也。審投弦餌之用，非無知之所能覽也。由此而觀，濟有者皆有也。虛無奚益於已有之羣生哉？

案：「濟有皆有」，此爲「有」之一層論。而道家卻必「無之以爲用，有之以爲利」。有一超越虛靈之無以爲有之本。此深進一層之智慧，非裴頠所能及。全文止於此。錄自晉書卷三十五裴秀傳附頠傳。

第三節　藉黑格爾之言進一解

「崇有論」以物類之存在爲「有」，而以「有」之不在之「非有」爲「無」，此種客觀之實有論與道家所言之有無完全不相干。道家不自存在上之有之否定而顯無，而是自巧僞造作之「人爲之有」之否定而顯「無」。此完全是主觀修養上之學問，是精神生活上達至自由、自在、自我解脫之自然之境之學問。裴頠將此種學問上之有、無、玄，轉移至由客觀存在上而言有無，故全成爲不對題者。以不對題，故亦不能解答由老莊學之汜濫而來之「自然與名教」之衝突一問題。此問題之解答仍須從精神生活之發展上由老莊之教推進一步而爲之。吾前已言之，此問題之癥結，在「內在道德性」一眞實主體之不立。玆順此義，藉黑格爾之論希臘以明之。

黑格爾論希臘說：「希臘世界可以與靑年期相比，因爲在此，我們見有個體性形成其自己。這是人類歷史中，第二個主要原則。道德性，如在亞洲一樣，也是一原則；但是在此，它是印於個體上的道德性，結果它是指示個體的自由意志。依是，這裏是道德與主觀意志之統一，或者說是美的自由之王國，因爲理典是與一造形體統一於一起。它（理典）尚沒有被抽象地來觀之，但只是直接地與具體眞實物結縛於一起，就好像在一美的藝術作品中一樣，感覺成分印在精神的成分上，並且成爲精神成分之表現。結果，這王國是眞正的諧和；是最嫵媚的世界，但卻也是最容易凋謝或很快就過去的花朵；它是自然地不反省地服從那變易者——尚不是眞正的道德性。個體（國民）底個人意志不反省地適應那爲正義與法律所規定的行爲與習慣。因此，個體是不自覺地統一於理典——社會公益。在東方被分成兩極者，（即「實體自身」以及被吞沒於其中的「個體性」這兩極），在這裏卻相遇。但是這兩個不同的原則在此只是直接地統一於一起，因而結果含有高度的矛盾。因爲這種美的道德性尙沒有通過主觀自由底奮鬪，尙沒有在其重生中；它尙沒有純淨化到自由主體性之標準，須知這自由主體性是眞正的道德性之本質」。（「歷史哲學」英譯本頁一〇六）。

案黑氏此言甚精透。其論希臘爲文化發展之青年期。其所以決定其爲青年期者，是藉兩原則之表現程度或形態而決定。兩原則，一是個體性原則，一是道德性原則。黑氏此段話是偏就道德性而言。個體性原則自亦有表現。依黑氏，人類歷史，轉到希臘始見有個體性。在東方世界，是未見有個體性原則的。「個體性」是被吞沒於「大實體」或「實體自身」中。各個體（人民）是未有個性之自覺的。關此，吾曾詳論之於吾之「歷史哲學」中。但在希臘，則發見了個體性。希臘人愛好自由，崇尙理性。從愛好自由方面說，說他們表現了「個體性」是可以的。但這個體性之表現，在希臘，尙未至成熟的階段。此可由其表現道德性之形態而決定。吾人亦可由希臘人之崇尙理性而說其道德性。愛好自由，盡量表現個性，但並不違背禮法。此即足見其表現了道德性。但這道德性之表現是何形態？依黑氏，「個體（國民）底個人意志不反省地適應那爲正義與法律所規定的行爲與習慣。因此，個體是不自覺地統一於理典——社會公益」。這幾句話很顯豁，這是黑氏此段話之中心。吾人可由此中心而展開。

個人底自由意志自然地、不反省地、亦即不自覺地服從法律、所表現之道德性，尚不是眞正的道德性，不是作爲精神主體的內在道體性。因而其表現道德性之自由意志亦不是眞正站得住的自由意志，未經提練的自由意志。主觀的自由意志直接地不反省地服從法律，這法律顯然純是外在的。個體底主觀意志直接服從之，這也表示主觀意志與法律之統一，此爲統一之直接形態或原始形態。通過主觀的自由意志，表現了個體性，但其能服從法律，亦表現了人之道德性。故亦可說這裏亦是「道德與主觀意志之統一」。這統一亦是直接的，原始的。凡法律與正義所規定的都表示一種公共性的，社會性的東西，因此亦可說「社會公益」。因此，社會公益，法律與正義，都表示有一理典（理型）在背後，或亦可說即表示一「理典」。因此，這統一亦可說是「主觀意志與理典之統一」。「個體是不自覺地統一於理典——社會公益」。個體直接地與理典統一於一起，固可說這統一是直接形態，原始形態。但反過來，「理典」，在希臘，也是「直接地與具體眞實物結縛於一起，就好像在一美的藝術作品中一樣，感覺成分印在精神的成分上，並且成爲精神成分之表現」。這是說，理典直接與現實結縛於一起，與一造形體統一於一起。這自然有感覺成分在內。「具體眞實物」是感覺的，（在現實範圍內），「造形體」亦是感覺的。但「理典」卻代表精神。精神即在感覺成分中表現。好像藝術品一樣，徒有理典（形式）不是藝術，徒有感覺材料亦不是藝術。藝術是兩者之統一。理典之在希臘亦復如此，它是直接地與造形體統一於一起，而由主觀意志之自然地，不反省地服從法律來表現。黑氏如此說，意在表示，在自然的，不反省的服從或統一於法律（或道德）中，一方面，法律或道德中的理典是原始的具體化，直接與感覺混融在一起，尙沒有被撐起來，單默想其自己，使其自己成爲自立、自在、自見的境地，即理典不是如其爲理典自身而觀之，不是「在其自己」而觀之，即黑氏所說「尙沒有被抽象地來觀之」。用中國古語言之，尙沒有通過「截斷衆流」而離一下。而另一方面，主觀地說的「道德性」亦不是眞正的道德性，而是與感覺界混融在一起的原始道德性，尙沒有達到精神主體性之境。而服從法律表現道德性之主觀自由意志亦是直接的原始形態，尙沒有達到提練其自己成爲眞正站得住的主觀自由意志，即中國語所謂「壁立千仞」之意志。但這主觀意志之自然地表現道德，與法律、理典之不自覺地統一於一起，亦是有一種諧和的精神，一如詩人之寫詩，藝術家之創造藝術，皆並不是自覺的，皆是自然生命洋溢之自然的創造。故黑氏稱這種自由意志之表現道德，其自由是「美的自由」，其道德性是「美的道德性」。希臘文化亦實可說是一種藝術精神，「美的自由之王國」，「這王國是眞正的諧和，是最嫵媚的世界」。這就是所謂青年期的精神。

但是好景不常，青年期的自然生命之洋溢與創造亦不是眞正可恃的，並不眞能立得住。所以黑氏說這是「最容易凋謝或很快就過去的花朶」。精神還須經過提練，才眞能站得住。道德性要成爲眞正的道德性，意志要成爲眞能站得住的意志。但這點在希臘並未表現出來。黑格爾說這是「美的自由之王國」，我們也可用契爾克伽德的話說，這是人生途程中「美感的階段」，尙未進到宗教A（道德）的階段。

但這不反省地自然地表現道德服從法律，個體性直接地與理典統一於一起，是經不起挫折的。一旦到自覺反省的階段，立見這外在的法律與正義「所規定的行爲與習慣」，乃至外在的法律與正義本身，是有問題的。它有道理否？它眞值得吾人服從否？一經疑問，這自然的、直接的、原始的統一立見破裂，其統一是很虛浮的。故黑氏說這其中「含有高度的矛盾」。吾人尚須克服此矛盾，向「眞實的統一」前進。其所以含有矛盾，是「因爲這種美的道德性尚沒有通過主觀自由底奮鬭，尚沒有在其重生中。它尚沒有純淨化到自由主體性之標準」。依是，在重生中建立起來的，通過主觀自由底奮鬭建立起來的，眞正的道德性，不是美的道德性，吾人可名之曰「道德的道德性」。此是道德性之純淨化，「純淨化到自由主體性之標準」。「這自由主體性是眞正的道德性之本質」。吾人亦可說這內在的道德性即是吾人之「眞正的主體性」，「自由的主體性」。惟有在主觀自由底奮鬭中，在重生中，達到這種道德性，始可言自由意志與法律之眞實的統一。此爲間接的，再度的統一，亦即所謂再度的諧和。此使吾人自美感階段超拔而進至道德的階段。

在主觀自由底奮鬭反省中，理典被撐起來，抽離出來，如其爲理典自身而觀之，「在其自己」而觀之，最後這理典勢必向裏收，即內在化於吾人之內在道德性中而有其根，而法律、正義，表示社會公益者，實只是內在道德性之客觀化。此時自由與法律即不見有衝突，而達到個體性與普遍性之眞實的統一。此是黑氏言精神發展之思路。關此，詳解見「道德的理想主義」中論「自由與理想」一章。

以上依黑氏所言之經脈，若用於中國，則本章之問題，自然與名教，自由與道德之衝突之問題，立獲解答之途徑。吾人當然不能說西周貴族政治下之禮樂文化完全類乎希臘之精神，但其中亦確有一種高貴的美的靈魂，而國民（所謂君子）之服膺禮法，表現道德，亦確有一種諧和。但個人自由意志之服從禮文是自然地不反省地服從，亦確是事實。因此，這道德性亦不是眞正的道德性，尚沒有通過主觀自由底奮鬭而重生地建立起的道德性。這其中自含有一種矛盾。這矛盾，到春秋戰國時期，立爲道家所表現。周文立見爲外在的空殼，所謂虛文，而同時復成爲自由、自在、自適其性的要求者之障碍，所謂桎梏。道家表現了這矛盾，但它沒有正視這矛盾如何克服。它沒有依黑格爾的理路向「內在道德性」之建立一路走。因此它亦不能有眞正「自由的主體性」。結果，它依「無爲、無執」的路數，向「虛一而靜」，毫無理性內容的「光板之心之主體」走，而成爲道家之形態。這形態，吾說這是「單表現矛盾而不克服矛盾」的形態。因此，這系統能使這矛盾成爲永恒的矛盾，雖然它可以修養到作用地保存仁義禮法而不覺其有碍之境。這由不自覺地服從禮文之主觀意志，經過反省後，超拔出來，而至之「虛一而靜」之自由、自在、自我解脫之心境，即「光板之心之主體」，究竟是一種甚麽主體，這是頗難爲名的。但至少可以說它是永遠停在「主觀之用」，而永不能實體地建立其自己，挺立其自己，客觀化其自己之境，因而亦永遠是偏面的主觀狀態之主體，雖然在「詭辭爲用」之玄智上，它可以至「玄同彼我」之境。這主體或可名之曰「非道德而超道德的自然無爲之主體」。

原始道家所表現的矛盾，到魏晉時，又在時代風氣上重新客觀地表現出來，成爲嚴重的時代病。這矛盾，因爲不能克服，亦永不向克服之路走，所以在此矛盾中所表現的自由、自在，主觀性，或個體性，（在以前所謂率眞適性），亦只有向兩方向申展：或是作道家工夫，向「非道德而超道德的自然無爲之主體」走，或是只成爲浪漫氾濫的文人生命之「感性的主體」。這後者的率眞適性之自由結果是放縱恣肆而成爲情欲之奴隸，而轉爲不自由。前者的率眞適性之自由不是感性的，而是精神的，但卻是偏面的，月亮之光之陰涼闇淡的精神，這是「非道德而超道德的自由」，這是太陰教的自由，不是太陽教的自由。佛老俱是太陰教的自由。這究竟是否算是「眞正的自由主體性」是很難說的。若依個體性原則與道德性原則必須統一來說，這自不能算是眞正的自由主體性。但天地之明不能只有太陽而無月亮，所以太陰教之自由亦有其輔助消導沖淡之作用。它可以將太陽教之自由中所產生出的界限、分際、剛烈、爭執，予以清涼沖淡之消化，而使之更能順適與調暢。這是太陰教中之消極的自由之極大的作用。

儒家在發見那矛盾後，正是向克服此矛盾之路走，正是要通過主觀自由之奮鬪，在重生中，建立眞正的自由主體性，而獲得那眞正的道德性，以重新達到自由意志與禮法之統一。孔子講仁，就是要指點一個眞實的道德生命。至孟子講性善，這內在道德性，眞正的自由主體性，完全在主觀自由底奮鬪中挺立起。此就是道德性之重生。在此，外在的禮法不只是無根的外在，而是內在化於吾人之「自由的主體性」中而有其根，而成爲內在道德性之客觀化。如是，吾人服從客觀化之禮法不只是外在地習慣地服從，而是自由主體性呈現後之內在地必然地（理性地）服從。此即孟子所謂「理義之悅我心猶芻豢之悅我口」。「所欲有甚於生，所惡有甚於死」，也是這「自由主體性」之所決定。自由在道德禮法中表現，（這卻不是說肯定不合理的禮法，也不是强迫服從禮法而成爲自由之取消），而道德禮法正是自由主體性之所自由地決定，亦是其所自由地要求者。此之謂自由與道德之再統一。這只是從根源處說。各層面的問題以及世俗誤會之解除，在此不能詳述。請參看「道德的理想主義」中「自由與理想」一章，以及「政道與治道」一書。

儒家是太陽教的自由，道家是太陰教的自由。這是中國文化生命中所固有的兩輪。太陽教的自由解決自由與矛盾的衝突，有一超越的分解，它能使「自由主體性」實體地挺立其自己，客觀化其自己。而太陰教的自由則旣不想克服此矛盾，亦無超越的分解，自亦不能使其「非道德而超道德的自然無爲之主體」實體地挺立其自己，客觀化其自己，而是永遠停在偏面的主觀之用中。它只能凝斂退處而起淸涼沖淡之作用。如果它如其自性而凝斂退處，不氾濫而爲文人生命之感性主體，它亦可不覺與任何存在有矛盾，道德禮法自然亦可無碍。它只如其自性而起淸涼沖淡之作用，如是它亦可以輔助消導太陽教之自由系統而順適調暢之。它的無爲無執徹底散開之相忘的虛靈精神，（此即所謂沖淡自在），亦正可以說是太陽教之自由系統之保護神。（說保母更恰）。太陰不只是淸涼，亦是母道。道家以及後來之佛教，在中國歷史中，說毛病流弊，儘可說出很多，但如其自性，亦儘有許多好處。它們皆曾盡了其好處的作用。其好處之本質的了解當依此處所說者去進行。

魏晉時代旣憑依道家表現了自然與名教之衝突，但同時亦表現了太陰教之自由系統之奧義。從時代精神之發展上說，這正是淸涼沖淡趣味之開端，它還要繼續進行，所以接着卽是吸收佛教。時代精神尙未至向克服那矛盾之方向走，而且距那方向甚遠。這淸涼沖淡之趣味還要逐步深刻化，必至將屬於太陰教之自由系統之全幅義蘊全部展現而後止。

所謂深刻化是如此：道家原是對於任何存在取「不着」之態度，所以它無任何分解。但是佛教一方對於「生命」有一「經驗之分解」（取廣義），此卽是「無明」之系統，一方對於陰教之「自由主體」，（此亦可說是「非道德而超道德之主體」），復有一「超越之分解」，此卽是佛性之系統，或如來藏自性淸淨心之系統。有此兩步分解，遂得使淸涼沖淡之趣味更形深刻化，將使屬於太陰教之自由系統之全幅義蘊全部表露而無遺。但是道家仍可如其自性而自足。它旣與太陽教之自由系統爲日月之兩輪而無碍，它當更可與更深刻化之太陰教之自由系統相契接而無碍。因爲佛教更深刻化之結果，卽，有「分解之着」之結果，亦不過仍歸於無爲無執而已。因其自由主體仍是偏面的主觀之用，亦永不能實體地挺立其自己，客觀化其自己，而至「自由與道德」之再統一之境。詳解將見另書「佛性與般若」。而吾此書亦當至此而止。

後跋

東漢末黨錮之禍後，士人政治理想徹底失敗。善類摧殘殆盡。建安以後，曹操當權。東漢末所遺二下之知識分子依附曹操而興者一爲陳太邱系，一爲荀淑系。此皆世家門第，守儒素者。陳實有子留：陳紀（元方）與陳諶（季方）。陳紀子爲陳羣，陳羣子爲陳泰。此皆漢臣，而終移就曹魏。世說新語「方正」第五：「魏文帝受禪，陳羣有戚容。帝問曰：朕應天受命，卿何以不樂？羣曰：臣與華歆服膺先朝。今雖欣聖化，猶義形於色」。雖附曹而必宗漢。亦尙有良心者。守儒素之小智識分子亦只能保持一點忠心。不能有挺拔超脫之政治意識也。

又：「高貴鄉公薨，內外諠譁。司馬文王問侍中陳泰曰：何以靜之？泰云：唯殺賈充以謝天下。文王曰：可復下此不？對曰：但見其上，未見其下」。及曹移漢祚，復順而宗魏，而不契司馬氏之弑君。殊不知司馬氏之於曹魏，亦猶曹魏之於漢耳。此不旋踵間之事也。

荀氏系亦復如此。荀彧雖附曹而宗漢，亦不甚贊同曹操之行事。然及移漢祚，其子弟亦只能順之而混耳。此皆較正派之人物。

至於建安七子，則是新興之文人。

操時外戰居多。居中原、佔天時，亦多延攬人才。中原之士，大多歸之，而心中仍以漢爲宗也。其殺戮知識分子尙不甚多。惟魏諷反，當有相當之牽連。但三國志無諷傳。史事多埋沒。今所知者，宋衷及王粲之二子皆被牽連在內。此與荊州劉表有關。當時劉表團聚一部知識分子，而大都是反曹者。魏志卷二十一劉廙傳：「魏諷反，廙弟偉為諷所引，當相坐誅。太祖令曰：叔向不坐弟虎，古之制也。特原不問」。注引廙別傳曰：「初廙弟偉、與諷善。廙戒之曰：夫交友之美，在乎得賢。不可不詳。而世之交者，不審擇人。務合黨眾。違先聖人交友之義。此非厚己輔仁之謂也。吾觀魏諷，不修德行，而專以鳩合為務。華而不實。此直攪世沽名者也。卿其慎之。勿復與通。偉不從，故及於難」。三國志鍾會傳附何劭王弼傳，注引「博物記」曰：「相國掾魏諷謀反，粲子與焉」。又引魏氏春秋曰：「文帝既誅粲二子，以業嗣粲」。王業者粲兄凱之子也。乃劉表之外孫。王弼卽王業之子。故王弼卽王粲之孫也。（繼孫）。

曹氏父子所團聚之知識分子大體如此，持續至正始而止。曹爽敗後，中心乃轉移於司馬氏，而知識分子復又依附司馬氏而興，則所謂八裴八王者是也。

世說新語「品藻」第九：「正始中人士比論，以五荀方五陳。荀淑方陳實。荀靖方陳諶。荀爽方陳紀。荀彧方陳羣。荀顗方陳泰。（此是魏初所留下者）。又以八裴方八王：裴徽方王祥。裴楷方王衍。裴康方王綏。裴綽方王澄。裴瓚方王敦。裴遐方王導。裴頠方王戎。裴邈方王玄」。西晉為裴、王，入東晉，則為王、謝。

但正始以後，司馬氏之誅戮知識分子比曹操尤兇甚。其誅戮階段如下：

一、司馬懿誅曹爽、何晏、鄧颺等。王弼幸年幼早卒，未顯。否則亦不能免。

二、王淩欲立楚王彪，被誅。連及其子王廣。（王廣是魏初談才性者）。並欲牽及淩之妹（郭淮妻），未果。此亦司馬懿時。【世說新語「方正」第五：「郭淮作關中都督，甚得民情，亦屢有戰庸。淮妻、太尉王淩之妹。坐淩事當並誅。使者徵攝甚急。淮使戒裝，克日當發。州府文武及百姓，勸淮舉兵。淮不許。至期遣妻，百姓號泣追呼者數萬人。行數十里，淮乃命左右追夫人還。於是文武奔馳，如徇身首之急。既至，淮與宣帝書曰：五子哀戀，思念其母。其母既亡，則無五子。五子若殞，亦復無淮。宣帝乃表特原淮妻。」】

三、不久諸葛誕反淮南。司馬師討之。誕與王淩爲兒女親家。蓋王廣妻即誕之女也。【世說新語「賢媛」第十九：「王公淵娶諸葛誕女」條，注引魏氏春秋曰：「王廣字公淵，王淩子也。有風量才學，名重當世。與傅嘏等論才性同異，行於世」。又引魏志曰：「廣有志尚學行。淩誅，並死」。】

四、李豐（談才性者）、夏侯玄、許允爲一起，亦爲師、昭兄弟所誅。【見世說新語「賢媛」第十九：「許允爲晉景王所誅」條。】

五、高貴鄉公曹髦之難，王經死之。此時司馬昭爲大將軍。

六、此下卽爲嵇康、呂安。亦昭所誅。【世說新語「雅量」第六：「嵇中散臨刑東市」條，注引晉陽秋曰：「初康與東平呂安親善。安嫡兄遜，淫安妻徐氏。安欲告遜遣妻。以諮於康。康喻而抑之。遜內不自安，陰告安撾母，表求徙邊。安當徙，訴自理，辭引康」。】

七、此下爲鍾會鄧艾。此是附司馬氏而有野心者。六以上皆宗魏而反司馬。李豐、王廣、鍾會皆談才性。四本論中惟傅嘏存焉。

以上爲魏晉之際。故晉書阮籍傳曰：「魏晉之際，天下多故，名士少有全者」。誠不誤也。

八、此下入西晉，裴頠（作崇有論）、張華爲趙王倫所害。

九、此下石崇、歐陽建（作「言盡意論」），潘岳（安仁）、爲趙王倫孫秀所害。【見世說新語「仇隟」第三十六。】

十、此下陸機陸雲，因盧志、孟玖之讒，爲成都王穎所誅。【世說新語「尤悔」第三十三：「陸平原沙橋敗，爲盧志所讒，被誅」。注引干寶晉紀曰：「初陸抗誅步闡，百口皆盡。有識尤之。及機、雲見害，三族無遺」。陸抗是陸遜之子，機雲之父也。而盧志者，則是盧珽之子，盧植之曾孫也。世說新語「方正」第五云：「盧志於衆坐問陸士衡：陸遜陸抗是君何物？答曰：如卿於盧毓盧珽。士龍失色。旣出戶，謂兄曰：何至如此！彼容不相知也。士衡正色曰：我父祖名播海內，寧有不知？鬼子敢爾」！鬼子者，注引孔氏「志怪」述盧充幽婚於崔少府墓生一兒，「兒遂成爲令器，歷數郡二千石，皆著績。其後生植，爲漢尚書。植子毓爲魏司空。冠蓋相承至今也」。毓生珽，珽生盧志。盧志輕薄陸機，故機罵之曰「鬼子」。一時之譏憤，遂成仇恨。盧志爲成都王長史。「尤悔」第三十三，「陸平原……被誅」條下注引王隱「晉書」曰：「成都王穎討長沙王乂，使陸爲都督前鋒諸軍事」。又引「機別傳」曰：「成都王長史盧志，與機弟雲趣舍不同。又黃門孟玖求爲邯鄲令於穎。穎敎付雲。雲時爲司馬。曰：刑餘之人，不可以君民。玖聞此，怨雲，與志讒構日至。及機於七里澗大敗。玖誣機謀反所致。穎乃使牽秀斬機。先是，夕夢黑幰繞車，手決不開。惡之。明旦，秀兵奄至。機索戎服，著衣帢，見秀。容貌自若。遂見害。時年四十三。軍士莫不流涕。是日天地霧合，大風折木，平地尺雪」。】

由上以觀，自王允殺蔡邕，曹操殺孔融後，知識分子稍有智思者，幾無一得善終。亦云慘矣。而中國之政治傳統爲曹氏父子與司馬氏父子所敗壞已達極點。深可太息痛恨，而亦不可不深長思之也。

無論曹魏集團或司馬氏集團皆是一羣浮在上層之知識分子。曹魏憑藉漢之宗主而取得政權，司馬氏復又憑藉曹魏而取得政權。此時期之知識分子，無論當權者，依附者，抑或反對者，於政道及治道，皆無清楚之政治意識與鮮明之政治理想。只是爭權奪利，展轉相殺。而且樂此不疲，成爲習慣。殺風一開，而動輒誅戮。殺機一動，而不可遏止。處於其中者，無論殺與被殺，視爲當然，曾不以爲慘而思有以解決之。殺與被殺皆無客觀之理由。人命之賤，賤於草木。人之存在成爲毫無理由者。（偶然之存在，非理性之存在）。知識分子之混噩無心，無客觀意識，無客觀理想，無過於此。以陸抗之風流儒雅，（見其與羊祜對陣時之瀟洒情調），而「誅步闡，百口皆盡」。及「機、雲見害，三族無遺」。此尙得謂爲有人性者乎？史書記載，一言而已。而不知身受者之哀號宛轉，其當時之天地爲何如之天地也。此等慘事，人不以爲怪。此尙得謂爲有人心者乎？

世說新語「尤悔」第三十三：「王導溫嶠俱見明帝。帝問前世所以得天下之由。溫未答。頃，王曰：溫嶠年少，未諳。臣爲陛下陳之。王乃具敍宣王創業之始，誅夷名族，寵樹同己。及文王之末，高貴鄉公事。明帝聞之，覆面著牀曰：若如公言，祚安得長」？不必言視作客觀問題而思有以解決之，卽爲一家之世祚計，亦當積德也。積德之意識中卽函有一積極之政治理想。中國傳統政治之風範大抵皆繫於此積德之一念。不期爲曹氏父子與司馬氏父子全部破壞矣。久浮在上層、都市、政治勢利圈內之知識分子，其德性本極薄弱。浮沉日久，根本無所謂積德之觀念。惟來自民間者，樸誠之風不失，尚可有此觀念也。

世說新語「賢媛」第十九：「魏武帝崩，文帝悉取武帝宮人自侍。及帝病困，卞后出看疾。太后入戶，見直侍並是昔所愛幸者。太后問何時來耶？云：伏魄時過。因不復前，而歎曰：狗鼠不食汝餘！死故應爾！至山陵，亦竟不臨」。此卽傅玄所謂「魏文慕通達，而天下賤守節」。通達云乎哉？直流氓無賴文人之無行耳。至於司馬炎之奢侈淫樂，惠帝之白痴無似，天之所以報應者固不爽也。

元帝過江，賴王導之「憒憒」，而得少安江左。世說新語「政事」第三：「承相末年，略不復省事。正封、籙諾之。自歎曰：人言我憒憒。後人當思此憒憒）！注引徐廣歷紀曰：「導阿衡三世，經綸夷險。政務寬恕，事從簡易。故垂遺愛之譽也」。此猶得黃老之遺旨。王船山宋論卷十四論酷刑一段中有云：「異端之言治，與王者之道相背戾者，黃老也，申韓也。黃老之弊，掊禮樂，擊刑政，解紐決防，以與天下相委隨，使其民宕佚，而不得遊於仁義之圃。然而師之爲政者，惟漢文景，而天下亦以小康。其尤弊者，晉人反曹魏之苛核，蕩盡廉隅，以召永嘉之禍。乃王導謝安不懲其弊，而仍之以寬，卒以定江左二百餘年五姓之祚。雖有苻堅，拓拔宏之強，莫之能毀。蓋亦庶幾有勝殘去殺之風焉」。此順中國政治傳統之風範而有之最低要求也。至於目睹展轉相殺，而視爲一客觀問題，思以積極之政治意識與客觀之政治理想求有以解決之，則不必言矣。此無可望於混噩無心之知識分子也。無健康之道德意識，無客觀而積極之政治理想，則寄託其浮萍之餘生於玄理以稍放異彩於陰教，似亦勢之必然也。悲哉魏晉人之聰明，而亦美哉乎魏晉人之聰明！知識分子欲保障其生命與存在，捨以健康之道德意識與積極而客觀之政治理想，爲其「理性存在」而奮鬪，蓋別無他途焉！

國家圖書館出版品預行編目資料

才性與玄理

牟宗三著. – 八版. – 臺北市：臺灣學生，民 82
面；公分 –(當代學術叢刊：4)

ISBN 978-957-15-0012-6 (平裝)

1. 哲學 – 中國 – 三國(220-280)
2. 哲學 – 中國 – 晉(265-419) I. 牟宗三著

123／8724

才性與玄理

著作者：牟宗三
出版者：臺灣學生書局有限公司
發行人：楊雲龍
發行所：臺灣學生書局有限公司
臺北市和平東路一段七五巷十一號
郵政劃撥戶：〇〇〇二四六六八號
電話：（〇二）二三九二八一八五
傳真：（〇二）二三九二八一〇五
E-mail:student.book@msa.hinet.net
http://www.studentbook.com.tw

本書局登記證字號：行政院新聞局局版北市業字第玖捌壹號

定價：新臺幣四五〇元

二〇二〇年六月修訂版十刷

12303

ISBN 978-957-15-0012-6 (平裝)